黎虎文集 第五卷

中国古史分期暨社会性质

黎 虎◎著

中国社会科学出版社

目　录

中国古史分期暨社会性质研究

外一种:鄂伦春族研究专题

中国古史分期暨社会性质研究

中国古史分期暨社会性质论纲

——兼论中国传统社会的主要矛盾问题

中国历史与世界上其他民族、国家的历史一样，也经历了不同阶段的发展演变，这是人类历史普遍性的体现。由于中国处于欧亚大陆东部相对封闭的独特环境中，孕育繁衍了一系别具东方色彩的文化，从而中国历史的发展演变又有其独特的形态和性质，这是人类历史差异性的体现。近百年来中国学术界为探讨中国古代历史分期和社会性质的演变作出了巨大努力，走过了一条漫长曲折的道路，至今尚未建立起符合中国历史实际的古史分期和社会性质的学术体系。经过改革开放以来对历史分期和社会性质问题的重新讨论，学术界对于“破旧”已经取得了诸多共识，下一步如何“立新”的问题也提上了日程，即正面提出中国古代历史究竟经历了几个发展时代，特别是秦至清这一历史时代究竟是什么社会性质的问题。

本文试图为探讨建立符合于中国历史实际的古史分期和社会性质学科体系这一重大学术问题略尽绵薄，贡献刍荛之见。本文的探索和分析，将贯穿如下两点：一是以是否符合中国历史实际为准绳，以衡量是非正误；二是尽量以中国本土固有词语概念进行表述，但不论本土固有还是域外引进的，均尽量避免义涵不清、含混模糊的词语概念，以免徒增歧义，节外生枝。在以上两点的基础上，努力写出“土产”的而非舶来的“转基因”的中国古史分期和社会性质，俾建立中国史学的话语体系助一臂之力。

中国自古以来经历了如下三个历史时代的发展演变：第一时代为无君时代的“群聚”社会，简称“无君群聚”社会（太古至夏以前）；第二时代为王权体制下的“众庶”社会，简称“王权众庶”社会（夏商西周至战国时期）；第三时代为皇权体制下的“吏民”社会，简称“皇权吏民”社会（秦至清）。兹将这三个时代的演变表示如下：

表 1

<table>
<tr><td>无君时代</td><td colspan="2">君主时代</td></tr>
<tr><td rowspan="2">“群聚”社会
（太古至夏以前）</td><td>王权体制</td><td>皇权体制</td></tr>
<tr><td>“众庶”社会（夏商西周至战国时期）</td><td>“吏民”社会（秦至清）</td></tr>
</table>

从宏观上划分中国古代历史的发展阶段，是探讨中国古史分期的首要一步，这并非一个可有可无的问题，而是必须首先予以正视的。本文将中国古代历史划分为如上三个时代，其主要根据是它们是一个共性较大而自成体系的历史阶段。经过历史学、考古学的长期研究，中国历史从夏代开始进入了早期国家阶段，已经成为一种比较广泛的共识，夏代从而成为中国历史的第一时代与第二时代的分水岭；以秦的统一为标志，直至清朝被推翻为止，中国历史进入了与第二时代不同的成熟国家阶段，因而秦朝成为第二、三时代的界标。这三个时代的划分是能够反映并符合中国历史发展变化的客观实际的。

三个时代的社会性质区分的主要根据是什么呢？决定一个社会及其性质的最根本、最深层的原因是这个社会的主要矛盾。任何社会的矛盾关系都是错综复杂、多种多样的，但是决定社会性质及其走向的关键是诸多矛盾关系中的主要矛盾，这个主要矛盾决定了这个社会的性质和特点。本文认为中国历史第一时代的社会主要矛盾是人与自然的矛盾，是为“无君群聚社会”，但其末年围绕权力掌控而形成发展的矛盾关系，遂将历史推进到第二时代；第二时代中，宗族性的王权与血缘性的“众庶”构成一个有机的统一体，而这两者之间的矛盾是这个统一体的主要矛盾，故曰“王权众庶社会”；第三时代是家族性的皇权与地域性的“吏民”构成一个有机的统一体，而这两者之间的矛盾是这个统一体的主要矛盾，故曰“皇权吏民社会”。“王”“皇”两字在甲骨文、金文中都有，《说文解字》：“王，天下所归往也。”“皇，大也。”[①] 秦始皇统一天下之后，令群臣“议帝号”，最后由秦始皇决断：“去‘泰’，著‘皇’，采上古‘帝’位号，号曰‘皇帝’。”[②]

① （汉）许慎撰，（清）段玉裁注：《说文解字注》一上《王部》，上海古籍出版社 1988 年版，第 9 页。

② （汉）司马迁撰，（南朝·宋）裴骃集解，（唐）司马贞索隐，（唐）张守节正义：《史记》卷六《秦始皇本纪》，中华书局 1959 年版，第 236 页。

虽然无论“王”还是“皇”，都是中国古代最高统治者的称号，但是两者有着时代的、本质的区别。本文将三代的“王朝”“王权”，与秦汉之后的“皇朝”“皇权”进行严格的区分，认为两者不可混淆、混称。

中国历史发展的关键有二，一是权力的掌控，二是人力的掌控。掌控了权力就掌控了一切，亦即掌控了这个时代的政治、经济、文化等一切社会资源。故权力是中国古代社会的主导者，这是中国历史特殊性的重要体现。几十年来中国学术界试图仿照欧洲历史模式寻找某一阶级为中国社会的主导者而凿枘相违，就是因为以一种“普世性”的教条去套中国历史，终于在中国历史实际面前碰壁。权力之所以能够发生上述神奇作用而显得法力无边，其关键和首要条件在于掌控了人力，掌控权力如果离开掌控人力，就成为无源之水、无本之木，权力之源、权力之本在于掌控人力。① 也就是说，权力掌控模式及其性质的发展变化，决定于人力掌控模式及其性质的发展变化。故权力的掌控与人力的掌控是互为因果的。就权力的掌控而言，中国古代之所以从“无君”时代进入君主时代，而君主时代又经历了从相对专制和集权的宗族性王权时代转变为绝对专制和集权的家族性皇权时代的发展变化，其重要原因在于掌控人力模式和性质的发展变化；从人力的掌控而言，经历了基本上不受权力束缚的“群聚”时代，随着国家的产生而先后经历了相对专制和集权的宗族性王权和各级诸侯、贵族掌控血缘性“众庶”的时代，到绝对专制和集权的家族性皇权对于地域性“吏民”的完全、彻底掌控的时代。从血缘性“众庶”被分割为王、诸侯、卿大夫的层级性掌控发展到地域性

① 在人力（人口）和土地对于权力的重要性这一问题上，长期以来学界并无明确关注和阐述，但土地对于传统社会的重要性，一直被放在了首位，在这个逻辑前提下，论者或以为土地更为重要，实则不然。在秦末“吏民”大规模反抗中，刘邦率先进入关中，第一项政治举措即“籍吏民”（《史记》卷七《项羽本纪》，第312页）以掌控人口。曹操破袁绍夺得冀州后，也是首先掌控户籍，被指“校计甲兵，唯此为先”［（晋）陈寿撰，（南朝·宋）裴松之注，陈乃乾校点：《三国志》卷一二《魏书·崔琰传》，中华书局1959年版，第368页］。马克思说：“在把一个国土征服之后，对征服者来说，接着要做的，就是把人占有。”（《资本论》第三卷，人民出版社1975年版，第924页）以是言之，尽管掌控土地对于权力来说也很重要，尤其是以农业为唯一经济支柱的古代中国来说，掌控土地更有其重要性，但是对于权力来说，掌控土地基本上只需一纸政策法令即可，而掌控人力特别是赢得人心远比掌控土地困难和复杂，其重要性大大超过掌控土地，因而是更为根本的事情。1947年国民党军队进攻延安时，毛泽东提出了“存地失人，人地皆失；存人失地，人地皆存”的战略方针，显然也是在“人”“地”何者为先的问题上，有着清醒而正确的认识。

"吏民"受皇帝完全、彻底的一元性掌控，就是王权向皇权转变及其得以长期存在的基础和关键。在王权与"众庶"这一有机统一体中，王权与"众庶"的矛盾是这一时代的主要矛盾，在皇权与"吏民"的有机统一体中，皇权与"吏民"的矛盾是这一时代的主要矛盾，故前者称为"王权众庶社会"，后者称为"皇权吏民社会"。这就是本文对于三个时代命名和划分的主要根据。如果将这个有机统一体拆解，以任何一方去命名都不能如实反映这个时代的社会及其性质。社会性质的命名，应该寻找能够反映这一社会的主要矛盾关系的命名模式，本文认为上述社会性质的命名和划分，反映了中国古代历史不同时代的社会性质及其特点。①

① 我在2004—2010年曾集中精力研究长沙走马楼吴简"吏民"问题，其间逐渐体悟到"吏民"问题对于中国古代历史的重要性，认识到"吏民"实为中国古代皇权统治的基础，"吏民"与皇权的矛盾是从秦到清这一时代的主要矛盾，从而对于中国古代历史分期和社会性质问题初步形成了自己的看法。我本无意于对中国历史分期暨社会性质问题置喙，因感觉这是一个治丝益棼的问题，故一贯采取超然的态度，实因"厌倦了以往古史分期讨论的繁杂和空疏"（这里借用《史学月刊》2011年第8期《"三十年先秦史研究的理论反思"笔谈》专栏"编者按"中的一句话，第5页），以为这一问题的解决仍然遥远，因此并不急于把愚见公布，计划待手头任务完成之后再写一本小册子以阐述之而不迟。2018年7月18日一次偶然的机会拜读了黄敏兰《近年来学术界对"封建"及"封建社会"问题的反思》（《史学月刊》2002年第2期）一文，发现很多观点与自己的想法不谋而合或相当接近，感到甚为讶异和欣喜，从而改变了我对于古史分期暨社会性质问题讨论的超然态度，觉得现在可以参与这场讨论了，遂决定立即停止手头正在进行的工作把自己的看法写出来，并于9月26日完成了这篇初稿。拙文草成之后，引起了几位友人和学生的极大兴趣，于是他们帮忙找来近二十多年来的相关论著，拜读之后，深感自己上述态度是不正确的，实际上这个期间史学界对于古史分期和社会性质的探讨已经取得了相当程度的进展，其中主要者是不少学者根据王亚南1947年初版的《中国官僚政治研究》所提出的"官民对立"说而阐发的相关观点。虽然这一观点对于推进中国古代历史特殊性问题的认识具有重要学术价值，但是，这个观点存在的最大问题是"官僚""官僚政治"并不是一个独立产生和存在的历史现象，它是皇权体制的产物和延伸，它依附于皇权、寄生于皇权、服务于皇权，每一个新的皇朝建立，必然建立一套新的官僚体制，随着旧皇朝的被推翻，这个官僚体制亦随之瓦解消失，循环往复，周而复始，生生不息。因此，中国古代政治理论之所以强调君臣"共治"或"共天下"就是这个道理，都是指在皇权体制下依靠"官僚"以治国理政。官与民的矛盾是从属于皇权与吏民的矛盾的，不能以官民矛盾取代皇权与吏民的矛盾而成为社会的主要矛盾。此说里"民"的概念也过于空泛，至少可能把介于"官"与"民"之间的广大下层吏员排除于外。从"官民对立"中派生的一个观点是提出诸如"专制社会""帝制社会"等，但是政治制度毕竟不能与整体社会历史等同，政治权力无论多么重要或多么强大，也不能够取代整个社会历史。而在诸多说法中，黄敏兰的观点前进了一步，她说中国古代社会的主要矛盾是"皇帝官僚集团与该集团以外的全体社会成员的矛盾"（《评农战史专题中的严重失实现象》，《史学理论研究》1995年第4期），将原来的"官"扩展为"皇帝官僚集团"。虽然"官民对立"的影响仍然可见，但是已经有了重要超越，而与愚见较为接近。

这里还要略为指出的是，中国历史发展自“无君群聚社会”进入“王权众庶社会”之后，就进入了所谓的阶级社会。无论是“王权众庶社会”还是其后的“皇权吏民社会”，社会阶级或阶层的构成都是复杂多样的，在这两个时代的被统治阶级中，除了“众庶”和“吏民”这两个分别与“王权”“皇权”构成各自社会主要矛盾统一体的阶级或阶层外，还存在着一定数量的其他人群，其中包括所谓的“贱民”——前者主要是奴隶，后者则是奴婢，以及一些社会身份低于“吏民”而高于奴婢的其他社会阶层。上述这些社会身份低贱的人员，不仅与当时的统治阶级之间存在矛盾，也与其他被统治阶级或阶层之间存在一定的矛盾关系，但是这些矛盾关系都取代不了“王权与众庶”或“皇权与吏民”这一社会主要矛盾关系。不仅在社会矛盾关系的领域中如此，在生产力与生产关系的矛盾统一体构成中也是如此，“众庶”作为“王权众庶社会”的主要社会生产者或劳动力，是维持“王权众庶社会”赖以存在的经济基础；“吏民”作为“皇权吏民社会”的主要社会生产者或劳动力，是维持“皇权吏民社会”的经济基础。在这两个时代中，无论奴隶、奴婢还是其他身份的劳动者，都不是社会生产的主要劳动力来源，他们至多是社会生产的一种补充。①

① 以往论者对于包括奴隶、奴婢在内的其他阶层人员在社会生产活动中的重要性不免有夸大其词之嫌，实际情况是，无论“王权众庶社会”还是“皇权吏民社会”的社会生产活动中，奴隶或奴婢都只是补充成份，因为他们多数从事的都是“家内劳动”或“家内生产”，构成上述两个时代赖以维系的经济基础主要来源于“众庶”和“吏民”，无论赋税征收还是徭役征发，这二者都是各自时代的主要提供者。以“皇权吏民社会”时代而言，论者夸大奴隶或奴婢在社会生产活动中的重要性，最喜列举的证据莫过于“耕当问奴，织当访婢”的史料［语出（梁）沈约撰：《宋书》卷七七《沈庆之传》，中华书局 1974 年版，第 1999 页］。实际上，“耕当问奴，织当访婢”是指在豪强地主庄园内部所参加的生产活动，属于“家内劳动”或“家内生产”的性质。东汉魏晋南北朝作为豪强地主（其中多数是“皇权地主”，“吏民地主”而成为豪强者廖廖）势力颇为兴盛发达的时代，有不少豪强地主庄园“僮仆成军，闭门为市，牛羊掩原隰，田池布千里”（杨明照撰：《抱朴子外篇校笺》卷三四《吴失》，中华书局 1991 年版，第 145 页），确实占有了数量较多的奴婢仆从，但从总体上来看，豪强地主庄园所占有的劳动人口，相对于“吏民”这一皇权统治基础来说，仍是少数。此外，豪强地主庄园奴婢的劳动成果多是供豪强地主个人消费，而非用作支持皇权统治的经济基础，因此他们与皇权之间也就不可避免地出现矛盾，因为他们庄园中的奴婢，有相当一部分是由原来的自耕农——“吏民”没落而来的，豪强地主庄园占有的奴婢越多，则国家（皇权）损失的“吏民”也就越多，皇权政治的根基也就不可避免地受到损害，是以在“皇权吏民社会”的不同时代，不断出现国家（皇权）与豪强地主争夺人口的矛盾甚至是斗争，如东晋南朝时期的“检籍”“土断”，唐宋时期的“括户”“检括”，以及历代皇权统治者不时颁布“放免为良人（良民）”的敕令，其实质都是皇权（转下页）

下面我们简要揭示这三个依次发展变化的历史时代。

一　无君“群聚”社会——太古至夏以前

对于太古至夏以前的社会，先秦、秦汉学者做过一些有益的探索。

古人已经模糊认识到“上古穴居而野处”[①]，认为“古者未有君臣上下之别，未有夫妇妃匹之合，兽处群居，以力相征”[②]。其中《吕氏春秋》的说法更为周详：

> 凡人之性，爪牙不足以自守卫，肌肤不足以扞寒暑，筋骨不足以从利辟害，勇敢不足以却猛禁悍，然且犹裁万物，制禽兽，服狡虫，寒暑燥湿弗能害，不唯先有其备，而以群聚邪。群之可聚也，相与利之也。利之出于群也，君道立也。……昔太古尝无君矣，其民聚生群处，知母不知父，无亲戚兄弟夫妻男女之别，无上下长幼之道，无进退揖让之礼，无衣服履带宫室畜积之便，无器械舟车城郭险阻之备，此无君之患……[③]

先哲的这些探索，值得关注者有两点：第一，当时为“无君”时代，未有后世那样的国王、皇帝等统治者；第二，当时人类“群聚”而处，以“群”为单位而聚居。[④]

（接上页）为了和豪强地主争夺劳动力以壮大“吏民”这一统治基础而采取的对策和措施。总之，对于奴隶、奴婢等“贱民”或其他社会低层身份的劳动者在社会生产活动中的作用和重要性都不宜估计过高。

① （三国·魏）王弼注，（唐）孔颖达疏，卢光明、李申整理，吕绍纲审定：《周易正义》卷八《系辞下》，北京大学出版社 2000 年版，第 355 页。

② （明）刘绩补注，姜涛点校：《管子补注》卷一一《君臣下》，凤凰出版社 2016 年版，第 214 页。

③ 许维遹撰，梁运华整理：《吕氏春秋集释》卷二〇《恃君览第八》，中华书局 2017 年版，第 544 页。

④ 许慎谓“群”，“辈也”。段玉裁注：“朋也，类也……引申为凡类聚之称。”（《说文解字注》四上《羊部》，第 146 页）强调其以类相聚之意，故以之指称第一时代以血缘关系聚居之人群；此与第二时代以具有血缘关系之宗族民众谓之“众”“庶”有着传承关系。近代学者严复在翻译英国社会学家斯宾塞的名著《社会学研究》时，将英文 society 翻译为“群”，1903 年以《群学肄言》为题于上海文明编译局出版。严复将 society 翻译为“群”，较诸日本学界译为“社会”，实际上更为符合人类发展演变的历史。故“群”是指具有社会性的人群。

“群”是人类出现之后的第一个社会形态，经历了由低而高、漫长而不同的三个发展阶段：第一是“兽群”阶段（“兽处群居”之简称），这个阶段的人类社会，很容易使我们联想到大型猫科动物或灵长目动物的群居生活方式。在这些“群”中，人们“聚生群处”“无上下长幼之道，无进退揖让之礼”。第二是“姓群”阶段。经过漫长的“兽群”阶段，逐渐进入到以“姓”为单位，亦即“知母不知父”的群聚阶段。“姓”是什么呢？“姓，人所生也。古之神圣人，母感天而生子，故称天子。因生以为姓，从女生。”① 诸如后人所追述：“神农母居姜水因以为姓、黄帝母居姬水因以为姓、舜母居姚虚因以为姓是也。”② 神农乃出自姜水一带之“姓”群，黄帝乃出自姬水一带之“姓”群，舜乃出自姚虚一带之“姓”群。女性是“姓群”社会的中心，母“姓”为“群”中的“祖先”和“原住民”。第三是“氏群”阶段。“氏”是从“姓”中派生出来的，“姓”是“氏”之源，“氏”是“姓”之流，此即所谓“姓者统于上者也，氏者别于下者也”③。故“氏群”是从“姓群”中派生出来的。此后社会的中心遂由母转为父。诸如有巢氏、燧人氏、伏羲氏、神农氏等传说中的人物，就是不同“氏群”中的领袖人物。“古者包牺氏之王天下也，仰则观象于天，俯则观法于地，观鸟兽之文，与地之宜，近取诸身，远取诸物，于是始作八卦，以通神明之德，以类万物之情。作结绳而为罔罟，以佃以渔，盖取诸离。包牺氏没，神农氏作，斲木为耜，揉木为耒，耒耨之利，以教天下，盖取诸益。”④ 他们的共同特点就是在人类与自然界和诸“群”的竞争中作出了贡献，为改善、提高“群”体的社会生活，为本“氏群”的发展和强大起到了积极作用。⑤

---

① 《说文解字注》十二下《女部》，段玉裁注，第612页。

② 《说文解字注》十二下《女部》，段玉裁注，第612页。

③ 《说文解字注》十二下《氏部》，段玉裁注，第628页。

④ 《周易正义》卷八《系辞下》，第350—351页。

⑤ 近年来史学界汲汲于引进西方新进化论以论述中国远古时代的社会，其中以美国人类学者塞维斯（E. Service）等人提出的游团、酋邦说为最。他们之所以能够提出一些新见，在于对于世界各地的人类学资料进行实地调查而加以归纳总结。中国学者应当学习他们的研究方法和其中的有益见解，不必照搬他们的结论。例如过去我们引进的“军事民主制”这一概念，现在不少学者根据国外研究者否定意见的出现而随之转向。其实，中国古代虽然并没有像西方世界那样经历过这么一个阶段，但是那个时期存在一些“民主”因素也是不能完全否定的。今天（转下页）

“群聚”社会的出现对于人类的发展具有重大意义，主要表现在两个方面。

一是促进人类从动物界脱颖而出。人类之所以“群聚”而处，是因为人类的“爪牙不足以自守卫，肌肤不足以扞寒暑，筋骨不足以从利辟害，勇敢不足以却猛禁悍”，个人的力量弱小，不足以“裁万物，制禽兽，服狡虫”，唯一的办法是“群聚”，人多力量大，“群之可聚也，相与利之也”。依靠这种方式“抱团取暖”而互利，使人类得以生存下来并逐步从其他动物中脱颖而出。这个时期人类从“群聚”中逐步掌握了制造工具、用火、渔猎、采集等生产、生活技艺和能力，从而促进了人类本身的进一步发展。[①]

二是从“群”中产生了“君”。先时人类尚“无上下长幼之道，无进退揖让之礼”，从而“未有君臣上下之别”。正是在“群聚”生活中，逐渐产生了“亲戚兄弟夫妻男女之别”“上下长幼之道”“进退揖让之礼”。也正是在“群聚”生活中，逐渐萌生了“君道”：“利之出于群也，君道立也。”“君”恰恰是在“群”中逐渐萌芽而来。这种“君”最先不过是“群”中的指挥者，“群”之间经过长期竞争，又在众多的“群”中形成一些为众多“群”拥戴的“群”及其领袖人物：“轩辕之时，神

（接上页）我们对于引进新进化论学说应当吸取这一经验，不必囫囵引进其新概念，而可以吸取其中有启发意义的见解以为我所用。例如，酋邦说将前国家时期分为平等社会时代和不平等社会时代，后者经过漫长的经历始得以进入国家阶段，提醒我们更加注意这个时期不平等阶段的研究。中国的考古学资料、文献资料乃至民族学资料足以为有志者施展拳脚，从而将中国前国家社会的研究归纳出更为丰富多彩的例证、提炼出新的概念乃至上升为新的理论。

① 关于人类从动物界分离出来，以及人类社会渐次演变进程的情况，唐人佚名所撰《无能子》有所叙述，其中有些说法与《吕氏春秋》的记述可以相互印证，可见中国古人对于人类社会的起源及其社会发展演进的历史一直有所关注并进行了有益的探索，略云：“所以太古时，裸虫与鳞毛羽甲杂处，雌雄牝牡，自然相合，无男女夫妇之别，父子兄弟之序。夏巢冬穴，无宫室之制。茹毛饮血，无百谷之食。生自驰，死自仆，无夺害之心，无瘗藏之事。任其自然，遂其天真，无所司牧，濛濛淳淳，其理也居且久矣。无何，裸虫中繁其智虑者，其名曰人，以法限鳞毛羽甲诸虫。又相教播种以食百谷，于是有耒耜之用。构木合土以建宫室，于是有斤斧之功。设婚嫁以析雌雄牝牡，于是有夫妇之别，父子兄弟之序。为棺椁衣衾以瘗藏其死，于是有丧葬之仪。结罝罘网罗以取鳞毛羽甲诸虫，于是有刀俎之味。濛淳以之散，情意以之作。然犹自强自弱，无所制焉。繁其智虑者，又于其中择一以统众，名一为君，名众为臣。一可役众，众不得凌一。于是有君臣之分，尊卑之节，尊者隆，众者同。降及后世，又设爵禄以升降其众，于是有贵贱之等用其物，贫富之差得其欲，乃谓繁智虑者为圣人。既而贱慕贵，贫慕富，而人之争心生焉……”（王明校注：《无能子校注》卷上《圣过第一》，中华书局 1981 年版，第 2 页）

农氏世衰。诸侯相侵伐，暴虐百姓，而神农氏弗能征。于是轩辕乃习用干戈，以征不享，诸侯咸来宾从……诸侯咸尊轩辕为天子，代神农氏，是为黄帝。”① “自黄帝至舜、禹，皆同姓而异其国号，以章明德。故黄帝为有熊，帝颛顼为高阳，帝喾为高辛，帝尧为陶唐，帝舜为有虞。”②所谓“异其国号”实际上就是异其“氏”号。黄帝、颛顼、帝喾、尧、舜、禹等就是这种“氏群”领袖人物，从而把人类社会推向更高级的阶段。③

我们还可以从文字学的角度，对“君”和“群”之间的关系进行探索。“君”和“群”在字源上，是密切相关的两个字。《说文解字》：群，“辈也，从羊，君声”。段注：“《小雅》：‘谁谓尔无羊，三百维群。’犬部曰：‘羊为群，犬为独。’引申为凡类聚之称。”④ “群”字之所以从“羊”，因为羊是一种群体性的家畜。君，“尊也，从尹、口。口以发号”。段注：“尹，治也。”⑤ 君字之所以从“尹”从“口”，是因为作为一个领袖人物必须通过发号施令以指挥群体的行动。羊群需要羊倌发号施令以进退；人群也需要有指挥者发号施令以采取行动。这种发号施令者就是“君”之所由产生，“群”字包含着从中产生领袖人物的意蕴。作为象形会意文字的汉字源于社会生活，从“群”中产生“君”正是客观现实的一种反映。

先哲们的上述探索并非无稽之谈，而今已经得到近代考古学成果的充分证明。旧石器时代早期的文化遗存，如其中距今70万至20万年的北京人“保留了猿的某些特征，使用打制石器，会使用天然火，群居……北京人的食物来源于狩猎和采集，在北京人住过的山洞里存在很厚的灰烬层，最厚处达6米，表明北京人已经会使用火和保存火种，北京人过

---

① 《史记》卷一《五帝本纪》，第3页。

② 《史记》卷一《五帝本纪》，第45页。

③ 唐人柳宗元论“群”的历史演变及其意义时有云：人类“彼其初与万物皆生。草木榛榛，鹿豕狉狉，人不能搏噬，而且无毛羽，莫克自奉自卫……故近者聚而为群。群之分，其争必大，大而后有兵有德。又有大者，众群之长又就而听命焉，以安其属，于是有诸侯之列。则其争又有大者焉……而后有诸侯；有诸侯，而后有方伯连帅；有方伯连帅而后有天子……”［（唐）柳宗元：《柳河东集》卷三《封建论》，上海古籍出版社2008年版，第43—44页］

④ 《说文解字注》四上《羊部》，第146页。

⑤ 《说文解字注》二上《口部》，第57页。

着群居的生活"[①]。考古发掘证明，北京猿人的确是"穴居而野处"，过着"兽处群居"的生活。

到了新石器时代（前1万年至前3500年），人类文化有了较快发展，早期的石器工具大多为部分磨光（刃部），后期即为通体磨光石器，尤其以陶器的出现为其特征。仰韶文化前期的半坡村遗址"是一个比较完整的村落遗址，遗址面积约5万平米，年代为公元前4800—公元前4300年。遗址大体上作南北较长、东西较窄的不规则圆形。北边为氏族公共墓地，南边为居住区，东边为陶器窑场。居住区内的房屋共有46座，除少数为方形、长方形外，绝大多数为圆形。房屋有大有小，最大的复原面积约160多平方米左右，两片各有一间"[②]。与半坡村遗址类似而规模更大的有姜寨遗址，"这个村落时间上比半坡遗址早，聚落遗存保存得较完整，由居住区、陶窑场和墓地3部分组成。居住区周围有天然河道和人工壕沟环绕，中心有大广场。广场周围分布着房子100余座，分为5个建筑群，每群包括1座大房子与十几座或二十座中小型房子，门均朝向中心广场。居住区内还有窖穴、牲畜圈栏和许多儿童瓮棺葬等，房屋有圆形和方形的，屋内设有炉灶"[③]。半坡村遗址和姜寨遗址所见新石器时代的聚落，其基本布局大体一致，围绕聚落中心的公共广场，散布着若干居住小区，小区由一座大房子和数目不等的中小房子组成。研究者指出，"据对姜寨遗址的研究，认为母系家族成员是住在一所中型房子及其附近的若干座小房子内""住在这些小型房子内的居民，是一对偶家庭的亲属单位"。公共广场、公共墓地表明聚落居民为同一血缘关系的族众。这应当就是一个"姓群"的聚落，聚落内居住着若干家族，每一家族又由若干家庭组成。这是一个社会成员地位平等的聚落，众多地位平等的聚落构成一个大的"姓群"。"对半坡类型进行的考古学研究所揭示出来的亲疏关系层次有别的三层组织，从小到大，或可与民族学以家族、氏族及部落概念所表述的人群组织相当。"[④]

---

① 中国大百科全书出版社编辑部编：《中国大百科全书·考古学卷》"北京人"条，中国大百科全书出版社1986年版，第37—39页。

② 《中国大百科全书·考古学卷》"半坡遗址"条，第34页。

③ 《中国大百科全书·考古学卷》"姜寨遗址"条，第230—231页。

④ 白寿彝总主编，苏秉琦主编：《中国通史（修订本）》第二卷《远古时代》，上海人民出版社2004年版，第151、153、146页。

仰韶文化前期的半坡类型墓葬反映了"姓群"社会面貌。其合葬墓中，"不见成年男子和小孩的合葬墓，只见到成年女子和小孩的合葬墓"。"可知合葬墓为代表的亲属体的血亲关系，是依据母系传承的。""某些女孩获得成人待遇的情况，表明半坡类型的财产乃至权势是依据母系传继，女性的地位，一般高于男性。"①

仰韶文化中后期，"姓群"阶段逐渐进入"氏群"阶段。山西省襄汾县陶寺龙山文化遗址反映了"氏群"社会面貌："墓地面积大，墓葬数量多（估计在数千座），延续时间长，墓的规模大、中、小齐备，对于揭示陶寺类型的文化面貌，进而探讨当时的社会形态，具有重要的学术价值。""从Ⅲ区中部的排列情况看，仍然保持着氏族墓地的形式。""同中原许多地方的龙山文化墓地一样，占墓葬总数98%以上的中、小型墓，随葬品缺乏，特别是不使用陶器随葬。……与中、小型墓截然相反，大型墓有丰富的随葬品，包括彩绘陶器和彩绘（漆）木器等具有高超水平的工艺品。不难看出，龙山文化早期财产和权力的分化已极明显。"② 早期大型墓中彩绘蟠龙的陶盘、鼍鼓、特磬、玉钺等礼器显示主人的特权。这个时期不仅"氏群"内部出现贫富不均和少数特权者，而且"氏群"之间的不平等现象也逐渐强化。"氏"群的强弱决定于它拥有的聚落的多少。聚落周围的壕沟当为防御设施，表明大小"氏"群之间的复杂、紧张的关系。经历了仰韶文化、龙山文化三千年的发展，到了龙山文化末期，黄河流域许多"氏群"在竞争中逐渐形成了一些强大"氏群"，如黄河下游的皋陶氏、伯益氏，黄河中游的颛顼氏、帝喾氏，渭水流域的炎帝神农氏，淮河流域的太皞氏等等。在聚落发展的基础上出现了城郭，龙山文化时期告别了无"城郭险阻之备"的时代，进入了"诸侯相侵伐，暴虐百姓"的时代。到目前为止，已经发现了史前时期的城址60余座，"它们主要分布在黄河中下游的河南、山东两省、内蒙古中南部、长江中游的湖北省南部和湖南省北部、长江上游的西川平原"③。传说"鲧筑城以卫君，造郭以守民"④，表明城郭是"氏

① 《中国通史（修订本）》第二卷《远古时代》，第149、151、155页。

② 高炜、李健民：《1978—1980年山西襄汾陶寺墓地发掘简报》，《考古》1983年第1期。

③ 沈长云、张渭莲：《中国古代国家起源与形成研究》，人民出版社2009年版，第203页。

④ （清）张澍稡集补注：《世本（张澍稡集补注本）》卷一，（汉）宋衷注，（清）秦嘉谟等辑《世本八种》，商务印书馆1957年版，第22—23页。

群”的中心，其主要功能是保卫“氏群”及其领袖人物。

表 2　“无君‘群聚’”社会进化段落与考古文化对应表

考古学文化	旧石器时期	新石器时期		
		仰韶文化前期	仰韶文化后期	龙山文化
进化段落	“兽群”阶段	“姓群”阶段	“氏群”阶段	

从“氏群”阶段进入第二历史时代，乃是中国古代社会历史所发生的根本性变化。对于这个历史巨变，战国时期的哲人有过精彩的阐述，云：“大道之行也，天下为公，选贤与能，讲信修睦。故人不独亲其亲，不独子其子。使老有所终，壮有所用，幼有所长，矜寡孤独废疾者，皆有所养。男有分，女有归，货恶其弃于地也，不必藏于己；力恶其不出于身也，不必为己。是故谋闭而不兴，盗窃乱贼而不作。故外户而不闭，是谓大同。今大道既隐，天下为家。各亲其亲，各子其子，货力为己。大人世及以为礼，城郭沟池以为固。礼义以为纪，以正君臣，以笃父子，以睦兄弟，以和夫妇，以设制度，以立田里，以贤勇知，以功为己。故谋用是作，而兵由此起。禹、汤、文、武、成王、周公，由此其选也。”①先哲认为，上述两个时代最主要的变化在于从“天下为公”变为“天下为家”。“天下为公”阶段的“大人”是服务型、奉献型的，通过“选贤与能”的方式递相传承，是谓“禅让”之制；“天下为家”时期的君主是统治型、专制型的，是通过“大人世及”的方式在宗族内部代代相传，是谓“传子”之制。②“氏”群阶段的“大人”与第二历史时代的“君”有着本质的区别。“天下为公”的“大人”制度，是建立在“人不独亲其

① （汉）郑玄注，（唐）孔颖达疏，龚抗云整理，王文锦审定：《礼记正义》卷二一《礼运第九》，北京大学出版社 2000 年版，第 769—771 页。

② 夏商周“王权时代”的王位传承制度，存在“传子”和“传弟”两种情况，其中“传子”有传嫡子、兄子、弟子三种情况；“传弟”则按年龄顺次传承、“兄终弟及”（或“兄终弟继”）。不过，至迟到商代晚期，“传弟”制逐渐淡出，至西周确立了“嫡长子继承”制，并从此成为中原汉人政权的王位（皇位）继承制度而行用下去，尽管后来也不断出现事实上的“兄终弟及”，但均不符合制度规定，甚至多有篡夺的情况。需要指出的是，夏商周三代所存在的“传弟”制，就其本质来说，与“传子”制是相同的，都是一种在宗族内部递相传承的“家天下”的继承制度，与第一时代的“天下为公”而“选贤授能”的“禅让制”有着根本性的区别。

亲，不独子其子”“货恶其弃于地也，不必藏于己；力恶其不出于身也，不必为己”的社会与经济基础之上；“天下为家”的君主制度是建立在“各亲其亲，各子其子，货力为己”“以立田里”的社会与经济的基础之上。从“禅让”到传子这一历史性的重大变化，不仅为《礼记》所记载，近年所获的战国楚简《唐虞之道》《子羔》《容成氏》等，对此均有记载。

但是，从“天下为公”到“天下为家”并非一蹴而就，更非突然出现，而是经历了漫长的不平等时代才逐步形成的。到了传说中的“五帝”时代，更是发展到了诸“氏群”争战称雄的阶段。“昔者共工与颛顼争为帝，怒而触不周之山，天柱折，地维绝。”① “昔共工之力，触不周之山，使地东南倾。与高辛争为帝，遂潜于渊，宗族残灭，继嗣绝祀。”② 所谓“争为帝”就是强大的“氏群”之间争夺共主地位，有的“氏群”被打败被征服，有的则战胜其他“氏群”而成为雄长，所谓“五帝”就是这些争竞中的优胜者。这些大的“氏群”集团经过千百年的交流与融合、竞逐与争战，大约在公元前22世纪之前，黄土高原的黄帝“氏群”脱颖而出，成为活跃在今陕西、山西、河南交界地区最强大的力量，从中衍生出了中国历史上第一个王朝——夏。

中国历史何以从前国家时代进入国家时代时即实行专制集权，而非如欧洲那样既有专制集权制度也有民主制度？而且几千年来这一专制集权趋势愈演愈烈，犹如加速度前进的列车，到了明清时期皇权专制更发展为皇权独裁，似乎中国历史与生俱来与专制集权政治有着不解之缘？这种专制集权的政治制度在中国的前国家时代又是怎样酝酿而成的？这种制度形成进入国家时代之后又何以愈演愈烈而长期不坠？马克思的“亚细亚生产方式”论，实际上就是研究古代东方历史特殊性问题，这对于我们探讨上述问题是具有启发意义的。有学者总结其要为：这一生产方式的特点是专制君主与农村公社成员的统治与被统治、剥削与被剥削的关系，这种剥削是通过贡赋和徭役而进行的，并强调这一方式从远古

---

① 刘文典撰，冯逸、乔华点校：《淮南鸿烈集解》卷三《天文训》，中华书局1989年版，第80页。

② 《淮南鸿烈集解》卷一《原道训》，第22页。

延续至19世纪初。[①] 马克思所谓“东方专制君主”是与农村、农业相联系的，故其特点为“接受贡赋的国家”[②]。因此，要解开中国古代专制集权政治形成并长期延续之谜，就必须从中国古代农业经济及其生产关系去求索。

中国在进入国家形态之后几千年来直至清朝，一直都在实行专制集权制度，这是从前国家形态时期即种下的根源，并从那时起逐渐酝酿、积累并生成的。尽管这个问题的历史原因是多方面的，但其根本原因却在于漫长的宗族性协作农业。我们试从西周的“藉田”礼以寻绎这种宗族性协作农业与专制集权制度的渊源关系。

西周的“耤田”礼是一个复杂的礼仪过程，实际上反映的是古人农事的过程，包含准备阶段、开工阶段、事后阶段。

准备阶段：先由“太史”观察土壤情况，向农官“稷”报告动工日期，由“稷”向周王报告。周王接报之后派遣“司徒”命令“公卿、百吏、庶民”加以准备，由“司空”负责准备祭坛，“农大夫”准备好农具。事前五日，乐师“瞽”人报告风情，王接报之后即斋戒沐浴，百官亦斋戒沐浴，期间由“郁人”备好香草以和醴酒，“牺人”供奉醴酒，王饮醴酒，百官、庶民亦如之。

开工阶段：“后稷”负责监管，“膳夫”“农正”陈设祭品，“太史”引导王入场，“王耕一墢，班三之，庶民终于千亩。”由“后稷”负责、“太史”协助检查耕作质量，由“司徒”负责、“大师”协助视察耕作者的情况。耕作完毕，“宰夫”负责、“膳宰”协助陈设膳食，“膳夫”引导王就食，“王歆大牢，班尝之，庶人终食”。

事后阶段：耤田完成当天，“瞽师”“音官”即观察风气土壤情况，“后稷”告诫百官努力督课劝农，如有土地没有耕种，由“司寇”加以惩处。有关人员前往各地巡视，“农师”“农正”“后稷”“司空”“司徒”“太保”“大师”“太史”“宗伯”相继巡视，最后由周王亲自率领公卿大夫巡视。其后的田间管理和收获阶段亦如之。[③]

---

① 王敦书、于可：《再谈“亚细亚生产方式”问题》，《中国史研究》1981年第3期。

② ［德］卡尔·马克思：《资本论》第三卷，人民出版社1975年版，第370、364页。

③ 徐元诰撰，王树民、沈长云点校：《国语集解》卷一《周语上》，中华书局2002年版，第16—21页。

西周的“耤礼”表明，三代时期进行农事是国家大事，举国动员，从国王到公卿百官、各种办事人员，直至庶民都参与进来了。这是一种有着悠久渊源的传统，故虢文公在讲述西周“耤礼”时开宗明义说此乃“古者”之事，所谓“古者”不仅限于周族早年以来的传统，也是西周之前乃至前国家时期的古老传统。这种“耤礼”所反映的实际上是史前宗族性协作农业的面貌。“公元前6000年前后，黄河流域的中下游地区普遍存在着农业文化遗存”①，由于当时生产力低下，农业以木石工具为主，故必须举族动员，分工协作方能胜任，西周的诗篇描绘了宗族性协作农业的壮阔场景：“载芟载柞，其耕泽泽。千耦其耘，徂隰徂畛。侯主侯伯，侯亚侯旅，侯强侯以。”② 在族长率领下，族众齐心合力进行耕作。考古发掘证明了这种耕作方式的存在，殷墟的一个窖穴中曾出土数百把石镰，这与卜辞“［王］大令众人曰劦田，其受年”③ 的记载联系起来，不难看到商代的宗族性协作农业情形。由商、周两代可以推知前国家社会在农具更为原始时期实行宗族性协作农业的必要性及其情形。

西周“耤礼”并非周人独有而突然出现的，乃是源远流长的农事传统方式在礼仪上的反映。“耤”字本像以木耒发土，其本义即农耕。④ 商代就有不少关于“耤”的记载：“壬午卜，㱿贞：呼䰡耤□”，这是卜问呼人耤于某地；“丙子卜：呼□耤，受年”，这是卜问呼人耤是否受年；“［□□］卜贞：众作耤，不丧□”，这是卜问以众人进行耤会不会丧众；“己亥卜贞：王往萑耤，延往”，这是卜问商王前往萑地观耤；“己亥卜贞：令吴小耤臣”，这是卜问以吴为小耤臣；“甲申卜，宾贞：呼耤，生。贞：不其生”，这是卜问耤田生长情况。⑤ 从上述卜辞可见，商王非常关注围绕与“耤”有关的农事，卜问丰歉情况，作物生长情况，那时的基本耕作者是族“众”，并设置“小耤臣”专司农事，商王观“耤”的记

① 《中国通史（修订本）》第二卷《远古时代》，第60页。

② （汉）毛亨传，（汉）郑玄注，（唐）孔颖达疏，龚抗云、李传书、胡渐逵、肖永明、夏先培整理，刘家和审定：《毛诗正义》卷一九《载芟》，北京大学出版社2000年版，第1593页。

③ 郭沫若主编，中国社会科学院历史研究所编：《甲骨文合集》1，典宾B，中华书局1978—1983年版。以下简称“《合集》”。

④ 裘锡圭：《甲骨文中所见的商代农业》，载华南农业大学农业历史遗产研究室主编《农史研究》第8辑，农业出版社1989年版，第34—35页。

⑤ 分别见《合集》9508正、9506、8、9501、5602、904正。

载表明商代与西周一样也是存在“耤礼”的。

三代的“耤礼”实际上是“氏群”时期农耕社会的遗存在进入国家阶段之后而转化为礼仪形态的，我们可以由此切入以探索从“氏群”时期如何在农耕之中逐渐产生权力，这种权力如何逐渐转变为专制集权，专制集权观念又如何成为古代中国民众与生俱来的的群体意识的。其要有三：

第一，从宗族性协作农业中逐渐产生“氏群”领袖。众多人员协作以事农耕，其指挥、组织工作就变得格外重要。在这种协作过程中，必然出现一些安排、指挥族众分工合作的人员，这些指挥人员在长期的实践中积累了经验，培育了威信，得到了族群成员的信赖，从而为成为宗族的头面人物创造了条件。氏族、部落中经验丰富、能力超群的指挥者就在这种长年累月的农事指挥、组织工作中逐渐脱颖而出，最后成为氏族、部落的领袖人物，而那些协助领袖人物负责各个环节工作的成员，则发展成为日后的官员和官僚体制。由于“氏群”组织的长期存在，农事长期由“氏群”首领安排、指挥，“氏群”成员遂日渐培育、养成了听从强力者指挥的习惯，从而为日后服从专制集权政治准备了社会的、群体意识的条件。我们从传说中将农业的发明和功业归之于神农氏、烈山氏、黄帝、周弃等“氏群”领袖人物，就不难想象“氏群”领袖人物如何通过安排、指挥农事以获得威信并脱颖而出的。族众对于“氏群”领袖人物的崇敬、服从带着血缘亲情，被认为是理所当然、天经地义的，这种群体意识被带到国家出现之后，就变成对于权力的崇敬和服从。

第二，从收取“贡赋”中培育权力。这里所谓“贡赋”与国家产生之后强制性的敛取不同，是在前国家时期对于农业剩余产品的自愿交纳。古人很早就有了对于自然神、祖先神的崇敬，如甘肃秦安大地湾发现5000年前的大型房屋，“应是部落或部落联盟的公共活动场所，主要用于集会、祭祀或举行某种仪式”①。红山文化“‘女神庙’的泥塑群像，反映了上古宗教的一定发展阶段。……这些形象有的可能象征当时社会上的权势者，有的或许是受到崇敬的祖先”②。“在红山文化遗址中普遍发现

① 甘肃省文物工作队：《甘肃秦安大地湾901号房址发掘简报》，《文物》1986年第2期。

② 辽宁省文物考古研究所：《辽宁牛河梁红山文化“女神庙”与积石冢群发掘简报》，《文物》1986年第8期。

一种大型起土耕具——石犁耜……当时对农事的关心，祈求丰收的愿望，对大地母神的崇敬，是红山文化先民寻求的最大精神寄托，红山文化宗教祭祀的发达和以女神为主要崇拜对象，首先是以农业经济的发展为墓础的。”围绕“女神庙”的大型积石冢群中发现陪葬丰富的大墓，“大墓主人只能是凌驾于社会一般成员之上、拥有很大权势的首领一类人物。新的社会关系产生新的社会需要和意识形态。以发达的多神、主神为表现形式的祖先崇拜应运而生”①。在指挥农事中成长起来的族群领袖人物，必然同时又是祭祀的主持者，而从农产品中收取祭祀所用贡物亦必然是他们的职责之一。祭祀用品的交纳经历了从自愿到强制的过程。最初，交纳祭祀物品是氏群成员心甘情愿的行动，因为这是敬奉祖先和神灵所必须。收取贡物的领袖人物从中渔利的情况，随着时间的推移和权力的扩张而逐渐产生并日益普遍和加强，原先自愿的交纳逐渐向强制方面转化，原来属于领袖人物为公众服务的宗教性善举也逐渐演变为牟利的、剥削的手段，国家建立之后遂成为法定义务，所谓“夏后氏五十而贡”②就反映了这一情况。

第三，单一农业经济是专制集权制度沃土。美国人类学者乔纳森·哈斯在国家起源的问题上提出：酋长制向国家转变必须依赖于“经济权力基础”，如果没有这个基础，则有些酋长制就不可能过渡为国家，特别是“在那些基本生活资料易得的地方和物质生产分散进行的地方”，前者如资源富庶的美国西北海岸，后者如生产和分配分散进行的夏威夷，在这样的地方“酋长要控制基本生活资料的生产和谋取简直是不可能的”③。然而，古代中国的情况与乔纳森·哈斯上面列举的情况全然不同，黄河中下游地区不论土壤还是气候都具有发展农业经济的优越条件，故很早就在这里发展起来面积广阔的农业经济区，古代中国有足够的“经济权力基础”——农业经济以实现向国家的过渡。加之这一地区的交通便利，便于相互沟通和联系，易于权力的集中，因此在这个环境之中只要农业

---

① 孙守道、郭大顺：《牛河梁红山文化女神头像的发现与研究》，《文物》1986年第8期。

② （汉）赵岐注，（宋）孙奭疏，廖名春、刘佑平整理，钱逊审定：《孟子注疏》卷五上《滕文公章句上》，北京大学出版社2000年版，第160页。

③ ［美］乔纳森·哈斯：《史前国家的演进》，罗林平等译，求实出版社1988年版，第193页。

经济足以支持其人口的需求并生产出一定的剩余产品，便足以支持一个个强有力的、地区性的“氏群”，所谓“当禹之时，天下万国，至于汤而三千余国”[①]，这些“国”就是一个个地区性的“氏群”，这些“氏群”经过漫长的角逐，于是进入“五帝”时代，一些条件优越、人口众多的强大“氏群”战胜了其他众多的“氏群”而称雄，又在这些“氏群”竞争的优胜者中出现了以夏禹为首的“氏群”并终于迈进了国家门槛。

但是，古代中国文明发展的大环境却并不优越。中国古代历史与西方，特别是地中海周边古代文明有很大的不同，后者由于独特的优越地理条件，诸文明体之间的交流便利，海上贸易发展早，民众视野开阔、开放，经济上并非单一的农业经济，而是包罗农牧工商经济和奴隶制度，从而在政治制度上形成君主制、民主制等不同形态；中国僻处东亚一隅，被崇山峻岭和戈壁沙漠包围，周边缺乏先进的古代文明体，虽然东部临海，但是诸如古代日本列岛社会发展后进、资源贫乏，对于中国缺少吸引力。在这种地理环境下，限制了中国与外界的交流，民众视野狭窄、封闭，与地中海周边文明体相比，具有较为明显的局限性。农业经济一直是中国古代经济的主干和支柱，虽然家庭手工业和商业也有一定程度的发展，但它们基本上还是农业经济的附庸和补充。这种比较单一的农业经济正是中国古代历史特殊性的根源。

单一的农业经济形态有别于工商经济、游牧经济等形态的特点之一是它要求生产者与土地牢固的、稳定的结合。因为在古代生产力水平和农业生产本身的特点以及天时、季节的制约下，这种经济形态需要众多的劳动力和大量的时间投入，贾谊说：“古之人曰：‘一夫不耕，或受之饥；一女不织，或受之寒。’……粟米布帛生于地，长于时，聚于力，非可一日成也。”这种经济形态下的生产者“春耕夏耘，秋获冬臧，伐薪樵，治官府，给繇役；春不得避风尘，夏不得避暑热，秋不得避阴雨，冬不得避寒冻，四时之间亡日休息”[②]，然而“农夫终岁之作，不足以自

---

① 《吕氏春秋集释》卷一九《离俗览第七·用民》，第456页。

② （汉）班固撰，（唐）颜师古注：《汉书》卷二四上《食货志上》，中华书局1962年版，第1128、1131—1132页。

食也”[①]。东汉人王符也说：“一夫不耕，天下受其饥；一妇不织，天下受其寒。”李贤注引《文子》曰：“神农之法曰：‘丈夫丁壮不耕，天下有受其饥者；妇人当年不织，天下有受其寒者。故其耕不强者，无以养生；其织不力者，无以衣形。’”[②] 由此可见农业经济形态的这些特点自古以来皆然。[③] 在此经济形态下，只有全体民众的绝大多数全年的投入方能保证获得最大限度的经济回报。[④] 汉代已经进入铁器、牛耕阶段尚且如此，史前木石工具时代则有过之无不及。这需要全民投入全年时间，其回报却不高，所创造的剩余价值与其他经济形态相比要少得多。这与哈斯所指“基本生活资料易得”的地方大相径庭，比起畜牧、捕鱼、海外贸易等作业相对艰难，基本生活资料的谋取是相当不容易的。然而这里的“生产和分配”却并非“分散”进行而是便于集中进行的，这是由宗族性社会结构的长期性、稳定性和广阔平原地区的农业经济所决定的，因此“酋长要控制基本生活资料的生产和谋取”十分方便。这两个方面都为权力的确立和集中创造了优越的条件。由于这种单一农业经济的投入大而回报少，使得敛取剩余价值的难度加大，必然日益伴随并强化高压的手段，加以氏族、宗族结构的不可代替性，中国古代国家就是从这种宗族性协作农业中逐步酝酿、形成的，这样的国家体制必然是一种中央集权的专制政权。国家产生之后，宗族性协作农业依然延续，直到铁制农具和牛耕出现，到了第三时代农业生产模式才摆脱宗族性协作农业而逐渐成为地缘性家庭个体农业，从血缘性“众庶”变为地缘性、个体性的“吏民”。但是，这趟从“氏群”时代发车的列车已经加速度到极限，“吏民”所受到的控制和剥削更加严重，故这种变化不仅没有影响、削弱专制集权，反而把专制集权模式由王权推进到皇权，把中央集权推进到极致。这种比较单一的农业经济是中国古代中央集权专制政体长期延续和

① 《管子补注》卷一五《治国第四十八》，第329页。

② （宋）范晔撰，（唐）李贤等注：《后汉书》卷四九《王符传》，中华书局1965年版，第1633页。

③ 《宋书》卷五四“史臣曰”有云：“田家作苦，役难利薄，亘岁从务，无或一日非农，而经税横赋之资，养生送死之具，莫不咸出于此。”（第1540页）

④ 黎虎：《原“吏民”之四——略论“吏民”的一体性》，《中国经济史研究》2007年第3期。后收入所著《先秦汉唐史论》下册，北京师范大学出版社2016年版，第523—534页。

社会发展迟滞的根本原因。长期生活在这种封闭环境中的人民，其所接触的只有君主专制与集权，以为世界本当如此，天经地义，于是君主专制集权成为与生俱来的社会意识，从而形成独具东方特色的传统文化。

这种大环境的另一特点是其周边关系的复杂和险恶，被诸多社会发展滞后而经济形态与中原地区不同的族群环伺，《周礼·职方氏》有所谓"四夷、八蛮、七闽、九貉、五戎、六狄之人民"，他们无不觊觎垂涎于这个大粮仓里的粟米布帛，"而亟病中国"，使得立国于中原硕大农业经济区之上的政权面临易攻而难守的困境，"南夷与北狄交，中国不绝若线"。于是统一的专制集权成为必要，"桓公救中国而攘夷狄……以此为王者之事也"。把抵抗四夷入侵视为"王者之事"，"言桓公先治其国以及诸夏，治诸夏以及夷狄，如王者为之"①，保护中原农业区成为统一的专制集权的催化剂。

二　王权"众庶"社会——夏商西周至战国时期

"氏群"阶段后期，历史从"无君群聚社会"进入了"王权众庶社会"的崭新时代。从夏王朝开始，中国历史正式进入君主时代。"王权众庶社会"先后经历了两个发展阶段：第一阶段为夏商西周时期，这是王权众庶社会的形成和逐渐成熟阶段，其中夏朝是雏形阶段，商和西周则为成熟阶段，具有典型性、代表性。第二阶段为春秋战国时期，其中春秋时期是变化阶段，战国时期是变化的完成阶段，为进入下一个历史时代——"皇权吏民社会"做好了准备。

夏、商和西周的政体是王权体制。相对于"氏群"阶段的"大人"来说，王权是集权的、专制的，但是对于第三时代的皇权来说，王权又是相对弱小的、分散的。王权是建立在分封制基础上的相对集权、相对专制，皇权则是建立在郡县制基础上的绝对集权、绝对专制，二者有明显区别。王权相对于皇权来说要弱小，这是因为王权是分散的，其权力被分散于众多诸侯和大小宗族，尽管他名义上是"天下"的共主。王对于作为其统治基础的广大"众庶"的掌控，也是分散而曲折的，与后来

① （汉）公羊寿传，（汉）何休解诂，（唐）徐彦疏，浦卫忠整理，杨向奎审定：《春秋公羊传注疏》卷一〇，僖公四年，北京大学出版社2000年版，第249页。

的皇权对于其统治基础的“吏民”那种一竿子插到底式的严密掌控有所区别，因为王只能直接掌控王室所属“众庶”，对于数量更多的“众庶”，则必须通过诸侯、宗族进行程度不同的间接掌控。

“众庶”系从前一时代的“氏群”演变而来的。商周时期的“众庶”，在甲金文中或称为“众”“众人”“庶民”“庶人”等，他们是王族的族众①。作为“王权‘众庶’社会”的基本民众、主要劳动者，“众庶”是王权赖以存在、发展的基础。

第二时代的社会结构，以王权与“众庶”所构成的有机统一体，为这个时代社会结构中的主体，也是这个社会诸矛盾中的主要矛盾。需要指出的是，这个主要矛盾关系是由原生王权及次生王权与“众庶”的矛盾关系综合构成的，从而形成层级性、多元性的王权与“众庶”矛盾关系，这是这个时代的特点。我们将王朝创建者的王权称为原生王权，由原生王权所分封的诸侯、卿大夫等不同层级的局部性权力实体称为次生王权，因为他们是王权在不同层级中的延伸和扩散，他们在自己的疆土范围内也实行如原生王权那样的的统治方式，到了春秋时期他们纷纷称王就是这一原生王权延伸和扩散的必然的、后续的效应。除了上述主要矛盾关系之外，其重要者尚有原生王权及次生王权与“野人”的矛盾关系。三代有所谓“国野之分”，“邑外曰郊，郊外曰野”②。城邑及其外之郊均属于“国”，郊之外的广大地区属于“野”。王族及其族人“众庶”居于“国”中，故谓之“国人”，他们是有政治权利的族众；“没有政治权利”的“被征服者、战俘、或移民”，即先秦古籍中的“甿”“氓”“萌”等，住在“野”，被称为“野人”③。论者往往笼统将“国”“野”关系谓之“国野对立”，其实“国野对立”主要是原生王权与次生王权与

① 许慎曰：“众，众与词也。”何谓“众与”？段玉裁注曰，乃“多与也，所与非一人也。”（《说文解字注》八上《乑部》，第387页）何谓“与”？许慎曰：“党与也。”段玉裁注曰：“党，当作攩，攩，朋群也。”（《说文解字注》三上《舁部》，第105页）指同党之人，故“众”乃指具有亲族、宗族关系之人。许慎曰：“庶，屋下众也。”（《说文解字注》九下《广部》，第445页）强调其为同一屋檐下之众人，此指具有血缘关系之本宗族民众之意更为明显。故“众”或“庶”，除现代汉语泛指“众多”或“民众”之意外，作为古文字乃指具有第二时代特征而有着血缘宗族关系之民众。

② 《毛诗正义》卷二〇《鲁颂·駉之什·駉》，第1629页。

③ 陈恩林：《先秦军事制度研究》，吉林文史出版社1991年版，第6、8页。

“野人”的对立，因为“野人”被王权统治者用于农耕和其他役使。所以，“国野对立”也是三代时期上述主要矛盾关系之外的又一重要社会矛盾关系。

夏虽然还属于传说的时代，但是其存在的真实性应该是可信的。考古发现的二里头遗址的年代与地理位置恰好在文献记载的夏后期居邑的时空范围之内，其中发现大型宫殿、宫城遗迹，以及诸多青铜礼器、兵器，表明这是一个具有国家水平的权力中心[1]。夏少康在有虞氏期间“有田一成，有众一旅”[2]，说明其时夏也以族“众”进行农耕和作战，后得以中兴。“夏有乱政而作禹刑”[3] 的记载，表明当时已经有了刑法。这些都说明夏朝已经粗备国家雏形。

殷代的“众”或“众人”是主要的生产者，亦即社会财富的主要创造者，因而成为商代王权存在发展的基础。卜辞记载表明商王直接控制着许多“众”或“众人”，云：

> 戊寅卜，宾贞：王往以众黍于囧。二。（《合集》10）
> 贞；惠小臣令众黍。一月。二。（《合集》12）
> 丙辰卜，争贞：呼耤于陮，受有年。二告。（《合集》9504 正）
> 己亥卜，贞：令[illegible]小耤臣。（《合集》5603）
> 贞：惠[illegible]呼小众人臣。（《合集》5597）
> ［王］大令众人曰劦田，其受年。十一月。（《合集》1）

上述卜辞表明，商王直接控制着“众”或“众人”为其进行农业劳动，通过“小臣”“小耤臣”“小众人臣”等低级官吏指挥，或直接下达命令让“众”或“众人”进行农业劳动。

除农业劳动以外，“众”或“众人”还必须为商王当兵打仗，如第一期卜辞：“贞：王勿令𠦪氏众伐𢀛方。𢀛”（《合集》28）这是卜问是否需

---

[1] 《中国古代国家起源与形成研究》，第 185 页。

[2] （周）左丘明传，（晋）杜预注，（唐）孔颖达正义，浦卫忠、龚抗云、胡遂、于振波、陈咏明整理，杨向奎审定：《春秋左传正义》卷五七，哀公元年，北京大学出版社 2000 年版，第 1855 页。

[3] 《春秋左传正义》卷四三，昭公六年，第 1413 页。

要派遣叫𠭯的族长率领其族众前往征伐𢀛方。“氏”即致，“𢀛方”是殷代的一个敌国。再如：“贞：登人三千，乎伐𢀛方，受㞢又。”（《合集》6168）这是卜问是否征召三千众人前去征伐𢀛方。“登”是征召会聚，“乎”有命令之义。这里的“人”即众人①。“众”或“众人”还需为商王田猎，如：“贞：乎众人出麋，克。”（《合集》15）这是殷王占问是否命令众人逐麋。“众”或“众人”还要为商王服徭役，如：“甲午贞：其令多尹作王寝。二。”（《合集》32980）这是商王占问是否命令众多族长召集族众为商王建造宫室，“尹”是“族尹”，其族众自然是众人。

由此可见，“众”或“众人”乃是商代的主要劳动者，他们需要承担农耕、作战、徭役等义务，亦兵亦农，他们分别属于商王或各宗族，随时听候商王的召唤。“众”或“众人”不仅掌握在商王手中，也分别掌握于贵族、宗族手中。

西周在商王朝的基础上继续控制着“众庶”。《大盂鼎》记载西周康王册命贵族名盂者出任王室官职，首先强调周王“匍有四方，畯正氒民”，统治着四方广大土地和民众，然后依照先王法度册命盂协助王室治理天下，因而向他“受民受疆土”：

> 赐女邦司四伯，人鬲自驭至于庶人，六百又五十又九夫；赐夷司王臣十又三伯，人鬲千又五十夫，逦竊迁自厥土。②

康王赏赐盂四位王室官员，并带领从“驭”到“庶人”六百五十九人；赏赐夷人而为周臣者十三人，并率领一千零五十人。“人鬲”即人数③。夷司王臣所率领的可能是“野人”④。这1709人就是周王赏赐给盂，用以为其耕作或其他劳役的“众庶”和“野人”。最后命令这些赏赐给盂的人员急速自其原居地迁往宜地。《大盂鼎》铭文表明，周王统辖的人口由两

---

① 张政烺：《卜辞裒田及其相关诸问题》，《考古学报》1973年第1期。

② 《大盂鼎》，中国社会科学院考古研究所编：《殷周金文集成》2837号，中华书局1984—1994年版。

③ 李学勤：《大盂鼎新论》，《郑州大学学报》（哲学社会科学版）1985年第3期。

④ 三代有“国”“野”之分，“城内为国”，住在城内者为国人，即王族之“众庶”；住在郊野者为野人，即被征服族或俘虏。

部分构成，一部分是王室直接管理的族人，由“邦司”所率领的659人即是；另一部分是当地人，由“夷司王臣”所率领的1050人即是。

宜侯夨簋也是西周康王时器，铭文记载康王封宗室名夨者为宜侯：

> 赐土：厥川三百□，厥□百又廿，厥宅邑卅又五，厥□百又卌，赐在宜王人十又七生，赐奠七伯，厥盧□又五十夫，锡宜庶人六百又□六夫。①

康王赐给宜侯夨土地、住宅之外，还有许多人口，其中的“在宜王人”是已经迁在宜地的王室所统辖人口，“宜庶人”则是当地的族人。

西周的众庶与商代一样，也是农业的主要劳动者。所谓“庶人食力”② “庶人力于农穑”③ 等记载，就反映了这一点。上述赏赐盂、宜侯夨的众庶，正是他们所得到的土地上的耕作者。在举行籍田礼时，“王耕一墢，班三之，庶民终于千亩”④，表明庶民是农业生产的主力。

众庶不仅是农业的主要劳动者，同时还要承担兵役、徭赋等。《周礼》所载军礼中的“五大”之礼，虽曰“军礼”，实则反映了众庶沉重的赋税徭役负担。郑玄解释道：“大师之礼，用众也”，乃“用其义勇”；“大均之礼，恤众也”，乃“均其地政、地守、地职之赋，所以忧民”；“大田之礼，简众也”，乃“古者因田习兵，阅其车徒之数”；“大役之礼，任众也”，乃“筑宫邑，所以事民力强弱”；“大封之礼，合众也”，乃“正封疆沟涂之固，所以合聚其民”⑤。这“五大”之礼全部是针对众庶的，包含了众庶所承担的兵役、徭役、赋税等负担。夏、商、周王朝是建立在众庶及其劳动的基础之上的。这个时期的社会主要矛盾是王权与众庶的矛盾，正是这个主要矛盾决定了王权统治的兴衰成败。

夏王朝之所以被其诸侯商族推翻，是因为商人利用了夏王朝内部众

---

① 《宜侯夨簋》，《殷周金文集成》4320。

② 《国语集解》卷二《周语中》，第50页。

③ 《春秋左传正义》卷三〇，襄公九年，第1000页。

④ 《国语集解》卷一《周语上》，第18—19页。

⑤ （汉）郑玄注，（唐）贾公彦疏，赵伯雄整理，王文锦审定：《周礼注疏》卷一八《春官宗伯·大宗伯》，北京大学出版社2000年版，第549页。

庶与夏王激烈的矛盾，商汤在讨伐夏桀的誓师大会上历数夏桀的罪状曰："夏王率遏众力，率割夏邑。有众率怠弗协，曰：'时日曷丧？予及汝皆亡？'夏德若兹，今朕必往。"何谓"率遏众力"？"言（夏）桀君臣相率为劳役之事以绝众力，谓废农功。"何谓"率割夏邑"？乃"相率割剥夏之邑居，谓征赋重"。何谓"率怠弗协"？是指众庶"相率为怠惰，不与上和合"。也就是说，夏王朝对于众庶的剥削和压迫已经超过了其能够忍受的限度，彼此间的矛盾已经发展到不可调和的地步，从而给虎视眈眈的商汤提供了机会。而商汤为了征伐夏桀，也必须首先动员自己的众庶并做好他们的"思想工作"，他对商众说："格尔众庶，悉听朕言。非台小子，敢行称乱。有夏多罪，天命殛之。今尔有众，汝曰：'我后不恤我众，舍我穑事，而割正夏。'予惟闻汝众言：夏氏有罪，予畏上帝，不敢不正。"① 从中可知，商族的众庶对商汤"夺民农功而为割剥之政"也有怨言，商汤为了平息众庶的不满，除了从正面讲清楚伐夏的必要性之外，还对众庶加以威胁，说道："尔不从誓言，予则孥戮汝，罔有攸赦。"② 充分表现出王权对于众庶的暴力性。从表面上看，夏王朝是被商汤推翻的，实际上却是被夏的"众庶"和商的"众庶"一起推翻的。武王伐纣与此同理，他在誓师词中历数商王纣的罪行，说："今商王受，弗敬上天，降灾下民。沉湎冒色，敢行暴虐，罪人以族，官人以世，惟宫室、台榭、陂池、侈服，以残害于尔万姓。"③"狎侮五常，荒怠弗敬。自绝于天，结怨于民。"④ "俾暴虐于百姓，以奸宄于商邑。"⑤ "暴殄天物，害虐烝民。"⑥ 概括武王的誓词，就是说纣王的倒行逆施表现为政治腐败，穷极奢侈，暴虐百姓，残民以逞。这些罪行归结为一点，那就是自绝于人民，人民因为忍无可忍，只能起来推翻这个残暴腐败的政权。商纣王的罪行与夏桀的罪行如出一辙，周武王之趁机而起号召"众庶"推翻商王朝，

---

① （汉）孔安国传，（唐）孔颖达疏，廖名春、陈明整理，吕绍纲审定：《尚书正义》卷八《汤誓》，北京大学出版社 2000 年版，第 227—228 页。

② 《尚书正义》卷八《汤誓》，第 228 页。

③ 《尚书正义》卷一一《泰誓上》，第 321—322 页。

④ 《尚书正义》卷一一《泰誓下》，第 331 页。

⑤ 《尚书正义》卷一一《牧誓》，第 339 页。

⑥ 《尚书正义》卷一一《武成》，第 345 页。

与商汤之推翻夏王朝亦如出一辙，历史在重演。其中贯穿着一个千古不变的铁律，“众庶”是王权的统治基础，基础不稳则地动山摇。

古代的有识之士也曾不断总结王权与“众庶”的关系问题，希望从中吸取经验教训。春秋时晋国乐师师旷与晋悼公就曾讨论过这个问题。晋悼公说：“卫人出其君，不亦甚乎？”师旷认为：“民奉其君”则君应当“养民如子”，如果“百姓绝望”，则“弗去何为”？既然“天生民而立之君”，则君主对民众的役使必须保持在一定的限度之内，“勿使过度”[①]。用我们今天的话来说，就是君主和众庶的矛盾必须保持在一定限度之内，剥削压迫不能过度，过度了矛盾就不可调和了，由双方所保持和谐统一的矛盾统一体就将破坏。如果“一人肆于民上，以从其淫，而弃天地之性”，则民众必然起而推翻这个“一人”[②]。

中国历史进入君主时代之后，决定历史走向和社会性质的关键有两个：一个是对权力的掌控，一个是对人力的掌控。掌控了权力就掌控了一切，其中一个关键是掌控了人力，两者互为因果。掌控权力方式的不同，决定掌控人力方式的不同，反之亦然。掌控权力的方式表现为从王权到皇权，亦即由相对专制集权到绝对专制集权的演变；掌控人力的方式表现为从掌控“众庶”到掌控“吏民”，亦即由血缘性、群体性的相对掌控到地域性、个体性的绝对掌控的演变。

到了春秋战国时期，历史发生剧烈变化，尽管这个时期的变化纷繁复杂，但有两个变化最为重要，具有历史方向性意义，一是由王权向皇权的演变，二是由“众庶”向“吏民”的演变。

先说由王权向皇权的演变。

夏商周时期确立起来的王权体制，到春秋时期开始发生变化，这一变化进程始于西周的衰微。随着西周时期封邦建国制度的推行，建立起众多大小封国，一些条件比较优越的封国在长期竞争之后脱颖而出，不断形成地区性霸主。这些霸主又经过长期的角逐，最终形成战国七雄。

对于西周王权的衰落趋势，文献已有清晰表述：“国家之立也，本大而末小，是以能固。故天子建国，诸侯立家，卿置侧室，大夫有贰宗，

---

① 《春秋左传正义》卷三二，襄公十四年，第1063页。

② 《春秋左传正义》卷三二，襄公十四年，第1066页。

士有隶子弟，庶人、工、商各有分亲，皆有等衰。是以民服事其上，而下无觊觎。”[①] 所谓“本大”是指西周王权，所谓“末小”是指诸侯。但时至春秋，这种等级秩序遭到破坏，“平王之时，周室衰微，诸侯强并弱，齐、楚、秦、晋始大，政由方伯。”[②]“天下有道，则礼乐征伐自天子出；天下无道，则礼乐征伐自诸侯出。”[③] 西周是“天下有道”时期，春秋则进入“天下无道”时期了，王权日益下移、割裂，由天子而诸侯而卿大夫。西周时期唯周室称王，诸侯一般称公或侯，春秋时期诸侯开始称王，起初唯楚称王，到了战国时期称王的国家越来越多，周显王四十六年（前323）魏与韩、赵、燕、中山“五国相与王”[④]，连中山这样的小国也要称王了。在普遍称王的基础上进而称“帝”，秦昭襄王十九年（前288）称“西帝”，同时遣使如齐尊之为“东帝”[⑤]。国君称号的升级，表明战国七雄对于加强权力的渴望和趋势。王权从表面上看在日益下移、割裂，实际上却潜藏着权力日益强化和集中的汹涌潮流，因为与此同时各国都在大力加强君主权力，集权于中央的政治改革在各国争相展开，“相”的设置为其重要标志，管仲“相”齐是较早的事例，“张仪相秦”则得到了考古资料秦兵铭文“相邦义之造”[⑥] 的证实。与设“相”同时，还设置武官之长“将”，新郪虎符铭文“右在王，左在新郪”[⑦]，表明兵权也在日益加强中央集权。与中央权力趋向集中同时，地方政权也发生重大变革，最重要的莫过于将原属贵族的封邑逐步改为中央所属的郡县。鲁庄公十八年（前676）楚武王攻占权地，任命其大夫斗缗“尹之”，史言“楚官多以尹为名，此灭权为邑，使缗为长，故曰尹也”[⑧]。这是一种崭新的制度，不再将攻占的地方封给贵族作为私邑，而是将其变为国家

---

① 《春秋左传正义》卷五，桓公二年，第177—178页。

② 《史记》卷四《周本纪》，第149页。

③ （魏）何晏注，（宋）邢昺疏，朱汉民整理，张岂之审定：《论语注疏》卷一六《季氏》，北京大学出版社2000年版，第254页。

④ （西汉）刘向集录，范祥雍笺证，范邦瑾协校：《战国策笺证》卷三三《中山策》“犀首立五王”条，上海古籍出版社2006年版，第1852页。

⑤ 《史记》卷五《秦本纪》，第212页；卷四六《田敬仲完世家》，第1895页。

⑥ 陈邦怀：《金文丛考三则》，《文物》1964年第2期。

⑦ 陈直：《秦兵甲之符考》，《西北大学学报》（哲学社会科学版）1979年第1期。

⑧ 《春秋左传正义》卷九，庄公十八年，第297页。

直辖的地方。这种性质的地方后来陆续被称为县或郡，于是中央政府所辖郡县日益增多，从而大大强化了中央对地方的控制，这是中央集权在地方政治上的表现。到战国末年，君主中央集权的政治体制基本完成，这种情况下，只要将国王称号改变一下，皇权体制便水到渠成而登上历史舞台了。

王权与皇权既有联系又有区别。王权是君主的相对专制，其对权力的掌控是多元的，表现出层级性、分散性的特点，即所谓“王臣公，公臣大夫，大夫臣士”[①]“公食贡，大夫食邑，士食田，庶人食力”[②]。不仅周天子的权力分散于不同层级的诸侯，不同层级的诸侯又将权力分散于不同层级的卿、大夫、士乃至大大小小不同的宗族。皇权与之不同，乃是君主的绝对专制，是一元性的中央集权。

再说由“众庶”向“吏民”的演变。

“众庶”与“吏民”的区别在于前者是多元性的宗族所有制，后者是一元性的“国有制”。“众庶”分别统辖于大大小小的宗族，分别属于王或各级诸侯贵族等人。“吏民”则全部收归国有，其所有权是一元的、集中的，直属于最高统治者皇帝。因此，第三时代的基本民众，我们不能称之为“众庶”而称之为“吏民”。因为血缘宗族关系虽然在第三时代的民众中仍然存在，但是他们已经不像第二时代那样强烈并完全以血缘宗族关系来进行编制，而是打破血缘宗族关系而按照地缘关系来进行编制。正如“吏民”不能用于第二时代，“众庶”也不能用于第三时代，它们都是属于各自时代的特定的称谓。

由“众庶”转化为“吏民”，其转化的关键措施在于编户制度的建立。春秋战国时期一个重要的社会变化，是随着分封制的式微，诸侯“各君其土，各役其民”[③]的血缘性地方统治体制逐渐被地缘性郡县乡里制所取代。这个变化为“众庶”之全部收归“国有”创造了政治制度的前提和保证，在这个基础上进一步的关键性措施就是确立编户制度。对

---

① 《春秋左传正义》卷四四，昭公七年，第 1425 页。

② 《国语集解》卷二《周语中》，第 50 页。

③ （清）王夫之著，舒士彦点校：《读通鉴论》卷一五《孝武帝·七》，中华书局 1975 年版，第 444 页。

于中国古代编户制度，学者曾作过许多探讨，或认为在春秋中晚期就已经产生。迄今所见文献确切记载的编户制度是在秦献公十年（前375）“为户籍相伍”①。及至秦统一全国，便将这种编户制度推行于全国，“众庶”从此变成“吏民”——皇帝直接统治所有的编户齐民，此后二千余年专制皇权的统治基础自此形成。

中国古代历史发展演变的关键性问题之一是对人力即人口的掌控，如何掌控人口及掌控人口的方式，决定了历史形态的演变。中国古代对人口掌控演变的基本趋势是从无到有，从宽到严，直至最后每一个社会成员都被紧紧地掌控在专制皇权的手中；中国古代人口掌控的发展演变，正决定了中国古代政治体制从无君到有君主，从王权到皇权的发展演变过程。中国所处自然地理、政治地理环境，周边没有强大而先进的国家，没有更多的其他资源，唯一的重要资源是人口。人口与另一重要资源土地结合，成为社会财富的基本来源。一部中国史在某种意义上可谓一部人口掌控史，由松散而严格。无君时代的人口，并无严格掌控，由“姓”群向“氏”群松散演进，王权时代的人口掌控进了一步，呈现紧缩的趋势，人口由“氏”群缩小为天子、诸侯和大小宗族掌控下的“众庶”，即宗族人口为王与诸侯所分别直接或间接掌控。随着对人口的控制越来越紧，直至历史进入皇权时代，最终人口全部纳入皇权掌控之下，众庶被分化为个体，编制于户籍之中，被称为“吏民”。还要特别指出的是，皇权时代对于人口的掌控不仅限于将“吏民”纳入编户，皇权时代的人口掌控是包括人身和精神两个方面的，人身方面通过“重农抑商”“地著”等而将“吏民”束缚于土地，精神上则从秦朝的“以吏为师”“以法为教”，到汉代“独尊儒术”“以孝治天下”及其后的“三纲五常”等，将吏民的思想控制在皇权体制之中。从人身到精神束缚着吏民，匍匐于权力而无应有的尊严②，从而严重抑制了他们的自主性、创造性，导致中国

① 《史记》卷六《秦始皇本纪》附《秦纪》，第289页。

② 英王乔治三世派遣马戛尔尼为使，于清高宗乾隆五十七年至五十九年（1792—1794）间访华。据副使斯当东的观察：“中国普通老百姓外表非常拘谨，这是他们长期处在铁的政权统治之下自然产生出来的。在他们的私生活中，他们是非常活泼愉快的，但一见了官，就马上变成另外一个人了。”（［英］斯当东：《英使谒见乾隆纪实》，叶笃义译，上海书店出版社2005年版，第245页）

历史发展的缓慢乃至萎靡，最终在与其他国家的竞争中落伍①。

三 皇权“吏民”社会——秦至清

公元前221年秦始皇统一中国，宣告历史进入了第三时代——“皇权吏民社会”，直至清朝被推翻为止。从第二时代到第三时代，主要发生两个方面的转变：从权力掌控方式来说，是从王权体制到皇权体制的转变；从人口掌控方式来说，是从血缘性的“众庶”到地域性“吏民”的转变。

权力的掌控在皇权“吏民”社会达到了登峰造极的地步。第二时代的王权是多元的、分散的，加以其时的中国并非统一的国家，故其集权是相对的；皇权体制则基本上是在统一国家中掌控权力，实行中央集权的皇帝专制，皇权是一元的、高度集中的，权力是绝对的。② 掌控了皇

① 清高宗乾隆五十八年（1793）马戛尔尼使团进入京津地区，副使斯当东观察到：“所经过的地方以及河的两岸，大多数房子都是土墙草顶的草舍。也有很少一些高大、油漆装饰的房子，可能是富有者的住所。很少看到中等人家的房子。在其他国家里，富有者和赤贫之间，还有着许多不同等级的中等人家。”（《英使谒见乾隆纪实》，第238—239页）多数为“赤贫”，少数为“富有者”，而很少“中等人家”，正是中国古代社会经济落伍的突出体现，更不必说政治上、科技上的落伍了。

② 皇权体制基本上是在统一国家中对全部权力进行掌控的观念，自皇权政治建立起，就已成为一种“共识”。据《史记》卷六《秦始皇本纪》载：“阎乐归报赵高，赵高乃悉召诸大臣公子，告以诛二世之状。曰：‘秦故王国，始皇君天下，故称帝。今六国复自立，秦地益小，乃以空名为帝，不可。宜为王如故，便。’立二世之兄子公子婴为秦王。以黔首葬二世杜南宜春苑中。令子婴斋，当庙见，受王玺。”（第275页）又，同书卷八《高祖本纪》记：汉高祖五年（前202），“正月，诸侯及将相相与共请尊汉王为皇帝。汉王曰：‘吾闻帝贤者有也，空言虚语，非所守也，吾不敢当帝位。’群臣皆曰：‘大王起微细，诛暴逆，平定四海，有功者辄裂地而封为王侯。大王不尊号，皆疑不信。臣等以死守之。’汉王三让，不得已，曰：‘诸君必以为便，便国家。’甲午，乃即皇帝位汜水之阳。”裴骃集解引蔡邕曰：“上古天子称皇，其次称帝，其次称王。秦承三王之末，为汉驱除，自以德兼三皇、五帝，故并以为号。汉高祖受命，功德宜之，因而不改。”（第379—380页）赵高主张立秦公子婴为秦王而不再继续称皇帝，是因为其时“六国复自立，秦地益小”，失去了“君天下”的资格。而诸侯、将相之所以共同推尊刘邦称皇帝而不再继续称“汉王”，则是因为刘邦“平定四海”，再次统一了天下，因而具备了“君天下”的资格，在这种情况下如果“不尊号”则“皆疑不信”，只有称皇帝才是“便国家”的行为。这清楚地表明只有天下一统并掌控国家全部权力，就可以确立“君天下”的皇权统治，因为皇权专制政治的基本特征就是所有权力均集中于皇帝一人之手的绝对控制，这种高度集权的一元制统治，也唯有在统一国家中掌控全部权力后才具备实现的条件。正是在这个观念的支配下，分裂割据时代的各个政权无不以统一天下作为终极性政治目标，大一统也因此成为秦以后中国历史发展演变的主旋律。

权，就实现了对于全部的政治、经济、文化的掌控[①]，这个体制在中央以听命于皇帝的宰相制度为辅佐，通过州郡县地方行政体系直至基层乡里，实现对于全国、全社会的直接掌控[②]。从王权到皇权的转变是在人力掌控之从“众庶”到“吏民”的转变基础上实现的。“众庶”是血缘性的、宗法性的，是各级王侯公卿大夫的分散性、群体性属民，为多元性的掌控；“吏民”则是地缘性的国家编户齐民，全部直属于皇帝，其掌控是一元的、绝对的。掌控了“吏民”则对于全部政治、经济、文化的全面掌控就有了依据和活水源头。在皇权体制下，没有一个阶级可以成为社会的主导者，唯一的主导者就是皇权。

“皇权吏民社会”可以分为两个阶段，第一阶段从秦至元，第二阶段从明至清。秦始皇确立的皇权体制，直到明清才有较大变化，中国历史发展之缓慢于此可见。这个变化主要表现为将权力的掌控推向极致和人口的掌控有所松动两个方面：

一方面，由皇帝专制体制演变为皇帝独裁体制，这一变化肇端于宋。史言：“及大宋受命，太祖、太宗知天下之祸生于无礼也，于是以神武聪明，躬勤万机，征伐刑赏，断于圣志，然后人主之势重，而群臣慑服矣。”[③] 在制度层面上则确立于明代，以朱元璋废除丞相制、设立内阁制为标志，将权力全部收归皇帝独断：“自洪武十三年（1380）罢丞相不设，析中书省之政归六部，以尚书任天下事，侍郎贰之。而殿阁大学士只备顾问，帝方自操威柄，学士鲜所参决。”内阁只是协助皇帝阅批奏章、充当顾问，中央六部直接向皇帝负责，执行皇帝的命令，从秦汉以

---

① 晚清小说《官场现形记》中，一个人中了举人就是“做了皇帝家人了”；不论大小官都是“皇上家的官”；地方官的职责是“替皇上家收钱粮”；率部征讨土匪，是“替皇上家打土匪”；法律被称为“皇上家的王法”［（清）李伯元：《官场现形记》，上海古籍出版社 2011 年版，第 5、150、127、257、479 页］……总之，世间一切都是“皇上家”的，皇权及皇权观念渗透、弥漫于全社会乃至人的头脑中。这是我们的父辈、祖辈曾经生活的时代，不过距离我们今天百年而已。

② 何谓“皇权政治”？皇权政治并非仅仅表现为皇帝专权，而是以皇帝专权为核心，以皇权所派生的官僚体制为依靠，以吏民为统治基础，以皇权思想和文化为灵魂，这四者四位一体共同构成完整的皇权政治体系。其中皇帝专权、官僚体制、皇权思想和文化三者相互配合，共为表里，缺一不可，从而实现对于全体“吏民”在政治、经济、文化上的统治。

③ （宋）李焘撰，上海师范大学古籍整理研究所、华东师范大学古籍研究所点校：《续资治通鉴长编》卷一九六，宋仁宗嘉祐七年，中华书局 1995 年版，第 4748 页。

来的宰相制度宣告退出历史舞台，从而把秦汉以来的皇权专制体制变为皇帝独裁体制。洪武二十八年（1395）严申："以后嗣君，其毋得议置丞相。臣下有奏请设立者，论以极刑。"① 清朝继续明朝这一体制，以南书房、军机处作为皇帝的顾问以及诏旨的撰拟之所，皇帝直接掌控决策、行政、司法和军事等各方面大权。

另一方面，从秦汉以来确立的对于"吏民"的完全、彻底的严密掌控有所松动。尽管从隋唐以后国家对于"吏民"的控制便已开始逐渐松动，但从国家政策层面明确体现出来，却是从明朝中期实行一条鞭法肇其端，具体表现为将原来按人丁进行的征役摊入田亩，出现了摊丁入亩的趋势，但推行尚不彻底。清朝进一步推行"摊丁入地"制度，雍正时将"丁银"并入田赋，"丁徭与地赋合而为一，民纳地丁之外，别无徭役矣"②。至此，从秦汉以来所实行的人头税正式取消，皇权对于"吏民"的人身束缚有所松动。由于政府放松对户籍的控制，增加了大量可以自由流动的劳动力，对工商业的发展、活跃起了积极作用。人丁税的取消，使"吏民"不必隐匿户口，故从雍正之后全国人口迅速增加，由顺治十八年（1661）的 1913 万人猛增到乾隆五十五年（1790）的 3.01 多亿人，③ 这与皇权对人口控制的松动有很大关系。上述看似矛盾的两个方面，正是这个历史时代已经走到了它的末世的反映。

以铁制农具和牛耕为基本手段的小户型农业是"皇权吏民社会"赖以存在和发展的经济基础，从秦汉至明清这一基本模式没有发生根本性变化，表明这一社会经济模式与"皇权吏民社会"的相需性、相适性、凝固性。但是，两者之间的相适应并非一以贯之、一帆风顺，而是表现为周期性的跌宕起伏，适应——不适应——适应，循环往复，周而复始。皇朝建立之始，由于两者之间基本相适应，故体现为社会经济、政治之上升态势；发展到后来，由于皇权统治超限剥削压迫吏民，破坏了两者之间的平衡，吏民被迫抗争，推翻旧皇朝，其后新的皇朝取而代之，重

① （清）张廷玉等撰：《明史》卷七二《职官志一》，中华书局 1974 年版，第 1729、1733 页。

② 赵尔巽等撰：《清史稿》卷一二一《食货志二》，中华书局 1977 年版，第 3546 页。

③ 参见梁方仲编著《中国历代户口、田地、田赋统计》甲编《甲表 74. 清顺治、康熙、雍正三朝的人丁及田地数》《甲表 76. 清乾隆、嘉庆、道光三朝的人口数及存仓米谷数》，上海人民出版社 1980 年版，第 248、252 页。

新调整两者关系，形成了新的平衡，相互适应的状态得以再次恢复。中国古代从秦至清的历史就得以这样缓慢地延续了两千年之久。进而言之，我们还可以将这种权力掌控下的农业社会形态追溯到秦以前，从“氏群”时代到清一脉相承，这样的社会结构基本上没有根本性变化，踽踽而行已经五六千年之久。

以下从四个方面说明“皇权吏民社会”的主要特征。

（一）“吏民”是皇权体制下的编户齐民

“吏民”一词始见于战国，此后直至明清时期，一直被历代频繁使用。“吏民”，亦通常所谓之“农民”或“编户齐民”，两千年间名称多样，“黔首”“百姓”“民”“细民”“小民”“编户”“齐民”等皆是。其中“吏民”一词的社会历史内涵最具丰富性和代表性，从户籍制度而言，它是国家的编户齐民；从社会结构而言，它是社会金字塔的底层；从国家统治而言，它是各级政府管治的基本民众①。由于“吏民”统一编入国家户籍，管理“吏民”户籍遂成为中央政府的一项重要职能，如汉代所设“尚书郎”四员，其中有“一人主羌夷吏民，一人主户口垦田”②。

何以不用“农民”或“编户齐民”而用“吏民”这个词呢？一方面人们多从职业的角度界定“农民”，这一概念的核心应是“以农为业”，实际上“吏民”的成分构成复杂，尽管其主体是“农民”，但并非单一的“农民”，如用“农民”则有以偏概全之虞。另一方面，中国学术界在视地主与农民为社会的主要矛盾这一观念支配下，往往并不将地主乃至富农视为农民，而把他们视为剥削阶级，只是将中农、贫农乃至赤贫视为农民，因为他们是被剥削阶级。但实际上，所谓地主或富农也是以农为业，因此也都是农民。如果使用农民这一称呼，就把农业生产中的重要成分——地主乃至富农排除在外了。至于“编户齐民”，虽较“农民”稍

---

① 详见拙文《“吏民”的社会属性——原“吏民”之二》，《文史哲》2007年第2期，后收入拙著《先秦汉唐史论》下册，第473—486页；《“吏民”即编户齐民——原“吏民”之三》，《中华文史论丛》2007年第2期，收入拙著《先秦汉唐史论》，第487—522页。

② （唐）房玄龄等撰：《晋书》卷二四《职官志》，中华书局1974年版，第731页；（唐）杜佑撰，王文锦、王永兴、刘俊文、徐庭云、谢方点校：《通典》卷二二《职官四·尚书上》“历代郎官”条，中华书局1988年版，第603页；（唐）李林甫等撰，陈仲夫点校：《唐六典》卷一《尚书都省》“左、右司郎中”条注，中华书局1992年版，第8页。

胜一筹，但是其构成的不稳定性也是不容忽视的：一则编户民之隐匿、脱籍是常见现象，尤其在皇权统治危机时期，流民、逃户更是大规模地发生；二则从制度而言，也存在某些不确定性，如北宋有官户、主户、客户等区别，其中有的已经不在一般的编户之内，时“天下户口，日当耗失，小则去为商贾、为客户、为游惰”[①]，将“客户”与“商贾”“游惰”并列，其不稳定性于此可见。故以“编户”为称也不完全妥当。尽管“吏民”的具体内涵也在不断变化之中，但其为广大基层民众的意涵却始终未变。

以往我们并不清楚“吏民”的具体内涵，因为传世文献并无明确记载，现在长沙走马楼吴简首次为我们提供了关于“吏民”的内涵、性质的第一手丰富资料。《嘉禾吏民田家莂》一书所载主要为嘉禾四、五两年（235、236）长沙郡境2137户[②]“吏民”交纳赋税的明细簿籍，其基本登录格式为：“××丘（里）××（身份）××（姓名），田（若干），米、钱（若干）……”。“身份”栏中分别为“男子”“大女”“州吏”“郡吏”“县吏”“州卒”“郡卒”“县卒”“军吏”“复民”“士”等。吴简将这些普通农民（男子、大女）、州郡县吏、军吏、州郡县卒、复民、士等六种身份的人民统统称之为“吏民”。吴简的发现，使我们第一次得以看到“吏民”这一概念的具体内涵，所谓“吏民”并非单纯指普通农民（如上述“男子”“大女”），而是包含了乡里基层编户中的各种各类人员，除了普通农民之外，还有吏、卒、军吏、复民、士等不同身份的人群。可以说，凡编制于乡里基层之中的编户均属“吏民”的范畴[③]。各种身份的人与普通农民一样，在地方政府的簿籍中一律被称为“户人”，如：

---

① 《续资治通鉴长编》卷二二四，宋神宗熙宁四年，第5447页。

② 据长沙市文物考古研究所·中国文物研究所·北京大学历史学系走马楼简牍整理组编著：《长沙走马楼三国吴简·嘉禾吏民田家莂》（文物出版社1999年版）一书中嘉禾四、五年及无年份三者数据相加所得。黎按：本文于《文史哲》2020年第1期发表时将此数据误书为1580户，现予以更正。《嘉禾吏民田家莂》一书所收载2141枚简，除去4枚标题简之外，实有2137枚记载了该户人的田赋数据情况（其中嘉禾四年778户，嘉禾五年1269户，无年份者90户）。

③ 详见黎虎《“吏户”献疑——从长沙走马楼吴简谈起》，《历史研究》2005年第3期。后收入所著《先秦汉唐史论》下册，第307—417页。

平乐里户人公乘万章年六十五苦腹心病（简[1]9307）
吉阳里户人公乘胡秃年卅五筭一踵两足（简10230）
东阳里户人公乘谢高年卅六筭一盲左目（简10263）
义成里户人公乘黄硕年六十三刑右足（简2899）
宜阳里户人公乘信化年卌五真吏盲左目（简2872）
小成里户人公乘五陵年卌六给县吏复（简9435）
吉阳里户人公乘胡恕年卅四筭一给郡吏（简10042）
东阳里户人公乘烝谓年廿二筭一给州吏（简8646）

前四位普通农民与后四位“吏”均被称为“户人”——即编户之人，这一称呼表明他们都是国家的“编户齐民”。他们交纳赋税后的完税凭证也完全按照相同的格式出具，如：

都乡男子修［故］［故］户上品出钱一万二千［侯］［相］（简171正
入钱毕民自送牒还县不得持还 171背）
都乡男子朱敬故户上品出钱一万二千［侯］［相］ （简172正
入钱毕民自送牒还县不得持还 172背）
都乡县吏郑郎故户上品出钱一万［二］［千］［侯］［相］（简173正
入钱毕民自送牒还县不得持还 173背）

前两位普通农民与第三位县吏在交纳赋税后，均被称为“民”而要求他们“自送牒还县”。如果使用“农民”或“编户齐民”概念的话，一般来说人们容易只将其中的男子、大女视为“农民”或“编户齐民”，而不容易将其中的州郡县吏、州郡县卒、军吏、复民、士等人认为是“农民”或“编户齐民”，这就与作为基层“编户齐民”的实际将有较大差距。

吴简所见“吏民”的这种内涵，渊源于战国末期秦国的制度。睡虎地秦墓竹简《编年记》的主人公喜于秦王政元年（前246）17岁那年按

① 长沙市文物考古研究所·中国文物研究所·北京大学历史学系走马楼简牍整理组编著：《长沙走马楼三国吴简·竹简（壹）》，文物出版社2003年版。以下均简称“简”。

照规定而“傅”[①]，即向户籍所在地履行成丁男子的登记手续。“傅，著也。言著名籍，给公家徭役也。”[②] 从此他就要尽编户民的义务而承担徭役了。两年后喜 19 岁被进用为“史”，成为掌管文书的小吏。然后陆续担任过安陆（今湖北云梦、安陆一带）、鄢（今湖北宜城）的“令史”以及鄢的“治狱”等吏职。秦王政十三年，喜 29 岁那年又“从军”，秦王政十五年又“从平阳军”（平阳在今河北临漳西）。当时秦王政正在进行统一战争，故需要从“吏民”中征集兵员。根据《史记·秦始皇本纪》记载，秦王政十六年“初令男子书年”，喜也按照规定“自占年”，向其编户所在地申报年龄。由此可知，喜作为一位编户民，不仅按照规定履行申报年龄的义务，而且先后担任地方政府各种小吏，并为秦始皇的统一战争而从军，一身而兼农民、吏员、军人三种角色，这就是战国末年秦国“吏民”的具体例证。在喜的众多随葬文书中，有一份《语书》，是秦王政二十年南郡的郡守腾发给本郡所属县、道的文告，强调“今法律已具矣，而吏民莫用”。于是他要求所属地方政府吏员公布、宣讲这些法律，“令吏民皆明知之”[③]。这里明确将郡县编户民称为“吏民”，这位喜就是中国历史上首位有翔实史料记载的地道的“吏民”。不久，秦王政打败六国而统一了全中国，建立了秦皇朝，从而把这种编户制度推向全国。孙吴实行的正是这种编户制度。

“吏民”一词产生于战国时期绝非偶然，其原因主要有二：一是与其间郡县制度下的编户制度的发展密切相关。春秋战国时期一个重要的社会变化，是血缘性地方统治体制被地缘性的郡县制地方统治体制所取代。在郡县体制下的基层逐步建立了地缘性的户籍管理制度。二是与这个时期官僚政治的发展密切相关。春秋战国之际是中国古代贵族政治向官僚政治转变时期，统治者对于人民的管治亦由公卿贵族转而运用官吏，遂确立了“天子使吏治其国”[④] 的统治格局，而“明主”必须“张官任吏治民”[⑤]。于是“吏民”这个复合词就在这样的时代条件下应运

① 睡虎地秦墓竹简整理小组编：《睡虎地秦墓竹简》，文物出版社 1978 年版，第 6、7 页。

② 《汉书》卷一上《高帝纪上》，第 38 页。

③ 《睡虎地秦墓竹简》，第 6、7、15 页。

④ 《孟子注疏》卷九上《万章章句上》，第 295 页。

⑤ 《管子补注》卷二一《明法解》，第 425 页。

而生。

“吏民”这个概念有广义与狭义之分，“从最高统治者皇帝而言，天下的臣民都是‘吏民’；从地方统治者而言，则其所管治的人民都是‘吏民’”[①]。狭义的“吏民”一般来说是有一定界限的，但其界限有一个逐步下移的过程。秦代“吏民爵不得过公乘”[②]，则在公乘之下为“吏民”，公乘以上为“官”。公乘为秦二十等爵的第八级，而公乘之上的第九级爵为五大夫。据此，则公乘与五大夫为“官”与“吏民”的分界，五大夫及其以上为“官”，公乘以下为“吏民”，即小吏与民。西汉景帝中元六年（前144）称“吏六百石以上皆长吏也”，其下则为“下吏”[③]。五百石以下的“下吏”属于“吏民”之列。“下吏”即“小吏”，淮南王刘长欲反汉，文帝让帝舅薄昭写信告诫他，其中有曰：“相欲委下吏，无与其祸，不可得也。”颜师古注：“言诸侯王之相欲委罪于在下小吏，而身不干豫之，不可得也。”[④] 西汉后期，“官”与“吏”，或者说“长吏”与“下吏”的分界线有所下移。《汉书·百官公卿表》曰：县级官吏“秩四百石至二百石，是为长吏。百石以下有斗食、佐史之秩，是为少吏”[⑤]，这里将二百石以上视为“长吏”，其下则为“少吏”（即小吏）。此后这个分界线被继续沿用。东汉“明帝诏书不得僇辱黄绶，以别小人吏也”[⑥]。《东观汉纪》谓“四百、三百、二百石黄绶”[⑦]。“黄绶”属于“长吏”，“小人吏”属于“下吏”，两者以二百石之上或之下作为分界线[⑧]。百石以下的“小吏”（或称少吏、下吏、小人吏）和其他编户民共同构成狭义“吏民”这一群

① 黎虎：《原“吏民”——从长沙走马楼吴简谈起》，河南大学历史文化学院编《史学新论：祝贺朱绍侯先生八十华诞》，河南大学出版社2005年版，第160—168页。后收入所著《先秦汉唐史论》下册，第462—472页。

② （晋）司马彪撰，（梁）刘昭注补：《续汉书·百官志五》注引刘劭《爵制》，点校本《后汉书志》第二十八，中华书局1965年版，第3632页。

③ 《汉书》卷五《景帝纪》，第149页。

④ 《汉书》卷四四《淮南衡山济北王传·淮南厉王（刘）长传》，第2139—2140页。

⑤ 《汉书》卷一九上《百官公卿表上》，第742页。

⑥ 《续汉书·百官志五》注引胡广语，点校本《后汉书志》第二十八，第3623页。

⑦ （宋）李昉等编：《太平御览》卷六八二《仪式部三·绶》引《东观汉纪》，中华书局1960年版，第3046页。

⑧ 说见黎虎《论“吏民”的社会属性——原“吏民”之二》，《文史哲》2007年第2期。后收入所著《先秦汉唐史论》下册，第473—486页。

体①。本文虽然基本上使用狭义“吏民”，但有时也使用广义的“吏民”。

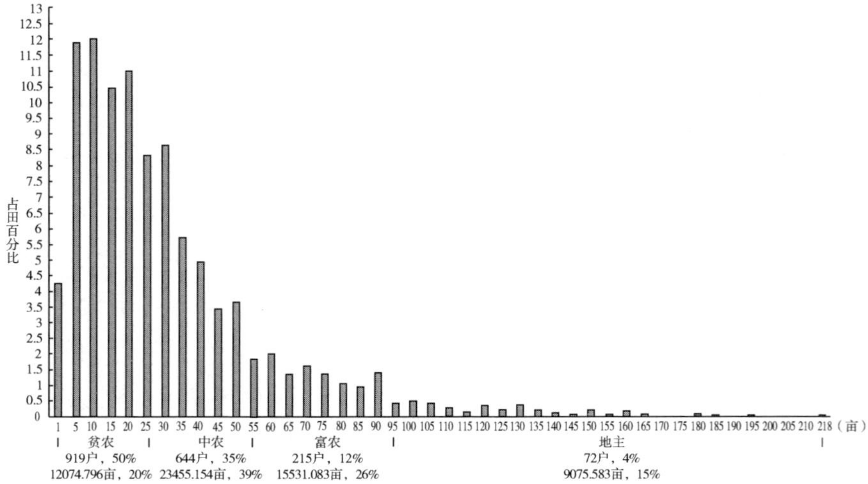

图1　孙吴临湘地区“吏民”占田层级示意表②

以前我们并不确切了解“吏民”群体中具体的层级情况，基本上是

① “吏民”的界定历代均有争议，或谓“吏民“指公卿百官与百姓，或谓指下吏与百姓，而不包括公卿百官在内，争议的实质在于从广义还是狭义理解不同的问题。参见拙著《先秦汉唐史论》下册第471页注②。

② 此表据前揭《长沙走马楼三国吴简·嘉禾吏民田家莂》一书数据进行统计，在拙著《先秦汉唐史论》下册所附“《嘉禾吏民田家莂》(四年、五年)‘吏民’佃田数表”(第336—417页)的基础上增加了151户(因两表统计目的不同，旧表限于户主身份、佃田亩数明确者，本表不论户主身份是否明确，只要佃田亩数明确者即计入)，分别为：普通民户(男)16户(4.13，4.144，4.146，4.154，4.155，4.156，4.304，4.532，4.533，4.574，4.601，4.736，5.1042，5.1129，5.1153，5.1238)；普通民户(女)2户(5.624，5.625)；州吏5户(4.519，4.614，4.642，5.1210，5.1225)；身份不明者128户(4.26，4.211，4.522，4.524，4.528，4.534，4.576，4.577，4.590，4.596，4.610，4.611，4.613，4.615，4.616，4.618，4.619，4.620，4.624，4.625，4.629，4.632，4.633，4.634，4.637，4.638，4.641，4.644，4.645，4.648，4.650，4.651，4.653，4.654，4.655，4.656，4.657，4.661，4.662，4.663，4.664，4.666，4.667，4.668，4.669，4.671，4.674，4.675，4.676，4.679，4.680，4.683，4.687，4.694，4.695，4.699，4.701，4.706，4.713，4.726，4.738，4.781，5.197，5.310，5.446，5.614，5.641，5.689，5.821，5.1017，5.1087，5.1104，5.1105，5.1107，5.1108，5.1109，5.1112，5.1113，5.1116，5.1117，5.1118，5.1120，5.1121，5.1123，5.1124，5.1125，5.1126，5.1127，5.1130，5.1138，5.1139，5.1141，5.1143，5.1148，5.1149，5.1150，5.1151，5.1152，5.1154，5.1156，5.1159，5.1164，5.1166，5.1175，5.1176，5.1178，5.1179，5.1180，5.1181，5.1182，5.1185，5.1188，5.1193，5.1195，5.1202，5.1205，5.1206，5.1207，5.1209，5.1211，5.1212，5.1213，5.1214，5.1218，0.53，0.58，0.72，0.90)。

从文献记载的一些零散资料中进行推测，长沙走马楼吴简的出土，特别是其中嘉禾四年、五年的“吏民田家莂”为我们提供了临湘地区“吏民”层级的具体面貌和详细的数据，尽管这只是一个局部地区而且仅有占田数量资料，但仍可通过解剖麻雀或助益我们认识“吏民”这一群体的具体构成及其层级分布。

从上表可以看到，孙吴嘉禾四、五年临湘地区的1850户[①]“吏民”，每户占田数从1亩至218亩不等，大体呈现为四个层级，区分的依据和标准在于这1850户的占田数量和户数的百分比所形成的四个相近的区块，分别以每户占田95—218亩、55—95亩、25—55亩、25亩以下为一个区块，这四个区块呈现为四个层级，依次姑名之曰地主[②]、富农、中农、贫

① 《长沙走马楼三国吴简·嘉禾吏民田家莂》所载户人总数为2137户，其中有287户佃田数量不明而不计入，故只以佃田数量清楚的1850户进行统计。

② 按，在中国古代文献中，“地主”并非一个用来表示社会身份的概念，而是以“土地之主人”“土地所有人”或“土地产权拥有者”为其基本含义，故文献中有时又作“田主”“业主”。关键问题是，这个意涵从先秦至明清基本没有改变。如《春秋左传正义》卷五九·哀公十二年载：“子服景伯谓子贡曰：‘夫诸侯之会，事既毕矣，侯伯致礼，地主归饩，以相辞也。”注云：“地主，所会主人也。”（第1919页）同书卷一四·僖公十九年，“夏，六月，宋公、曹人、邾人盟于曹南。”注云：“曹虽与盟而犹不服，不肯致饩，无地主之礼，故不以国地，而曰曹南，所以及秋而见围。”（第450页）其中“地主”，即“所会主人”之谓，即今所谓“东道主”之意，此意涵当由“土地之主人”引申而来。汉武帝元封元年四月，封禅泰山，“天子至梁父，礼祠地主。”（《汉书》卷二五上《郊祀志上》，第1235页）此处“地主”，指梁父之社神（土地神），梁父之社神自然就是梁父的主人了。詹锳《文心雕龙义证》卷二《祝盟第十》注［五］引梅注云：“《礼记·王制》：‘天子将出征，类乎上帝，宜乎社，造乎祢，祃于所征之地。’郑注：‘类、宜、造皆祭名，其礼亡。祃，师祭也，为兵祷。’陈澔注：‘祃，行师之祭也。’《注订》：‘宜、社、类、祃，皆祭名。宜，《尔雅·释天》：起大事，动大众，必先有事乎社而后出，谓之宜。社，《说文》：地主也。又《礼记·郊特牲》：社，祭土。’”（上海古籍出版社1989年版，第365页）其中引《说文》释“社”为“地主”，与《汉书·郊祀志》意涵相同，都是指社神（土地神），在中华传统文化中，“社神（土地神）”无处不在，为保佑一方平安幸福之神祇，即相当于该地之主人。《晋书》卷一〇〇《祖约传》：“（祖）约大引宾客，又占夺乡里先人田地，地主多怨。”（第2627页）《世说新语》卷中之上《雅量第六》“祖士少好财”条引《祖约别传》所载同。）此处“地主”，即土地主人之谓，也就是那些被祖约夺占“乡里先人田地”的人。萧梁陈伯之，少年时无赖，“候伺邻里稻熟，辄偷刈之。尝为田主所见，呵之云：‘楚子莫动！’伯之谓田主曰：‘君稻幸多，一担何苦?’田主将执之，伯之因杖刀而进，将刺之，曰：‘楚子定何如！’田主皆反走，伯之徐担稻而归。”［（唐）姚思廉撰：《梁书》卷二〇《陈伯之传》，中华书局1973年版，第311页］其中“田主”，即“地主”，也就是田地主人之意。唐玄宗开元四年，山东蝗虫大起，姚崇奏曰：“苗稼皆有地主，救护必不辞劳。”［（后晋）刘昫等撰：《旧唐书》卷九六《姚崇传》，中华书局1975年版，第3023—3024页］其中所说“地主”，即“土地之主人”之谓。元代法律规定：（转下页）

农。地主层级为总户数的4%，占田15%；富农层级为总户数的12%，占

（接上页）“地主殴死佃客者，杖一百七，徵烧埋银五十两。”“诸锄获宿藏之物，在他人地内者，与地主中分，在官地内者一半纳官，在己地内者即同业主。”［（明）宋濂撰：《元史》卷一〇五《刑法志四》，中华书局1976年版，第2677、2686页］前一条史料中“地主”与“佃客”对举，隐含有近代“地主”概念所包含之社会政治性意涵，但“土地之主人”仍是是本义；后一条史料中“地主”的意涵就是“土地之主人”之谓，“业主”即“田业之主人”之谓，与“地主”意同。明人李贽致焦从吾信有云：“且当处穷之日，未必能为地主，是以未敢决来。”［（明）李贽撰：《焚书·增补一·与焦从吾》，中华书局1974年版，第685页］联系李贽信上下文，可知其大意是说，自己正处在窘迫境况下，未必有能力当好东道主，所以不敢下决心前来。此处“地主”，即东道主之谓。明代总理江北屯盐都御史庞尚鹏条上屯田四事，其中有云：“今屯田册籍名存实亡，盖由年深户绝，地主屡更，承佃既久，遂为世业。”（《明实录》第十册《明穆宗实录》卷二五，隆庆二年十月庚寅，台北“中研院”历史语言研究所1962年校印本，第686页）又，明神宗时，“近京涿州、房山、良乡、天津、玉田、丰润及山东、山西处，渐开水田，往往既垦成熟，被势豪及经管地主混占告夺，以致人心不固，地利不开。今后势豪再有混占，许被害奏告，重处地主。”（《明实录》第十一册《明神宗实录》卷三六四，万历二十九年十月甲午，第6814页）此两条史料之“地主”，皆为“土地之主人”之谓；后一条史料中的“势豪”又与“地主”同义。清代则“地主”“田主”“业主”混称，而且往往和“佃人”对举，如嘉庆时户部曾下令：“其业主招佃。及寮丁垦种官山。俱赴官报明查验。方可搭寮耕种。违者、招佃之山主。照违令律治罪。”（托津等编：《（嘉庆朝）钦定大清会典事例》卷一三四《户部·保甲》，见沈云龙主编《近代中国史料丛刊三编》第67册，台北文海出版社1991年版，第5992页）又，光绪朝户部亦曾下令：“一、民典旗地……如本佃抗欠租银，许地主呈官别佃。若并未欠租，而庄头土豪无故增租夺种者，审实治罪。再，田主果欲自种，则佃人虽不欠租，亦当退地。若田主并非自种，而捏称自种别佃者，审实，亦量治其罪。”“民人佃种旗地，仍照旧例，不许地主夺佃增租。”［昆冈等编：《（光绪朝）钦定大清会典事例》卷一五九、一六〇《户部·田赋》，见《续修四库全书》第800册，上海古籍出版社2002年版，第586、602页］其中所说“业主”“山主”“田主”“地主”“庄头土豪”，意涵皆相通，实皆“土地之主人”之谓，但是因为涉及“佃人”“民人”租佃土地的问题，故而隐含有近代“地主”这一社会政治性概念的意涵。当时清政府对于“佃人”“民人”租种“地主”的土地都有较为明确的法律规定，例如：若承租人抗缴或欠缴租银，则“地主”亦即土地所有人可以申报官府后转租给其他人耕种。但是，若租佃者并未欠租，而“庄头土豪”亦即“地主”或其代理人却“无故”增加租银或剥夺租佃人佃种的权利，经查实后按律治罪。如果是“田主”准备自己亲自耕种，则租佃人无论是否欠租，都必须将租佃的田地退还给主人。当然，如果“田主”并非自己耕种，而是谎称自种却转佃于其他人，经查实后也要治罪的。在正常情况下，“地主”是不允许随便剥夺租佃人耕种的权利的，也不能随意增加租额。总之，清代的“地主”仍然是以“土地之主人”“土地所有人”或“土地产权拥有者”为其基本意涵，他们与租佃土地耕种的“佃人”“民人”之间，主要是通过签订租赁契约而形成的租佃关系，简单、笼统地将他们之间的关系视为剥削与被剥削甚至是敌对阶级的关系，与史实显然不相符合。

要之，中国古代文献所频见之“地主”一词，自先秦至明清其意涵一直较为明晰，皆为“土地之主人”“土地所有人”或“土地产权拥有者”之谓。这显然与近代以来社会政治领域所说的“地主”概念有着根本性的不同。近代社会政治领域中的“地主”乃是一个与“富农”“中农”“贫农”等并列的社会政治概念，用以指称社会上占有较多田产、拥有较多财富的一个社会阶层，而到了近代革命运动中，“地主”更是作为一种社会身份而被界定为与“农民”相对立的一个阶级，并由此成为“农民”革命斗争的对象进而演变为反动阶级的代名词，地主与农民之间的矛盾也因此被理解为“封建社会”的主要矛盾关系。本文此处所说“地主”，（转下页）

田26%；中农层级为总户数的35%，占田39%；贫农层级为总户数的50%，占田20%。虽然孙吴时期的占田状况不能代表从秦至清两千年的农村情况，但是可以使我们对于“吏民”的土地占有情况有了一个参照。这四个层级与吴简所见户品亦大体相合，如果我们将富农、中农视为中等农户，则可将地主，富农、中农，贫农分别视为上中下三品户等。贫农中占田5亩以下者与这一层级中占田5亩以上至25亩者差距较悬殊，如将其视为另一区块——赤贫，则可归之为“下品之下”户，吴简中的上、中、下、下品之下户品制度应是当时社会现实的反映。从吴简来看，1850户“吏民”中的72户地主中含有各种身份的人：州吏2户，郡吏9户，县吏8户；军吏1户；郡卒1户；士1户；普通民户（男）39户、（女）2户；身份不明9户[①]。兹将上述人等户数所占比例、及其占田数所占比例表列如下：

表3　孙吴嘉禾四、五年临湘地区72户“吏民地主”不同身份比例表

	州吏	郡吏	县吏	军户	郡卒	士	普通民户（男）	普通民户（女）	身份不明	合计
户数	2	9	8	1	1	1	39	2	9	72
所占比例	2.8%	12.5%	11.1%	1.4%	1.4%	1.4%	54.1%	2.8%	12.5%	100%

表4　孙吴嘉禾四、五年临湘地区的1850户“吏民”身份及占田比例表[②]

	地主	富农	中农	贫农	合计
户数（户）	72	215	644	919	1850
比例	3.9%	11.6%	34.8%	49.7%	100%

（接上页）尽管也是一个与“富农”“中农”“贫农”并列的、带有社会身份性质含义的概念，但并非笼统性意涵的“地主”而是指“吏民地主”，即吏民中的地主或富有者，他们与其他几种“吏民”一样，同属于被统治阶级阵营，而与身为统治阶级组成部分的“皇权地主”有着根本性的不同，因为“皇权地主”乃是皇权的一个组成部分，属于统治阶级。

① 参见黎虎“《嘉禾吏民田家莂》（四年、五年）‘吏民’佃田数表”，前揭《先秦汉唐史论》下册，第336—417页。

② 按：本表数据与前面“孙吴临湘地区‘吏民’占田层级示意表”及正文中的相关数据略有差别，主要因为前表及正文只精确到个位数，而本表数据则精确到小数点后一位数，较诸前表及正文的精确度更高。

续表

	地主	富农	中农	贫农	合计
占田（亩）	9075.583	15531.083	23455.154	12074.796	60136.616
比例	15.1%	25.8%	39%	20.1%	100%

从上述表4可以清楚地看到，“吏民地主”尽管在总户数中占比只有不到4%，却占有超过15%的田地；“贫农”在总户数中占比接近50%，却只占有20%的田地。这表明“吏民地主”在占有土地方面确实拥有很大优势，其中有些“吏民地主”所占有的土地数量超过“贫民”十倍甚至几十倍不止，如果单纯从占有的土地数量来说，称之为“大地主”亦无不可，但他们的社会身份却与“贫农”“中农”“富农”并无不同，他们仍然是“吏民”。以往学术界多用笼统的“中小地主”以指称编户齐民中的地主未必恰当，因为吏民中未必没有大地主，其他群体中的地主未必全是大地主，故以“吏民地主”称呼这种地主应该更为恰当。

两千年来“吏民”这一称谓基本上一以贯之，而掌控“吏民”则为皇权统治者的首要任务。楚汉战争期间，刘邦入关后的头等大事，就是接收已被推翻的秦皇朝的户口档案，他对项羽派来的代表说：“吾入关，秋豪不敢有所近，籍吏民，封府库，而待将军。”[①] 这里的“籍”，“谓为簿籍”[②]，即登记吏民户口的簿册。曹操破袁绍后领冀州牧，亦以掌控“吏民”为第一要务，曹操辟当地大族崔琰为别驾从事，谓其曰：“昨案户籍，可得三十万众，故为大州也。”崔琰从本地利益出发而对于曹操的做法不以为然，对曰：“今天下分崩，九州幅裂，二袁兄弟亲寻干戈，冀方蒸庶暴骨原野。未闻王师仁声先路，存问风俗，救其涂炭，而校计甲兵，唯此为先，斯岂鄙州士女所望于明公哉！”[③] 辽天庆三年（1113）三月，“籍诸道户，徙大牢古山围场地居民于别土。阿骨打一日率五百骑突至咸州，吏民大惊。”[④] 这是命令各道办理户籍，后面的“吏民”即指所“籍”之“户”。元世祖第五子忽哥赤于至元四年（1267）封云南王，

① 《史记》卷七《项羽本纪》，第312页。

② 《汉书》卷一上《高帝纪上》颜师古注，第25页。

③ 《三国志》卷一二《魏书·崔琰传》，第367—368页。

④ （元）脱脱等撰：《辽史》卷二七《天祚皇帝纪一》，中华书局1974年版，第327页。

“遣忽哥赤出镇，奉诏抚谕大理、鄯阐、察罕章、赤秃哥儿、金齿等处吏民，编户籍，俾出赋役，置达鲁花赤统治之。”① 其“抚谕”辖境“吏民”的重要措施就是将他们编入户籍，以便征收赋役。明建文二年（1400）四月，燕王朱棣挥军进取德州，五月癸酉“陈亨、张信入德州，籍吏民、收府库，得粮储百余万”②，攻占一地之后的首要任务也是将“吏民”编入户籍。由于“吏民”即编户民，故史籍中有时径以“户”而称之。如明洪武五年（1372）春，征残元，征西将军冯胜“西次兰州。右副将军傅友德先进，转战至埽林山，（冯）胜等兵合，斩其平章不花，降上都驴等所部吏民八千三百余户”③，冯胜等“抚辑其民，留官军守之”④。这里将所接收的降者以“户”为称，可知所谓“吏民”即编户民。康熙二十一年（1682）王国安为浙江巡抚，“勤敏强记，所部吏民，贤不肖及奸宄姓名，各有记籍，摘伏如神”⑤，其所部“吏民”与上述“上都驴等所部吏民”相同，都是其所管治之编户民。

（二）“吏民”是皇权体制的基础

“吏民”是由下层小吏与普通民众为主体组成的基层社会群体，这种“吏民”一体性结构乃是中国古代皇权统治的基础。

“吏民”是中国古代社会金字塔结构中的底层。东汉明帝时颍川太守葛兴病重，功曹韩棱私自代行郡事二年，后事发被禁锢⑥。东汉人应劭认为韩棱的行为是“上欺天子，中诬方伯，下诳吏民”⑦，“方伯”指称地方政府长官。“吏民”被置于“天子”“方伯”之下的底层。汉昭帝元凤四年（前77）“赐诸侯王、丞相、大将军、列侯、宗室下至吏民金帛牛酒各有差”⑧。

---

① 柯劭忞：《新元史》卷一一四《世祖诸子下·忽哥赤传》，中国书店1988年版，第518页。按：该版本版权页作者姓名书为“何劭忞”，显误。

② 《明太宗实录》卷六，建文二年五月初九日，台北“中研院”历史语言研究所1962年校印本，第66页。

③ 《明史》卷三二七《外国八·鞑靼传》，第8464页。

④ 《明太祖实录》卷七四，洪武五年六月初三日，第1358页。

⑤ （清）陈康祺撰，晋石点校：《郎潜纪闻二笔》卷五，中华书局1984年版，第414页。

⑥ 《后汉书》卷四五《韩棱传》，第1534页。

⑦ （汉）应劭撰，王利器校注：《风俗通义校注》卷四《过誉》，中华书局1981年版，第178页。唯应劭谓“韩棱时为郡主簿”，与《后汉书·韩棱传》所载“郡功曹”略有不同。

⑧ 《汉书》卷七《昭帝纪》，第229页。

此类以“吏民”为社会底层的记载不胜枚举。皇帝与吏民的关系，汉武帝曾将之比作“心”与四肢的关系，说：“盖君者心也，民犹支体，支体伤则心憯怛。”基于这种判断，于是“遣谒者巡行天下，存问致赐”①，以示对于基层“吏民”的关怀。也有以“爱子”比拟“吏民”的，如孙权就说：“江表元元，恃主为命，非我爱子邪?”② 诸如此类说法，不烦一一。

皇权时代的统治体制基本上就是“天子”通过“方伯”以统治“吏民”。司马光总结北宋的皇权体制云：“使朝廷之令必行于转运使，转运使之令必行于州，州之令必行于县，县之令必行于吏民，然后上下之叙正，而纪纲立矣。”③ 北宋分天下为十余路，各置转运使，以察州县百吏之臧否，犹如汉代部刺史之职。皇帝通过转运使、州、县而直达吏民，从而实现对全体吏民的掌控。这不仅是北宋皇权体制掌控吏民的模式，也是两千年来皇权体制掌控吏民的基本模式。

对于“方伯”的重要性，历代皆有明确认识。汉宣帝说：“与我共此者，其唯良二千石乎！”因而“及拜刺史守相，辄亲见问，观其所繇，退而考察所行以质其言”。汉宣帝如此重视刺史、守相的人选，正是基于他对地方长官与“吏民”关系重要性的深刻认识，所谓“以为太守，吏民之本也”④，意即掌控“吏民”的关键在于地方政府长官。这个箴言一直被历代统治者奉为圭臬：“治者，君也；求所以治者，民也；推君之治而济之民，吏也。故吏良，则法平政成；不良，则王道驰而败矣。”唐兴，承隋乱离，统治者慎择州县长官，唐太宗尝曰：“朕思天下事，丙夜不安枕，永惟治人之本，莫重刺史，故录姓名于屏风，卧兴对之，得才否状，辄疏之下方，以拟废置。”⑤ 南宋咸淳四年（1268）叶梦鼎言于宋度宗曰：“祖宗谨重牧守之寄，将赴官，必令奏事，盖欲察其人品，及面谕以廉律己，爱育百姓。其至郡延见吏民，具宣上意，庶几求无负临遣之意。”⑥

---

① 《汉书》卷六《武帝纪》，第174—175页。

② 《三国志》卷四七《吴书二·吴主传》注引《江表传》，第1124页。

③ 《续资治通鉴长编》卷一九六，宋仁宗嘉祐七年五月，第4748页。

④ 《汉书》卷八九《循吏传·序》，第3624页。

⑤ （宋）欧阳修、宋祁撰：《新唐书》卷一九七《循吏传·序》，中华书局1975年版，第5615—5616页。

⑥ （元）脱脱等撰：《宋史》卷四一四《叶梦鼎传》，中华书局1985年版，第12435页。

元朝统治者也强调："天下莫大于朝省，亲民莫近于县宰。虽朝省有法，县宰宜择，县宰正，民自安矣。"① "养民惟在都督、刺史，县令尤为亲民，不可不择。如路、府、州、县之官，实百姓安危之所系，若以内为重，以外为轻，是不知为政之根本也。"② 因此，地方州、郡、县的长官被视为"亲民之官"。北宋真宗咸平二年（999）京西转运副使朱台符上疏曰："刺史、县令，亲民之官，有民人焉，有社稷焉，盖三代之诸侯也。故汉宣帝曰：'与我共治者，惟良二千石乎。'光武亦曰：'郎官上应列宿，出宰百里，苟非其人，民受其弊。'诚重之也……渐敦教导，专务劝课，每岁用令文考课之法，以户口增减、垦田多少定其殿最而黜陟焉。如是，则人民受赐矣！"③ 也就是说皇帝是把掌控"吏民"之责交付地方长官，他们代表皇帝管治、控制"吏民"。北宋任命地方长官的诏敕中有云："朕惟吴郡、宣城、嘉禾三郡之富，思得才者，付之吏民。勉究乃心，毋以内外为高下之意，民苟安汝，朕不汝遗。"④ 径言以当地"吏民"托付给地方长官。故"逐州通判本以按察吏民，诸县令佐亦以抚字百姓"⑤，不论州县，无分长官佐官均处于亲民的第一线。明代吏科给事中吴麟徵上崇祯皇帝言："今天下民生憔悴极矣！抚按监司去民稍远，有所施为非郡守不达，而郡守廉，县令不敢贪；郡守慈，县令不敢虐；郡守精明，县令不敢丛脞。则亲县令以亲民，而朝廷所藉以综核之者，无过此良二千石而已……知府于吏民最亲，委宜择贤久任。"⑥ 强调如欲调节好皇权与"吏民"的矛盾，地方官中又以郡守最为关键。清朝雍正皇帝《谕知府》曰："国家亲民之官，莫先于守令。盖州县官与民最亲，而知府又与州县官最亲。凡州县兴利除弊之事，皆于知府有专责焉。是知府

---

① （元）刘秉忠撰：《陈时事所宜疏》，载陈得芝辑点：《元代奏议集录》（上），浙江古籍出版社1998年版，第25页。

② （元）郑介夫撰：《上奏一纲二十目》，载邱树森、何兆吉辑点《元代奏议集录》（下），浙江古籍出版社1998年版，第58页。按，该奏疏题目为编者所加。

③ 《续资治通鉴长编》卷四四，宋真宗咸平二年，第938—939页。

④ （宋）苏辙撰，陈宏天、高秀芳点校：《苏辙集·栾城集》卷三〇《林希湖州周之纯宣州沈季长秀州》，中华书局1990年版，第505页。

⑤ 《苏辙集·栾城集》卷三六《论蜀茶五害状》，第628页。

⑥ 《明实录》附录《史语所藏本崇祯长编》卷六六，崇祯五年十二月二十三日，第3841—3842页。

一官，分寄督、抚、监司之耳目，而为州牧、县令之表率。承流于上，宣化于下，所系綦重矣。”① 同样强调知府在地方行政体系中的关键作用。

职是之故，“吏民”即各级地方政府管治的基本民众。前述秦王政二十年（前227）南郡郡守腾将郡、县、道所管治之基本民众称为“吏民”。汉宣帝时赵广汉为京兆尹，“京兆政清，吏民称之不容口”②。赵广汉的德政得到其所管治“吏民”的称赞。昭、宣时朱邑“为舒桐乡啬夫，廉平不苛，以爱利为行，未尝笞辱人，存问耆老孤寡，遇之有恩，所部吏民爱敬焉”③。低至乡里小吏“乡啬夫”亦有所部“吏民”，其为政之作风更直接关系“吏民”之切肤感受，犹如皇帝伸向基层的触角和神经末梢。秦汉以降，此类以“吏民”为地方官吏管治对象的记载可谓举不胜举。北周周摇“历凤、楚二州刺史，吏民安之”④。唐朝韦恒，“开元初为砀山令，政宽惠，吏民爱之”⑤。韩愈为潮州刺史，“至潮阳，既视事，询吏民疾苦”⑥。北宋欧阳修“前后历七郡守，其政察而不苛，宽而不弛，吏民安之”⑦。元朝朱霁“治扬七年，徽六年，平江、衢皆五年，所至廉平政理，名声流闻，吏民爱慕，豪强畏伏”⑧。明朝周忱为“工部右侍郎，巡抚江南诸府，总督税粮”，其“久任江南，与吏民相习若家人父子。每行村落，屏去驺从，与农夫饷妇相对，从容问所疾苦，为之商略处置。其驭下也，虽卑官冗吏，悉开心访纳”⑨。这里所谓“吏民”即包含其所辖“农夫饷妇”“卑官冗吏”等。清代先后任福建巡抚、闽浙总督的孙尔准“治闽最久，谙悉其风土人情，吏民皆相习，政从宽大，闽人安之”⑩。

由此可见，皇帝主要是通过各级地方官吏直接掌控全体吏民。秦汉

---

① 《清世宗实录》卷三，雍正元年正月初一日，中华书局1986年版，第77页。

② 《汉书》卷七六《赵广汉传》，第3203页。

③ 《汉书》卷八九《朱邑传》，第3635页。

④ （唐）魏徵、令狐德棻撰：《隋书》卷四四《周摇传》，中华书局1973年版，第1376页。

⑤ 《新唐书》卷一一六《韦思谦附孙韦恒传》，第4234页。

⑥ 《旧唐书》卷一六〇《韩愈传》，第4202页。

⑦ 《苏辙集·栾城后集》卷二三《欧阳文忠公神道碑》，第1136页。

⑧ （元）苏天爵著，陈高华、孟繁清点校：《滋溪文稿》卷一七《碑志十一·元故通议大夫徽州路总管兼管内劝农事朱公神道碑》，中华书局1997年版，第272页。

⑨ 《明史》卷一五三《周忱传》，第4212、4215页。

⑩ 《清史稿》卷三八〇《孙尔准传》，第11613页。

以降统治者对于吏民的掌控无不殚精竭虑，诚惶诚恐，其故安在？就是因为皇朝生存发展所赖之赋税、徭役、兵源，均取之于吏民，“官之百赋出焉，百役归焉”①，故吏民决定了皇朝的盛衰兴亡。掌控吏民的根本目的在于掌控人力物力，而掌控人力又为其根本，因为掌控了人力就掌控了物力，即由人力而生产的财富。与此同时，掌控了人力就意味着掌控了徭役和军事等皇权统治所需之人力资源。秦汉以降的皇权体制就是建立在对于全国人力资源的掌控之上，而这又主要依赖于编户制度的确立。中国古代皇权体制得以延续两千年之久的关键，在于严密的编户制度确保了皇权对人力资源的控制。

与此同时，皇权体制也不断从“吏民”中选拔、游离出少数精英以为文武臣僚以及众多的下层小吏，故“吏民”亦为维持其统治而须臾不可或缺之供体和活水源头。“民惟邦本，本固邦宁”② 的古训遂成为两千年来统治者的座右之铭。赤乌三年（240），孙权诏曰：“盖君非民不立，民非谷不生。顷者以来，民多征役，岁又水旱，年谷有损，而吏或不良，侵夺民时，以致饥困。自今以来，督军郡守，其谨察非法，当农桑时，以役事扰民者，举正以闻。”③ 指出皇权之基础在于“民”，故严禁地方“督军郡守”非法扰民。张九龄也曾以“甿庶，国家之本”④ 告诫唐玄宗。五代后梁李琪赞颂后梁太祖朱温“恒以百姓为心……固本之德，浃洽于吏民”⑤，吹嘘其能够以“吏民”为本，把百姓放在心上。统治者深知“富在编户，不在府库。若编户空虚，虽府库之财积如丘山，实为贫国”⑥ 的道理，皇权统治的强弱盛衰在于掌控吏民的多寡。这里应当指出：皇权统治者高唱以“民”为本，并非真正尊重、关心“民”作为个体的权利和尊严，而是从皇权统治出发强调“民”对于其盛衰兴亡的重要性。

---

① 《续资治通鉴长编》卷一九六，宋仁宗嘉祐七年，第4755页。

② 《尚书正义》卷七《五子之歌第三》，第212页。

③ 《三国志》卷四七《吴书·吴主传》，第1144页。

④ 《新唐书》卷一二六《张九龄传》，第4425页。

⑤ （清）董诰等编：《全唐文》卷八四七《吴越王钱公生祠堂碑》，中华书局1983年版，第8902页。

⑥ （清）唐甄撰：《潜书》下篇上《存言》，中华书局（古籍出版社）1955年版，第114页。

（三）吏民的反抗推动皇权统治周期性调整

两千年间统治者一直在对皇权统治作周期性的调整，从而使皇权体制缓慢地、螺旋式地向前发展。而吏民的反抗则是推动皇权统治不断进行周期性调整和发展的根本推动力。

吏民何以要进行反抗呢？一般来说，中国的吏民只要有基本的生存条件，就能够在皇权体制下“日出而作，日入而息”，完粮服役，从而使吏民与皇权保持在相对协调的矛盾统一体中①。“‘吏民’与‘君’的矛盾对立保持在一定限度之内则谓之‘治世’，超过了一定限度则导致‘乱世’乃至亡国。”故君主为治之道就在于调控这个“度”，超过了这个“度”就可能打破矛盾统一体，“如此不断调控，循环往复，以期保持这种和谐、平衡之延续。但是这种和谐、平衡之不断被破坏，从而建立新的和谐、平衡却是从未中断过的规律”②。虽然皇权统治者都希冀实现这种矛盾对立统一体的平衡，他们也知道吏民是其赖以安身立命和盛衰兴亡的基础，并注重为治之道，以期调节好与吏民的矛盾，然而由于家族性皇权体制自身所存在的根本性问题，尤其是其所实行的传子制度，又决定了统治者的权力欲、物质欲等贪婪腐败本性不可克服，从而不断破坏这种矛盾统一体的平衡，肆意侵犯、剥夺吏民的基本生存条件③，从而

① 梁武帝中大通五年（533）益州爆发齐苟儿为首的吏民反抗运动，临汝侯萧猷嘲蜀人罗研曰：“卿蜀人乐祸贪乱，一至于此。”罗研对曰：“蜀中积弊，实非一朝。百家为村，不过数家有食，穷迫之人，什有八九，束缚之使，旬有二三。贪乱乐祸，无足多怪。若令家畜五母之鸡，一母之豕，床上有百钱布被，甑中有数升麦饭，虽苏、张巧说于前，韩、白按剑于后，将不能使一夫为盗，况贪乱乎？”［（唐）李延寿撰：《南史》卷五五《邓元起传附罗研传》，中华书局1975年版，第1369—1370页］罗研的话清楚地显示出，皇权统治下的广大吏民但凡能够维持起码的生存条件，是绝对不会起来反抗的。益州地区之所以发生齐苟儿领导的吏民反抗运动，真正的原因并不是“蜀人乐祸贪乱”，而是由于萧梁皇权对他们的征敛压榨已经超出其能够容忍的限度，令蜀中广大吏民无以为生，从而打破了吏民与萧梁皇权之间相对协调的矛盾统一体，以致吏民走上了反抗的道路。

② 黎虎：《原“吏民”之四——略论吏民的一体性》，《中国经济史研究》2007年第3期。后收入所著《先秦汉唐史论》下册，第523—534页。

③ 孙权的统治理念有代表性。尽管他也深知“军兴日久，民离农畔，父子夫妇，不听相恤”的现状，发出“孤甚愍之”的“德音”，群臣亦“劝以施德缓刑，宽赋息调”，但是孙权仍然不能改变其横征暴敛“吏民”的政策，辩解道：“至于发调者，徒以天下未定，事以众济。若徒守江东，修崇宽政，兵自足用，复用多为？顾坐自守可陋耳。若不豫调，恐临时未可便用也。”（《三国志》卷四七《吴书·吴主传》，第1132—1133页）

把吏民逼上反抗的道路，以致从根本上动摇了自身的统治基础。吏民的反抗导致皇朝周期性的轮替，新皇朝吸取前朝覆灭的经验教训，调整统治政策，以使吏民得以维持基本的生存条件，从而出现所谓“治世”。必须指出，皇权时代的“治世”，并非“吏民”普遍丰衣足食、富裕丰饶的黄金时代，不过是能够维持基本的生存条件而不至于流离失所、转死沟壑而已①。这是因为在中国古代社会经济和政治条件下，皇权统治必定最大限度地征敛“吏民”，能够维持“吏民”基本生存条件即属不过“度”，是为皇权统治之最佳状态。如果超越了这个“度”则必然陷入“乱世”，吏民的反抗规模就更加激烈和浩大，导致旧皇朝的颠覆和新皇朝的建立，其统治政策的调整力度就会更大而明显。中国两千年来的皇权体制基本上就是这样螺旋式地、周期性地向前缓慢发展。

以下我们通过几次大规模的吏民反抗进一步阐明这个问题的性质和规律。

秦朝首建统一皇权，居功至伟。那么，秦朝的吏民何以起而反抗呢？一言以蔽之，暴政把吏民逼上了绝路。史云：“至于始皇，遂并天下，内兴功作，外攘夷狄，收泰半之赋，发闾左之戍。男子力耕不足粮饷，女子纺绩不足衣服。竭天下之资财以奉其政，犹未足以澹其欲也。海内愁怨，遂用溃畔。”②“二世皇帝势为天子，富有天下，人迹所至，舟楫所通，莫不为郡县。然纵耳目之欲，穷侈靡之变，不顾百姓之饥寒穷匮也，

---

① 清高宗乾隆五十七年（1792）英王乔治三世派遣马戛尔尼为使访华，使团成员巴罗记述了他的观感：“不管是在舟山还是溯白河而上去京城的三天里，没有看到任何人民丰衣足食、农村富饶繁荣的证明——我们的丰富供给不算……房屋通常都是泥墙平房，茅草盖顶。偶尔有一幢独立的小楼，但是决无一幢像绅士的府第，或者称得上舒适的农舍……触目所及无非是贫困落后的景象……要说有什么令人惊叹的话，那就是人口之众多。”（［英］约翰·巴罗：《我看乾隆盛世》，李国庆、欧阳少春译，北京图书馆出版社2007年版，第53—54页）这是一个外国人眼中的“康乾盛世”。作为第一次来到中国的外国人比起一直生活在中国的人的观感应该更为鲜明。使团另一成员安德逊返国途中在江南地区所见亦然：“我看见在几块田上，农民正忙于耕作，而这一项农作他们是用水牛进行的；同时我们也惊奇地看到一种不常见的景象，一个泥房和茅屋的村庄，那里的居民所穿着的衣衫和他们所居住的房屋一样褴褛：这情况与一般人民的勤勉操作不相称，使我不能理解，这地方至少在我看来，应该是个富饶的地区，人民这样地孜孜不倦的劳作应该获得安适的生活。”（［英］爱尼斯·安德逊：《英使访华录》，费振东译，商务印书馆1963年版，第186—187页）

② 《汉书》卷二四上《食货志上》，第1126页。

兴万乘之驾而作阿房之宫，发闾左之戍，收太半之赋，百姓之随逮肆刑，挽辂首路死者，一旦不知千万之数，天下敖然若焦热，倾然若苦烈，上下不相宁，吏民不相憀。戍卒陈胜兴于大泽，攘臂袒右，称为大楚，而天下响应……然一人唱而天下应之者，积怨在于民也。”[①] 可见正是由于秦朝统治者极度役使吏民，导致吏民无法生存下去，这才不得不起而反抗。所谓“上下不相宁，吏民不相憀”，就是说统治者破坏了皇权与吏民的矛盾统一体的平衡。

这场浩大的吏民反抗，最后由刘邦所建立的西汉皇朝取代秦皇朝而告终。西汉皇朝建立之后的头号问题就是总结秦皇朝覆灭的经验教训，以为自己施政借鉴。针对秦皇朝因过度施为而激化了与吏民的矛盾，“事逾烦天下逾乱，法逾滋而天下逾炽，兵马益设而敌人逾多。秦非不欲治也，然失之者，乃举措太众、刑罚太极故也”[②] 的失误，汉初则以“清静无为”“与民休息”作为长期施政方针，“约法省禁，轻田租，什五而税一，量吏禄，度官用，以赋于民。而山川园池市肆租税之入，自天子以至封君汤沐邑，皆各为私奉养，不领于天子之经费。漕转关东粟以给中都官，岁不过数十万石。孝惠、高后之间，衣食滋殖。文帝即位，躬修俭节，思安百姓”[③]。贾山于“孝文时，言治乱之道，借秦为谕”[④]。史称“文帝本修黄、老之言，不甚好儒术，其治尚清净无为”[⑤]。从表面上看，“文景之治”的出现是汉初统治者吸取秦亡经验教训的产物，其实质则是吏民的反抗推动历史前进的体现。

隋朝于西晋“永嘉之乱”二百余年后再度统一了中国。其开国皇帝隋文帝还能够记取历代兴亡的经验教训，励精图治，“躬节俭，平徭赋，仓廪实，法令行……二十年间，天下无事，区宇之内晏如也”[⑥]。可是传至二世隋炀帝时，却重蹈秦始皇、秦二世覆辙，不过十三年就葬送了隋皇朝。原因在于他“负其富强之资，思逞无厌之欲……骄怒之兵屡动，

---

① 《淮南鸿烈集解》卷一五《兵略训》，第499页。

② 王利器撰：《新语校注》卷上《无为第四》，中华书局2012年版，第71页。

③ 《汉书》卷二四上《食货志上》，第1127页。

④ 《汉书》卷五一《贾山传》，第2327页。

⑤ 《风俗通义校注》卷二《正失》，第96页。

⑥ 《隋书》卷二《高祖纪下》“史臣曰”，第55页。

土木之功不息，频出朔方，三驾辽左，旌旗万里，征税百端，猾吏侵渔，人不堪命。乃急令暴条以扰之，严刑峻法以临之，甲兵威武以董之，自是海内骚然，无聊生矣”①。他的暴政与秦始皇、秦二世有诸多相似之处，如大兴土木、奢华巡游、穷兵黩武、严刑峻法等，归根结底还是集中到一点，即过度消耗吏民的人力物力。他继承皇位后从仁寿四年（604）七月至大业元年（605）八月短短的一年间，所役吏民有记载者就达两千万人左右②，几占全国人口的一半，这就意味着几乎全部适龄人丁均被征发。此后更无所底止，尤以三征高丽消耗的人力物力最为严重，“扫地为兵”“丁男不供，始以妇人从役”③。吏民基本的生存条件被剥夺殆尽，“初皆剥树皮以食之，渐及于叶，皮叶皆尽，乃煮土或捣藁为末而食之。其后人乃相食”④。皇权与吏民的矛盾关系中的“度”又被严重突破，于是吏民不得不起而反抗，“强者聚而为盗，弱者自卖为奴婢”⑤“流离道路，转死沟壑，十八九焉。于是相聚萑蒲，蝟毛而起，大则跨州连郡，称帝称王，小则千百为群，攻城剽邑”⑥。在以吏民为主体的反隋暴政风起云涌之际，各种反隋势力再次乘时而起，“宇县瓜分，小则鼠窃狗偷，大则鲸吞虎据”⑦。又一个貌似强大无比的专制皇朝轰然倒塌，“黎庶愤怨，天下土崩，至于就擒而犹未之寤也”⑧。

代之而起的唐朝，在其前期也因切身感受到吏民反抗的威力，使专制皇帝的头脑再次变得清醒和理智起来，针对隋朝的暴政而采取一系列缓和与吏民矛盾的诸多措施。武德九年（626）唐太宗“与群臣论止盗。或请重法以禁之，上哂之曰：‘民之所以为盗者，由赋繁役重，官吏贪求，饥寒切身，故不暇顾廉耻耳。朕当去奢省费，轻徭薄赋，选用廉吏，使民衣食有余，则自不为盗，安用重法邪！’自是数年之后，海内升平，

---

① 《隋书》卷四《炀帝纪下》“史臣曰”，第95—96页。

② （宋）司马光编著，（元）胡三省音注：《资治通鉴》卷一八〇，隋文帝仁寿四年（604）十一月，隋炀帝大业元年（605）三月、四月、五月，中华书局1956年版，第5614、5617—5621页。

③ 《隋书》卷二四《食货志》，第686、687页。

④ 《隋书》卷二四《食货志》，第688—689页。

⑤ 《隋书》卷二四《食货志》，第688页。

⑥ 《隋书》卷四《炀帝纪下》“史臣曰”，第96页。

⑦ 《旧唐书》卷五六“史臣曰”，第2283页。

⑧ 《隋书》卷四《炀帝纪下》，第95页。

路不拾遗，外户不闭，商旅野宿焉”。唐太宗尝谓侍臣曰：“君依于国，国依于民。刻民以奉君，犹割肉以充腹，腹饱而身毙，君富而国亡。故人君之患，不自外来，常由身出。夫欲盛则费广，费广则赋重，赋重则民愁，民愁则国危，国危则君丧矣。朕常以此思之，故不敢纵欲也。”① 表明他对于吏民的重要性及其与皇权体制的矛盾关系有着比较清醒的认识。贞观二年（628），唐太宗谓侍臣曰：“凡事皆须务本。国以人为本，人以衣食为本，凡营衣食，以不失时为本。夫不失时者，在人君简静乃可致耳。若兵戈屡动，土木不息，而欲不夺农时，其可得乎？”曾在隋朝任官的唐朝大臣王珪曰：“昔秦皇、汉武，外则穷极兵戈，内则崇侈宫室，人力既竭，祸难遂兴。彼岂不欲安人乎？失所以安人之道也。亡隋之辙，殷鉴不远，陛下亲承其弊，知所以易之。然在初则易，终之实难。伏愿慎终如始，方尽其美。”太宗曰：“公言是也。夫安人宁国，惟在于君。君无为则人乐，君多欲则人苦。朕所以抑情损欲，克己自励耳。”② 唐太宗君臣的讨论又进了一步，提出了专制皇朝如何能够不仅在初期而且长期恪守以民为本的问题。不过我们从无数历史事实中看到，如果皇权专制体制不改变，则这种理想也只能停留于口头上罢了。

唐朝的建立及“贞观之治”的出现，再一次体现了吏民对于推动历史前进的积极作用。

如果说秦末、隋末统治者犹如发高烧的急症病人，那么明末的统治者则如久治不愈的慢性病人，早已病入膏肓，药石无功了。明朝从中期以后即陷入政治腐败、社会危机深重的泥淖之中，最高统治者昏庸腐败，懒政庸政，“自成化至天启一百六十七年，其间延访大臣，不过弘治之末数年，其余皆廉远堂高，君门万里，无怪乎上下否隔，朝政日非”③。万历四十年（1612）四月南京各道御史言：“台省空虚，诸务废堕，上深居二十余年，未尝一接见大臣，天下将有陆沈之忧。”对于这么严重的奏言，其处理却是“不报”④。故史言“明自世宗而后，纲纪日以陵夷，神

---

① 《资治通鉴》卷一九二，唐高祖武德九年（626）十一月，第6025—6026页。

② （唐）吴兢撰：《贞观政要》卷八《务农》，上海古籍出版社1978年版，第237页。

③ （清）赵翼撰，曹光甫校点：《陔余丛考》卷一八“有明中叶天子不见群臣”条，上海古籍出版社2011年版，第330页。

④ 《明史》卷二一《神宗纪二》，第288页。

宗末年，废坏极矣。虽有刚明英武之君，已难复振。而重以帝之庸懦，妇寺窃柄，滥赏淫刑，忠良惨祸，亿兆离心，虽欲不亡，何可得哉。”①

皇权统治的腐败昏庸，最终的受害者是广大吏民。首先是各种繁重的“加派”接二连三强加在吏民身上：“世宗中年，边供费繁，加以土木、祷祀，月无虚日，帑藏匮竭。司农百计生财，甚至变卖寺田，收赎军罪，犹不能给。二十九年，俺荅犯京师，增兵设戍，饷额过倍。三十年，京边岁用至五百九十五万，户部尚书孙应奎蒿目无策，乃议于南畿、浙江等州县增赋百二十万，加派于是始。”② “其后接踵三大征，颇有加派，事毕旋已。至四十六年，骤增辽饷三百万。时内帑充积，帝靳不肯发。户部尚书李汝华乃援征倭、播例，亩加三厘五毫，天下之赋增二百万有奇。明年复加三厘五毫。明年，以兵工二部请，复加二厘。通前后九厘，增赋五百二十万，遂为岁额。”崇祯三年（1630），“军兴，兵部尚书梁廷栋请增田赋。户部尚书毕自严不能止，乃于九厘外亩复徵三厘……共增赋百六十五万四千有奇”③。也就是说仅“辽饷”一项，从万历四十六年每亩加征三厘五毫，至次年再加三厘五毫，而为七厘，再次年又加二厘而为九厘，崇祯三年又在原有基础上加三厘，共为十二厘。基层吏民无异于明王朝的提款机，只要他们有需要，就从广大吏民口袋里掏钱。除了“辽饷”之外，还有“剿饷”“练饷”等名目的横征暴敛纷至沓来，“今之边饷取之愈穷愈急，用之愈滥愈增，以十室九空之民，半养有名无实之军，半饱有去无来之虏”④。因不堪敛索而“逋赋”现象日益严重，“自顷岁以来，逋赋日积，而小民之嗷嗷者十室九空。盖其原不独在征敛之日增，而在科派之无别，是以使重者之益重。其弊亦不独在征输之日急，而在隐漏之多端，是以使困者之益困”⑤。除了田赋之外，还有诸多征敛，“世宗以后，耗财之道广，府库匮竭。神宗乃加赋重征，矿税四出，移正供以实左藏。中涓群小，横敛侵渔。民多逐末，田卒污

① 《明史》卷二二《熹宗纪》“赞曰”，第306—307页。

② 《明史》卷七八《食货志二·赋役》，第1901页。

③ 《明史》卷七八《食货志二·赋役》，第1903页。

④ 《明神宗实录》卷五四四，万历四十四年四月二十八日，第10335页。

⑤ 《明神宗实录》卷一七六，万历十四年七月十六日，第3245页。

莱。吏不能拊循，而覆侵刻之。海内困敝，而储积益以空乏。”①

其次，明代的徭役并不比赋税为轻。史言明代“民所患苦，莫如差役”“世宗营建最繁，（嘉靖）十五年以前，名为汰省，而经费已六七百万。其后增十数倍，斋宫、秘殿并时而兴。工场二三十处，役匠数万人，军称之，岁费二三百万。其时宗庙、万寿宫灾，帝不之省，营缮益急。经费不敷，乃令臣民献助；献助不已，复行开纳。劳民耗财，视武宗过之。万历以后，营建织造，溢经制数倍，加以征调、开采，民不得少休。迨阉人乱政，建第营坟，僭越亡等，功德私祠遍天下”“二百余年，民力殚残久矣”②。

最后，由于皇权统治的腐败，导致依附于皇权的“官田”恶性膨胀，皇庄以及诸王、公主、勋戚、大臣、内监所赐乞之庄田大肆泛滥并与民争利，“盖中叶以后，庄田侵夺民业，与国相终云”③。这种所谓土地兼并实际上是皇权体制所赘生的毒瘤，不仅侵害一般吏民，实际上也在侵蚀着皇权体制的基础。

由于明朝内部激烈的社会矛盾，其统治的腐败、衰乱，必然导致强邻的窥伺。万历四十六年（1618）后金宣布“七大恨”大举推动反明战争。这使危机重重的明皇朝更加雪上加霜，而这场战争又加重了吏民灾难，“辽饷”的不断加码即其反映。在上述社会经济政治背景之下，被逼入绝境中的吏民被迫纷纷背井离乡，成为逃户或流民，“其人户避徭役者曰逃户。年饥或避兵他徙者曰流民”④。流民问题成了明代社会的严重问题，“所在饥荒，流民千百成群，攘窃剽劫日闻，久而不散”⑤。吏民逃亡四方，饿殍遍野，转死沟壑，流民的暴乱又反过来促使更多流民出现，形成恶性循环。所谓“荆、襄寇乱，流民百万”⑥，就是这种情况的反映。

总之，明朝中后期统治者在“不知不觉”中又越过了保持皇权与吏民于统一体之内的那个“度”，踩越了这条红线，置吏民于水深火热之

① 《明史》卷七七《食货志一》，第1877页。
② 《明史》卷七八《食货志二·赋役》，第1906—1907页。
③ 《明史》卷七七《食货志一》，第1889页。
④ 《明史》卷七七《食货志一》，第1878页。
⑤ 《明神宗实录》卷三四四，万历二十八年二月初七日，第6396页。
⑥ 《明史》卷七七《食货志一》，第1879页。

中，剥夺了他们最基本的生存条件，因此，从明代中后期吏民的反抗就此起彼伏，如烈火燎原，愈演愈烈，最后以李自成、张献忠为代表的大规模反抗狂潮，终于将明皇朝推翻。

清初统治者汲取明朝灭亡的教训，调整对待吏民的方针政策。顺治十四年（1657）刊行《赋役全书》，以纠正明朝赋役征敛中的乱象，诏称："当明之初，取民有制，休养生息。万历年间，海内殷富，家给人足。天启、崇祯之世，因兵增饷，加派繁兴，贪吏缘以为奸，民不堪命，国祚随之，良足深鉴。"[①] 可见清初统治者也认识到过度剥夺吏民，以致"民不堪命"，乃是明皇朝"国祚"不永之根本原因，故须"取民有制，休养生息"。清初统治者采取了一系列措施废除明朝横征暴敛的措施，以抒民困。史称顺治之世"清赋役以革横征，定律令以涤冤滥。蠲租贷赋，史不绝书"。康熙五十一年（1712）二月壬午，诏曰："承平日久，生齿日繁。嗣后滋生户口，勿庸更出丁钱，即以本年丁数为定额，著为令。"[②] 康熙五十二年（1713）诏："嗣后编审增益人丁，止将滋生实数奏闻，其征收办粮，但据五十年丁册，定为常额。续生人丁，永不加赋。"[③] 也就是说将"丁银"固定在康熙五十年的水平上，此后增加的人丁则"永不加赋"。康熙末年局部地区将"丁银"摊入地亩之中，谓之"丁随地起"[④]，后又将这一制度全面推行，成为全国性制度，此即所谓"摊丁入地"之制。"摊丁入地"之制的实行具有历史性意义，伴随皇权体制两千年来的人头税至此正式取消，编户吏民只负担田赋而不再负担口赋，意味着吏民对皇权的人身依附关系有所减轻，吏民得以从"地著为本"中解脱，从事工商等业，这对于社会经济的发展起了积极作用。所谓"康乾盛世"的出现，从吏民的角度来说，意味着他们又开始获得一段苏息的时间了。

与上述诸皇朝被大规模吏民反抗风暴直接推翻不同，还有一些皇朝

---

① 《清世祖实录》卷一一二，顺治十四年十月初七日，中华书局 1986 年版，第 877 页。

② 《清史稿》卷五《世祖纪二》，第 164 页；卷八《圣祖纪三》，第 281 页。

③ 《（嘉庆朝）钦定大清会典事例》卷一三三《户部·户口》，见沈云龙主编《近代中国史料丛刊三编》第 67 册，第 5945 页。

④ 《清朝文献通考》卷一九《户口考一》："丁随地起之例，广东四川诸省先已行之，至雍正元年准抚臣之请，行于畿辅，而各省亦多效之。"（商务印书馆 1936 年版，第 5025 页）

的被推翻从表面上看似乎并非由于吏民的反抗，而是被强势的政治力量所推翻或不得已而将皇权“禅让”。北齐高氏家族从东魏元氏家族皇朝之“禅让”而建立了北齐皇朝，直至被北周宇文氏家族皇朝所推翻即属此一类型。高欢“以雄杰之姿，始基霸业”，至武定八年（550）东魏孝静帝“禅让”于北齐文宣帝高洋，然而“洎乎后主（565—576），外内崩离，众溃于平阳，身禽于青土。”[①] 在与强势的北周较量中节节败退，577 年北齐后主率皇后、妃嫔及幼主等十余骑企图投奔南方的陈皇朝，逃至青州之南邓村被追击的北周将领尉迟勤[②]所俘虏，北齐皇朝灭亡，被北周宇文氏皇朝所取代。唐代政治家魏徵总结北齐历史经验教训时写道：“观夫有齐全盛，控带遐阻，西苞汾、晋，南极江、淮，东尽海隅，北渐沙漠，六国之地，我获其五，九州之境，彼分其四。料甲兵之众寡，校帑藏之虚实，折冲千里之将，帷幄六奇之士，比二方之优劣，无等级以寄言。”[③] 结果却被西方的另一个割据皇朝所推翻，这究竟是什么原因所致呢？从表面上看来是由于北齐敌不过北周而灭亡，但是归根结底还是决定于北齐皇朝对于“吏民”的征敛、荼毒日益甚于北周而导致其统治基础动摇，加剧了北齐皇权统治集团的内部矛盾，从而国势日蹙。北齐皇朝开创者高欢掌控东魏权力之后，还能够“雅尚俭素，刀剑鞍勒无金玉之饰。少能剧饮，自当大任，不过三爵。居家如官。仁恕爱士……其文武之士尽节所事，见执获而不罪者甚多。故遐迩归心，皆思效力。”[④] 不久其后继者日益腐败，文宣帝时“多所营缮，百役繁兴，举国骚扰，公私劳弊。凡诸赏赉，无复节限，府藏之积，遂至空虚。”[⑤] 魏徵评议曰：“齐自河清之后，逮于武平之末，土木之功不息，嫔嫱之选无已，征税尽，人力殚，物产无以给其求，江海不能赡其欲。”如此“穷极荒淫，谓黔首之可诬”，而“欲求大厦不燔，延期过历，不亦难乎！由此言之，齐氏之败亡，盖

---

① （唐）李百药撰：《北齐书》卷八《后主　幼主纪》“郑文贞公魏徵总而论之曰”，中华书局 1972 年版，第 115 页。

② （唐）令狐德棻等撰：《周书》卷六《武帝纪下》，中华书局 1971 年版，第 100 页。《北齐书》卷八《幼主纪》记为尉迟纲，第 111 页。

③ 《北齐书》卷八《后主　幼主纪》“郑文贞公魏徵总而论之曰”，第 116 页。

④ 《北齐书》卷二《神武纪下》，第 25 页。

⑤ 《北齐书》卷四《文宣纪》，第 68 页。

亦由人，匪唯天道也。”[①] 这里“盖亦由人”的“人”即指北齐皇朝统治者。高齐皇朝对于“吏民”的过“度”征敛和摧残，动摇了其统治基础，促进了皇权统治集团的分崩离析，为强邻的觊觎提供了可乘之机，北周武帝宇文邕在伐齐动员时谓其群臣曰：“又闻其朝政昏乱，政由群小，百姓嗷然，朝不谋夕。天与不取，恐贻后悔。”遂下决心总戎东伐。灭齐之后的诏书中谴责齐皇朝曰：“伪齐叛涣，窃有漳滨，世纵淫风，事穷雕饰。或穿池运石，为山学海；或层台累构，概日凌云。以暴乱之心，极奢侈之事，有一于此，未或弗亡。朕菲食薄衣，以弘风教，追念生民之费，尚想力役之劳。方当易兹弊俗，率归节俭。其东山、南园及三台可并毁撤。瓦木诸物，凡入用者，尽赐下民。山园之田，各还本主。”[②] 在谴责北齐皇朝刻剥吏民导致其土崩瓦解的同时，不忘显示己方之以“吏民”为念而俭朴为事，并象征性地采取了一些苏息“吏民”的措施。这不过是五十步笑百步而已，事实上北周皇权对于“吏民”的征敛和摧残也并不逊色，周武帝指责权臣宇文护的长期专权“使户口凋残，征赋劳剧，家无日给，民不聊生……百姓嗷嗷，道路以目”[③]，诛除宇文护之后的诏书中承认北周统治下“兴造无度，征发不已，加以频岁师旅，农亩废业。去秋灾蝗，年谷不登，民有散亡，家空杼轴”[④]。北周皇权统治者同样摧残了自己的统治基础，“吏民”的离心离德加剧了皇权统治集团的内部矛盾和分崩离析，被皇权统治集团中崛起的另一强势政治集团——隋王杨坚提供了机会，周武帝也回天无力，无法保持其皇朝的长治久安，灭齐四年之后，北周皇朝又被迫“禅让”于权臣隋王杨坚，重蹈其前朝——西魏之覆辙，于是隋皇朝取代了北周皇朝。在这个类型的皇朝兴替中我们可以看到，皇权与“吏民”这一主要矛盾仍然在起着根本性的作用，皇权统治集团对于吏民过“度”的征敛，动摇了其统治的基础，加剧了皇权统治集团的内部矛盾，于是腐朽的旧皇朝遂被另一强势崛起的政治势力所取代，周而复始，循环往复。

---

① 《北齐书》卷八《后主　幼主纪》“郑文贞公魏徵总而论之曰”，第116—117页。

② 《周书》卷六《武帝纪下》，第95、101页。

③ 《周书》卷一一《晋荡公（宇文）护传》，第177页。

④ 《周书》卷五《武帝纪上》，第80页。

两千年来对于人口的掌控与反掌控的斗争贯穿始终，皇权体制通过编户制度，将吏民牢牢控制于手中，吏民则通过“隐丁匿口”或逃亡等方式进行抗争。由于吏民长期的抗争，皇权统治对于吏民的人身控制遂逐渐有所调整、松动。唐朝的两税法“以资产为宗，不以丁身为本”①，赋税开始从“丁身”转向“资产”为主。明中期张居正推行一条鞭法，“总括一县之赋役，量地计丁，一概征银。官为分解，雇役应付”②，也是统一以田亩为准，按照人丁和田亩的一定比例缴纳赋税，已包含着摊丁入地的意涵。及至清代康、雍之际，完成了这一改革，正式实行“摊丁入地”。在人口掌控斗争中，吏民一定程度上摆脱了皇权体制的完全掌控而有所松动，在人身解脱方面迈进了一步。“续生人丁，永不加赋”政策的推行，导致中国人口数量实现历史性的突破，西汉平帝元始二年（2）全国人口数为六千万人左右，直到明朝其最高人口数为永乐元年（1403）的六千六百余万人，不过比西汉平帝时增加了六百多万而已。但是到了清代乾隆十八年（1753）开始突破亿级，而达102750000人。接着，乾隆三十一年（1766）达到两亿，嘉庆十七年（1812）达到三亿六千万。③

（四）吏民与皇权的矛盾是社会主要矛盾

“皇权吏民社会”时代的社会结构，其主体是皇权与“吏民”构成的有机统一体，在这个统一体中还存在地主与佃农、雇工这种次生统一体，以及附丽其上的工商业者、奴婢等。

每个社会中都会存在着纷繁复杂的诸多矛盾，如何确定其中一组矛盾为主要矛盾呢？所谓主要矛盾，质言之，就是这一对矛盾关系决定和制约着其他矛盾关系，决定了这个社会的盛衰兴亡、治乱安危及其走向，决定了这个社会的大多数民众的生存状况。据此，则秦至清两千余年间的社会主要矛盾就是吏民与皇权的矛盾。上文所阐述的三个专题，实际上已经明白无误地告诉我们，吏民与皇权的矛盾乃是中国古代社会的主要矛盾。兹作进一步的申述。

---

① 《新唐书》卷五二《食货志二》，第1354页。

② 《明神宗实录》卷二二〇，万历十八年二月十六日，第4124页。

③ 以上数据据《中国历代户口、田地、田赋统计》甲编《甲表1. 中国历代户口、田地的总数，每户平均口数和每户平均田亩数》，第4、8、10页。

贞观十八年（644），唐太宗谓侍臣曰："近自建立太子，遇物必有诲谕……见其乘舟，又谓曰：'汝知舟乎？'对曰：'不知。'曰：'舟所以比人君，水所以比黎庶，水能载舟，亦能覆舟。尔方为人主，可不畏惧！'"唐太宗把"人君"比喻为"舟"，把"黎庶"比喻为"水"，指出"水"可以载"舟"也可以覆"舟"。这一著名的政治言论，实际上已经深刻地论证了吏民与皇权这一主要矛盾的关系。承载皇权的主要是吏民，颠覆皇权的也主要是吏民。刚刚经历了隋末吏民反抗风暴的唐太宗，对于中国古代社会主要矛盾关系究属何者有着深切的体验。据记载，他还通过其他种种事例以教育太子，"见其临食将饭，谓曰：'汝知饭乎？'对曰：'不知。'曰：'凡稼穑艰难，皆出人力，不夺其时，常有此饭。'见其乘马，又谓曰：'汝知马乎？'对曰：'不知。'曰：'能代人劳苦者也，以时消息，不尽其力，则可以常有马也。'"① 这些事例贯穿着一条主线：对待吏民要"不夺其时""以时消息，不尽其力"，不要过度役使吏民，以免越过吏民与君主之间矛盾的那个"度"，带来覆舟之厄，身死国灭。

唐太宗将吏民与皇权关系比拟为"水"与"舟"的关系，千百年来被人们反复征引，但这并非他的首创。早在三国时期孙吴的骆统就已经提出类似的见解，他上疏孙权曰："夫国之有民，犹水之有舟，停则以安，扰则以危，愚而不可欺，弱而不可胜，是以圣王重焉，祸福由之，故与民消息，观时制政。"② 明确指出"国家"与"民"的关系犹如"水"与"舟"的关系，不可扰之，不可欺之，否则将导致危亡。后来唐太宗进一步发挥了骆统的这一观点。皇权统治者从治国理政的切身体验中认识到了与"吏民"的关系是皇权统治生死攸关的最为重大的问题。

地主与农民的矛盾也是这一历史时代的重要矛盾之一。中国古代的地主，广义而言包括"皇权地主"和"吏民地主"两种。"皇权地主"主要由皇帝、皇室地主、官僚地主构成。"皇权地主"寄生、依附于皇权，是在皇权土壤中形成发展起来的，同时随着皇权的衰亡而衰亡。一个新皇朝的建立，随之形成发展起来一个相应的皇权地主群体，与此同时旧的皇权地主群体亦随着旧皇朝的灭亡而趋于灭亡。两千余年来随着

① 《贞观政要》卷四《教戒太子诸王》，第125页。

② 《三国志》卷五七《吴书·骆统传》，第1336页。

皇朝的更替而不断地兴起—灭亡—再兴起—再灭亡，周而复始，循环往复。他们的形成发展及衰亡均不是经济原因作用的结果，而是政治原因作用的结果。皇帝是最高、最大的地主，不仅名义上全国的土地和吏民都属于皇帝所有，他还运用皇权占有大量土地、山林川泽。他们有专属于自己的财产，秦汉时期中央设置专官少府，“掌山海池泽之税，以给共养”，所谓“共养”，即供给皇帝所需，所谓“少府以养天子也”[①]，“王者以租税为公用，山泽陂池之税以供王之私用”[②]。相国萧何为民请命曰：“长安地狭，上林中多空地，弃，愿令民得入田，毋收稿为禽兽食。”汉高帝大怒曰：“相国多受贾人财物，乃为请吾苑！”[③] 表明皇帝视山林园囿为私家所有。皇帝的“私藏”数量还非常惊人，史籍所载班班可稽。据桓谭《新论》记载云：“汉宣以来，百姓赋敛，一岁为四十余万万。吏俸用其半，余二十万万藏于都内为禁钱。少府所领园地作务之八十三万万，以给宫室供养诸赏赐。”[④] 少府所领“园地作务”之收入为八十三万万，而全国“百姓赋敛”一年的收入才四十余万万，高出近一半。而且“百姓赋敛”的收入中又有一半为“禁钱”。何谓“禁钱”？“主供天子，故曰禁钱。”[⑤] 也就是皇帝专用的“私房钱”。哀帝时王嘉上书也有关于这个问题的重要数据，他说：“孝元皇帝奉承大业，温恭少欲，都内钱四十万万，水衡钱二十五万万，少府钱十八万万。”[⑥] 王嘉所谓都内钱即桓谭所述赋钱，两者数据相合。《新论》所记无王嘉所述水衡钱，而水衡钱与少府钱的性质是相同的，均为皇帝的“私藏”，本始二年（前72）“以水衡钱为平陵，徙民起第宅。”注引应劭曰：“水衡与少府皆天子私藏耳。县官公作，当仰给司农，今出水衡钱，言宣帝即位为异政也。”[⑦] 桓谭所谓少府钱与王嘉所述少府钱相差甚巨，王嘉所述三个数据相加恰恰等于八

---

① 《汉书》卷一九上《百官公卿表上》，第731—732页。

② 《续汉书·百官志三》“少府”条注引《汉官》，《后汉书志》第二十六，第3592页。

③ 《史记》卷五三《萧相国世家》，第2018页。

④ 《太平御览》卷六二七《治道部八·赋敛》，第2810页。按，“汉宣”《御览》作“汉定”，当误。李善注《文选》卷三六《永明九年策秀才文五首》注引《桓子·新论》作“汉宣以来，百姓赋钱……”（第1649页）。由此可知，《御览》“汉定”当为“汉宣”之误。

⑤ 《汉书》卷六四下《贾捐之传》，第2834页。

⑥ 《汉书》卷八六《王嘉传》，第3494页。

⑦ 《汉书》卷八《宣帝纪》，第242页。

十三万万，颇疑《新论》中的八十三万万即此[①]。参照《新论》所载，则八十三万万钱中除吏俸二十万万之外，剩下的六十三万万均为皇帝专用的“私藏”。

魏晋南北朝时期的皇帝也都有“私藏”钱。宋文帝刘义隆“经巡历至上库，谓左右曰：‘此库内大有钱，殊可羡愿。’左右曰：‘此县官之物耳，何羡愿耶？’帝曰：‘此皆国家之物，吾奉先帝之祀，常惧羞之。四方丰稔，仓粟皆红，省租赋米五钱也。’”[②]“上库”中的钱，左右大臣认为是“县官之物”即国家的财产，但宋文帝却当成是用来“奉先帝之祀”的私人财产，由于这本应是用来充当办公经费的“国家之物”，如今却被用于“奉先帝之祀”，故宋文帝说“常惧羞之”，也就是因为“公物私用”而心中有所担心有所羞愧，当然他所谓的“惧羞”也只是口头说说而已，未必就真的心中“惧羞”。南齐武帝萧赜擅长聚敛财富，“聚钱上库五亿万，斋库亦出三亿万，金银布帛不可胜计”，胡三省注云：“上库所储以备军国之用。斋库以供斋内所须，人主之好用。出者，出三亿万数之外也。”[③]可见“上库”与“斋库”的钱是有不同用途的，原则上皇帝能够动用的只有“斋库”中的钱物。然而由于专制皇权拥有至高无上的权力，所以无论“上库”“斋库”实际上都是皇帝可以随意支用的私有财产。齐武帝所聚敛起来的巨额财富，及至其子萧昭业即位后，很快就被挥霍一空，史载郁林王萧昭业即位后，“极意赏赐，动百数十万。每见钱，辄曰：‘我昔时思汝一文不得，今得用汝未？’期年之间，世祖斋库储钱数亿垂尽。开主衣库与皇后宠姬观之，给阉人竖子各数人，随其所欲，恣意辇取，取诸宝器以相剖击破碎之，以为笑乐。”[④]及萧鸾发动政变，废黜萧昭业时，“府库悉空”[⑤]。需要特别强调的是，无论是“备军国

---

① 按，桓谭所说的“少府钱”数据与王嘉所述少府钱相差甚巨，其因何故？盖因桓谭《新论》这条记载是后人引述并辗转传抄，因而在“少府所领园地作务”与“八十三万万”之间可能有所讹脱。而王嘉所言为其上书中前后完整的记载，似不大可能有讹脱，故而当以王嘉所述八十三万万（即少内钱 40 万万 + 水衡钱 25 万万 + 少府钱 18 万万）为准。

② （梁）萧绎撰，许逸民校笺：《金楼子》卷一《兴王篇》，中华书局 2011 年版，第 203 页。

③ 《资治通鉴》卷一三九，齐明帝建元元年（494）正月，第 4345 页。

④ 《南齐书》卷四《郁林王纪》，第 73 页。

⑤ 《南史》卷四《齐本纪下》，第 137 页。又，《魏书》卷九八《岛夷萧道成附萧昭业传》作“及至废黜，府库空尽。”（第 2167 页）

之用”的“上库”还是“人主之好用”的“斋库”，其中所聚之巨量财富都是从广大吏民那里征敛而来的，然而这些由广大吏民辛辛苦苦创造出来的财富，在皇权统治者那里却被肆意挥霍而毫不心疼。不仅皇帝有“少府”“水衡”“斋库”等私藏，皇室亲贵、各级官僚等皇权地主也都利用皇权的威势而竞相逐利，通过敲诈勒索吏民而牟取更多的财富，如东汉“跋扈将军”梁冀并不满足于皇帝所赏赐的巨额财富，遂指使其所任命大小官吏“各遣私客籍属县富人，被以它罪，闭狱掠拷，使出钱自赎，赀物少者至于死徙。”扶风人士孙奋家境富有，梁冀就想霸占其家产，便向他“贷钱五千万”，士孙奋只借给了他三千万，于是梁冀“大怒，乃告郡县，认奋母为其守臧婢，云盗白珠十斛、紫金千斤以叛，遂收考奋兄弟，死于狱中，悉没赀财亿七千余万。”[①] 为了夺占吏民的财产而不惜动用国家权力，将其陷诸牢狱甚至置之于死地。史载南朝刘宋时“诸皇子皆置邸舍，逐什一之利，为患遍天下”[②]。梁武帝的六弟临川王萧宏更是一个敛财能手，史载“宏以介弟之贵，无佗量能，恣意聚敛。库室垂有百间，在内堂之后，关钥甚严。有疑是铠仗者，密以闻。武帝……屋屋检视。宏性爱钱，百万一聚，黄榜标之，千万一库，悬一紫标，如此三十余间。帝与佗卿屈指计见钱三亿余万，余屋贮布绢丝绵漆蜜纻蜡朱沙黄屑杂货，但见满库，不知多少。帝始知非仗，大悦，谓曰：‘阿六，汝生活大可。’……宏都下有数十邸出悬钱立券，每以田宅邸店悬上文券，期讫便驱券主，夺其宅。都下东土百姓，失业非一……晋时有《钱神论》，豫章王（萧）综以宏贪吝，遂为《钱愚论》，其文甚切。”[③] 萧宏尽管“无佗量能”，没有什么本事，却依靠梁武帝“介弟之贵”所获得的权力而“恣意聚敛”起海量财富，如果没有皇权的纵容显然是无法做到的，而在梁武帝看来，只要不图谋造反，至于贪污聚敛、搜括百姓等行为都是可以的，甚至对其聚敛财富的行为还“大悦”，即很是赞赏。及“侯景之乱”发生，侯景布告建康城中士民，其中说道：“梁自近岁以来，权幸用事，割剥齐民，以供嗜欲。如曰不然，公等试观：今日国家池苑，王公

---

① 《后汉书》卷三四《梁统附玄孙梁冀传》，第1181页。

② 《宋书》卷八二《沈怀文传》，第2104页。

③ 《南史》卷五一《梁宗室上·临川靖惠王（萧）宏传》，第1277—1278页。

第宅，僧尼寺塔；及在位庶僚，姬姜百室，仆从数千，不耕不织，锦衣玉食；不夺百姓，从何得之！”① 侯景发动叛乱，犯下了滔天罪恶，但他在布告中所指出的萧梁皇权“割剥齐民，以供嗜欲”却是不争之事实。与此同时，创造这些财富的广大吏民却食不果腹、贫困交加，挣扎在死亡的边缘：“斋库上绢，年调钜万匹，绵亦称此。期限严峻，民间买绢一匹，至二三千，绵一两亦三四百，贫者卖妻儿，甚者或自缢死。”② 齐明帝以故宅起湘宫寺，费极奢侈，对新安太守巢尚之说：“卿至湘宫寺未？我起此寺，是大功德。”大臣虞愿在侧曰：“陛下起此寺，皆是百姓卖儿贴妇钱，佛若有知，当悲哭哀愍，罪高佛图，有何功德？”③ 由此可见，以皇帝为代表的皇权统治集团，他们所占有的一切财富包括所谓的“私藏”在内，无一不是从广大吏民那里征敛而来的，很多都是“百姓卖儿贴妇钱”。

唐代中期以前，天下财赋还从形式上分为“国用”和“私藏”两个部分，按照规定皇帝原本只可支用“私藏”而不能随意支配“国用”，尽管这只是名义上如此而事实上不然，但毕竟多少还要顾及一下舆论方面的约束。但是从唐代中期，第五琦任度支盐铁使，“请皆归大盈库，供天子给赐，主以中官。自是天下之财为人君私藏，有司不得程其多少。”④ 也就是说，从此之后，天下所有征敛自吏民的财赋都属于皇帝一个人可以任意支配的“私产”了。而到了这个时候，便如黄宗羲所说的那样，皇帝实际上已然“视天下为莫大之产业”了，为此不惜“屠毒天下之肝脑，离散天下之子女，以博我一人之产业”，进而将其“敲剥天下之骨髓，离散天下之子女，以奉我一人之淫乐”的行为视为理所当然，曰：“此我产业之花息也”⑤。不宁唯是，皇帝还直接经营田产，明清时期以皇庄为标志的皇帝田产达于高峰，大肆侵占民田，直接“为厉于民”⑥。皇

---

① 《资治通鉴》卷一六一，梁武帝太清二年（548）十一月，第4991页。

② 《宋书》卷八二《沈怀文传》，第2104页。

③ 《南齐书》卷五三《良政·虞愿传》，第916页。

④ 《新唐书》卷五一《食货志一》，第1347页。

⑤ （清）黄宗羲撰，吴光、李明友、方祖猷、钱明、朱义禄校点，吴光统稿：《黄宗羲全集》第一册《明夷待访录·原君》，浙江古籍出版社2012年版，第2—3页。

⑥ 《明史》卷七七《食货志一·田制》，第1888页。

室地主即皇帝家族、宗族为主的地主，包括诸王、公主、外戚等，他们通过皇帝赏赐、奏讨或依仗皇权侵夺民田而无限扩张，西汉宗室诸王在封国内“衣食租税”，西汉前期全国约54郡，刘氏诸王所占39郡，几乎“分天下半”①。其在封地内又大肆扩张土地，衡山王“数侵夺人田，坏人家以为田”②，淮南王“王后荼、太子迁及女陵得爱幸王，擅国权，侵夺民田宅”③。明代的王府田庄更是恶性膨胀，仅清初将明代藩王的田庄“更名田地”后最少有二十多万顷，则明代藩王所有土地实际上远远超过此数④，而且都是肥沃的良田。明代全国土地5432553.79顷，⑤ 二十万顷约占全国土地的3.68%。如果加上皇帝、勋戚、中官之田，则皇权地主所占土地是相当惊人的，故当时“为民厉者，莫如皇庄及诸王、勋戚、中官庄田为甚”⑥。成都平原自灌县至彭山县一带沃壤“为王府有者什七，军屯什二，民间仅什一而已”⑦，蜀王侵占了大部分优质耕地，吏民只占有十分之一的土地。一个新皇朝的建立，必然随之建立一套完备的、庞大的官僚机构，成为皇权的实施者。皇帝在赋予他们政治权力之外，同时赋予他们经济利益，于是庞大的官僚地主队伍亦应运而生。官僚地主的主要成分是群臣百官乃至宦官，他们也是通过皇帝赏赐或依仗皇权侵占等方式而成为地主并进行扩张。汉哀帝时赐宠臣董贤“二千余顷”，以致“均田之制从此堕坏”⑧。东汉山阳郡东部督邮张俭举劾中常侍侯览“贪侈奢纵，前后请夺人宅三百八十一所，田百一十八顷。起立第宅十有六区”，小黄门段圭“家在济阴，与（侯）览并立田业，近济北界，仆从

① 林剑鸣：《秦汉史》，上海人民出版社1989年版，第294页；《史记》卷一〇六《吴王濞列传》，第2825页。

② 《史记》卷一一八《淮南衡山列传·衡山王（刘）赐传》，第3095页。

③ 《史记》卷一一八《淮南衡山列传·淮南王（刘）安传》，第3083页。

④ 参见王毓铨《明代的王府庄田》，《历史论丛》第一辑，中华书局1964年版，第228页。

⑤ 据《中国历代户口、田地、田赋统计》甲编“甲表51、甲表53、甲表54、甲表55、甲表56、甲表57、甲表58、甲表59、甲表60、甲表61、甲表62、甲表63、甲表64、甲表65”（第185—200页），明代全国土地从洪武14年至思宗崇祯年间共有24个数据，合计13038129099亩，平均543255379亩，合5432553.79顷。

⑥ 《明史》卷七七《食货志一·田制》，第1886页。

⑦ 《明神宗实录》卷四二一，万历三十四年五月，第7976页。

⑧ 《汉书》卷八六《王嘉传》，第3496页。

宾客侵犯百姓，劫掠行旅”①。明代“奄人多夺民业为庄田”②“锦衣卫带俸指挥同知周彧翊圣夫人刘氏，屡蒙圣恩，给赐田土，其数不赀。今彧又求武强、武邑二县地共六百余顷，刘氏又求通州武清县地三百余顷，俱蒙俞允”“名曰求讨，实则强占”③。“熹宗时，桂、惠、瑞三王及遂平、宁德二公主庄田，动以万计，而魏忠贤一门，横赐尤甚。盖中叶以后，庄田侵夺民业，与国相终云。”④

“吏民”中的地主我们谓之为“吏民地主”。“吏民地主”与“皇权地主”有着质的区别。一般来说“吏民地主”并不因皇朝的盛衰兴亡而盛衰兴亡，他们的形成、发展及衰亡，主要不是政治原因，而是经济原因作用的结果。“皇权地主”属于统治集团营垒，“吏民地主”属于被统治者。皇权地主在本质上是皇权统治在政治上、经济上的一种体现和产物。吏民与皇权的矛盾包含着与皇权地主的矛盾在内。

但是，我们不能认为皇权是皇权地主阶级的统治或专政，更不能说是地主阶级的统治和专政，皇权是高踞、君临于社会任何集团、阶级或群体之上的，皇权地主仰承于皇权的鼻息而存在、发展，但是它的存在、发展如果触犯了皇权利益，则随时可以被剥夺。所以在第三时代，不仅“吏民地主”不能成为社会的主导者，“皇权地主”也不能成为社会的主导者，只有皇权才是社会的主导者。皇权地主既已在政治上依附于皇权，在经济上也不可能发展成为什么先进的力量，如果他们在经济上有所发展，基本上仍然走的是扩张田产、发展地主经济的老套路，但是其扩张如果超越了一定限度，便会与皇权发生矛盾，于是就会被抑制或取缔。他们也不可能去发展海外贸易或进而发展资本主义经济，皇权体制下的重农抑商政策和海禁政策基本上堵住了这条道路。即使这方面偶尔有某些动作，也是掌控于皇帝而成为一种特殊的海外贸易，例如汉代的黄门译使通南海、唐宋时期的“市舶”或明代的郑和下西洋，均属这种性质，汉代和明代的两次海外贸易举动虽然时隔一千多年，但是其基本特征并

① 《后汉书》卷七八《宦者列传》，第2523、2522页。

② 《明史》卷二〇八《郑自璧传》，第5504页。

③ 《明宪宗实录》卷七〇，成化五年八月，第1384页。

④ 《明史》卷七七《食货志一·田制》，第1889页。

没有变化，都是完全操控于皇帝之手，其具体负责者都是宫廷宦官，汉代的黄门译使与明代的太监郑和身份是一致的，其基本目的是政治性的而非经济性的，是为了弘扬皇权声威，致海外诸国来朝，虽然也包含某些经济上的诉求，但主要是为了满足皇室的奢侈需求，与社会经济没有什么关系，对于社会经济的发展变化也不起什么作用。

地主与农民的矛盾主要从两个方面而发生，一方面是因地主兼并农民的土地而发生，另一方面是因部分农民租佃地主土地而发生。这些矛盾冲突在这一历史时代的后半阶段尤为突出。北宋时期，已经出现“富者有弥望之田，贫者无卓锥之地，有力者无田可种，有田者无力可耕”[①]的情况。乾兴元年（1022）有上封事者言：“圣朝开国以来，天下承平六十余载，然民间无蓄，稍或饥馑，立致流移，盖差役赋税之未均，形势豪强所侵扰也。又有诸般侥幸，影占户门，其户田下土稍多，便作佃户名字，若不禁止，则天下田畴半为形势所占。”这种情况无疑加剧了农民与地主的矛盾，但是如果地主兼并土地过于膨胀时，也会损害皇权利益，因而加以干预，故皇权也经常采取抑制兼并的限田措施。上述封事上奏后，“诏三司委众官定夺奏闻，三司参议，欲应臣僚不以见任、罢任所置庄田定三十顷，衙前、将吏合免户役者定十五顷为额。”[②] 由三司拟定占田的额度，以抑制兼并就是这种情况。王安石变法中的方田均税法就有清丈土地，抑制兼并的内容。明代张居正改革也是首先从清丈土地开始，以抑制兼并为初衷。这些改革虽然不能真正解决土地兼并的问题，但是表明土地兼并在一定情况下受到皇权限制。因此，农民与地主的矛盾一般情况下不可能超越吏民与皇权的矛盾而成为社会主要矛盾。至于皇室、公主、贵族、宦竖、权奸的大肆侵占公私田地，特别是像明代那样官田的恶性膨胀，其性质与一般的土地兼并已有所不同，而是皇权统治恶性发展的产物，从而成为吏民与皇权矛盾关系的组成部分了。由于土地兼并发展起来的租佃关系，必然形成佃农与地主的矛盾关系，故佃户处境悲惨的记载亦时有所见，但是，沦为佃农者毕竟是农民中的部分成员，

---

① 《续资治通鉴长编》卷二七，宋太宗雍熙三年七月，第621页。

② 《续资治通鉴长编》卷九八，宋真宗乾兴元年二月引《九朝纪事本末》，第2269—2270页。

大多数农民还是拥有小块土地的自耕农，这是国家编户的主体。而且租佃关系不仅发生在地主与佃农之间，还发生在一般农民之间①。租佃关系不仅是剥削与被剥削的关系，也还含有农民之间的互助互利关系。由于契约性租佃关系的发展，则一定程度上弱化了佃农与地主的矛盾关系。还必须指出，皇权对于“吏民”的征敛是以国家权力为依托而实施的，是为国家行动；地主对于佃户的征收一般来说国家权力并不介入，是为私人行动，两者的差别是巨大的。虽然地主与农民的矛盾是这一历史时代的重要矛盾之一，但是它不可能超越吏民与皇权这一主要矛盾，而成为这一历史时代的决定性的矛盾关系。

唐代的诗歌是其社会现实的反映。我们从唐诗中很难看到反映农民与地主矛盾的诗篇，而反映吏民与皇权矛盾关系的诗篇，可谓俯拾皆是，这就是吏民与皇权为唐代社会主要矛盾这种社会现实的反映。白居易《杜陵叟》一诗描述了唐都长安郊区农民所受赋税之苦的情景：“杜陵叟，杜陵居，岁种薄田一顷余。三月无雨旱风起，麦苗不秀多黄死。九月降霜秋早寒，禾穗未熟皆青干。长吏明知不申破，急敛暴征求考课。典桑卖地纳官租，明年衣食将何如?”② 官吏为完成征收赋税的“考课”，不顾天灾减产、青黄不接而“急敛暴征”，农民只得“典桑卖地”以交纳“官租”。类似这种情况颇为常见，农民甚至不得不卖儿卖女以应付官府的征敛：“况闻处处鬻男女，割慈忍爱还租庸。”③ 于是我们可以看到，农民一边收割一边在挨饿，收麦时节在田间拾麦穗的“贫妇人”是因为“家田输税尽，拾此充饥肠。”④ 辇毂之下如此，边远深山穷谷亦然：“老

---

① 据对敦煌吐鲁蕃文书中有关唐代的租佃契约研究，发现“租佃关系的双方都发生在贫富差异不是很大的平民之间，并且租佃双方之间，多是租佃方的经济状更好些，或是出租方暂时遇到了一些困难，或是缺少人力，或是用度困难，或是欠债……这些情况跟我们平时了解到的租佃关系有很大差别：传统我们会认为出租土地的地主出租土地是为了剥削，租佃土地的佃农会是因没有土地而被迫租用土地过活；而表中的情况是，租佃土地的一方经济实力会更好一些，反而出租土地的地主在租佃关系中稍为被动。”见谷更有《唐宋时期村民社会构成的变迁》，第七届中国中古史前沿论坛国际学术研讨会会议论文，河北师范大学，2019 年 7 月 27 日—30 日。

② （唐）白居易著，朱金城笺校：《白居易集笺校》卷四《讽谕四 · 杜陵叟》，上海古籍出版社 1988 年版，第 223 页。

③ 萧涤非主编，郑庆笃校注：《杜甫全集校注》卷一九《岁晏行》，人民文学出版社 2014 年版，第 5662 页。

④ 《白居易集笺校》卷一《讽谕一 · 观刈麦》，第 11 页。

翁家贫在山住，耕种山田三四亩。苗疏税多不得食，输入官仓化为土。”①“夫因兵死守蓬茅，麻苧衣衫鬓发焦。桑柘废来犹纳税，田园荒后尚征苗。时挑野菜和根煮，旋斫生柴带叶烧。任是深山更深处，也应无计避征徭。”② 广大农民辛勤“植桑麻”“理布帛”，但是“织绢未成匹，缫丝未盈斤。里胥迫我纳，不许暂逡巡。”于是国库很快就爆满，“昨日输残税，因窥官库门。缯帛如山积，丝絮如云屯。”而与此同时，这些辛苦劳作的农民则“幼者形不蔽，老者体无温。”这些夺自农民血汗筋骨的物资，最后却是“进入琼林库，岁久化为尘。”对于各级官吏“夺我身上暖，买尔眼前恩”③ 的行径，诗人进行了严厉痛斥，进而又抨击官府这种杀鸡取卵式的横征暴敛：“剥我身上帛，夺我口中粟。虐人害物即豺狼，何必钩爪锯牙食人肉?”④ 诗人的愤懑无以申诉，最后不得不向最高统治者皇帝呼吁：“二月卖新丝，五月粜新谷。医得眼前疮，剜却心头肉。我愿君王心，化作光明烛。不照绮罗筵，只照逃亡屋。”⑤ 但是，这种呼吁不过是空谷足音而已。

徭役对于吏民的残害，较诸赋税更是有过之而无不及。杜甫的《新安吏》通过与新安吏的问答深刻揭示了征发吏民为兵的情况：“客行新安道，喧呼闻点兵。‘借问新安吏，县小更无丁?’‘府帖昨夜下，次选中男行。’‘中男绝短小，何以守王城?’”⑥ 丁男征发已尽，故征及中男，唐制初以十六岁为中男，唐玄宗天宝三载（744）以后，“以十八为中男，二十二为丁。”⑦ 杜甫行至石壕村又遇到了抓捕丁役的场景：“暮投石壕村，有吏夜捉人。老翁踰墙走，老妇出门看。吏呼一何怒！妇啼一何苦！听妇前致词：‘三男邺城戍。一男附书至，二男新战死。存者且偷生，死

---

① （唐）张籍撰：《张文昌文集》卷四《野老歌》，上海古籍出版社 2013 年版，第 106 页。

② （唐）杜荀鹤撰：《杜荀鹤文集》卷二《山中寡妇》，上海古籍出版社 2013 年版，第 48—49 页。

③ 《白居易集笺校》卷二《秦中吟十首·重赋》，第 82 页。

④ 《白居易集笺校》卷四《讽谕四·杜陵叟》，第 223 页。

⑤ （清）彭定求等编：《全唐诗》卷六三六（聂夷中）《咏田家》，中华书局 1960 年版，第 7296 页。

⑥ 萧涤非主编，廖仲安、李华、朱宝清校注：《杜甫全集校注》卷五《新安吏》，人民文学出版社 2014 年版，第 1280 页。

⑦ 《旧唐书》卷四八《食货上》，第 2089 页。

者长已矣。’‘室中更无人，惟有乳下孙。有孙母未去，出入无完裙。’‘老妪力虽衰，请从吏夜归。急应河阳役，犹得备晨炊。’”① 一家三男全都征发服役，只剩老弱妇孺，仍然逃脱不了被征发的命运。像这样役及老人的情况并非个别：“四郊未宁静，垂老不得安。子孙阵亡尽，焉用身独完？投杖出门去，同行为辛酸。幸有牙齿存，所悲骨髓干。”② 男性征发殆尽则役及妇女，“妇人役州县，丁男事征讨。老幼相别离，哭泣无昏早。稼穑既殄绝，川泽复枯槁。”③ 无穷无尽的徭役征发，直接造成大量人员的伤亡，消耗了社会的基础性资源，严重破坏了农业生产，形成恶性循环。杜甫的《兵车行》对此有深刻的揭示：“道傍过者问行人，行人但云点行频。或从十五北防河，便至四十西营田。去时里正与裹头，归来头白还戍边！边庭流血成海水，武皇开边意未已！君不闻汉家山东二百州，千村万落生荆杞。纵有健妇把锄犁，禾生陇亩无东西。”男性被征发以后，只得由女性负责耕耘，其生产效率遂大为降低，但是赋税的征敛仍然不能减免，“县官急索租，租税从何出？”诗人不禁喟然长叹：“信知生男恶，反是生女好。生女犹是嫁比邻，生男埋没随百草！君不见青海头，古来白骨无人收。新鬼烦冤旧鬼哭，天阴雨湿声啾啾！”④ 白居易的《新丰折臂翁》则叙述了吏民为逃避兵役而不惜自残的悲惨故事：“新丰老翁八十八，头鬓眉须皆似雪。玄孙扶向店前行，左臂凭肩右臂折。问翁臂折来几年？兼问致折何因缘？翁云贯属新丰县，生逢圣代无征战。惯听梨园歌管声，不识旗枪与弓箭。无何天宝大征兵，户有三丁点一丁。点得驱将何处去？五月万里云南行。闻道云南有泸水，椒花落时瘴烟起。大军徒涉水如汤，未过十人二三死。村南村北哭声哀，儿别爷娘夫别妻。皆云前后征蛮者，千万人行无一回。是时翁年二十四，兵部牒中有名字。夜深不敢使人知，偷将大石锤折臂，张弓簸旗俱不堪，从兹始免征云南。骨碎筋伤非不苦，且图拣退归乡土。臂折来来六十年，一肢虽废一身全。至今风雨阴寒夜，直到天明痛不眠。痛不眠，终不悔，且喜老身今独

① 《杜甫全集校注》卷五《石壕吏》，第1288页。

② 《杜甫全集校注》卷五《垂老别》，第1308页。

③ （唐）储光羲撰：《储光羲诗集》卷一《效古二首》，上海古籍出版社1992年版，第8页。

④ 萧涤非主编，张忠纲校注：《杜甫全集校注》卷一《兵车行》，人民文学出版社2014年版，第230—231页。

在。不然当时泸水头，身死魂飞骨不收。应作云南望乡鬼，万人冢上哭呦呦。……"①"新丰老翁"并非不知道"骨碎筋伤"的痛苦，却狠心在年青时候用大石捶断自己的手臂，并忍受此后"雨阴寒夜""痛不眠"的折磨而"终不悔"？原因无他，就是为了藉此逃避"千万人行无一回"的兵役，以自残一臂的痛苦换得一生的苟活，对于他来说，就是可喜可贺的事情了，由此可见徭役、兵役对于广大吏民的危害有多么严重！诸如此类揭露赋税徭役之苦，控诉皇权对于吏民的残暴压榨的诗篇，在唐诗中不胜枚举，正是皇权与吏民的矛盾是当时社会主要矛盾的现实反映。唐诗之所以很少见到反映农民与地主矛盾的诗篇，并非唐朝诗人"阶级觉悟"不高，而是社会现实即如此。还必须指出，上举诗篇所反映的还不是皇权征敛吏民超过临界点时的状况，而是日常的状况，有的甚至还是在"开天盛世"时段内的情况，只此已足以让我们感受到皇权与吏民这一主要矛盾的尖锐性。

如果说上述还属于法定的"正常"征敛的话，那么在"正常"之外的征敛对于"吏民"的侵害有时更有过之无不及："骄君昏主，奸吏邪臣，取济一时，屡更其制，而经常之法，荡然尽矣。由是财利之说兴，聚敛之臣进。盖口分、世业之田坏而为兼并，租、庸、调之法坏而为两税。至于盐铁、转运、屯田、和籴、铸钱、括苗、榷利、借商、进奉、献助，无所不为矣。盖愈烦而愈弊，以至于亡焉。"② 一言以蔽之，就是千方百计最大限度从"吏民"身上榨取到更多的民脂民膏，仅以其中的"进奉"而言，从号称"开天盛世"的唐玄宗时期开始，官僚为了"结主恩"③，肆意"剥下媚上"，号曰"进奉"，"常赋之外，进奉不息。韦皋剑南有日进，李兼江西有月进，杜亚扬州、刘赞宣州、王纬李锜浙西，皆竞为进奉，以固恩泽。贡入之奏，皆曰臣于正税外方圆，亦曰羡余。"④这一切都是从"吏民"身上剥削来的。这种"以苛刻害人，承主恩而徵责"的行为，得到了皇帝的鼓励，对于"进奉"丰厚的官僚"日益眷

---

① 《白居易集笺校》卷三《讽谕三·新丰折臂翁》，第165—166页。

② 《新唐书》卷五一《食货志一》，第1342页。

③ 《新唐书》卷五一《食货志一》，第1346页。

④ 《旧唐书》卷四八《食货志上》，第2087页。

之"[①]，以致"民物耗弊，天下萧然。"[②] 到了唐末，皇权与"吏民"的矛盾更加尖锐而至不可调和，"天下百姓，哀号于道路，逃窜于山泽。夫妻不相活，父子不相救。"[③] "百姓无所归命。官乱人贫，盗贼并起"[④]。"吏民"被迫纷起抗争，试图通过暴力推翻唐皇朝的统治以走出绝境。

事实上，对于皇权与吏民之间的矛盾乃是"皇权吏民社会"主要矛盾关系，以及由这对矛盾关系所引发的包括吏民起义在内的一系列社会问题，古人早就有所认识进而剖析其形成原因。明末清初的思想家王夫之在分析中国古代皇权统治下民生疾苦的成因问题时，有云："天子不独富，农民不独贫……上以各足之道导天下，而天下安之。降及于秦，封建废而富贵擅于一人……况乎赋役繁，有司酷，里胥横，后世愿朴之农民，得田而如重祸之加乎身，则强豪之十取其五而奴隶耕者，农民且甘心焉。所谓'上失其道民散久矣'者也。轻其役，薄其赋，惩有司之贪，宽司农之考，民不畏有田，而强豪无挟以相并，则不待限而兼并自有所止。"[⑤] 在王夫之看来，造成自秦以来的民生疾苦和社会混乱的根源，并非由于豪强兼并，而是在于"富贵擅于一人"的皇权专制政体，是由于帝王为满足一人之"独尊""独富"而对广大吏民进行了毫无节制的横征暴敛，以及由此所衍生出来的"有司酷，里胥横"的吏治腐败。反过来说，如果帝王能够轻徭薄赋、减轻对农民的盘剥，则农民不再因为畏惧苛重的徭役赋税而抛弃田地成为流民，那么强豪的兼并行为也就不会发生了，由此所导致一系列社会矛盾问题亦将因此有所缓和，皇权与吏民这对矛盾统一体也将继续维持在合理的限"度"而保持平衡。对于皇权统治所造成的兼并严重、贫富不均等一系列社会问题，唐甄也认为根源于皇帝专权的政治制度，他说："自秦汉以来，凡为帝王者皆贼也。"唐甄何以说"秦汉以来，帝王者皆贼"？其重要理由之一，就是皇权统治者对于广大吏民的过度压榨，他们为了聚敛财富甚至于不惜杀人越货："杀一人而取其匹布斗粟，犹谓之贼；杀天下之人而尽有其布粟之富，而反

---

① 《旧唐书》卷四八《食货志上》，第 2086 页。

② 《新唐书》卷五一《食货志一》，第 1347 页。

③ 《全唐文》卷八〇四《刘允章直谏书》，第 8450 页。

④ 《旧唐书》卷一九〇下《文苑下·刘蕡传》，第 5071—5072 页。

⑤ 《读通鉴论》卷五《哀帝二》，第 108—109 页。

不谓之贼乎!”① 唐代中期以后，随着“天下之财为人君私藏，有司不得程其多少”局面的形成，天下财富便进一步集中到皇帝的手中，所谓“殚天下之财以奉淫侈，匮万姓之力以从耳目”② 即指此而言。一旦皇权统治集团为了聚敛财富，而不惜涂炭万民，则“天下之大害者，君而已矣”③，这个时候的皇权政治代表——皇帝便成为“天下之大害”了。中国历史上屡见不鲜的皇朝末年吏民反抗运动，便是因此而出现。以明朝为例，其灭亡的原因是什么呢?“昔者明之亡也，人皆曰：‘外内交哄，国无良将；虽有良将，忌不能用，安得不亡!’”但是唐甄认为“此其亡之势也，非其亡之根也”，亦即明朝灭亡的根本原因，并非“国无良将”或“虽有良将，忌不能用”，根本原因还是由于明朝皇权与吏民之间的矛盾尖锐激化，打破了皇权与吏民这对矛盾统一体的平衡局面，即“当是之时，兵残政虐，重以天灾，民无所逃命，群盗得资之以为乱。”④ 马世奇分析明末吏民起义张献忠容易对付而李自成难以征剿的原因时，说：“治献贼易，治闯贼难，盖人心畏献而附闯也。非附闯也，苦兵也。一苦于杨嗣昌之兵，再苦于宋一鹤之兵，又苦于左良玉之兵。行者居者，皆不得保其身命。贼知人心所苦，所至辄以剿兵安民为辞。愚民被惑，望风降附，而贼又散财赈饥以结其心，遂趋贼如归，人忘忠义。其实贼何能破州县?以从贼者众也。”施邦耀也认为：“今日盗寇所至，百姓非降则逃，良由贪吏失民心也。”唐甄认为马世奇、施邦耀“二子之言，见乱本矣”⑤，也就说马、施二人找到了明末动乱的根源。尽管由于时代的局限，马、施二人并未能认识到明末大动乱的根本性原因实在于皇权与吏民的矛盾关系突破了合理的限度，但他们的分析还是具有一定的合理性的。在马世奇看来，李自成之所以较张献忠“难治”，是因为他得到了广大吏民的拥护从而甘心投附，但实际上吏民并“非附闯也”而是“苦兵也”即苦于官兵也就是皇权统治的残酷压迫进而“趋贼如归，人忘忠义”；施邦耀则认为“良由贪吏失民心”，贪官污吏作为皇权统治的具体

① 《潜书》下篇下《室语》，第 196 页。
② 《汉书》卷六〇《杜周附孙（杜）钦传》，第 2672 页。
③ 《黄宗羲全集》第一册《明夷待访录·原君》，第 3 页。
④ 《潜书》下篇上《明鉴》，第 108 页。
⑤ 《潜书》下篇上《明鉴》，第 108 页。

执行者，失去民心也就等于皇权失去民心。反观李自成的所作为，正是由于他深“知人心所苦”，抓住了当时“兵虐政残”、徭役赋税苛重的现实，有针对性地提出了“挨肩膊，等闯王。闯王来，三年不上粮”的口号从而赢得民心，“民之归之也如是”，于是“君为仇敌，贼为父母”①的形势便形成了。而到了这个时候，以皇帝为首的明朝皇权统治集团也就陷入了日暮途穷、无可挽回的境地了。由此可见，造成明末“君为仇敌，贼为父母”的情势，其根本原因实在于“兵虐政残”所导致的皇权与吏民之间的矛盾已经尖锐激化到难以为继，再“重以天灾”，于是“民无所逃命”，而当皇权统治集团与广大吏民之间的贫富悬殊、苦乐不均已经发展到了无法调和②，广大吏民无以继续维持其基本生存条件的时候，广大吏民的唯一生路便只能是奋起抗争，试图通过武力反抗推翻旧有的皇权统治，从而实现自身命运的改变。一言以蔽之，明朝皇权统治集团的过度征敛，打破了皇权与吏民这一主要矛盾统一体的平衡，令广大吏民失去了赖以生存的基本条件，从而迫使吏民走了武力反抗的道路。

【原刊文附记：本文撰写过程中承蒙扬州大学李文才教授，中国社会科学院历史研究所张欣副编审，首都师范大学张金龙教授，北京师范大学李凯副教授、项旋讲师大力协助，并提供了很多宝贵意见；扬州大学曹万青同学，北京师范大学崔启龙、张俊毅同学在资料搜集方面做了很多帮助，谨致谢忱。学涉囿限，急就成篇，疏谬之处，尚祈博雅君子有以正焉。】

（原刊《文史哲》2020年第1期。本文刊出以后，即引起学术界强烈反响，《中国社会科学》杂志社主办的《中国社会科学文摘》、上海社会科学院主办的《社会科学文摘》、西北大学主办的《中国历史文摘》、日本大阪大学主办的《东洋史研究文摘》、上海师范大学主办的《高等学

① 《潜书》下篇上《明鉴》，第108—109页。

② 唐甄就生动描述了明末以来贫富悬殊、苦乐不均的情形：“王公之家，一宴之味，费上农一岁之获，犹食之而不甘。吴西之民，非凶岁为䴵粥，杂以荍秆之灰；无食者见之，以为是天下之美味也。人之生也，无不同也，今若此，不平甚矣。”（《潜书》上篇下《大命》，第97页）

校文科学术文摘》等均进行了转载。《文史哲》杂志在总结办刊70周年成功经验时称："《文史哲》始终重视理论问题的探索，推动重大问题的解决。""《文史哲》特别重视文章所具备的见解深度。"称《中国古史分期暨社会性质论纲——兼论中国传统社会的主要矛盾问题》是"不可多得的直接展现自己独特理论思考的长篇杰作。"《文史哲》刊出以后，黎虎先生又对本文进行了多次修订，是为《论纲》刊后修订稿。此番整理黎虎先生文集，主要是对引文注释的格式进行统一规范，并修订其中的文字错讹，至于刊后修订稿的文意则不加任何改动。李文才敬识。)

南北朝时期的地主

从战国秦汉时期形成发展起来的地主，在中国古代历史中扮演了重要的角色并起着重要的作用，因此厘清地主的构成及其性质，对于认识中国古代社会诸矛盾的主次关系具有重要学术价值。兹以南北朝历史作为个案进行剖析。

在讨论地主问题之前，请先言二事。

其一，现代汉语所谓地主与中国古代地主一词之含义是不同的，今时地主一词是指拥有巨量土地以剥削农民为事者。古代文献中地主一词含义有三：第一，指客人所经临之地的主人。“子服景伯谓子贡曰：夫诸侯之会，事既毕矣，侯伯致礼，地主归饩，以相辞也。”杜预注云：“地主，所会主人也。”① 第二，指“社”神。《尔雅·释天》云：“起大事，动大众，必先有事乎社而后出，谓之宜。”② 《说文》：“社，地主也。”③ “天子至梁父，礼祠地主。”④ 第三，乃泛指土地的主人。如祖约“大引宾客，又占夺乡里先人田地，地主多怨。”⑤ 这里的地主是个中性词，指田地的主人，而不论其占有多少，与“田主”“业主”之意同。从元代开

---

① （周）左丘明传，（晋）杜预注，（唐）孔颖达疏，浦卫忠、龚抗云、胡遂、于振波、陈咏明整理，杨向奎审定：《春秋左传正义》卷五九，哀公十二年，北京大学出版社 2000 年版，第 1919 页。

② （晋）郭璞注，（宋）邢昺疏，李传书整理，徐朝华审定：《尔雅注疏》卷六《释天》，北京大学出版社 2000 年版，第 204 页。

③ （汉）许慎撰，（清）段玉裁注：《说文解字注》一上《示部》，上海古籍出版社 1988 年版，第 8 页。

④ （汉）班固撰，（唐）颜师古注：《汉书》卷二五上《郊祀志上》，中华书局 1962 年版，第 1235 页。

⑤ （唐）房玄龄等撰：《晋书》卷一〇〇《祖约传》，中华书局 1974 年版，第 2627 页。

始，有了今天地主一词的某些因素，“诸地主殴死佃客者，杖一百七，徵烧埋银五十两。”[①]“又奏准。民人佃种旗地。仍照旧例。不许地主夺佃增租。”[②]这些地主与佃客对应，含有今日地主之意，但其仍然是以土地主人之意而用之。直到近代才将地主指称占有大量土地以剥削农民为事的个人或阶级，梁启超有云：“凡劳力者自食其力，地主与资本家不得以奴隶畜之。”[③]这里的地主即然。但是现代意义上的以拥有巨量土地以剥削农民为事的地主在中国古代历史中实际上也是存在的[④]。

其二，南北朝时期的地主，并非单纯占有或追求大量田地，同时亦指占有或追求大量钱财者，田固然是他们首要的追逐目标，但是钱也是他们重要的追逐对象。

人类社会进入社会分工之后，工商即为不可缺少的门类，即使以农、渔、牧为主的社会亦然。司马迁指出：中国古代社会自“诗书所述虞夏以来”，即“待农而食之，虞而出之，工而成之，商而通之……若水之趋下，日夜无休时，不召而自来，不求而民出之。岂非道之所符，而自然之验邪?”[⑤]乃是不可违忤的经济规律，尽管中国古代一直以农业为主要经济部门，土地无疑是人们追逐财富中的首要平台和目标，但是“用贫求富，农不如工，工不如商”[⑥]，这是由农业经济特性所决定的，即财富的扩张仅仅依靠单一的农业是不够的，同时发展工商业才能获得更多更大的财富，这是从秦汉以来就兴起的一种传统，尽管南北朝时期自然经济成分有所抬头，但是工商仍然是社会中不可或缺的重要门类，故以货币为标志的财富依然是人们在追逐土地这一首选之外的又一重要选项。

---

① （明）宋濂撰：《元史》卷一〇五《刑法志四》，中华书局1976年版，第2677页。

② （清）托津等纂：《钦定大清会典事例》卷一三六《户部·田赋》，《近代中国史料丛刊三编》第651册，台北文海出版社1991年版，第6153页。

③ 陈书良编：《梁启超文集·论自由》，北京燕山出版社1997年版，第164页。

④ 古今词语相同但意涵不同的情况并非少见，更非独有“地主”一词如此。例如，“外交”一词，古代是指臣下私自对外交往，即所谓“境外之交”，含有“里通外国”、相互勾结的贬意。但是现代词语所称外交在古代政治中实际上也是存在的。再如“经济”一词，古代乃经国济民之意，但是现代汉语经济一词含义中的经济在古代社会中实际上也是存在的。凡此种种，不烦一一。

⑤ （汉）司马迁撰，（南朝·宋）裴骃集解，（唐）司马贞索隐，（唐）张守节正义：《史记》卷一二九《货殖列传》，中华书局1959年版，第3253—3254页。

⑥ 《史记》卷一二九《货殖列传》，第3274页。

南北朝时期的货币经济较汉代萎缩，由于币制混乱，大小轻重乃至质量不一，导致盗铸严重，流通货币大大少于实际需求，于是富商大贾、高官显贵纷纷藏钱，质量较优之钱更是收藏的主要对象，从而加剧了社会上货币的紧缺。币制的混乱和金属货币的严重缺少，导致高官显贵竞相收藏钱币，金属货币成为追求财富的重要载体之一。其时高官显贵聚敛财富普遍的、主要的途径及方式有二："或使创辟田园，或劝兴立邸店，又欲舳舻运致，亦令货殖聚敛。"① 首要的是"创辟田园"，即追逐和扩大土地，其次则是"货殖聚敛"，即经商或高利贷以牟利，以追逐和扩大财富。梁武帝弟萧宏"性爱钱，百万一聚，黄牓标之，千万一库，悬一紫标，如此三十余间。帝与（丘）佗卿屈指计见钱三亿余万，余屋贮布绢丝绵漆蜜纻蜡朱沙黄屑杂货，但见满库，不知多少。"不仅如此，他还是大高利贷者，"都下有数十邸出悬钱立券，每以田宅邸店悬上文券，期讫便驱券主，夺其宅。都下东土百姓，失业非一。"② 以高利贷扩张土地和金钱。因此，我们在论述地主时，不能仅注意其拥有多少田产这一首要问题，同时应该注意其拥有的钱财，两者均为当时地主追逐的重要对象。刘宋官僚王惠之兄王鉴，"颇好聚敛，广营田业"，王惠意甚不同，谓王鉴曰："何用田为？"王鉴怒曰："无田何由得食！"③ 以农业为主要生产部门的古代中国，田业无疑是基础性的产业，以追逐田业为首要目的是很自然的。然而仅仅注意到这一点是不够的，是不可能全面揭示这个时代财富分配的真实情况的，同时注意对于以钱为代表的财富的追逐才比较近是，刘宋另一高官沈庆之"广开田园之业，每指地示人曰：'钱尽在此中。'"其经营田业的目的在于"钱"，他"身享大国，家素富厚，产业累万金，奴僮千计。再献钱千万，谷万斛"④ 云云，他的"累万金"财富除了田业这一首要因素之外，商业、高利贷等其他产业和爵禄也是重要来源。

职是之故，则南北朝时期接近今天地主这一概念意涵者，诸如"富

---

① （唐）姚思廉撰：《梁书》卷二五《徐勉传》，中华书局1973年版，第384页。

② （唐）李延寿撰：《南史》卷五一《梁宗室上·临川靖惠王（萧）宏传》，中华书局1975年版，第1278页。

③ （梁）沈约撰：《宋书》卷五八《王惠传》，中华书局1974年版，第1590页。

④ 《宋书》卷七七《沈庆之传》，第2003页。

人”“富贵”“豪门”“盛门”“权势”“大家”“大姓”“豪族”“豪强”“贵势”等词语差可当之。

一　南北朝时期的两类地主

南北朝时期的地主分别为“皇权地主”和“吏民地主”两类。

(一)“皇权地主”

南北朝时期的“皇权地主”，由皇帝、皇室、官僚三者所构成，何以这三者属于“皇权地主”呢？因为他们都是因皇权而成为地主的。即使皇帝本人亦然，皇帝之所以成为地主，是因为他夺得了皇权。他并非因为是地主而成为皇帝，而是当了皇帝之后才成为地主，刘裕“家贫”而夺得皇权，萧道成、萧衍均由“布衣”而成为皇帝，陈霸先由“甚微”而称帝，从而成为全国最高、最大的地主，如果他们没有夺得皇权，则他们仍然是贫苦农民或布衣。皇室、外戚与官僚均由皇权所卵翼而成为地主，因依仗并服务于皇权而成为皇权政治的组成部分，同时也就成为“皇权地主”。兹分别论述如下。

1. 皇帝

皇帝是全国最高、最大的地主，“王权—众庶”时代（夏商西周至战国时期）“溥天之下，莫非王土”的传统延续至“皇权—吏民”时代（秦至清）没有根本性的变化，故天下的山林川泽、无主荒地均为公有，亦即皇帝所有，即使是私田，其最高所有权实际上也是掌控于皇帝之手。上述“公有”土地由皇帝支配，除了皇帝自己占有而为园囿之外，或用于赏赐，或用于设置屯田、牧场等；与此同时，则将私田“授予”“吏民”，将他们纳入编户，从而将全部“吏民”变成皇帝的“长工”，向他所代表的国家交纳赋税，提供徭役。南北朝时期也是如此，将“公田”用于屯田，如北魏孝文帝时彭城镇将薛虎子上书提出：“徐州左右……其中良田十万余顷。若以兵绢市牛，分减戍卒，计其牛数，足得万头。兴力公田，必当大获粟稻。”[①] 魏孝文帝采纳了他的建议，这种屯田民遂成了皇帝的佃户。此外，公田由皇帝根据需要进行分配，太和十一年

① （北齐）魏收撰：《魏书》卷四四《薛野䐗附子虎子传》，中华书局1974年版，第997页。

（487）七月“辛巳，罢山北苑，以其地赐贫人。”① 正始元年（504）宣武帝下诏曰：“以苑牧公田分赐代迁之户。”② 太和九年（485）均田令规定：“诸远流配谪、无子孙、及户绝者，墟宅、桑榆尽为公田，以供授受。”③ 而自有土地的“吏民”则全部转变为均田户，据此承担赋税徭役，成为皇帝的“长工”。南朝亦然，元嘉二十八年（451）宋文帝以南兖州并入南徐州，“开创屯田，应接远近，欲以授（刘）铄。”④ 虽然刘铄后来改授它职，但从中可见南兖州境内有大量的公田，其支配权在于皇帝。梁武帝时裴邃“出为竟陵太守，开置屯田”，后迁为“西戎校尉、北梁秦二州刺史。复开创屯田数千顷。”⑤ 天监元年（503），萧憺为安西将军、荆州刺史，“厉精为治，广辟屯田，减省力役”⑥。陈后主诏曰：“私业久废，咸许占作，公田荒纵，亦随肆勤。”⑦ 皇帝对于土地的支配权力凌驾于私有土地和公有土地之上。

皇帝所直接占有的山林川泽，则另设专官，如少府、水衡等进行管理，收取产品和赋税，以为他的“私养”。“少府，秦官，掌山海池泽之税，以给共养”，注引应劭曰：“名曰禁钱，以给私养，自别为藏。”颜师古曰：“大司农供军国之用，少府以养天子也。”⑧ 所谓“私养”即皇帝的私财。到了汉武帝时，又加置“水衡都尉，秩比二千石，别主上林苑有离宫燕休之处。”⑨ 这两个机构都是皇帝的大管家，“水衡与少府皆天子私藏耳”⑩。皇帝的“私藏”数量是非常惊人的，“汉宣以来，百姓赋钱一岁为四十余万万，吏俸用其半，余二十万万藏于都内，为禁钱。少府所领园地作务之八十三万万，以给宫室供养诸赏赐。”⑪ 哀帝时王嘉上书

---

① （唐）李延寿撰：《北史》卷三《魏本纪》，中华书局1974年版，第102页。

② 《魏书》卷八《世宗纪》，第198页。

③ 《魏书》卷一一〇《食货志》，第2855页。

④ 《宋书》卷七二《文九王·南平王（刘）铄传》，第1857页。

⑤ 《梁书》卷二八《裴邃传》，第414页。

⑥ 《梁书》卷二二《太祖五王·始兴忠武王（萧）憺传》，第354页。

⑦ （唐）姚思廉撰：《陈书》卷六《后主纪》，中华书局1972年版，第107页。

⑧ 《汉书》卷一九上《百官公卿表上》，第731—732页。

⑨ （晋）司马彪撰，（梁）刘昭注补：《续汉书·百官志三》，点校本《后汉书志》第二十六，中华书局1965年版，第3600页。

⑩ 《汉书》卷八《宣帝纪》，第242页。

⑪ （汉）桓谭：《新论》卷中《谴非第六》，上海人民出版社1977年版，第22页。

说："孝元皇帝奉承大业，温恭少欲，都内钱四十万万，水衡钱二十五万万，少府钱十八万万。"① "都内钱"是全国老百姓缴纳的赋钱，水衡钱、少府钱竟然比全国所收赋钱还多，可见皇帝的"小金库"有多么庞大。

《宋书·百官志》说：少府"掌禁钱以给私养，故曰少府。晋哀帝末，省并丹阳尹。孝武世复置。"② 南北朝时期继承这一传统，仍设少府，李珪之曾于刘宋泰始年间"转兼少府"③。宋武帝刘裕诏曰："少府前岁所封诸洲芦荻，可开以利民。"④ 南朝的少府与汉代一样占有山林川泽以牟利。进而兼管市场，收取市税，宋顺帝昇明二年（478），沈宪"迁少府卿。少府管掌市易，与民交关，有吏能者，皆更此职。"⑤ 少府仍然负责管理皇帝的"禁钱"以为"私养"，大明四年（460）荥阳毛惠素为少府卿，被"敕市铜官碧青一千二百斤供御画，用钱六十万。有谗惠素纳利者，世祖怒，敕尚书评贾，贵二十八万余，有司奏之，伏诛。"⑥ 碧青为作画的颜料，"若上彩色又黄朱碧青绿等物，应入佛堂拟供像用。"⑦ 宫廷作画所用颜料由少府负责采购，数量不小，所费不赀，这次购买颜料演变为一桩刑事案件，毛惠素被人陷害，经过核查，发现多花钱 28 万多，被处决。梁武帝的宠臣朱异推荐他的同乡陆验、徐驎，得到梁武帝的提拔，"两人递为少府丞、太市令"，此二人"并以苛刻为务，百贾畏之，（朱）异尤与之昵，世人谓之三蠹。"陆验"竟以侵削为能""远近闻其死，莫不快之。"⑧

南北朝继承汉制仍设置水衡以为皇帝私藏。元嘉三十年（453）孝武帝继位后下令"省都水台，罢都水使者官，置水衡令官。"⑨ 齐明帝"诏

① 《汉书》卷八六《王嘉传》，第 3494 页。

② 《宋书》卷三九《百官志上》，第 1232 页。

③ （梁）萧子显撰：《南齐书》卷五三《良政·李珪之传》，中华书局 1972 年版，第 921 页。

④ （唐）欧阳询撰，汪绍楹校：《艺文类聚》卷八二《草部下·荻》，上海古籍出版社 1999 年版，第 1410 页。

⑤ 《南齐书》卷五三《良政·沈宪传》，第 920 页。

⑥ 《南齐书》卷五三《良政·李珪之传》，第 921—922 页。

⑦ （唐）义净著，王邦维校注：《南海寄归内法传校注》卷四《三十六亡则僧现》，中华书局 1995 年版，第 218 页。

⑧ 《南史》卷七七《恩倖·陆验、徐驎传》，第 1936—1937 页。

⑨ 《宋书》卷六《孝武帝纪》，第 113 页。

水衡量省御乘"[①]，御乘由水衡负责。陈宣帝下诏改革官吏"奸贪"的问题，其中有云："旗亭关市，税敛繁多，不广都内之钱，非供水衡之费，逼遏商贾，营谋私蓄。"[②]"都内之钱"即"禁钱"，"水衡之费"也是皇帝的"私藏"，可见皇帝的"小金库"并非仅仅依靠山林川泽之利，同时伸向市场和商贾，故财力雄厚。北周步陆逞"除尚书右丞。官联会计，务殷平准，水衡贯朽，常平粟红。"[③]或云："水衡之钱山积，织室之锦霞开。"[④]是即所谓皇帝之"私蓄"[⑤]。

南北朝时期又有上库和斋库，宋文帝"经巡历至上库，谓左右曰：'此库内大有钱，殊可羡愿。'左右曰：'此县官之物耳，何羡愿耶?'帝曰：'此皆国家之物，吾奉先帝之祀，常惧羞之。'"[⑥]实际上也是皇帝的"小金库"。郁林王萧昭业"及即位，极意赏赐，动百数十万。每见钱，辄曰：'我昔时思汝一文不得，今得用汝未?'期年之间，世祖斋库储钱数亿垂尽。开主衣库与皇后宠姬观之，给阉人竖子各数人，随其所欲，恣意辇取，取诸宝器以相剖击破碎之，以为笑乐。"[⑦]经郁林王的挥霍，"至此岁末，所用过半，皆赐与左右厮卒之徒。及至废黜，府库空尽。"[⑧]齐武帝"聚钱"，时"上库至五亿万，斋库亦出三亿万，金银布帛丝绵不可称计。"[⑨]北朝亦然，北魏"世祖平赫连昌，引诸将帅入其府藏，各令任意取金玉。诸将取之盈怀，（公孙）轨独不探把。世祖乃亲探金赐之，谓轨曰：'卿可谓临财不苟得，朕所以增赐者，欲显廉于众人。'"[⑩]此"府藏"即皇帝个人的"私藏"。

---

① 《南齐书》卷六《明帝纪》，第88页。

② 《陈书》卷五《宣帝纪》，第95—96页。

③ （宋）李昉等编：《文苑英华》卷九〇〇《碑五十七·周太子太保步陆逞神道碑（庾信撰）》，中华书局1966年版，第4737页。

④ 《文苑英华》卷五八《赋五十八·三月三日华林园马射赋（庾信撰）》，第262页。

⑤ 《南史》卷一二《后妃传下》"论曰"，第349页。

⑥ （梁）萧绎撰，许逸民校笺：《金楼子校笺》卷一《兴王篇第一》，中华书局2011年版，第203页。

⑦ 《南齐书》卷四《郁林王纪》，第73页。

⑧ 《魏书》卷九八《岛夷萧道成传》，第2167页。

⑨ 《魏书》卷九八《岛夷萧道成传》，第2166—2167页。北魏亦有"斋库"，见《魏书》卷一三《皇后列传·文成元皇后李氏传》，第331页。

⑩ 《魏书》卷三三《公孙表附子轨传》，第783—784页。

这些库藏不仅有金钱，还有绵绢等各种物资，都是从民间征调而来，刘宋孝武帝时，“斋库上绢，年调钜万匹，绵亦称此。期限严峻，民间买绢一匹，至二三千，绵一两亦三四百，贫者卖妻儿，甚者或自缢死。”侍中沈怀文“具陈民困，由是绵绢薄有所减，俄复旧。”①

但是，这些从制度上设置的库藏并不能够满足皇帝的奢靡消费，于是进而将黑手伸至社会的各个方面，萧齐东昏侯萧宝卷宠爱潘妃，“潘氏服御，极选珍宝，主衣库旧物，不复周用，贵市人间金银宝物，价皆数倍，虎珀钏一只，直百七十万。都下酒租，皆折输金，以供杂用。犹不能足，下扬、南徐二州桥桁塘埭丁计功为直，敛取见钱，供太乐主衣杂费。由是所在塘渎，悉皆隳废。”② 把首都建康全城的酒税加上仍然不敷应用，又将扬州、南徐州修筑桥梁、堤堰的公益性人工折成钱上交，导致塘渎无力修筑而毁坏。“又订出雄雉头、鹤氅、白鹭缞，百品千条，无复穷已。亲倖小人，因缘为奸，科一输十。又各就州县求为人输，准取见直，不为输送。守宰惧威，口不得道，须物之处，以复重求。如此相仍，前后不息，百姓困尽，号泣道路。少府太官，凡诸市买，事皆急速，催求相系。吏司奔驰，遇便虏夺，市廛离散，商旅靡依。”③ 荒淫无度的皇帝及其周围的群小又别出心裁，搜索枯肠找出奢靡享受的法子来，向各地征收雉头、仙鹤、白鹭等珍禽羽毛织造衣服，奸吏又趁机从中敛财，征一变为十，又要求将所征集的物资运输至京城，但实际上并不运输，而是将运费折钱交纳，甚至公然抢劫，形同匪徒，诸如此类的盘剥导致“百姓困尽，号泣道路”“市廛离散，商旅靡依”。总之，皇帝的一切奢靡腐败最终都是由“吏民”买单，皇帝的奢靡腐败程度与“吏民”所受苦难之程度是一种正比例关系。

有的皇帝还直接经营田产和商贩。北魏太武帝拓跋焘太平真君五年（444）“时舆驾数亲征讨及行幸四方”，于是“命恭宗总百揆监国”④，恭宗即拓跋焘长子拓跋晃，史载“恭宗季年，颇亲近左右，营立田园，以

① 《宋书》卷八二《沈怀文传》，第2104页。

② 《南史》卷五《齐本纪下》，第154页。

③ 《南史》卷五《齐本纪下》，第154页。

④ 《魏书》卷一一一《刑罚志》，第2874页。

取其利。”[①] 高允曾被太武帝“敕以经授恭宗，甚见礼待”[②]，遂谏曰：“天地无私，故能覆载；王者无私，故能包养。昔之明王，以至公宰物，故藏金于山，藏珠于渊，示天下以无私，训天下以至俭。故美声盈溢，千载不衰。今殿下国之储贰，四海属心，言行举动，万方所则，而营立私田，畜养鸡犬，乃至贩酤市鄽，与民争利，议声流布，不可追掩。夫天下者，殿下之天下，富有四海，何求而不获，何欲而弗从，而与贩夫贩妇竞此尺寸。”建议将“所在田园，分给贫下，畜产贩卖，以时收散。如此则休声日至，谤议可除。”然而，“恭宗不纳”[③]。虽然像拓跋晃这样直接“营立私田”并“贩酤市鄽”的君主不多，但说明只要皇帝有此意愿则可以随意得到并经营“私田”。

2. 皇室

“皇室地主”是以皇帝家族成员为中心，包括诸王、宗室、公主、后妃以及外戚等异姓亲戚所组成。

由于秦至清两千余年来皇权的家族性所决定，一个新皇朝建立，意味着皇帝家族成员及其妻族、母族成员，均成为皇权政治的依靠对象，史称“自古受命之君及守文之主，非独异姓之辅，亦有骨肉之助焉。”[④] 故“庆命傍流，枝戚属婕，咸被任遇。”[⑤] 他们亦因此不仅在政治上而且在经济上得到巨大的利益，从而形成一个皇朝新兴的“皇室地主”群体。

宋明帝时，会稽一带“幸臣近习，参半宫省，封略山湖，妨民害治……王公妃主，邸舍相望，桡乱在所，大为民患，子息滋长，督责无穷。”[⑥] 这里是南朝最富庶的地区，于是“皇室地主”纷纷麇集于此，不仅广占田业山水，而且经营高利贷，大肆掠夺财富，对这一带的“吏民”造成极大的伤害。宋孝武帝第二子刘子尚等“诸皇子皆置邸舍，逐什一之利，为患遍天下。”[⑦] 前废帝何皇后之父何瑀尚刘裕少女豫章康长公主

---

① 《魏书》卷四八《高允传》，第 1071 页。
② 《魏书》卷四八《高允传》，第 1069 页。
③ 《魏书》卷四八《高允传》，第 1071—1072 页。
④ 《北史》卷五七《周宗室传》“论曰”，第 2079 页。
⑤ 《梁书》卷二四《萧景传》“史臣曰”，第 373 页。
⑥ 《宋书》卷五七《蔡廓附子兴宗传》，第 1583 页。
⑦ 《宋书》卷八二《沈怀文传》，第 2104 页。

刘欣男，何瑀“豪竞于时，与平昌孟灵休、东海何勖等，并以舆马骄奢相尚。公主与（何）瑀情爱隆密，何氏外姻疏戚，莫不沾被恩纪。”何瑀子何迈，“尚太祖第十女新蔡公主讳英媚。（何）迈少以贵戚居显宦，好犬马驰逐，多聚才力之士。有墅在江乘县界，去京师三十里。迈每游履，辄结驷连骑，武士成群。”[①] 东晋南朝地主竞相经营田园别墅，不仅是他们的营利之所，也是其休闲娱乐之处。宋文帝路皇后所生刘骏继位为孝武帝，路太后“颇豫政事”，于是路太后家族颇沾润泽，其弟之子路琼之等即由此发家致富，“琼之及弟休之、茂之并超显职……赐与琼之等财物，家累千金，居处服器，与帝子相侔。”[②] 萧宏“以介弟之贵，无佗量能，恣意聚敛。库室垂有百间，在内堂之后，关籥甚严。”[③] 其子“正德志行无悛，常公行剥掠。时东府有正德及（其弟）乐山侯正则”并成为建康城“四凶”之二，“为百姓巨蠹”，他“聚蓄米粟，宅内五十间室，并以为仓。自征虏亭至于方山，悉略为墅。蓄奴僮数百，皆黥其面。”[④] 也是个拥有别业的皇室地主。

北朝亦然，北魏中后期“于是帝族王侯、外戚公主，擅山海之富，居川林之饶，争修园宅，互相夸竞。崇门丰室，洞户连房，飞馆生风，重楼起雾，高台芳榭，家家而筑；花林曲池，园园而有。莫不桃李夏绿，竹柏冬青。而河间王（元）琛最为豪首，常与高阳争衡。”[⑤] 高阳王元雍“总摄内外，与元叉同决庶政。岁禄粟至四万石，伎侍盈房，荣贵之盛，昆弟莫及。”[⑥] 正光（520—525）中，元雍为丞相，“贵极人臣，富兼山海，居止第宅，匹于帝宫。”有“僮仆六千，妓女五百”“自汉、晋以来，诸王豪侈未之有也”。元雍“嗜口味，厚自奉养，一日食必以数万钱为限，海陆珍羞，方丈于前。陈留侯李崇谓人曰：‘高阳一日食，敌我千日。’”李崇“为尚书令仪同三司，亦富倾天下，僮仆千人。”[⑦] 咸阳王元

---

① 《宋书》卷四一《后妃·前废帝何皇后传》，第 1293 页。

② 《宋书》卷四一《后妃·文帝路淑媛传》，第 1287 页。

③ 《南史》卷五一《梁宗室上·临川靖惠王（萧）宏传》，第 1277 页。

④ 《南史》卷五一《梁宗室上·临川靖惠王（萧）宏传附子正德传》，第 1280—1281 页。

⑤ 范祥雍校注：《洛阳伽蓝记校注》卷四《城西·法云寺》，上海古籍出版社 1978 年版，第 206 页。

⑥ 《北史》卷一九《献文六王·高阳王（元）雍传》，第 700 页。

⑦ 《洛阳伽蓝记校注》卷三《城南·高阳王寺》，第 176—177 页。

禧“性骄奢，贪淫财色，姬妾数十，意尚不已……由是昧求货贿，奴婢千数，田业盐铁遍于远近，臣吏僮隶，相继经营。”① 尔朱文畅之姊为魏孝庄皇后，高欢纳之，“待其家甚厚，（尔朱）文畅由是拜肆州刺史。家富于财，招致宾客，既藉门地，穷极豪侈。”② 诸如此类，不胜枚举。

3. 官僚

所谓官僚，根据汉代制度，是指各级“公卿百官”，具体而言主要为“中二千石”至“吏民”之间的群体，“而百石以下的‘小吏’和广大编户民则共同构成‘吏民’这样一个群体。”③ 事实上，上述“皇室地主”也是“官僚地主”，因为皇室成员除了其皇帝的家族成员或亲戚这一身份之外，他们也担任政府的各级官员，而且是高级官员，与此同时官僚也往往与皇室沾亲带故，因此，“皇室地主”与“官僚地主”是相互交叉重叠的。

一般而言，一个新皇朝建立，就会相应建立新的“官僚地主”群体，但是也会有少数前朝的“官僚地主”过渡到新的皇朝，继续成为新皇朝的“官僚地主”，这种前朝“官僚地主”之所以能够在新的皇朝中继续存在，主要原因在于他们改变立场而投靠了新的皇朝。

谢灵运就是这种典型。他是东晋车骑将军谢玄之孙，在东晋晚年以刘裕为代表的新兴力量形成过程中，他就进入了刘裕营垒，他奉使前往彭城慰劳北伐的刘裕，作《撰征赋》歌颂刘裕的功业，他进入宋国而担任黄门侍郎，并迁相国从事中郎，世子左卫率。刘宋建立之后，他继续成为新皇朝的官僚，从而保持其“官僚地主”的地位。但是他在新皇朝政治上并不得意，“朝廷唯以文义处之，不以应实相许。自谓才能宜参权要，既不见知，常怀愤愤。”于是被“出为永嘉太守。郡有名山水，灵运素所爱好，出守既不得志，遂肆意游遨”，寄情山水。其“父祖并葬始宁县，并有故宅及墅，遂移籍会稽，修营别业，傍山带江，尽幽居之美。”在继承“父祖之资”的基础上大力经营田园，“穿池植援，种竹树堇，驱课公役，无复期度。”“奴僮既众，义故门生数百，凿山浚湖，功役无

① 《魏书》卷二一上《献文六王·咸阳王（元）禧传》，第537页。

② 《北齐书》卷四八《外戚·尔朱文畅传》，第666页。

③ 黎虎：《原“吏民”之二——“吏民”的社会属性》，《文史哲》2007年第2期。

已”，从而“生业甚厚”①，成为屈指可数的“官僚地主”。但是由于他与新皇朝在政治上的不合作，终于被处死，他的儿子谢凤又早卒，这些巨大的家业也就随历史风云变幻而消失了，只有“所著文章传于世”②。

孔灵符与谢灵运的情况类似，其祖孔愉，晋车骑将军，父孔誾，散骑常侍。其家族也是早年投靠刘裕而得以过渡到新皇朝，成为新皇朝的“官僚地主”。孔灵符“自丹阳出为会稽太守，寻加豫章王（刘）子尚抚军长史。灵符家本丰，产业甚广，又于永兴立墅，周回三十三里，水陆地二百六十五顷，含带二山，又有果园九处。”也是在祖传产业的基础上继续扩展，从而成为大“官僚地主”。及至“前废帝景和中，犯忤近臣，为所谗构，遣鞭杀之。二子湛之、渊之，于都赐死。”③ 其荣华富贵亦随之消逝了。

更多的是新皇朝扶植起来的新“官僚地主”。沈庆之与上述二人不同，他从一个农民而以自己的军事才能和战功卓著而成为刘宋皇朝的干城柱石，从而跻身官僚大地主。他“广开田园之业”“身享大国，家素富厚，产业累万金，奴僮千计。”“又有园舍在娄湖”。他原来“居清明门外，有宅四所，室宇甚丽。”“一夜携子孙徙居之，以宅还官。悉移亲戚中表于娄湖，列门同闬焉。”由于他早年“躬耕垄亩，勤苦自立。”年三十仍然是个农民，故一直保持这种作风，经常“骑马履行园田，政一人视马而已。每农桑剧月，或时无人，遇之者不知三公也。”④

到撝，祖彦之，宋骠骑将军；父仲度，骠骑从事中郎。宋明帝立，“欲收物情，以（到）撝功臣后，擢为太子洗马。除王景文安南咨议参军。”到撝“资籍豪富，厚自奉养，宅宇山池，京师第一，妓妾姿艺，皆穷上品。才调流赡，善纳交游，庖厨丰腆，多致宾客。”⑤ 曹景宗在齐末投靠了萧衍，迁持节、都督郢司二州诸军事、左将军、郢州刺史，“在州，鬻货聚敛。于城南起宅，长堤以东，夏口以北，开街列门，东西数

① 《宋书》卷六七《谢灵运传》，第 1743—1775 页。
② 《宋书》卷六七《谢灵运传》，第 1777 页。
③ 《宋书》卷五四《孔季恭传附孔灵符传》，第 1533—1534 页。
④ 《宋书》卷七七《沈庆之传》，第 2003、1996、2004 页。
⑤ 《南齐书》卷三七《到撝传》，第 647 页。

里，而部曲残横，民颇厌之。"[①] 永定二年（558）南豫州刺史沈泰奔于北齐，陈高祖诏书指其"良田有逾于四百，食客不止于三千"[②]。毕义云于"文宣受禅，除治书侍御史，弹射不避勋亲。累迁御史中丞，绳劾更切。"他作为检察官，执法毫不留情，但是他自己却大肆聚敛，成为地道的"官僚地主"，他"累世本州刺史，家富于财，士之匮乏者，多有拯济。及贵，恣情骄侈，营造第宅宏壮，未几而成。闺门秽杂，声遍朝野。"他的"资产宅宇足称豪室"[③]，是个两面人。

南朝政治的一个特点是所谓寒人典掌机要，"自宋中世以来，宰御朝政，万机碎密，不关外司……权归近狎"，于是恩幸之徒"贿赂日积，苞苴岁通，富拟公侯，威行州郡。""门同玉署，家号金穴"[④]，形成具有时代特色的一种"官僚地主"。宋孝武帝时戴法兴、戴明宝"大通人事，多纳货贿，凡所荐达，言无不行，天下辐凑，门外成市，家产并累千金。"[⑤]宋明帝时"（阮）佃夫、王道隆、杨运长并执权柄，亚于人主……大通货贿，凡事非重赂不行。人有饷绢二百匹，嫌少，不答书。宅舍园池，诸王邸第莫及。妓女数十，艺貌冠绝当时，金玉锦绣之饰，宫掖不逮也。"阮佃夫"仆从附隶，皆受不次之位，捉车人虎贲中郎，傍马者员外郎。朝士贵贱，莫不自结，而矜傲无所降意"[⑥]。北朝亦然，恩幸之害不仅在政治方面，经济上也深受其害，"非直独守弄臣，且复多干朝政。赐予之费，帑藏以虚；杼轴之资，剥掠将尽。"[⑦]

至此，有必要讨论一下"官僚地主"为什么也属于"皇权地主"的问题。上述"皇权地主"的三个组成部分中，前二者皇帝和宗室、诸王、外戚等为"皇权地主"应该还是比较容易理解和认清的，而第三者"官僚地主"则比较不容易认清。那么，官僚中的地主为什么也属于"皇权地主"呢？为什么也是"皇权地主"中的构成部分呢？这就需要认清皇

---

① 《梁书》卷九《曹景宗传》，第 179 页。
② 《陈书》卷二《高祖纪下》，第 36 页。
③ 《北齐书》卷四七《酷吏·毕义云传》，第 658、659 页。
④ 《南史》卷七七《恩倖传》"论曰"，第 1943 页。
⑤ 《宋书》卷九四《恩倖·戴法兴传》，第 2303 页。
⑥ 《宋书》卷九四《恩倖·阮佃夫传》，第 2314 页。
⑦ 《北齐书》卷五〇《恩倖传序》，第 685 页。

权政治及其与官僚的关系和基本属性，问题就可以迎刃而解了。因为皇权政治并非仅仅表现为皇帝专权，而是以皇帝专权为核心，以皇权所派生的官僚体制为依靠，形成皇帝与官僚“共治”“共天下”的一种政治体制。东汉官僚李固在上顺帝的奏疏中说：“今与陛下共理天下者，外则公卿尚书，内则常侍黄门，譬犹一门之内，一家之事，安则共其福庆，危则通其祸败。”[①] 明确指出皇帝是与“公卿尚书”和“常侍黄门”等朝廷官僚“共理”[②] 天下的，两者犹如“一门之内”，共理“一家之事”，祸福与共，不可分离。所以皇帝与朝廷的官僚是一体的，不可分割的。西汉宣帝有一名言：“‘与我共此者，其唯良二千石乎！’以为太守，吏民之本也。”[③] 东晋孝武帝诏书引汉宣帝这句话时作“可与共治天下者，良二千石也。”[④] 显然，地方长官与朝廷官僚一样，都是与皇帝“共治”天下而不可分割的组成部分。“共治”亦即“共天下”之谓，上引李固上书中的“共理天下”，《通鉴》则记作“共天下”[⑤]。因此，所谓皇权政治就是皇帝与官僚“共治”的政治，也就是皇帝与官僚“共天下”的政治，没有脱离皇权的单独的官僚政治，也没有脱离官僚的单独的皇权政治，两者是不可分割的整体，缺一不可。明乎此，则官僚中的地主属于“皇权地主”的组成部分也就不言而喻了。南北朝时期的“官僚地主”及其与皇权的关系，是秦汉时期形成发展起来的“官僚地主”及其与皇权关系的延续。

（二）“吏民地主”

所谓“吏民地主”就是在“吏民”中相对富裕的一些“吏民”。以前我们并不确切知道中国古代“吏民”中贫富层级的具体情况，现在根据长沙走马楼吴简所发现的《嘉禾吏民田家莂》，经统计发现孙吴嘉禾四、五年临湘地区的1850户[⑥]“吏民”中，根据占田数量大约形成四个

---

① 《后汉书》卷六三《李固传》，第2076页。

② “共理”即“共治”，唐人李贤等注《后汉书》，以避讳改“治”为“理”。

③ 《汉书》卷八九《循吏传序》，第3624页。

④ 《晋书》卷七五《范汪附子宁传》，第1988页。

⑤ （宋）司马光编著，（元）胡三省音注：《资治通鉴》卷五一，汉顺帝阳嘉二年（133）六月，中华书局1956年版，第1668页。

⑥ 长沙市文物考古研究所·中国文物研究所·北京大学历史学系走马楼简牍整理组编著：《长沙走马楼三国吴简·嘉禾吏民田家莂》（文物出版社1999年版）所载户人总数为2137户，其中有287户佃田数量不明而不计入，故只以佃田数量清楚的1850户进行统计。

不同层级的区块，其中以每户占田 95—218 亩者为一个区块，可视为地主，共 72 户，为总户数的 4%，占田 15%；以每户占田 55—95 亩者为一个区块，可视为富农，共 215 户，为总户数的 12%，占田 26%；以每户占田 25—55 亩者为一个区块，可视为中农，共 644 户，为总户数的 35%，占田 39%；以每户占田 25 亩以下者为一个区块，可视为贫农，共 919 户，为总户数的 50%，占田 20%。[①] 可见，在“吏民”中能够上升为地主者数量并不是很多的。由于吴简资料中只有各户的佃田数据，并非详尽反映当时“吏民”财富的分配状况，所以这个统计数据只能作为一个参考。尽管如此，毕竟使我们对于中国古代“吏民”的财富分配状况有一个大体的数量化的了解。

南齐永明六年（488）讨论牛埭税问题时，顾宪之说：“山阴一县，课户二万，其民赀不满三千者，殆将居半，刻又刻之，犹且三分余一。”[②] 这里所指“民赀不满三千者，殆将居半”，这大致相当于吴简中每户占田 25 亩以下为总户数 50% 的贫农。梁中大通五年（533）益州齐苟儿起义被镇压后，临汝侯萧猷嘲笑州吏罗研曰：“卿蜀人乐祸贪乱，一至于此。”罗研对曰：“蜀中积弊，实非一朝。百家为村，不过数家有食，穷迫之人，什有八九……贪乱乐祸，无足双怪。”[③] 罗研为本地人，对于“吏民”中的情况应该是很了解的，他估计非“穷迫之人”只有十分之一、二，这大约相当于吴简中 16% 的地主、富农（4% +12%）。

载籍中所见地主，多为“皇权地主”，而少见“吏民地主”，但也并非没有，只是由于过去对于地主的构成和类别认识存在问题，故往往视而不见。梁代南阳宛人张孝秀，“少仕州为治中从事史；遭母忧，服阕，为建安王别驾。顷之，遂去职归山，居于东林寺。有田数十顷，部曲数百人，率以力田，尽供山众，远近归慕，赴之如市。”[④] 他年轻时担任过的治中从事史、别驾均为小吏，并非官僚，其身份是“吏民”，后辞职归山，役使数百部曲为其耕种数十顷田，显然是一个“吏民地主”而无疑。

---

① 黎虎：《中国古史分期暨社会性质论纲——兼论中国传统社会的主要矛盾问题》，《文史哲》2020 年第 1 期（刊后修订稿）。

② 《南齐书》卷四六《陆慧晓传附顾宪之传》，第 808 页。

③ 《南史》卷五五《邓元起传附罗研传》，第 1369 页。

④ 《梁书》卷五一《处士 · 张孝秀传》，第 752 页。

刘宋时会稽山阴“有陈载者，家富，有钱三千万，乡人咸云：‘戴硕子三儿，敌陈载三千万钱。’”① 这位拥有三千万钱的陈载无疑也是“吏民地主”。

宋文帝元嘉二十一年（444），“大旱民饥”，晋陵郡延陵县民徐耕至县陈辞，表示自己愿意拿出一千斛粮食救济灾民，大旱之年他能够拿出一千斛米周济灾民，其为地主而无疑。他从郡县吏而官至平原县令，虽然名义上属于官僚的下层，但应该是早已退职，回家务农，延陵县上报他的事迹之后，“诏书褒美，酬以县令。”② 他也未必再次前去履职。故《宋书·文帝纪》记此事曰：“晋陵延陵民徐耕以米千斛助恤饥民”③，认为他的身份是“民”。宋孝武帝大明（457—464）初，讨论按照官品高低分配山泽问题时，扬州刺史西阳王刘子尚上言：最后一个层级“第九品及百姓，一顷。”④ 第九品与百姓在同一层级，其为“吏民”而无疑。刘宋“诸县令六百石者”为第七品⑤，则徐耕为第七品。“吏民”的上层与官僚的下层之间是一个模糊地带，这是社会复杂性的一种体现，不足为奇。东晋南朝时期流寓郡县泛滥，许多郡县有名无实或人口稀少，因此县令的地位并不高。北朝亦然，“齐因魏朝，宰县多用厮滥，至于士流耻居百里。”⑥ 因此将他归类于“吏民地主”应该是没有问题的。⑦ 徐耕分析晋陵郡的灾情和财富分配状况，说：“此境连年不熟，今岁尤甚，晋陵境特为偏枯。此郡虽弊，犹有富室，承陂之家，处处而是，并皆保熟，所失盖微。陈积之谷，皆有巨万，旱之所弊，实钟贫民，温富之家，各

---

① 《宋书》卷九四《恩倖·戴法兴传》，第2302—2303页。陈载，《南史》卷七七《恩倖·戴法兴传》作“陈戴”。山阴人戴法兴“家贫，父硕子以贩纻为业。法兴二兄延寿、延兴并修立，延寿善书，法兴好学。山阴有陈戴者，家富有钱三千万，乡人或云：‘戴硕子三儿敌陈戴三千万钱。’”（第1914页）宋孝武帝、前废帝时，戴法兴成为“恩倖”，得以富贵。

② 《宋书》卷九一《孝义·徐耕传》，第2251—2252页。

③ 《宋书》卷五《文帝纪》，第92页。

④ 《宋书》卷五四《羊玄保传》，第1537页。

⑤ 《宋书》卷四〇《百官志下》，第1264页。

⑥ 《北齐书》卷三八《元文遥传》，第504页。

⑦ 《宋书》本传记徐耕陈辞有云：“民粲得少米，资供朝夕，志欲自竭，义存分飡，今以千斛，助官赈贷。”（《宋书》卷九一《孝义·徐耕传》，第2251页）徐耕自称“民”，表示愿意拿出千斛米“助官”，也表明徐耕此时的身份为“吏民”，因此他的“吏民地主”的身份是没有问题的。

有财宝。谓此等并宜助官。”他的陈词中引人注意的是提到“此郡虽弊，犹有富室”“陈积之谷，皆有巨万”“温富之家，各有财宝”等，认为都是应该站出来救灾的富户，这些也都应该是“吏民地主”。“大明八年（464），东土饥旱，东海严成、东莞王道盖各以谷五百斛助官赈恤。”[①] 严成、王道盖二人能够拿出五百斛谷赈济，也应该是“吏民地主”。

南齐宗室衡阳王萧钧“居身清率，言未尝及时事。”会稽人“孔珪家起园，列植桐柳，多构山泉，殆穷真趣”。萧钧往游之，孔珪问道：“殿下处朱门，游紫闼，讵得与山人交邪？”萧钧答曰：“身处朱门，而情游江海，形入紫闼，而意在青云。”孔珪“大美之”[②]。这位自称“山人”的孔珪也应该是一位“吏民地主”，其所建园林吸引了朝廷显贵，可见财力不凡。

萧梁吴明彻的祖、父分别为齐南谯太守、梁右军将军。他虽然出身于官僚家庭，但到他时已经破落，“幼孤，性至孝，年十四，感坟茔未备，家贫无以取给，乃勤力耕种。时天下亢旱，苗稼燋枯，（吴）明彻哀愤，每之田中，号泣，仰天自诉。居数日，有自田还者，云苗已更生，明彻疑之，谓为绐己，及往田所，竟如其言。秋而大获，足充葬用。”经过他的努力耕作，财力逐渐上升，跻身地主，“及侯景寇京师，天下大乱，（吴）明彻有粟麦三千余斛，而邻里饥馁，乃白诸兄曰：‘当今草窃，人不图久，柰何有此而不与乡家共之？’于是计口平分，同其丰俭，群盗闻而避焉，赖以存者甚众。”后来他被陈霸先“深相要结”，又跻身于官僚，因功而一再加官进爵，陈宣帝时“都督豫合建光朔北徐六州诸军事、车骑大将军、豫州刺史，增封并前三千五百户”[③]，俨然已经属于“官僚地主”。吴明彻属于另一种类型，由官僚家庭而家道中落，经过努力而上升为“吏民地主”，再上升成为显赫的“官僚地主”。身份地位的升沉起落、转移变化是社会中的常态，不足为奇。

齐梁间人庾诜，“幼聪警笃学，经史百家无不该综，纬候书射，棋筭机巧，并一时之绝。而性托夷简，特爱林泉。十亩之宅，山池居半。蔬

---

① 《宋书》卷九一《孝义·徐耕传》，第2251—2252页。

② 《南史》卷四一《齐宗室·衡阳元王（萧）道度传附萧钧传》，第1038页。

③ 《陈书》卷九《吴明彻传》，第160、163页。

食弊衣，不治产业。尝乘舟从田舍还，载米一百五十石，有人寄载三十石，既至宅，寄载者曰：‘君三十斛，我百五十石。’诜默然不言，恣其取足。邻人有被诬为盗者，被治劾，妄款，诜矜之，乃以书质钱二万，令门生诈为其亲，代之酬备。邻人获免，谢诜，诜曰：‘吾矜天下无辜，岂期谢也。’其行多如此类”①。他有“十亩之宅”，还有“田舍”，显然是个地主。他“不治产业”是指其并不孜孜以求扩张田产，而是将心思放在自己的研究中去。他被邻人讹去“米一百五十石”而“默然不言，恣其取足”，虽然与其涵养有关，但是如果没有一定的余粮也未必能够做到如此。邻人被诬为盗，他伸手解救，但是他的家产也并不富裕，不得不“以书质钱二万”以资应用。他一心从事自己的学术，著书立说，谢绝征辟，显然是个“吏民地主”。

陈宣帝太建中，山阴县多豪猾，前后县令皆以赃污免，宣帝患之。褚玠因“廉俭有干用”，被除戎昭将军、山阴令。“县民张次的、王休达等与诸猾吏贿赂通奸，全丁大户，类多隐没。”褚玠乃锁张次的等人，“具状启台，高宗手敕慰劳，并遣使助玠搜括”。张次的、王休达等“全丁大户”应该属于“吏民地主”。“时舍人曹义达为高宗所宠，县民陈信家富于财，諂事义达，信父显文恃势横暴。”② 县民陈信及其父陈显文均属“吏民地主”。梁初，沈瑀“起为振武将军、余姚令。县大姓虞氏千余家，请谒如市，前后令长莫能绝……县南又有豪族数百家，子弟纵横，递相庇荫，厚自封植，百姓甚患之。瑀召其老者为石头仓监，少者补县僮，皆号泣道路，自是权右屏迹。瑀初至，富吏皆鲜衣美服，以自彰别。瑀怒曰：‘汝等下县吏，何自拟贵人耶？’悉使著芒屩粗布，侍立终日，足有蹉跌，辄加榜棰。瑀微时，尝自至此鬻瓦器，为富人所辱，故因以报焉，由是士庶骇怨。”③ 这些“大姓”“豪族”“权右”“富吏”“富人”中也有不少属于“吏民地主”。

北齐官僚苏琼执法明察，“除南清河太守，其郡多盗，及（苏）琼至，民吏肃然，奸盗止息。”威名远播，“有邻郡富豪将财物寄置界内以

---

① 《梁书》卷五一《处士·庾诜传》，第750—751页。

② 《陈书》卷三四《文学·褚玠传》，第460页。

③ 《梁书》卷五三《良吏·沈瑀传》，第768—769页。

避盗，为贼攻急，告曰：‘我物已寄苏公矣。’贼遂去。”这位将财物转移到南清河来避盗贼的富豪，也是“吏民地主”。“天保（550—559）中，郡界大水，人灾，绝食者千余家。（苏）琼普集部中有粟家，自从贷粟以给付饥者。”① 这些“有粟家”也应当有不少“吏民地主”。北魏孝明帝时人张僧晧“历涉群书，工于谈说，有名于当世。熙平初，徵为谏议大夫。正光五年，以国子博士徵之。孝昌二年，徵为散骑侍郎。并不赴。世号为徵君焉。好营产业，孜孜不已，藏镪巨万，他资亦称是。兄弟自供俭约，车马瘦弊，身服布裳，而婢妾纨绮。”② 他累徵不仕，在家务农而富，也应该属于“吏民地主”。

北魏宗室元和为“东郡太守。先是，郡人孙天恩家豪富，尝与（元）和争地，遣奴客打和垂死。至此，和诬天恩与北贼来往，父子兄弟一时俱戮，资财田宅皆没于官。”③ 这位富豪孙天恩也是“吏民地主”，在与“皇权地主”元和的斗争中落得家破人亡。北齐的“渔阳王（高）绍信，文襄第六子也。历特进、开府、中领军、护军、青州刺史。行过渔阳，与大富人钟长命同床坐。太守郑道盖谒，长命欲起，绍信不听，曰：‘此何物小人，而主人公为起。’乃与长命结为义兄弟，妃与长命妻为姊妹，责其阖家幼长皆有赠贿，钟氏因此遂贫。”④ 高绍信是“皇权地主”而无疑，这位“大富人”钟长命则是个平民，显然属于“吏民地主”。钟长命与这位北齐宗室高绍信结为义兄弟，并且为连襟，但是高绍信与其结拜的目的在于勒索他的财富，以“赠贿”之名导致其倾家荡产，“吏民”大地主在与“皇权地主”较量中又落得惨败。

二 两类“地主”的不同成因

以上缕述了南北朝时期“皇权地主”和“吏民地主”的基本情况，那么，这两类地主究竟有什么不同呢？它们的性质究竟如何呢？哪些因素决定他们的性质区别呢？这些问题只要考察一下两者形成的基本原因，

① 《北齐书》卷四六《循吏·苏琼传》，第643—644页。

② 《魏书》卷七六《张烈附弟僧晧传》，第1687页。

③ 《北史》卷一六《道武七王·河南王（元）曜附曾孙和传》，第594页。

④ 《北齐书》卷一一《文襄六王·渔阳王（高）绍信传》，第151页。

就可以迎刃而解。概括而言，上述两类地主的形成原因是不同的，“皇权地主”是依靠皇权力量的培育、扶植而形成发展起来的，“吏民地主”则否，他们得不到政治权力的助长和扶植，基本上是自生自灭的。一言以蔽之，前者是由政治原因所决定的，后者是由经济因素所决定的。以下试为申述。

（一）“皇权地主”的形成原因

皇权对于“皇权地主”的培育和扶植，主要有制度性的措施和随意性的手段两个方面，制度性的措施主要为封爵和仕宦，随意性的手段主要为赏赐与聚敛。制度性的措施是“皇权地主”形成的基本保证，随意性的手段则是“皇权地主”得以进一步扩张的催化剂和助推器。两个方面交相为用，导致“皇权地主”的膨胀。“吏民地主”则基本上无缘这些基本措施和手段，虽然“吏民地主”也要进行聚敛以扩大财富，但是两者的聚敛有本质的不同，“皇权地主”的聚敛是在皇权支持下，依仗皇权而进行，故其聚敛是政治性的；“吏民地主”的聚敛基本上是“自力更生”，虽然他们中有些人也会寻求依傍官府以进行聚敛，但是总体而言他们的聚敛是经济性的。因此，阐明了“皇权地主”形成发展原因的特殊性，则其与“吏民地主”的区别与性质的不同，就得以了然。

1. 先言制度性措施

皇权培育和扶植“皇权地主”的制度性措施有二：一为封爵，二为仕宦。

封爵之制的主要对象是皇室成员，兼及官僚中的开国功臣和高层。文献所见南朝封爵之制，主要有如下数端：“江左承西晋，诸王开国，并以户数相差为大小三品。大国置上、中、下三将军，又置司马一人。次国置中、下二将军。小国置将军一人。余官亦准此为差。”[①] “宋氏以来，一用晋制，虽大小国，皆有三军。”[②] “凡王子为侯者，食邑皆千户。”[③]陈朝封爵之制基本上沿用前代，“有陈受命，虽疆土日蹙，然封建之典，

① 《南史》卷六五《陈宗室诸王传》，第1594页。

② 《宋书》卷四〇《百官志下》，第1260页。

③ （唐）杜佑撰，王文锦、王永兴、刘俊文、徐庭云、谢方点校：《通典》卷三一《职官典十三·历代王侯封爵》，中华书局1988年版，第862页。

无革先王。"①"武帝受命，自永定讫于祯明，唯衡阳王昌特加礼命，至五千户，自余大国不过二千，小国则千户云。"②其封爵九等之差中，宗室之郡王为第一品，秩万石。嗣王、蕃王为第二品，并视二千石。③但是在实践中也有变通，齐武帝之子萧长懋于建元元年（479）"封南郡王，邑二千户。江左未有嫡皇孙封王，始自此也。"④

文献所见北朝封爵之制，主要有下列数端：北魏道武帝天赐元年（404）九月，"减五等之爵，始分为四，曰王、公、侯、子，除伯、男二号。""于是封王者十人，公者二十二人，侯者七十九人，子者一百三人。王封大郡，公封小郡，侯封大县，子封小县。王第一品，公第二品，侯第三品，子第四品。"⑤孝文帝太和十八年（494）"诏王、公、侯、伯、子、男开国食邑者：王食半，公三分食一，侯伯四分食一，子男五分食一。"⑥北齐"有王、公、侯、伯、子、男六等之爵。王位列大司马上，非亲王则在三公下，封内之调，尽以入台，三分食一，公以下四分食一。"北周"制封爵，郡县亦有公、侯、伯、子、男五等爵者，皆加开国。授柱国大将军开府仪同者，并加使持节大都督。"⑦

对于异姓功臣等高级官僚亦有相关制度，南朝萧梁规定："五等诸公，位视三公，班次之。开国诸侯，位视孤卿、重号将军、光禄大夫，班次之。开国诸伯，位视九卿，班次之。开国诸子，位视二千石，班次之。开国诸男，位视比二千石，班次之。"⑧陈朝规定："其封爵亦为九等之差……开国郡县公，第二品。开国郡、县侯，第三品。开国县伯，第四品。（自注：并视中二千石。）开国子，第五品。开国男，第六品。（自注：并视二千石。）汤沐食侯，第七品。乡、亭侯，第八品。（自注：并视千石。）关中、关外侯，第九品。（自注：视六百石。）"⑨关于诸子起

---

① 《南史》卷六五《陈宗室诸王传》"论曰"，第 1594 页。

② 《南史》卷六五《陈宗室诸王传》，第 1594 页。

③ （唐）魏徵、令狐德棻撰：《隋书》卷二六《百官志上》，中华书局 1973 年版，第 748 页。

④ 《南齐书》卷二一《文惠太子传》，第 397—398 页。

⑤ 《魏书》卷一一三《官氏志》，第 2973 页。

⑥ 《魏书》卷七下《高祖纪下》，第 176 页。

⑦ 《通典》卷三一《职官典十三·历代王侯封爵》，第 866 页。

⑧ 《隋书》卷二六《百官志上》，第 728 页。

⑨ 《隋书》卷二六《百官志上》，第 748 页。

家官，规定“皇太子冢嫡者，起家封王，依诸王起家。余子并封公，起家中书郎。诸王子并诸侯世子，起家给事。三公子起家员外散骑侍郎，令仆子起家秘书郎。”①

北魏道武帝天赐元年（404）“异姓元功上勋者封王”②，孝文帝太和二十三年（499）制订、宣武帝公布的《后职员令》规定，功臣五等爵位依次为：开国郡公（第一品）、散公（从一品），开国县侯（第二品）、散侯（从二品），开国县伯（第三品）、散伯（从三品），开国县子（第四品）、散子（从四品），开国县男（第五品）、散男（从五品）③。北周以诸侯及其臣谓之“外命”“诸公九命，诸侯八命，诸伯七命，诸子六命，诸男五命……”④

后妃亦拟百官，宋孝武帝孝建三年（456），“置贵妃，位比相国，进贵嫔，位比丞相，贵人位比三司，以为三夫人。……其后太宗留心后房，拟外百官，备位置内职。”⑤

从上述封爵制度可以看到，封爵与仕宦紧密相连，爵位等级同时也决定了他们在官僚序列中的地位和品级，以及他们所享受的食邑与俸禄的不同层级。

“皇权地主”除了通过封爵以保证自己的地主身份和生活之外，重要的就是入仕，其为地主就有了进一步的保证。鄱阳王萧锵，萧道成第七子，永明十一年（493）为领军，常侍如故。其人“和悌美令，有宠于世祖（齐武帝），领军之授，齐室诸王所未为。”⑥ 始兴王萧鉴，萧道成第十子，“自晋以来，益州刺史皆以良将为之……永明二年，武帝不复用诸将为益州，始以（萧）鉴为益州刺史、督益宁二州军事，加鼓吹一部。”⑦南康王萧子琳，齐武帝第十九子，“以母宠故最见爱……及应封，而好郡已尽，乃以宣城封之。既而以宣城属扬州，不欲为王国，改封南康公褚

① 《隋书》卷二六《百官志上》，第741页。

② 《魏书》卷一一三《官氏志》，第2973页。

③ 《魏书》卷一一三《官氏志》，第2994—2998页。

④ 《隋书》卷二七《百官志中》，第771页。

⑤ 《宋书》卷四一《后妃传》，第1269—1270页。

⑥ 《南齐书》卷三五《高帝十二王·鄱阳王（萧）锵传》，第627页。

⑦ 《南史》卷四三《齐高帝诸子下·始兴简王（萧）鉴传》，第1086页。

蓁为巴东公，以南康为王国封子琳。”[①] 根据与皇帝关系的远近而突破制度规定进行封官加爵。史称“梁武远遵前轨，蕃屏懿亲，至于戚枝，咸被任遇。”[②] 仅鄱阳王萧恢一支，就“有男女百人，男封侯者三十九人，女主三十八人。”[③] 吴平侯萧景，是梁武帝的从父弟，天监十三年（514）“徵为领军将军，直殿省，知十州损益事，月加禄五万。……于高祖属虽为从弟，而礼寄甚隆，军国大事，皆与议决。”[④] 临川王萧宏子萧正立，“初封罗平侯。母江有宠。初，（其兄）正仁之亡，（萧）宏溺情曲制，以正立为世子。正立微有学，宏薨后，知非朝议，表求让兄，帝甚嘉焉。诸侯例封五百户，正立改封实土建安县侯，食邑一千户。”[⑤] 北魏咸阳王元禧“太和九年封，加侍中、骠骑大将军、中都大官。”后“入除司州牧、都督司豫荆郢洛东荆六州诸军事，开府如故，赐帛二千匹、粟五千斛。诏以禧元弟之重，食邑三千户，自余五王皆食邑二千户。”[⑥] 元欣“于中兴宗室，礼遇最隆，自广平诸王，悉居其下。又为大宗师，进大冢宰、中军大都督。大统中，为柱国大将军、太傅。文帝谓欣曰：‘王三为太傅，再为太师，自古人臣，未闻此例。’”[⑦] 高阳王元雍“太和九年，封颍川王。或说雍待士以营声誉，雍曰：‘吾天子之子，位为诸王，用声名何为？’改封高阳。后为相州刺史，帝诫曰：‘为牧之道，亦易亦难。其身正，不令而行，故便是易。其身不正，虽令不从，故曰是难。’”“明帝览政，诏雍乘车出入大司马门，进位丞相。又诏依齐郡顺王简太和故事，朝讫引坐，特优拜伏之礼。总摄内外，与元叉同决庶政。岁禄粟至四万石，伎侍盈房，荣贵之盛，昆弟莫及。”[⑧]

南北朝时期的封爵制度对于皇室成员的入仕有十分优待的制度保证，皇室成员的起家官高于官僚及其子弟的起家官，萧道成孙萧子操，封泉陵侯。“王侯出身，官无定准，素姓三公长子一人为员外郎。建武中，子

---

① 《南史》卷四四《齐武帝诸子·南康王（萧）子琳传》，第1117页。

② 《南史》卷五二《梁宗室传下》“论曰”，第1304页。

③ 《南史》卷五二《梁宗室下·鄱阳忠烈王（萧）恢传》，第1295页。

④ 《梁书》卷二四《萧景传》，第369页。

⑤ 《南史》卷五一《梁宗室上·临川靖惠王（萧）宏附子正立传》，第1283页。

⑥ 《魏书》卷二一上《献文六王·咸阳王（元）禧传》，第533、535页。

⑦ 《北史》卷一九《献文六王·广陵王（元）羽附子欣传》，第699页。

⑧ 《北史》卷一九《献文六王·高阳王（元）雍传》，第699—700页。

操解褐为给事中。自此齐末皆以为例。”① 陈承梁制，“其亲王起家则为侍中……皇太子冢嫡者，起家封王，依诸王起家。余子并封公，起家中书郎。诸王子并诸侯世子，起家给事。”② 他们在起跑线上就领先于其他官僚。与皇帝关系的远近与他们权势大小有密切关系，北魏孝明帝时元顺为吏部尚书，“时三公曹令史朱晖，素事录尚书、高阳王（元）雍，雍欲以为廷尉评，频请托（元）顺，顺不为用。雍遂下命用之，顺投之于地。”元雍闻之，大怒曰：“身，天子之子，天子之弟，天子之叔，天子之相，四海之内，亲尊莫二，元顺何人，以身成命，投弃于地!”③

食邑则是他们在经济上的特权，凭借这一特权可以坐享其成，过上地主的生活。梁武帝萧衍侄萧藻于“天监元年，封西昌县侯，食邑五百户。出为持节、都督益宁二州诸军事、冠军将军、益州刺史。”此后升任各种高官，及至“大同五年，迁中卫将军、开府仪同三司、中书令，侍中如故。”由于其“性恬静”，故“常以爵禄太过，每思屏退”④。由此可知，王侯爵禄之丰厚是其为地主之基本保证。封爵食邑的产品由“邑户”负责运送给封爵的主人，陈朝的官僚徐陵“器局深远，容止可观，性又清简，无所营树，禄俸与亲族共之。太建中，食建昌邑，邑户送米至于水次，（徐）陵亲戚有贫匮者，皆令取之，数日便尽，陵家寻致乏绝。府僚怪而问其故。陵云：‘我有车牛衣裳可卖，余家有可卖不?’其周给如此。”⑤ 官僚的食邑所产粮食直接运送给封爵主人，显然，封爵主人是坐享其成的地主，远远优胜于那些自己直接经营田产的“吏民地主”。由于这位官僚性格清简，不营产业，好周济穷困，平日常将俸禄分给穷困亲族，故所运来的食邑米亦用于救济贫困亲戚。但这并非常见现象，故史家特意记上一笔以示褒扬。北魏孝文帝时宗室诸王不仅给予禄赋，而且还给予衣食，元遥说：“高祖所以国秩禄赋，复给衣食，后族唯给其赋，不与衣食者，欲以别外内，限异同也。”⑥

① 《南史》卷四二《齐高帝诸子上·豫章文献王（萧）嶷附子子操传》，第1070页。
② 《隋书》卷二六《百官志上》，第741页。
③ 《魏书》卷一九中《任城王（元）云附孙顺传》，第484页。
④ 《梁书》卷二三《长沙嗣王（萧）业传附萧藻传》，第361—362页。
⑤ 《陈书》卷二六《徐陵传》，第334页。
⑥ 《北史》卷一七《景穆十二王上·京兆王（元）子推附子遥传》，第635页。

在上述两项制度的保证之下，皇室成员轻易成为高官显贵和大地主，南朝刘宋“桂阳王休范，文帝第十八子也。孝建三年，年九岁，封顺阳王。大明元年，改封桂阳。泰始六年，累迁骠骑大将军、江州刺史，加都督。遗诏进位司空、侍中，加班剑三十人。”但是“休范素凡讷，少知解，不为诸兄齿遇。”尽管他是平庸之辈，但是9岁即封王，23岁即跻身朝廷三公和封疆大吏，他的哥哥宋明帝也很感慨，“常指左右人谓王景文曰：‘休范人才不及此，以我弟故，生便富贵。释氏愿生王家，良有以也。’”① 齐高帝第五子武陵昭王萧晔“常曰：‘兄作天子，何畏弟无钱。’”② 天监十三年（514），南平王萧伟“改为左光禄大夫。加亲信四十人，岁给米万斛，布绢五千匹，药直二百四十万，厨供月二十万，并二卫两营杂役二百人，倍先，置防阁白直左右职局一百人。（萧）伟末年疾浸剧，不复出藩，故俸秩加焉。……齐世，青溪宫改为芳林苑，天监初，赐伟为第，伟又加穿筑，增植嘉树珍果，穷极雕丽，每与宾客游其中，命从事中郎萧子范为之记。梁世藩邸之盛，无以过焉。”③

不过，正因为皇室所享特权如此突出，故内部争权夺利的斗争也异常激烈而残酷，“凡诸王被害，皆以夜遣兵围宅，或斧斫关排墙，叫噪而入，家财皆见封籍焉”④。没收家财是重要目的之一。刘宋始平王刘子鸾，孝武帝的第八子，大明四年（460），封襄阳王，寻改封新安。次年即为北中郎将、南徐州刺史，领南琅邪太守。由于其母殷淑仪“宠倾后宫”，因此刘子鸾“爱冠诸子，凡为上眄遇者莫不入子鸾府国。为南徐州，又割吴郡属之”。他的长兄刘子业“素疾子鸾有宠”，故他当上皇帝之后，“既诛群臣，乃遣使赐子鸾死，时年十岁。子鸾临死谓左右曰：‘愿后身不复生王家。’同生弟妹并死”⑤。由于刘子业“凶悖日甚，诛杀相继，内外百司，不保首领”。即位次年即被臣下杀死，“时年十七”⑥。

仕宦除了能够按照官品高低得到相应的俸禄之外，还可以占有相应

① 《南史》卷一四《宋宗室及诸王下·桂阳王（刘）休范传》，第409页。

② 《南史》卷四三《齐高帝诸子下·武陵昭王（萧）晔传》，第1082页。

③ 《梁书》卷二二《太祖五王·南平元襄王（萧）伟传》，第347—348页。

④ 《南史》卷四三《齐高帝诸子下·鄱阳王（萧）锵传》，第1085页。

⑤ 《南史》卷一四《宋宗室及诸王下·始平孝敬王（刘）子鸾传》，第415页。

⑥ 《宋书》卷七《前废帝纪》，第146页。

数量的田亩和山泽。西晋占田制除了规定“吏民”占田之外，还特别规定了各级官吏的占田，“其官品第一至于第九，各以贵贱占田，品第一者占五十顷，第二品四十五顷，第三品四十顷，第四品三十五顷，第五品三十顷，第六品二十五顷，第七品二十顷，第八品十五顷，第九品十顷。”① 官品越高占田数量越多。刘宋大明初扬州刺史西阳王刘子尚上言：“凡是山泽，先常熂爈种养竹木杂果为林芿，及陂湖江海鱼梁鰌鮆场，常加功修作者，听不追夺。官品第一、第二，听占山三顷；第三、第四品，二顷五十亩；第五、第六品，二顷；第七、第八品，一顷五十亩；第九品及百姓，一顷。皆依定格，条上赀簿。若先已占山，不得更占；先占阙少，依限占足。”② 他的意见被决策集体所接受。这实际上是以西晋颁布的占田令为依据而对于山林川泽的分配，官僚按照品级高低而占有不同数额的山林川泽，南朝地主纷纷“熂山封水，保为家利”，得到了制度上的保证。北魏太和九年（484），下诏均给天下民田的同时，对于官僚的俸田也做了规定：“诸宰民之官，各随地给公田，刺史十五顷，太守十顷，治中别驾各八顷，县令、郡丞六顷。更代相付。卖者坐如律。”③ 这虽然是公田，但是对于高级官僚来说仍不失为特权和利益的一种享受。

2. 次说随意性手段

这个问题也有两个方面，一是皇帝给予宗室诸王及百官等人的赏赐，二是宗室诸王及百官等人之主动聚敛。这些都并非制度性的规定，而是随皇帝或皇室成员和官僚各人意愿而行，但是都不同程度地得到最高统治者的推行或默许，因而其对于皇权地主的恶性膨胀起了极大的催化和助推作用。以下试略述之。

（1）皇帝赏赐

由于皇帝直接掌控天下的财权，因而可以随意对宗室诸王或臣僚进行赏赐。上面我们在论述皇帝作为最高、最大的地主问题时，已经指出皇帝拥有巨量“私藏”，因而可以随意赏赐臣僚、宗室、诸王、后妃，其数量往往非常庞大，甚至导致国家财政危机。

---

① 《晋书》卷二六《羊玄保附兄子食货志》，第790页。

② 《宋书》卷五四《羊玄保附兄子羊希传》，第1537页。

③ 《魏书》卷一一〇《食货志》，第2855页。

不少官僚通过赏赐这一途经而一夜暴富，迅速成为大地主。北魏文明太后时李冲“迁中书令，加散骑常侍，给事中如故。寻转南部尚书，赐爵顺阳侯。（李）冲为文明太后所幸，恩宠日盛，赏赐月至数千万，进爵陇西公，密致珍宝御物以充其第，外人莫得而知焉。冲家素清贫，于是始为富室。”① 虽然李冲的官位不断升迁，爵位也由侯而提升为公，但是如果没有文明太后如此巨额的赏赐，他由“清贫”而成为“富室”，跻身于大地主的行列，将不会如此轻而易举，将还需要经过一番聚敛的努力才可能达到，而文明太后的赏赐起了直接的作用，让他大大缩短了这个过程，史称“李冲虽以器能受任，亦由见宠帷幄，密加锡赉，不可胜数……因此更加富贵。”②

像李冲这样暴富的官僚并不在少数。“自（文明）太后临朝专政，高祖雅性孝谨，不欲参决，事无巨细，一禀于太后。太后多智略，猜忍，能行大事，生杀赏罚，决之俄顷，多有不关高祖者。是以威福兼作，震动内外。故杞道德、王遇、张祐、苻承祖等拔自微阉，岁中而至王公；王叡出入卧内，数年便为宰辅，赏赉财帛以千万亿计，金书铁券，许以不死之诏……是以人人怀于利欲，至死而不思退。”文明太后巧施手段，把这种私恩巨赐包装成“公事”，她“外礼民望元丕、游明根等，颁赐金帛舆马，每至褒美（王）叡等，皆引（元）丕等参之，以示无私。”③ 文中提到的张祐，“时文明太后临朝，中官用事。（张）祐以左右供承合旨，宠幸冠诸阉官……与王叡等俱入八议。太后嘉其忠诚，为造甲宅。宅成，高祖、太后亲率文武往燕会焉。拜散骑常侍、镇南将军、尚书左仆射，进爵新平王，受职于太华庭，备威仪于宫城之南，观者以为荣。高祖、太后亲幸其宅，飨会百官。（张）祐性恭密，出入机禁二十余年，未曾有过。由是特被恩宠，岁月赏赐，家累巨万。与王质等十七人俱赐金券，许以不死。”④ 王叡“出入帷幄，（文明）太后密赐珍玩缯彩，人莫能知。率常以夜帷载阉官防致，前后钜万，不可胜数。加以田园、奴婢、牛马

① 《魏书》卷五三《李冲传》，第 1180 页。
② 《魏书》卷一三《皇后列传 · 文成文明皇后冯氏传》，第 329 页。
③ 《魏书》卷一三《皇后列传 · 文成文明皇后冯氏传》，第 329—330 页。
④ 《魏书》卷九四《阉官 · 张祐传》，第 2020—2021 页。

杂畜，并尽良美。大臣及左右因是以受赉赐，外示不私，所费又以万计。”他们也是由“家贫”而暴富[①]。李穆于河桥之战中救了宇文泰一命，“是日微（李）穆，太祖（宇文泰）已不济矣。自是恩眄更隆。擢授武卫将军，加大都督、车骑大将军、仪同三司，进爵安武郡公，增邑一千七百户。前后赏赐，不可胜计。久之，太祖美其志节，乃叹曰：‘人之所贵，唯身命耳，李穆遂能轻身命之重，济孤于难。虽复加之以爵位，赏之以玉帛，未足为报也。’乃特赐铁券，恕以十死。进骠骑大将军、开府仪同三司、侍中。初，（李）穆授太祖（宇文泰）以骢马，其后中厩有此色马者，悉以赐之。又赐（李）穆世子（李）惇安乐郡公，姊一人为郡君，余姊妹并为县君，兄弟子侄及缌麻以上亲并舅氏，皆霑厚赐。其见褒崇如此。”[②] 真可谓“一人得道，鸡犬升天”了，家人、亲戚皆雨露均霑而成为皇权地主之成员。

南朝亦然。早在东晋末刘裕掌权时，“高祖将伐羌，先遣（毛）脩之复芍陂，起田数千顷。及至彭城，又使营立府舍，转相国右司马，将军如故。时洛阳已平，即本号为河南、河内二郡太守，行司州事，戍洛阳，修治城垒。高祖既至，案行善之，赐衣服玩好，当时计直二千万。先是，刘敬宣女嫁，高祖赐钱三百万，杂彩千匹，时人并以为厚赐。”[③] 宋文帝皇后袁齐妫，“母本卑贱”，但文帝“待后恩礼甚笃，袁氏贫薄，后每就上求钱帛以赡与之，上性节俭，所得不过三五万、三五十匹。后潘淑妃有宠，爱倾后宫，咸言所求无不得，后闻之，欲知信否，乃因潘求三十万钱与家，以观上意，信宿便得。因此恚恨甚深，称疾不复见上。”[④] 赏赐完全决定于皇帝个人的意愿，这些钱出于皇帝的“私藏”，故由其自由支配。宋文帝路淑媛生孝武帝，孝武帝继位后尊为太后，“太后颇豫政事，赐与（太后弟）琼之等财物，家累千金，居处服器，与帝子相侔。”[⑤] 宗越本为南阳次门，“家贫无以市马，常刀楯步出，单身挺战，众莫能当。每一捷，郡将辄赏钱五千，因此得市马。”元嘉二十四年（447），

① 《北史》卷九二《恩幸传·王叡》，第3019、3018页。

② （唐）令狐德棻等撰：《周书》卷三〇《李穆传》，中华书局1971年版，第527—528页。

③ 《宋书》卷四八《毛脩之传》，第1429页。

④ 《宋书》卷四一《后妃·文帝袁皇后传》，第1283—1284页。

⑤ 《宋书》卷四一《后妃·文帝路淑媛传》，第1287页。

“启太祖求复次门，移户属冠军县，许之。”前废帝“凶暴无道，而（宗）越及谭金、童太壹并为之用命，诛戮群公及何迈等，莫不尽心竭力，故帝凭其爪牙，无所忌惮。赐与（宗）越等美女金帛，充牣其家。”① 一个出身贫贱的武人虽因战功而加官进爵，但更重要的是充当了皇帝的杀手，得到赏赐而暴富，从而跻身于“官僚地主”。南康王萧子琳，齐武帝第十九子，“以母宠故最见爱。太尉王俭因请昏，武帝悦而许之。群臣奉宝物名好尽直数百金，武帝为之报答亦如此。”② 萧梁开国功臣吕僧珍“有大勋，任总心膂，恩遇隆密，莫与为比……禄俸之外，又月给钱十万；其余赐赉不绝于时。”他“起自寒贱”，天监十年（511）病危时，与“亲旧”话生平，语及早年萧衍曾称他“有富贵相”，而今果然“富贵”③云云。太建十四年（582），陈宣帝崩，始兴王陈叔陵于殿内手刃嫡长子陈叔宝，“伤而不死”，东宫舍人司马申启陈叔宝，“驰召（萧）摩诃，入见受敕……摩诃勒兵追斩之。以功授散骑常侍、车骑大将军，封绥建郡公，邑三千户。（陈）叔陵素所蓄聚金帛累巨万，后主悉以赐之。”④ 始兴王陈叔陵“素所蓄聚金帛累巨万”的家产一夜之间转移至萧摩诃手中，萧摩诃因功受赐，即时暴富，贵为三公、外戚。皇帝对于宗室、诸王、后妃、大臣、亲信等人的赏赐不胜枚举，毋庸赘述。

但是，这种随意性的赏赐对于财政的影响是严重的，往往导致库藏空虚。史称宋孝武帝“赐倾府藏，竭四海不供其欲，单民命未快其心。”⑤ 元徽二年（474）桂阳王刘休范于寻阳起兵反，声称清君侧，朝廷震惊，“时库藏赏赐已尽，皇太后、太妃剔取宫内金银器物以充用。”⑥ 齐郁林王萧昭业“及即位，极意赏赐，动百数十万。每见钱，辄曰：‘我昔时思汝一文不得，今得用汝未？’期年之间，世祖斋库储钱数亿垂尽。”⑦ 杨珉及其母均“为（萧）昭业所宠，恩情特隆，赏赐倾府藏。”⑧ 徐陵指出，陈

① 《宋书》卷八三《宗越传》，第2109—2111页。
② 《南史》卷四四《齐武帝诸子·南康王（萧）子琳传》，第1117页。
③ 《梁书》卷一一《吕僧珍传》，第213、211、214页。
④ 《陈书》卷三一《萧摩诃传》，第411页。
⑤ 《宋书》卷九二《良吏传序》，第2262页。
⑥ 《宋书》卷七九《文五王·桂阳王（刘）休范传》，第2051页。
⑦ 《南齐书》卷四《郁林王纪》，第73页。
⑧ 《魏书》卷九八《岛夷萧道成传》，第2167页。

初“圣朝草创，干戈未息，亦无条序。府库空虚，赏赐悬乏”[①]。北魏太武帝“暴崩”，中常侍宗爱矫皇太后令迎南安王拓跋余而立之，拓跋余“自以非次而立，厚赏群下，取悦于众。为长夜之饮，声乐不绝，旬月之间，帑藏空罄。”[②] 北齐将领斛律光尝谓人曰：“今军人皆无裈袴；后宫内参，一赐数万匹，府藏稍空，此是何理？”受赐者闻之，皆曰：“天子自赐我，关相王何事？”[③] 北齐自武平三年（572）之后，穆提婆、陆令萱母子“势倾内外，卖官鬻狱，聚敛无厌，每一赐与，动倾府藏。”[④] 鲜于世荣于北齐后主年间封义阳郡王，领军大将军、太子太傅，“见徵税无厌，赏赐过度，发言叹息焉。”可见反对北齐后主肆意赏赐的臣僚并非仅见。肆意的赏赐导致库藏空虚，于是加大搜刮“吏民”以弥补之，必然激化皇权与“吏民”本来就已尖锐的矛盾，这是北齐末年后主当政时期“朝危政乱”[⑤] 的表现之一。

除了赐钱、赐物等之外，还有赐田。河东著姓之薛端，“曾祖洪隆，河东太守。以隆兄洪阼尚魏文成帝女西河公主，有赐田在冯翊，洪隆子麟驹徙居之，遂家于冯翊之夏阳焉。”[⑥] 北魏末年河北郡守裴果，早年追随宇文泰，后“齐神武败于沙苑，（裴）果乃率其宗党归阙。周文嘉之，赐田宅奴婢牛马什物等。”[⑦] 田宅之外赐予“奴婢牛马什物”，显然是为其经营田业的配套，令其得以立时成为地主。裴侠为官“清慎奉公”，周明帝“矜其贫苦，乃为起宅，并赐良田十顷，奴隶、耕牛、粮粟，莫不备足。搢绅咸以为荣。”[⑧] 也是赏赐田宅之外，同时赏赐奴隶、耕牛等，以便其及时经营田产。贺拔允与高欢“早自结托”，高欢召其三子“与诸子同学。武定中，敕居定州，赐其田宅。”[⑨] 北齐后主赐“（穆）提婆晋阳之田，（斛律）光言于朝曰：‘此田，神武以来，常种禾饲马，以拟寇难。

---

① 《陈书》卷二六《徐陵传》，第 333 页。
② 《魏书》卷一八《太武五王·南安王（元）余传》，第 434—435 页。
③ 《北史》卷五四《斛律金附子光传》，第 1970 页。
④ 《北史》卷九二《恩幸·穆提婆传》，第 3048 页。
⑤ 《北史》卷五三《鲜于世荣传》，第 1930—1931 页。
⑥ 《周书》卷三五《薛端传》，第 620 页。
⑦ 《北史》卷三八《裴果传》第 1395 页。
⑧ 《周书》卷三五《裴侠传》，第 619—620 页。
⑨ 《北齐书》卷一九《贺拔允传》，第 245—246 页。

今赐，无乃阙军务也?’”将国防所用养马场赐予宠臣，“帝又以邺清风园赐（穆）提婆租赁之。于是官无菜，赊买于人，负钱三百万，其人诉焉。光曰：‘此菜园赐提婆，是一家足；若不赐提婆，便百官足。’”① 建德三年（574）卫剌王（宇文）直作乱，尉迟运败之，周武帝“嘉之，授大将军，赐以（宇文）直田宅、妓乐、金帛、车马及什物等，不可胜数。”②

（2）聚敛

聚敛则是上述由皇帝操控的赏赐之外对于“皇权地主”的扩张起了重要作用的另一方式，皇亲国戚、公卿百官乃至宦竖恩幸等人“各显神通”所进行的聚敛活动，既是皇权政治的孪生物，也是“皇权地主”得以扩张、膨胀的重要手段之一。聚敛的具体方式方法多种多样。其可得而述者有下述诸项。

第一，贪污盗窃。南北朝时期从朝廷到地方，官僚的贪污腐败，为非作歹，鱼肉人民的情况十分严重。北魏灵太后临朝时，江阳王元继子元叉“先纳太后妹，复（元）继尚书、本封，寻除侍中、领军将军。又除特进、骠骑将军，侍中、领军如故。”其父元继“晚更贪婪，聚敛无已。牧守令长新除赴官，无不受纳货贿，以相托付。妻子各别请属，至乃郡县微吏，亦不得平心选举。凭（元）叉威势，法官不敢纠摘，天下患之。”③ 任城王元彝之兄元顺清廉正直，被除为给事黄门侍郎，“时领军元叉威势尤盛，凡有迁授，莫不造门谢谒。（元）顺拜表而已，曾不诣（元）叉。叉谓顺曰：‘卿何谓聊不见我?’顺正色曰：‘天子富于春秋，委政宗辅，叔父宜以至公为心，举士报国，如何卖恩，责人私谢，岂所望也!’”④ 元继、元叉父子均先后居权重，荣赫于时，但均卖官鬻爵，受贿纳财，败坏吏治。宣武帝时元晖“迁吏部尚书，纳货用官，皆有定价，大郡二千匹，次郡一千匹，下郡五百匹，其余官职各有差，天下号曰‘市曹’。”⑤ 元脩义“累迁吏部尚书。及在铨衡，唯专货贿，授官大小，

① 《北史》卷五四《斛律金附子光传》，第1969页。

② 《周书》卷四〇《尉迟运传》，第710页。

③ 《魏书》卷一六《道武七王·京兆王（元）黎附元继、元叉传》，第402—403页。

④ 《魏书》卷一九中《景穆十二王·任城王（元）云附孙元顺传》，第481—482页。

⑤ 《魏书》卷一五《昭成子孙·常山王（元）遵附元晖传》，第379页。

皆有定价。”[①] 皇甫玚“自太尉记室超迁吏部郎。性贪婪，多所受纳，鬻卖吏官，皆有定价。”[②] 这既是皇权政治腐败的反映，也是皇权政治腐败的必然结果，从而将腐朽的皇朝推至覆灭。咸阳王元禧之子元坦“虽禄厚位尊，贪求滋甚，卖狱鬻官，不知纪极。为御史劾奏，免官，以王归第。寻起为特进，出为冀州刺史。专复聚敛，每百姓纳赋，除常别先责绢五匹，然后为受。性好畋渔，无日不出。秋冬猎雉兔，春夏捕鱼蟹，鹰犬常数百头。自言宁三日不食，不能一日不猎。入为太傅。”[③]

“魏主雅重门族，以范阳卢敏、清河崔宗伯、荥阳郑羲、太原王琼四姓，衣冠所推，咸纳其女以充后宫。”[④] 荥阳郑氏是北魏四大高门望族之一，北魏中书令郑羲“多所受纳，政以贿成。性又啬吝，民有礼饷者，皆不与杯酒脔肉，西门受羊酒，东门酤卖之。以李冲之亲，法官不之纠也。”兄弟六人均为北魏重臣，其“五兄：长白驎，次小白，次洞林，次叔夜，次连山。并恃豪门，多行无礼，乡党之内，疾之若雠。”[⑤] 虽然皇权统治者对于他们的贪赃枉法加以包庇优容，但是“吏民”则恨之入骨。

北齐后期由于皇权统治者奢侈荒淫，导致“赋敛日重，徭役日繁，人力既殚，帑藏空竭。乃赐诸佞幸卖官，或得郡两三，或得县六七，各分州郡，下逮乡官亦多降中旨，故有敕用州主簿，敕用郡功曹。于是州县职司多出富商大贾，竞为贪纵，人不聊生。爰自邺都及诸州郡，所在徵税，百端俱起。”[⑥] 卖官鬻爵成风，必然导致官僚到任之后更加肆无忌惮贪污，形成恶性循环。上述卖官鬻爵的吏部尚书元晖深谙为官之道，“出为冀州刺史，下州之日，连车载物，发信都，至汤阴间，首尾相继，道路不断。其车少脂角，即于道上所逢之牛，生截取角以充其用。（元）晖检括丁户，听其归首，出调绢五万匹。然聚敛无极，百姓患之。”[⑦] 元庆智“性贪鄙。为太尉主簿，事无大小，得物然后判，或十数钱，或二

---

① 《魏书》卷一九上《景穆十二王・汝阴王（元）天赐附子脩义传》，第451页。
② 《魏书》卷七一《裴叔业传附皇甫玚传》，第1579页。
③ 《北史》卷一九《献文六王・咸阳王（元）禧附子坦传》，第694页。
④ 《资治通鉴》卷一四〇，齐明帝建武三年（496）正月，第4393页。
⑤ 《魏书》卷五六《郑羲传》，第1239、1243页。
⑥ 《北齐书》卷八《后主幼主纪》，第113—114页。
⑦ 《魏书》卷一五《昭成子孙・常山王（元）遵附元晖传》，第379页。

十钱，得便取之，府中号为‘十钱主簿’”①。北周达奚武“性贪吝，其为大司寇也，在库有万钉金带，当时宝之，（达奚）武因入库，乃取以归。主者白晋公（宇文）护，护以（达奚）武勋重，不彰其过，因而赐之。时论深鄙焉。”② 北魏南安王拓跋桢为镇都大将、刺史，徵赴阙廷讲武，魏孝文帝引见于皇信堂，戒之曰：“翁既国之懿亲，终无贫贱之虑。所宜慎者，略有三事”，告诫他慎戒贪赃枉法，但是拓跋桢“不能遵奉，后乃聚敛肆情。”③ 景明三年（502），齐州刺史元诞“在州贪暴，大为人患……有沙门为（元）诞采药，还而见之，诞曰：‘师从外来，有何消息？’对曰：‘唯闻王贪，愿王早代。’诞曰：‘齐州七万户，吾至来，一家未得三十钱，何得言贪？’”④ 元志“晚年耽好声伎，在扬州日，侍侧将百人，器服珍丽，冠于一时。及在雍州，逾尚华侈，聚敛无极”⑤。

南朝亦然。“梁、益二州土境丰富，前后刺史，莫不营聚蓄，多者致万金。所携宾僚，并京邑贫士，出为郡县，皆以苟得自资”⑥，外任地方官成为捞钱的机会。长沙王刘道怜，宋武帝之弟，“江陵平，为骠骑将军、开府仪同三司、荆州刺史，护南蛮校尉，加都督，北府文武悉配之。道怜素无才能，言音甚楚，举止多诸鄙拙，畜聚常若不足。去镇日，府库为空。”⑦ 晋平王刘休祐，宋文帝第十三子。孝建二年（455），年十一，封山阳王。明帝即位，以山阳荒弊，改封晋平王，位骠骑大将军、开府仪同三司、荆州刺史。刘休祐“素无才能，强梁自用。大明之世，不得自专，至是贪淫好财色，在荆州多营财货。以短钱一百赋人，田登就求白米一斛，米粒皆令彻白，若碎折者悉不受。人间粜此米一斗一百。至时又不受米，评米责钱，凡诸求利皆如此。百姓嗷然，不复堪命。”⑧ 刘道济为“尚书起部郎，王弘车骑从事中郎，江夏王（刘）义恭抚军司马，河东太守，仍迁振武将军、益州刺史。长史费谦、别驾张熙、参军杨德

---

① 《北史》卷一六《道武七王·阳平王（元）熙附元庆智传》，第591页。

② 《北史》卷六五《达奚武传》，第2301页。

③ 《魏书》卷一九下《景穆十二王·南安王（元）桢传》，第493—494页。

④ 《魏书》卷一九上《景穆十二王·济阴王（元）小新成附元诞传》，第448页。

⑤ 《魏书》卷一四《神元平文诸帝子孙·河间公（元）齐附元志传》，第364页。

⑥ 《宋书》卷八一《刘秀之传》，第2074页。

⑦ 《南史》卷一三《宋宗室及诸王上·长沙景王（刘）道怜传》，第353页。

⑧ 《南史》卷一四《宋宗室及诸王下·晋平剌王（刘）休祐传》，第407页。

年等，并聚敛兴利，而道济委任之，伤政害民，民皆怨毒。”其贪腐黑手还伸向工商业，“远方商人多至蜀土资货，或有直数百万者，（费）谦等限布丝绵各不得过五十斤，马无善恶，限蜀钱二万。府又立冶，一断民私鼓铸，而贵卖铁器，商旅吁嗟，百姓咸欲为乱。”[①] 萧梁临川王萧宏之子萧正德“出为南兖州，在任苛刻，人不堪命。广陵沃壤，遂为之荒，至人相食啖。”[②] 梁宗室世子萧恪“位雍州刺史。年少未闲庶务，委之群下，百姓每通一辞，数处输钱，方得闻彻。宾客有江仲举、蔡薳、王台卿、庾仲容四人，俱被接遇，并有蓄积。故人间歌曰：‘江千万，蔡五百，王新车，庾大宅。’”[③] 庐陵王萧续，梁武帝第五子，历任封疆大吏，“多聚马仗，蓄养趫雄，耽色爱财，极意收敛，仓储库藏盈溢。临终有启，遣中录事参军谢宣融送所上金银器千余件，武帝始知其富。”[④] 寻阳王萧大心，梁简文帝第二子，太清元年（547）为云麾将军、江州刺史，“贪冒财贿，不能绥接百姓。”[⑤] 隋文帝揭露陈朝弊政曰：“有陈氏昔在江表，劫剥生灵，事等怨雠，何以堪命。岭南之地，涂路悬远，如闻凶魁赋敛，贪若豺狼，贼署官人，情均谿壑，租调之外，徵责无已。一丁年科甲一具，皮毛铁炭，船乘人功，殊方异物，千端万绪，晨召暮行，夕求旦集。身充苦役，至死不归。物有借公，永不还主。与人共市，百倍求利……微畜资产，殃祸立至，诬以贼盗，系以囹圄，货财不尽，性命不存。彼土之人，性多纯直，弗堪州郡渔猎之苦，或避山薮，规免旦夕，即称反叛”，贪污腐败激化了皇权与“吏民”的矛盾，同时祸延来使及外商，“南海诸国，欲向金陵。常为官非法槩检，远人嗟怨，致绝往还。”[⑥]

对于上述种种贪污盗窃、鱼肉人民的行径，尽管皇权统治者有时也会进行一些惩罚，但是从根本上来说是默许和怂恿的，这是皇权政治的性质所决定的，皇帝本身就是最高最大的贪污盗窃、鱼肉人民的罪魁，

---

① 《宋书》卷四五《刘粹附弟道济传》，第1380—1381页。

② 《南史》卷五一《梁宗室上·临川靖惠王（萧）宏附子正德传》，第1281页。

③ 《南史》卷五二《梁宗室下·南平元襄王（萧）伟附世子恪传》，第1292页。

④ 《南史》卷五三《梁武帝诸子·庐陵威王（萧）续传》，第1321—1322页。

⑤ 《南史》卷五四《梁简文帝诸子·寻阳王（萧）大心传》，第1339页。

⑥ （唐）许敬宗编，罗国威整理：《日藏弘仁本文馆词林校证》卷六六四《隋文帝安边诏》，中华书局2001年版，第244页。

所以臣僚的这种行为实际上是皇权政治体制下的利益均霑，当然，这种贪污盗窃、鱼肉人民的做法是有一个“度”的，越过了这个“度”，对于皇权统治就会造成危害，因此也会加以一定的遏制和打击，但是在这个“度”之内是允许的。东魏孝静帝元象（538）初，高欢徵杜弼为大丞相府法曹行参军，署记室事，转大行台郎中，寻加镇南将军，“又引（杜）弼典掌机密，甚见信待。”他是北齐篡魏的有功之臣，杜弼“以文武在位，罕有廉洁，言之于高祖（高欢）。高祖曰：‘弼来，我语尔。天下浊乱，习俗已久。今督将家属多在关西，黑獭常相招诱，人情去留未定。江东复有一吴儿老翁萧衍者，专事衣冠礼乐，中原士大夫望之以为正朔所在。我若急作法网，不相饶借，恐督将尽投黑獭，士子悉奔萧衍，则人物流散，何以为国？尔宜少待，吾不忘之。’及将有沙苑之役，（杜）弼又请先除内贼，却讨外寇。高祖问内贼是谁。弼曰：‘诸勋贵掠夺万民者皆是。’高祖不答，因令军人皆张弓挟矢，举刀按矟以夹道，使弼冒出其间，曰：‘必无伤也。’弼战慄汗流。高祖然后喻之曰：‘箭虽注，不射；刀虽举，不击；矟虽按，不刺。尔犹顿丧魂胆。诸勋人身触锋刃，百死一生，纵其贪鄙，所取处大，不可同之循常例也。’弼于时大恐，因顿颡谢曰：‘愚痴无智，不识至理，今蒙开晓，始见圣达之心。’”① 高欢是从维护皇权统治的根本利益出发以考量臣僚贪腐的利弊得失的。阳州公高永乐，“后罢豫州，家产不立。神武问其故，对曰：‘裴监为长史，辛公正为别驾，受王委寄，斗酒只鸡不入。’神武乃以（高）永乐为济州，仍以（裴）监、（辛）公正为长史、别驾。谓永乐曰：‘尔勿大贪，小小义取莫复畏。’”② 所谓“大贪”即越“度”了，所谓“小小义取”即在限“度”之内的贪污。营浦侯刘遵考，宋武帝刘裕族弟，“出为使持节、督雍梁南北秦四州荆州之南阳竟陵顺阳襄阳新野随六郡诸军事、征虏将军、宁蛮校尉、雍州刺史，襄阳新野二郡太守。（刘）遵考为政严暴，聚敛无节。（元嘉）五年，为有司所纠，上不问，赦还都。”③ 临川王萧宏“以介弟之贵，无佗量能，恣意聚敛。库室垂有百间……性爱钱，

① 《北齐书》卷二四《杜弼传》，第347—348页。

② 《北齐书》卷一四《阳州公（高）永乐传》，第182页。

③ 《宋书》卷五一《宗室·营蒲侯（刘）遵考传》，第1481页。

百万一聚，黄榜标之，千万一库，悬一紫标，如此三十余间。帝与（丘）佗卿屈指计见钱三亿余万，余屋贮布绢丝绵漆蜜纻蜡朱沙黄屑杂货，但见满库，不知多少……（梁武帝）大悦，谓曰：‘阿六，汝生活大可。’方更剧饮，至夜举烛而还。兄弟情方更敦睦。”①

第二，抢劫勒索。除了“常规”的贪污盗窃之外，还有的是明火执仗进行抢劫、勒索。梁武帝侄萧正德“常公行剥掠……于吴郡杀戮无辜，劫盗财物，雅然无畏。”② 陈朝南康王陈方泰于太建六年（574）“授持节、都督豫章郡诸军事、豫章内史。在郡不修民事，秩满之际，屡放部曲为劫，又纵火延烧邑居，因行暴掠，驱录富人，徵求财贿。”③ 北魏元暹于普泰元年（531）“除凉州刺史，贪暴无极。欲规府人及商胡富人财物，诈一台符，诳诸豪等云欲加赏，一时屠戮，所有资财生口，悉没自入。”④ 北齐时高欢之孙襄城王高亮“为徐州刺史，坐夺商人财物免官。”⑤ 梁陈之际熊昙朗，世为郡著姓，“梁元帝以为巴山太守。荆州陷，昙朗兵力稍强，劫掠邻县，缚卖居民，山谷之中，最为巨患。”⑥ 北魏景明三年（502），元诞“除齐州刺史。在州贪暴，大为人患，牛马骡驴，无不逼夺。家之奴隶，悉迫取良人为妇。”⑦ 刘宋太保王弘之子王僧达“自负才地，谓当时莫及。上（孝武帝）初践阼，即居端右，一二年间，便望宰相。及为护军，不得志，乃启求徐州……上不许。僧达三启固陈，上甚不说。以为征虏将军、吴郡太守。期岁五迁，僧达弥不得意。吴郭西台寺多富沙门，僧达求须不称意，乃遣主簿顾旷率门义劫寺内沙门竺法瑶，得数百万。”⑧ 此官位不能满足他的贪欲，干脆直接利用职权抢夺其治下富僧的钱财。皇帝也参加抢劫，齐明帝继位后，“欲收物情，以（到）撝功臣后，擢为太子洗马。”到撝“资籍豪富，厚自奉养，宅宇山池，京师第一，妓妾姿艺，皆穷上品。才调流赡，善纳交游，庖厨丰腆，

---

① 《南史》卷五一《梁宗室上·临川靖惠王（萧）宏传》，第1277—1278页。
② 《南史》卷五一《梁宗室上·临川靖惠王（萧）宏附子正德传》，第1280页。
③ 《陈书》卷一四《南康愍王（陈）昙朗附子方泰传》，第211—212页。
④ 《魏书》卷一九上《景穆十二王·京兆王（元）子推附孙暹传》，第445页。
⑤ 《北齐书》卷一〇《高祖十一王·襄城景王（高）淯附子亮传》，第137页。
⑥ 《陈书》卷三五《熊昙朗传》，第477页。
⑦ 《魏书》卷一九上《景穆十二王·济阴王（元）小新成附元诞传》，第448页。
⑧ 《宋书》卷七五《王僧达传》，第1952—1954页。

多致宾客。爱妓陈玉珠，明帝遣求，不与，逼夺之，撝颇怨望。帝令有司诬奏撝罪，付廷尉，将杀之。撝入狱，数宿须鬓皆白。免死，系尚方，夺封与弟贲。”① 齐明帝依仗皇权不仅把到撝爱妓抢夺过来，而且将其办罪、夺爵。

第三，乞丐强索。这里所谓“乞丐”与穷苦老百姓讨饭维生不同，是指官吏向老百姓索要财物。萧梁始兴王萧憺于天监九年（510）“拜都督、益州刺史。旧守宰丞尉岁时乞丐，躬历村里，百姓苦之，习以为常。（萧）憺至州，停断严切，百姓以苏。”② 每年一定时间地方政府的长官守宰丞尉均亲自出动，深入乡里向老百姓索取物资，这显然是在正常赋税之外的法外敛取，以致老百姓不胜其苦。萧憺下令禁止之后老百姓得以苏息，可见其扰民之甚。新安王陈伯固是陈文帝之第五子，太建七年（575）“出为使持节、散骑常侍、都督南徐南豫南北兖四州诸军事、镇北将军、南徐州刺史。伯固性嗜酒，而不好积聚，所得禄俸，用度无节，酣醉以后，多所乞丐，于诸王之中，最为贫窭，高宗（陈宣帝）每矜之，特加赏赐。伯固雅性轻率，好行鞭捶，在州不知政事，日出田猎，或乘眠轝至于草闲，辄呼民下从游，动至旬日”③。南徐州僚佐及“吏民”当是其乞丐强索的重要对象。

第四，经营产业。一般而言，经营产业对于社会经济是有积极意义的，但是“皇权地主”所谓“经营产业”多是剥削、劳扰吏民，是其聚敛财富的方式之一，故给吏民带来很大困扰和侵害。

北魏孝文帝崩，咸阳王元禧“受遗辅政”，其人“性骄奢，贪淫财色，姬妾数十，意尚不已，衣被绣绮，车乘鲜丽，犹远有简娉，以恣其情，由是昧求货贿，奴婢千数，田业盐铁遍于远近，臣吏僮隶，相继经营。”④ 这是驱使“臣吏僮隶”以经营农工商业。北魏宣武帝时，恩幸茹皓“贵宠日升，关与政事。太傅、北海王（元）详以下咸祗惮附之。”茹皓“颇敏慧，折节下人。而潜自经营，阴有纳受，货产盈积。起宅宫西，

---

① 《南齐书》卷三七《到撝传》，第 647 页。

② 《南史》卷五二《梁宗室下·始兴忠武王（萧）憺传》，第 1302 页。

③ 《陈书》卷三六《新安王（陈）伯固传》，第 497 页。

④ 《魏书》卷二一上《献文六王上·咸阳王（元）禧传》，第 537 页。

朝贵弗之及也。”① 广陵王元羽之子元欣，投靠宇文泰之后官运亨通，“三为太傅，再为太师”，然而“好营产业，多所树艺，京师名果皆出其园。所汲引及僚佐咸非长者，为世所鄙。”②

“皇权地主”中也有少数人不屑于经营产业，孔觊可谓其中突出者，他“为人使酒仗气，每醉辄弥日不醒，僚类之间，多所凌忽，尤不能曲意权幸，莫不畏而疾之。不治产业，居常贫罄，有无丰约，未尝关怀。”其弟及从弟却与之不同，“觊弟道存，从弟徽，颇营产业。二弟请假东还，觊出渚迎之，辎重十余船，皆是绵绢纸席之属。觊见之，伪喜，谓曰：‘我比困乏，得此甚要。’因命上置岸侧，既而正色谓道存等曰：‘汝辈忝预士流，何至还东作贾客邪！’命左右取火烧之，烧尽乃去。”他采取这种极端的方式以教训热衷于经营产业的兄弟。不过，这种方式未必有什么效果，大明八年（464），孔觊调为司徒左长史，任职于建康，其弟孔道存代孔觊为后军长史、江夏内史，“时东土大旱，都邑米贵，一斗将百钱。道存虑觊甚乏，遣吏载五百斛米饷之。觊呼吏谓之曰：‘我在彼三载，去官之日，不办有路粮。二郎至彼未几，那能便得此米邪。可载米还彼。’吏曰：‘自古以来，无有载米上水者，都下米贵，乞于此货之。’不听，吏乃载米而去。”由于他为官清廉又反对经营产业，故其装束及日用之俭朴在官场中就显得格格不入，“先是庾徽之为御史中丞，性豪丽，服玩甚华，觊代之，衣冠器用，莫不粗率。兰台令史并三吴富人，咸有轻之之意，觊蓬首缓带，风貌清严，皆重迹屏气，莫敢欺犯。”③ 从孔氏兄弟对于经营产业的不同做法和态度观之，是否“经营产业”实乃官僚贪廉之重要区分。

王僧虔于萧齐建元二年（480）“迁持节、都督湘州诸军事、征南将军、湘州刺史，侍中如故。清简无所欲，不营财产，百姓安之。”④ “不营财产”，则“百姓安之”，可知经营产业实际上是官僚扰民、掠民的行径。刘宋孝武帝去世之后，柳元景“与太宰江夏王（刘）义恭、尚书仆射颜

① 《魏书》卷九三《恩倖·茹皓传》，第2001页。

② 《北史》卷一九《献文六王·广陵王（元）羽附子欣传》，第699页。

③ 《宋书》卷八四《孔觊传》，第2155—2156页。

④ 《南齐书》卷三三《王僧虔传》，第596页。

师伯并受遗诏辅幼主，迁尚书令，领丹阳尹，侍中、将军如故。加开府仪同三司”“时在朝勋要多事产业，惟（柳）元景独无所营。南岸有数十亩菜园，守园人卖菜得钱三万，送还宅。元景怒曰：‘我立此园种菜，以供家中啖耳，乃复卖以取钱，夺百姓之利邪。’以钱乞守园人。”① 由此可见，当时“皇权地主”经营产业是一种普遍现象，是通过掠取民众以营利的一种方式，故曰“夺百姓之利”，而像柳元景这样不营产业的“皇权地主”毕竟是少数。

第五，侵窃田地。土地是地主追逐的首要目标，通过爵、禄等制度性渠道占有大量土地仍然不能满足其贪欲，于是侵窃公私土地以扩张财富便成为他们的另一重要手段。

北魏酷吏崔暹，“性猛酷，少仁恕，奸猾好利，能事势家。初以秀才累迁南兖州刺史，盗用官瓦，赃污狼藉，为御史中尉李平所纠，免官。后行豫州事，寻即真。坐遣子析户，分隶三县，广占田宅，藏匿官奴，障吝陂苇，侵盗公私”②。北魏宣武帝时杨播，“授安西将军、华州刺史。至州借民田，为御史王基所劾，削除官爵。”后其弟杨椿“除都督朔州抚冥武川怀朔三镇三道诸军事、平北将军、朔州刺史。在州，为廷尉奏椿前为太仆卿日，招引细人，盗种牧田三百四十顷，依律处刑五岁。尚书邢峦，据《正始别格》奏椿罪应除名为庶人，注籍盗门，同籍合门不仕。世宗以新律既班，不宜杂用旧制，诏依寺断，听以赎论。”③ 北魏官僚寇儁清廉正直，孝昌（525—527）中“朝议以国用不足，乃置盐池都将，秩比上郡。前后居职者，多有侵隐。乃以（寇）儁为之。”永安（528—530）初，“华州民史底与司徒杨椿讼田。长史以下，以（杨）椿势贵，皆言椿直，欲以田给椿。（寇）儁曰：‘史底穷民，杨公横夺其地。若欲损不足以给有余，见使雷同，未敢闻命。’遂以地还史底。孝庄帝后知之，嘉（寇）儁守正不挠，即拜司马，赐帛百匹。其附（杨）椿者，咸谴责焉。”④ 冯翊王高润，高欢第十四子。历位东北道大行台、右仆射、

① 《南史》卷三八《柳元景传》，第 981 页。

② 《魏书》卷八九《酷吏·崔暹传》，第 1924—1925 页。

③ 《魏书》卷五八《杨播传》，第 1280、1286—1287 页。

④ 《周书》卷三七《寇儁传》，第 658 页。

都督、定州刺史。“廉慎方雅，习于吏职，至摘发隐伪，奸吏无所匿其情。开府王迴洛与六州大都督独孤枝侵窃官田，受纳贿赂，（高）润按举其事。”①

南朝亦然。大同七年（541）梁武帝诏书言：“如闻顷者，豪家富室，多占取公田，贵价僦税，以与贫民，伤时害政，为蠹已甚。自今公田悉不得假与豪家；已假者特听不追。其若富室给贫民种粮共营作者，不在禁例。”② 这里提到的“豪家”“富室”虽然也可能有“吏民地主”在其中，但主要还是“皇权地主”。宋文帝时颜延之“坐启买人田不肯还直”，尚书左丞荀赤松奏之曰：“求田问舍，前贤所鄙。延之唯利是视，轻冒陈闻，依傍诏恩，抵捍余直，垂及周年，犹不毕了。昧利苟得，无所顾忌……请以延之讼田不实，妄干天听，以强陵弱，免所居官。”宋文帝遂下诏免去其官职③。

从上述“皇权地主”形成的两个方面原因和途径中，我们可以看到制度性措施中也有随意性，皇帝根据自己的好恶和意愿一定情况下可以对封爵和官僚制度作出畸轻畸重的处置，进行灵活操作；在随意性手段中也有底线，如果超越了皇权政治的根本利益时则加以惩处。基本上就是在坚持皇权政治的根本利益与培植、扶持“皇权地主”之间进行调控，以图取得两者的平衡。制度性措施是“皇权地主”形成的基本保证，随意性手段则是“皇权地主”在此基础上扩张和膨胀的主要方法和手段。

（二）“吏民地主”的形成原因

“吏民地主”的形成与上述“皇权地主”形成的制度性措施或随意性手段都是无缘的。即使有的制度与“吏民”有某些关系，那也只是形式上的而没有多少实际利益的，对于“吏民地主”的形成更是风马牛不相及，没有丝毫的作用。以赐爵和赏赐为例，南北朝时期继承汉魏以来的传统实行赐民爵，同时进行一些赏赐，如遇改元等重大节日就有可能进行，如东晋禅让与刘宋时，“改晋元熙二年为永初元年。赐民爵二级。鳏

① 《北齐书》卷一〇《高祖十一王·冯翊王（高）润传》，第139页。

② 《梁书》卷三《武帝纪下》，第86页。

③ 《南史》卷三四《颜延之传》，第879—880页。

寡孤独不能自存者，人谷五斛。”[①] 宋齐禅让时“改昇明三年为建元元年。赐民爵二级，文武进位二等，鳏寡孤独不能自存者谷人五斛。”[②] 或某些吉庆日子实行赐民爵，如元徽二年（474）十一月丙戌，“御加元服，大赦天下。赐民男子爵一级；为父后及三老孝悌力田者爵二级；鳏寡孤独笃癃不能自存者，谷人五斛；年八十以上，加帛一匹。”[③] 何谓“加元服”？后废帝刘昱生于大明七年（463），泰豫元年（472）十岁继位为皇帝，元徽二年（474）十二岁举行成年加冠礼，故赐民爵以示普天同庆。这种民爵和赏赐对于老百姓来说基本上没有什么意义[④]，早在东晋安帝元兴二年（403）桓玄篡位时“于是大赦，改元永始，赐天下爵二级，孝悌力田人三级，鳏寡孤独不能自存者谷人五斛。”史家讥评曰：“其赏赐之制，徒设空文，无其实也。”[⑤] 到了南北朝，赐民爵则更为虚化。在赐民爵一级或二级的同时，赐予民众中的极少数人以少量的谷、帛，基本上就是一种表面文章。从这种赐民爵制度中，我们可以看到，它与对于皇室成员和功臣显宦的封爵和赏赐是不可同日而语的，两者的性质和功能是根本不相同的。封爵和赏赐对于宗室、诸王及官僚形成为“皇权地主”具有巨大的、直接的功效，而赐民爵对于“吏民地主”的形成则是毫无作用的。

“吏民”要成为地主是困难的，“田家作苦，役难利薄，亘岁从务，无或一日非农，而经税横赋之资，养生送死之具，莫不咸出于此。”[⑥] 因此，从“吏民”中分化出“吏民地主”来，其数量是不会多的。中国古代史籍主要记载帝王将相，关于“吏民”的记载则非常稀少，职是之故，关于“吏民地主”形成的记载相对来说也就十分贫乏，故只能根据现有

---

① 《宋书》卷三《武帝纪下》，第52页。

② 《南齐书》卷二《高帝纪下》，第32页。

③ 《宋书》卷九《后废帝纪》，第183页。何谓“为父后”？西汉文帝元年（前179）“赐天下民当为父后者爵一级。”（《汉书》卷四《文帝纪》，第111页）颜师古注曰：“虽非己生正嫡，但为后者即得赐爵。”意即在户主得到赐爵的基础上，非户主的男子也有可能得到爵位，从而扩大了赐爵面。

④ 详见黎虎《关于”吏民”的界定问题——原”吏民”之五》，《中国史研究》2009年第2期。

⑤ 《晋书》卷九九《桓玄传》，第2595页。

⑥ 《宋书》卷五四“史臣曰”，第1540页。

少量资料从一些蛛丝马迹中作出一些推测和分析，其要者为如下数端。

1. 土地

土地是“吏民地主”形成的首要条件之一。“吏民地主”张孝秀“有田数十顷”[①] 为然，那么他们的田地是怎么扩张起来的呢？原则上编户齐民都能够得到一定数量的土地，以向国家纳赋税、服劳役，“吏民地主”即从这些编户民中逐渐分化出来。“吏民”之间也会发生争田事件，苏琼为南清河太守时，“有百姓乙普明兄弟争田，积年不断，各相援引，乃至百人。（苏）琼召（乙）普明兄弟对众人谕之曰：‘天下难得者兄弟，易求者田地，假令得地失兄弟心如何？’因而下泪，众人莫不洒泣。普明弟兄叩头乞外更思，分异十年，遂还同住。”[②] 虽然这个争田事件由于苏琼的调解而得以平息，但是从中可以推知，“吏民”之间争田是难免的，如果在这些争夺中有的人夺得了非分的田产就有可能上升为地主。“吏民”的土地权益更主要的是遭受“皇权地主”的觊觎和侵夺，诸如宋文帝时颜延之居然“买人田不肯还直”[③]，北魏官僚崔暹指使儿子“析户，分隶三县，广占田宅”[④]，北魏孝庄帝时华州“穷民”史底的土地受到司徒杨椿的侵占[⑤]等即属此。

“吏民地主”形成之后，其权益也经常受到“皇权地主”的侵掠，北魏东郡人“孙天恩家豪富，尝与（元）和争地，遣奴客打和垂死。”这位“吏民地主”孙天恩遭到皇族中人的侵占，他一怒之下遣奴客将贵族元和打成重伤，看来他在当地也应该是一霸，但是终究不敌“皇权地主”。后来元和袭爵为颍川王，于是求为东郡太守，以报此仇。元和到任后，“诬（孙）天恩与北贼来往，父子兄弟一时俱戮，资财田宅皆没于官。天恩宗从欲诣阙诉冤，以（元）和元叉之亲，不敢告列。和语其郡人曰：‘我觅一州，亦应可得。念此小人，痛入骨髓，故乞此郡，以报宿怨，此后更不求富贵。’”[⑥] 从这起争地事件可以看到，孙天恩的土地如果不是受到这

---

① 《梁书》卷五一《处士·张孝秀传》，第 752 页。

② 《北齐书》卷四六《循吏·苏琼传》，第 644 页。

③ 《南史》卷三四《颜延之传》，第 879 页。

④ 《魏书》卷八九《酷吏·崔暹传》，第 1925 页。

⑤ 《周书》卷三七《寇儁传》，第 658 页。

⑥ 《北史》卷一六《道武七王·河南王（元）曜附曾孙和传》，第 594 页。

位皇族的蛮横侵夺，他也不会激愤至于将其打成重伤。尽管孙天恩实际上是受侵夺的一方，但是他也只能逞一时之愤，终究敌不过皇权势力，最后落得家破人亡。孙天恩的“宗从”因元和是元叉之亲而有冤不敢申诉，“吏民地主”维护自己的田产是困难重重的，“皇权地主”与“吏民地主”之间实际上是一种统治与被统治的关系。

2. 劳动人手

劳动人手的多少决定了田产经营的成败，这是“吏民地主”形成发展的又一重要条件。“吏民地主”张孝秀不仅有大量田产，还有“部曲数百人”为其耕作。东郡富豪孙天恩派遣去殴打元和的“奴客”，应该是为其耕作的众多“部曲”中的部分成员。梁武帝臣僚贺琛指陈时弊曰：“天下户口减落，诚当今之急务……百姓不能堪命，各事流移，或依于大姓”[①]，百姓流亡而投靠“大姓”是当时比较普遍的一种现象，于是“大姓”中就有可能形成不少“吏民地主”，这些流亡人口则是其经营农田的“部曲”的重要来源之一。

北魏均田制规定“诸还受民田，恒以正月。若始受田而身亡，及卖买奴婢牛者，皆至明年正月乃得还受。”[②] 由此可见，“吏民”中拥有奴婢并进行买卖是一种正常的、合法的行为，“吏民地主”必须拥有数量较普通“吏民”更多的奴婢才有可能上升为地主。“吏民”自卖者亦不少，如萧梁之末，“东境饥馑，会稽尤甚，死者十七八，平民男女，并皆自卖”[③]。北魏末年赵郡“经葛荣离乱后，人皆卖鬻儿女”[④]。北魏永平三年(510)，尚书李平奏：“冀州阜城民费羊皮母亡，家贫无以葬，卖七岁子与同城人张回为婢。(张）回转卖于鄃县民梁定之”[⑤]。表明当时“吏民”之间也存在买卖人口的现象。“吏民”中的贫困者出卖自己的子女，而相对富裕者购买为自己使用，积累较多之后就有可能上升为地主。裴之横乃萧梁官僚裴之高第十三弟，“少好宾游，重气侠，不事产业。(裴）之高以其纵诞，乃为狭被蔬食以激厉之。(裴）之横叹曰：‘大丈夫富

① 《梁书》卷三八《贺琛传》，第543页。
② 《魏书》卷一一〇《食货志》，第2854页。
③ 《陈书》卷三五《陈宝应传》，第486页。
④ 《北史》卷三二《崔挺传》，第1179页。
⑤ 《魏书》卷一一一《刑罚志》，第2880页。

贵，必作百幅被。'”于是“与僮属数百人，于芍陂大营田墅，遂致殷积。”后“除吴兴太守，乃作百幅被，以成其初志。”① 他率领“僮属”数百人大力营田，是其终于“殷积”而成为地主的重要原因。他的家庭是“官僚地主”，后来他发家致富之后也成为官僚，不过他发家之初，率领“僮属”营田而得以成功并成为地主的过程，还是可以作为“吏民地主”发家致富之参考例证。这些“部曲”“奴客”“僮属”之类，乃是“皇权地主”“吏民地主”这两类地主经营田业均需必备的劳动人手。

3. 经营管理

农业的特点是需要投入众多的人力而且经营管理费时，因此以勤力耕种为核心的经营管理非常重要，决定能否得到“殷积”。吴明彻的事迹可以视为“吏民地主”发轫的起家例证，他之所以能够在大旱之年而获得大丰收，关键在于“勤力耕种”和精心管理。“时天下亢旱，苗稼燋枯，（吴）明彻哀愤，每之田中，号泣，仰天自诉。居数日，有自田还者，云苗已更生，明彻疑之，谓为绐己，及往田所，竟如其言。秋而大获。”② 遭遇旱灾时他时刻关注田中庄稼的状况，表明他对管理的投入。在同一地域中，大多数“邻里饥馁”，而他家却有粟麦三千余斛的余粮献出周济饥民，表明其包括勤力耕种在内的经营管理优于其他人家。从他与“诸兄”商议赈济穷苦观之，他经营田业并非孤军奋战，而是团结“诸兄”等家族人员共同努力而致。他从“家贫无以取给”到拥有“粟麦三千余斛”的余粮，显然已经成为地主。尽管他后来被陈霸先“深相要结”而跻身官僚，但是其前期应该属于“吏民地主”，他经营田业的状况可视为“吏民地主”得以成功的一种模式。

经营管理还应该包括日常生活中的奢俭，农业这门产业的特点是投入大而回报并不丰厚，故经不起奢侈浪费，从上文的叙述可以看到，“皇权地主”多奢侈荒淫无度，而文献所见的“吏民地主”中很少见到这种情况，而是多属俭朴节省者，前述北魏孝明帝时“吏民地主”张僧晧尽管家庭富裕，“藏镪巨万”，但生活却十分俭朴，“兄弟自供俭约，车马瘦

① 《梁书》卷二八《裴邃附子之横传》，第417—418页。

② 《陈书》卷九《吴明彻传》，第160页。

弊，身服布裳”[①]。萧梁时的“吏民地主”庾诜“蔬食弊衣”[②]。这种俭朴的生活作风与“吏民地主”的形成发展也有一定的关系，有些“吏民地主”就是通过勤俭节约、精打细算从而积累起一定的财富而成为地主的。

4. 农田灌溉

水利对于农业的重要性非常巨大，因此是否拥有良好的农田灌溉条件，是农业能否获得丰收的关键之一。宋文帝元嘉二十一年（444），大旱民饥，“吏民地主”延陵人徐耕能够拿出一千斛余粮周济穷困，原因之一是他的农田地理位置优越，具有良好的水利灌溉条件。在晋陵郡像他这样的田主还有不少，据他说：“此郡虽弊，犹有富室，承陂之家，处处而是，并皆保熟，所失盖微。陈积之谷，皆有巨万，旱之所弊，实钟贫民，温富之家，各有财宝。”[③] 所谓“承陂之家”即拥有能够得到灌溉的农田的人家，这些农田都能够“保熟”，获得丰收，从而有巨万的“陈积之谷”。相反的，那些得不到灌溉的农田，大多数是贫民的。表明在晋陵郡一带占据优越灌溉条件的农田的人家多跻身于“吏民地主”，而农田灌溉条件差的人家多沦为贫民。裴之横“于芍陂大营田墅，遂致殷积”[④]，也是利用这里优越的水利灌溉条件而营田积谷。芍陂为春秋时兴建的古老水利工程，历代不断荒芜榛塞又不断修缮，元嘉七年（480）刘义欣迁使持节、监豫司雍并四州诸军事、豫州刺史，镇寿阳。“芍陂良田万余顷，堤堨久坏，秋夏常苦旱。（刘）义欣遣咨议参军殷肃循行修理。有旧沟引淠水入陂，不治积久，树木榛塞。肃伐木开榛，水得通注，旱患由是得除。”[⑤] 梁武帝普通二年（521）裴邃迁督豫州北豫霍三州诸军事、豫州刺史，镇合肥，普通四年（523）冬“始修芍陂”[⑥]。裴之横就是在其父裴邃新加修缮的芍陂大营田墅的。

从上述数端可以看到，“吏民地主”的形成发展与“皇权地主”是不

① 《魏书》卷七六《张烈附弟僧晧传》，第 1687 页。

② 《梁书》卷五一《处士·庾诜传》，第 751 页。

③ 《宋书》卷九一《孝义·徐耕传》，第 2251—2252 页。

④ 《梁书》卷二八《裴邃附子之横传》，第 417 页。

⑤ 《宋书》卷五一《宗室·长沙景王（刘）道怜附子义欣传》，第 1465 页。

⑥ 《梁书》卷二八《裴邃传》，第 415 页。

同的，“吏民地主”形成过程中得不到“皇权地主”那样的政治性赐与和助力，基本上是从“吏民”中分化而形成，主要是通过经济性的努力和争竞的结果。

三　两类“地主”的不同性质

从上述两类地主形成发展的不同原因中，我们可以看到两类地主有着性质的区别，主要为下述两个方面。

（一）“皇权地主”是政治性地主，“吏民地主”是经济性地主

既然“皇权地主”主要是依靠皇权政治的制度性措施而生成，并依靠皇权政治的随意性手段而扩张、膨胀，因此“皇权地主”就是一种政治性地主。上述一系列制度性的措施，封爵和仕宦是“皇权地主”得以形成的基础和保证。通过封爵即可得到食邑几百户至几千户，如果建立功勋还可以得到万户乃至几万户的食邑。食邑在本质上也是一种占田方式，即把大量国有土地及这部分土地上的“吏民”转化为食封者的财产，这与地主自己直接扩张土地进行经营的方式只是形式上的差异而非实质性的区别。苻坚相王猛之孙王镇恶早年潦倒，“尝寄食渑池人李方家，方善遇之。谓方曰：‘若遭遇英雄主，要取万户侯，当厚相报。’方答曰：‘君丞相孙，人才如此，何患不富贵。至时愿见用为本县令足矣。’”[①] 建功立业、加官进爵意味着“富贵”，从而跻身于“皇权地主”，这是汉魏以来的传统。至于皇室成员则“生便富贵”[②]，依靠与皇帝的血缘关系亲疏远近而得到不同程度的“富贵”，是天然的“皇权地主”。官僚则是为“官”则“富”，除了能够按照官品高低得到相应的俸禄之外，还可以占有相应数量的田亩和山泽等。颜之推所谓“江南朝士，因晋中兴，南渡江，卒为羁旅，至今八九世，未有力田，悉资俸禄而食耳。假令有者，皆信僮仆为之”[③]，强调有的士大夫不事农耕而资俸禄以食的寄生生活，从一个侧面反映了当时某些“皇权地主”的情形。萧梁官僚徐勉“虽居

---

① 《宋书》卷四五《王镇恶传》，第1365页。

② 《南史》卷一四《宋宗室及诸王下·桂阳王（刘）休范传》，第409页。

③ 王利器撰：《颜氏家训集解（增补本）》卷四《涉务第十一》，中华书局1993年版，第324页。

显位，不营产业”，可以说基本上是依靠制度性措施成为“官僚地主”的典型，他“尝为书诫其子崧曰：‘吾家世清廉，故常居贫素，至于产业之事，所未尝言，非直不经营而已。薄躬遭逢，遂至今日，尊官厚禄，可谓备之。’”他所谓“清廉”就是仅凭借制度性措施而享受“尊官厚禄”的“官僚地主”利益和生活，而不去利用随意性手段以扩张财富。即使如此，他仍然“中年聊于东田间营小园者，非在播艺，以要利入，正欲穿池种树，少寄情赏。”又“近营东边儿孙二宅”“其中所须，犹为不少”，于是将“郊间之园”出卖，“乃获百金，成就两宅”。此“园价所得，何以至此？由吾经始历年，粗已成立，桃李茂密，桐竹成阴，塍陌交通，渠畎相属。华楼迥榭，颇有临眺之美；孤峰丛薄，不无纠纷之兴。渎中并饶菰蒋，湖里殊富芰莲。虽云人外，城阙密迩，韦生欲之，亦雅有情趣。”[①] 是他经过二十年经营的高价值的田园别墅。而如果不是像他这样“清廉”的官僚，则可以充分利用随意性手段大肆扩张财富，通过皇帝的肆意赏赐以及自己依仗皇权和官威进行贪污盗窃、为非作歹、鱼肉人民，因而大肆“广开田园之业”[②]“家累巨万”[③]“蓄聚金帛累巨万”[④]“美女金帛，充牣其家”[⑤]。“皇权地主”中像徐勉那样“清廉”的毕竟是少数，多数则属于后者。

“吏民地主”与此不同，他们无法像“皇权地主”那样从皇权政治中得到种种制度性措施的扶植，也享受不到随意性手段中的种种横赐和掠夺的权力和机会。他们主要是通过与其他“吏民”争夺土地逐渐扩大田亩，利用人口流亡、买卖以逐渐扩大“部曲”“奴客”“僮隶”的数量，以及通过占据地理位置优越、水利灌溉便利的农田等等方式而逐渐“殷积”，从“吏民”中分化出来，上升为地主。他们的形成发展是由经济规律所决定的，因此这是一种经济性地主。

（二）“皇权地主”属于统治者，“吏民地主”属于被统治者

从上文的叙述我们可以看到，“皇权地主”具有如下三个特征：其

① 《梁书》卷二五《徐勉传》，第383—384页。
② 《宋书》卷七七《沈庆之传》，第2003页。
③ 《魏书》卷九四《阉官·张祐传》，第2021页。
④ 《陈书》卷三一《萧摩诃传》，第411页。
⑤ 《宋书》卷八三《宗越传》，第2110—2111页。

一，“皇权地主”是由皇权统治者——皇帝，皇帝家族亲族成员和官僚三者所构成的一个庞大的群体，他们既是政治上的统治者又是经济上的地主，集两种身份于一身。其二，这个群体依靠皇权而垄断了国家的政治、经济，他们所拥有的大土地和财富，他们奢侈无度的消费和荒淫腐败的享受全部建立在这个垄断资源基础之上。他们财富的取得主要不是来自于经济上的经营，而是来自于皇权，来自于政治。其三，“皇权地主”与“吏民”的矛盾是皇权与“吏民”矛盾的重要组成部分。“皇权地主”除了与被他们直接役使的“部曲”“佃客”“奴婢”等那部分“吏民”存在矛盾之外，还与广大并非他们直接役使的“吏民”存在着尖锐的矛盾。因此，“皇权地主”与“吏民”的矛盾是皇权与“吏民”矛盾的重要组成部分。

那么，从“吏民”中分化出来的“富人”——“吏民地主”究竟是什么性质的群体呢？他们仍然是“吏民”中的一员，他们与皇权及“皇权地主”的矛盾同“吏民”与皇权及“皇权地主”的矛盾基本上是一致的，“吏民地主”与“吏民”同样都是被统治者，都是为皇权服役、纳税的基本民众。萧齐永明三年（485）唐寓之发动的“吏民”起义，就是以“吏民”中的“富人”[①] 和“粗有衣食”[②] 者为主，反抗皇权的徭役压迫，反映了“吏民地主”与普通“吏民”作为被统治者对皇权统治者的抗争。这次“吏民”起义的规模尽管不是很大，却反映了皇权与吏民矛盾这一重大问题，这次起义所贯穿的皇权与“吏民”的矛盾，不仅是南朝社会的主要矛盾，同时也是包括南朝在内的秦至清二千年间社会的主要矛盾[③]。

四　南北朝社会主要矛盾问题

南北朝时期地主的类别与性质既明，现在可以进而分析这个时期的社会诸矛盾及其主要矛盾问题。

“皇权地主”虽然是由于皇权的扶植而形成发展起来的，因而是政治

---

① 《南齐书》卷四四《沈文季传》，第 777 页。

② 《通典》卷三《食货典三 · 乡党》，第 59 页。

③ 关于唐寓之起义所反映的南朝社会主要矛盾问题，详参拙文《唐寓之起义与社会主要矛盾》。整理者按：此文刊布于《江汉论坛》2023 年第 7 期，其时黎虎先生已经驾鹤西去，令人思之怆然。

性的，但是其作为地主，则又有与“吏民地主”那样经济性的一面，即拥有大量土地并役使“吏民”中的部曲、佃客、奴婢以进行生产，从而创造价值。因此，不论“皇权地主”还是“吏民地主”，他们都与“吏民”中的部曲、佃客、奴婢构成一种生产关系。这就是人们通常所说中国古代地主与农民矛盾的具体的、主要的内容，因此，地主与农民的矛盾是这个时期的一个重要社会矛盾。

但是，这些被“皇权地主”和“吏民地主”所直接役使的“吏民”（部曲、佃客、奴婢）只是“吏民”中的部分人员，而那些向皇权交纳赋税和服徭役的普通“吏民”（包括“吏民地主”）才是多数，他们才是“吏民”的主体。显然，“吏民”的主体及被“皇权地主”和“吏民地主”所役使的“吏民”（部曲、佃客、奴婢），亦即全体“吏民”共同与皇权又构成一对矛盾关系，这对矛盾关系不论“质”还是“量”都超过上述地主与农民之间的矛盾，从而成为当时社会的主要矛盾。以“质”言之，皇权是以国家权力统治和征敛“吏民”，而地主中的“皇权地主”则是依仗皇权剥削、侵害“吏民”，“吏民地主”则主要依靠自身经济力量剥削、侵害“吏民”；以“量”言之，前者统治压迫的是全体“吏民”，后者进行剥削、侵害的则主要为“吏民”中的局部，或旁及此局部之外的一些“吏民”。兹以“南北朝时期社会诸矛盾示意图”进行表示（见文后附图）。

如果说“皇权地主”和“吏民地主”与“吏民”中的部曲、佃客、奴婢主要是属于生产关系范畴的矛盾关系，而全体“吏民”与皇权的矛盾关系则不仅是生产关系而且是经济基础与上层建筑范畴的矛盾及其作用与反作用问题，也就是说，这对矛盾是社会根本矛盾的集中体现，这对矛盾关系决定和制约大多数“吏民”的生存状况以及皇权统治的盛衰兴亡。

以中国古代的历史事实观之，则皇权与“吏民”矛盾是当时社会主要矛盾关系可谓彰明较著。秦皇朝时期“力役，三十倍于古；田租口赋，盐铁之利，二十倍于古”“收泰半之赋，发闾左之戍。男子力耕不足粮饷，女子纺绩不足衣服。竭天下之资财以奉其政，犹未足以澹其欲也。海内愁怨，遂用溃畔。”[①] 这是严重超越法定赋税制度底线的压迫剥削，

① 《汉书》卷二四上《食货志上》，第1137、1126页。

不仅是经济的而且是超经济的压迫剥削，是上层建筑与经济基础的尖锐矛盾及其巨大的作用与反作用，故陈胜吴广起义不是喊天下“苦地主”久矣而是喊“天下苦秦久矣”，这个口号一下子把天下人民调动起来“伐无道，诛暴秦”①。西汉皇朝建立以后，吸取秦皇朝过度压迫剥削“吏民”以及由此所导致大规模“吏民”反抗的历史教训，于是实行休养生息政策，亦即放松对于“吏民”的超限压迫剥削，大力调整社会根本矛盾关系，广大“吏民”遂得以苏息，社会经济因之得以发展，西汉皇权亦得以维持较长时间的统治，这种结果并非由于地主放松对农民的剥削而造成的，而是皇权放松了对于“吏民”的压迫剥削而导致的。

南北朝时期亦然。尽管南北朝与秦汉大一统时代不同，是一个分裂时期，但是其政治形态仍然是皇权政治，其统治基础仍然是“吏民”。南北朝时期的皇朝递嬗，并不是被“吏民”起义所推翻，而是被强邻并吞或禅让，但是不论是哪种方式，他们都循着共同的规律演化②。皇朝初建时，尤其是开国之君都比较注意收敛贪欲，如果说法定赋税是“吏民”合理的负担，其对于“吏民”的征敛基本上还是在法定赋税制度的限度之内，因此，尚能维持皇权与“吏民”这个矛盾统一体的平衡和稳定。其后嗣则日益放纵贪欲，肆意突破法定赋税制度的底线，从而打破皇权与“吏民”矛盾统一体的平衡和稳定，动摇了其统治基础，于是或被皇权与“吏民”矛盾相对缓和的强邻所并吞，或不得不将皇权禅让与皇朝内部大力缓和皇权与“吏民”矛盾关系而崛起的新兴力量，从而被新的皇朝取代。分别从北魏所分裂的东、西魏禅让而建立的北齐和北周，原本是北齐强盛于北周，但是，由于北周皇权与“吏民”社会矛盾关系的调节相对优于北齐，而北齐皇权对“吏民”的征敛、荼毒日益甚于北周而导致其统治基础动摇，于是双方的强弱态势发生了逆转，终于被北周并吞。魏徵评议曰：“齐自河清之后，逮于武平之末，土木之功不息，嫔嫱之选无已，征税尽，人力殚，物产无以给其求，江海不能赡其欲。”如

① 《史记》卷四八《陈涉世家》，第1950、1952页。

② 关于南北朝时期的皇朝递嬗及其所反映的社会主要矛盾问题，详见拙文《南北朝皇朝递嬗与社会主要矛盾》。整理者按：此文刊布于《河北学刊》2022年第5期，其时黎虎先生已然驾鹤西去，竟成先生遗作，令人思之怆然。

此“穷极荒淫，谓黔首之可诬”，而“欲求大厦不燔，延期过历，不亦难乎！由此言之，齐氏之败亡，盖亦由人，匪唯天道也。”① 所谓“由人”即由于北齐皇权统治者的原因造成的，魏徵所列举的北齐灭亡的诸多原因，无不是北齐皇权的所作所为。东晋末年权臣刘裕采取一系列“去弊拯民”政策，以缓和皇权与“吏民”的尖锐矛盾，“故能光有天下，克成大业”②，建立了刘宋皇朝。刘裕对于“吏民”的征敛也基本上保持在法定赋税制度限度之内，他下令“凡租税调役，悉宜以见户为正。”③ 他“清简寡欲，严整有法度，未尝视珠玉舆马之饰，后庭无纨绮丝竹之音。”④ 但是从孝武帝刘骏之后皇权统治者的贪欲和腐败愈演愈烈，逐渐突破法定赋税制度的底线，“淫费无度，帑藏空竭，横赋关河，专充别蓄，黔庶嗷嗷，厝生无所。”⑤ “百姓懔懔，命悬朝夕。”⑥ 史家所指出的刘宋皇朝灭亡的诸多原因，无不是刘宋皇权的所作所为所造成，故最终被以萧道成为核心的新兴力量“顺天人之心”⑦ 取而代之建立了萧齐皇朝，萧道成晚年自述：“吾本布衣素族，念不到此，因藉时来，遂隆大业。”⑧ 这里所谓“时”，一方面是刘宋皇朝违背了皇权与“吏民”矛盾需保持平衡状态的铁律，从而制造了灭亡的条件，另一方面则是萧道成顺应这一铁律而采取了缓和与“吏民”矛盾关系的方针政策，从而成功取代刘宋皇朝建立新的皇朝。

从秦汉至南北朝贯穿着一条皇权与“吏民”矛盾的鲜明主线，随着这一矛盾关系的缓和与激化的演变推动着皇朝的盛衰兴亡，以及广大“吏民”生存状况的变化，体现了皇权与“吏民”这一矛盾所反映的深层根本性矛盾的历史作用。

那么，“皇权地主”在这个社会主要矛盾关系中所扮演的角色是如何的呢？“皇权地主”与全体“吏民”也存在不同程度的矛盾，这是皇权与

---

① 《北齐书》卷八《后主幼主纪》“郑文贞公魏徵总而论之曰”，第116—117页。
② 《宋书》卷三《武帝纪下》，第60页。
③ 《宋书》卷二《武帝纪中》，第29页。
④ 《宋书》卷三《武帝纪下》，第60页。
⑤ 《宋书》卷九《后废帝纪》，第188页。
⑥ 《南齐书》卷二《高帝纪下》“史臣曰”，第39页。
⑦ 《宋书》卷九《后废帝纪》，第189页。
⑧ 《南齐书》卷二《高帝纪下》，第38页。

"吏民"矛盾的组成部分。"皇权地主"除了与他们直接役使的那部分"吏民"——部曲、佃客、奴婢存在矛盾关系之外，还与"吏民"中的"吏民地主"及广大普通"吏民"也存在一定的矛盾关系，也就是说，"皇权地主"与全体"吏民"均存在不同程度的矛盾关系。"皇权地主"形成发展过程中的不论制度性措施还是随意性手段，无不是对于全体"吏民"利益的挤压和侵害。

"皇权地主"中的皇帝，除了掌握国家财政大权之外，还有自己的私产，一般而言，到了皇朝中后期皇帝的贪欲和荒淫侈靡亦愈演愈烈，"私藏"已经远远不能满足其挥霍，于是就把黑手伸向广大"吏民"，进行法外征敛。萧齐东昏侯萧宝卷巧立名目，将"都下酒租，皆折输金，以供杂用。犹不能足，下扬、南徐二州桥桁塘埭丁计功为直，敛取见钱，供太乐主衣杂费。由是所在塘渎，悉皆隳废。"不惜破坏事关"吏民"生产生活的交通与水利设施，以致"百姓困尽，号泣道路""市廛离散，商旅靡依"[①]，严重侵害广大"吏民"。宋孝武帝"赐倾府藏，竭四海不供其欲，单民命未快其心。"[②] 北齐后主亦"徵税无厌，赏赐过度"，以致"朝危政乱"[③]。

"皇室地主"有过之无不及，宋明帝时，"幸臣近习，参半宫省，封略山湖，妨民害治。"他们大肆扩张田园别墅，无不是以挤压、侵占"吏民"利益而实现的。南朝最富庶地区会稽一带，更是"王公妃主，邸舍相望，桡乱在所，大为民患，子息滋长，督责无穷。"[④] 宋孝武帝第二子刘子尚等"诸皇子皆置邸舍，逐什一之利，为患遍天下。"[⑤] 他们不仅广占田业山水，而且经营高利贷和商业，大肆掠夺财富，对这一带的"吏民"造成极大伤害。梁武帝之侄萧正德"出为南兖州，在任苛刻，人不堪命。广陵沃壤，遂为之荒，至人相食啖。"他"蓄奴僮数百，皆黥其面。"其人"志行无悛，常公行剥掠。"与其弟乐山侯萧正则狼狈为奸，

---

① 《南史》卷五《齐本纪下》，第154页。
② 《宋书》卷九二《良吏传序》，第2262页。
③ 《北史》卷五三《鲜于世荣传》，第1931页。
④ 《宋书》卷五七《蔡廓附子兴宗传》，第1583页。
⑤ 《宋书》卷八二《沈怀文传》，第2104页。

为非作歹，成为“百姓巨蠹”①。

“官僚地主”亦然。“广开田园之业”②“田业盐铁遍于远近”③是他们追求的首要目标，而且他们侵占的“田园、奴婢、牛马杂畜，并尽良美。”④这必然是在挤压、侵害“吏民”利益情况下才能实现。为此他们借助权力巧取豪夺，北魏崔暹为豫州刺史，“遣子析户，分隶三县，广占田宅，藏匿官奴，障吝陂苇，侵盗公私。”⑤或者依仗官威公然抢占田业，“横夺其地”⑥，或者“买人田不肯还直”⑦。在扩张土地和其它产业之后则以之为平台残酷剥削压榨“吏民”，谢灵运“修营别业，傍山带江，尽幽居之美。”其优美的田园别墅就是在残酷剥削“吏民”的基础上建成的，为此他大肆“驱课公役，无复期度。”“奴僮既众，义故门生数百，凿山浚湖，功役无已。”⑧他们财大气粗，欺凌百姓，萧梁的郢州刺史曹景宗“在州，鬻货聚敛。于城南起宅，长堤以东，夏口以北，开街列门，东西数里，而部曲残横，民颇厌之。”⑨北魏四大高门望族之一的荥阳郑氏，兄弟六人“并恃豪门，多行无礼，乡党之内，疾之若雠。”⑩益州刺史刘道济及其僚佐，“并聚敛兴利”“伤政害民，民皆怨毒。”乃至“商旅吁嗟，百姓咸欲为乱。”⑪

凡此种种，无不是依仗、借助皇权而为之，因此，“皇权地主”与“吏民”的矛盾是皇权与“吏民”矛盾的重要组成部分。职此之故，包含“皇权地主”和“吏民”矛盾在内的皇权和“吏民”的矛盾，依然是南北朝时期社会的主要矛盾。

---

① 《南史》卷五一《梁宗室上·临川靖惠王（萧）宏附子正德传》，第1280—1281页。
② 《宋书》卷七七《沈庆之传》，第2003页。
③ 《魏书》卷二一上《咸阳王（元）禧传》，第537页。
④ 《北史》卷九二《恩幸·王叡传》，第3019页。
⑤ 《魏书》卷八九《酷吏·崔暹传》，第1925页。
⑥ 《周书》卷三七《寇儁传》，第658页。
⑦ 《南史》卷三四《颜延之传》，第879页。
⑧ 《宋书》卷六七《谢灵运传》，第1754、1772、1775页。
⑨ 《梁书》卷九《曹景宗传》，第179页。
⑩ 《魏书》卷五六《郑羲传》，第1243页。
⑪ 《宋书》卷四五《刘粹附弟（刘）道济传》，第1380—1381页。

2021-7-8 初稿
2022-3-26 二稿
2022-4-16 定稿

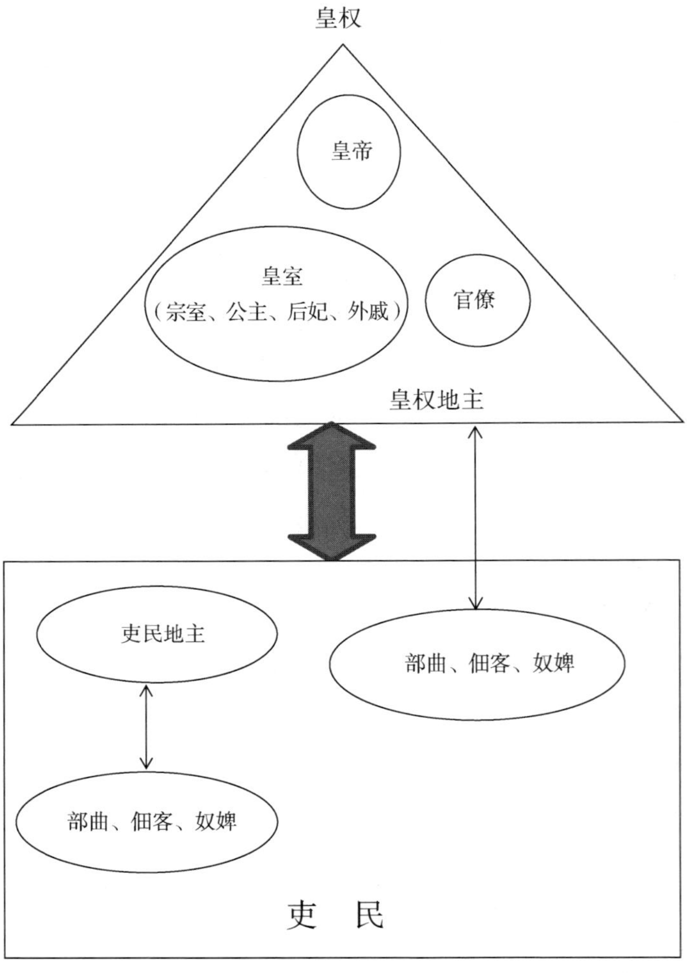

图2 南北朝时期社会诸矛盾示意图

说明：①皇权高居于社会一切成员之上，居于社会金字塔顶端。②“皇权地主”由皇帝、皇室、官僚共同构成。③“吏民”成员中，包括“吏民地主”、部曲、佃客、奴婢在内。④彼此双方矛盾关系，以箭头表示。⑤图中箭头表示矛盾关系，皇权与吏民的矛盾是社会主要矛盾，其它各种矛盾都受这个主要矛盾制约。

（原刊《文史哲》2023年第6期。本文系《文史哲》约稿，原文长约45000字左右，受限于版面，刊发时进行了适度压缩。为保证黎虎先生著作原貌，今据原文整理。李文才敬识。）

南北朝皇朝递嬗与社会主要矛盾

皇朝递嬗是社会诸矛盾总爆发的结果，最能凸显社会主要矛盾究竟是什么？而正确认识社会主要矛盾则是判断一个社会基本性质的前提和关键。

中国古代从秦至清的二千余年间，皇朝递嬗频繁，其递嬗方式主要有三：一是被大规模吏民起义直接推翻，新的皇朝从而得以建立，如秦、新、隋、元、明等皇朝皆然；二是被强邻所并吞或灭亡，如三国之蜀、吴，西晋，南北朝之北齐、陈，十六国、五代十国亦多属此，其后的北宋、南宋、辽、夏、金等亦然；三是旧皇朝禅让于内部新起的权势者，从而建立新的皇朝，如西汉、东汉、曹魏、东晋、宋、齐、梁，北魏所分裂的东、西魏，五代的后周等。在上述三种方式之中，第一种方式都是由于皇权极度的赋税、徭役征敛，把吏民逼入绝境，遂起而反抗，推翻了旧皇朝，其所体现的皇权与吏民的矛盾为社会主要矛盾最为直接和明显，此毋庸多论；第二种方式表现为弱势一方被强势一方所并吞或灭亡；第三种方式表现为统治营垒内部矛盾严重，业已腐朽的皇朝统治者不得不将皇权“禅让”给皇朝内部形成的新的权力中心及其代表人物。那么，推动并决定后两种皇朝递嬗的根本原因究竟是什么呢？其与深层的社会矛盾究竟有何关系？基于南北朝时期这两种皇朝递嬗方式较为集中地存在，故本文拟以此为切入点，通过对这两种皇朝递嬗方式的论述，以探索这一时期的社会主要矛盾问题。

一　北齐被北周并吞与社会主要矛盾

北朝皇朝递嬗的重要方式之一是被强邻所并吞，而并非由大规模吏民起义所直接推翻，北齐被北周灭亡即是此类。那么，这种皇朝递嬗方式与社会主要矛盾的关系是如何呢？是否仍然由皇权与吏民这一主要社会矛盾关系所决定的呢?

高欢"以雄杰之姿，始基霸业"，至武定八年（550），东魏孝静帝"禅让"于北齐文宣帝高洋。"洎乎后主（565—576），外内崩离，众溃于平阳，身禽于青土。"① 北齐幼主承光元年（577），强邻北周并吞了北齐，统一了北部中国，北齐存在了27年即灭亡。

北齐后主武平七年（576）十月，北周武帝率军大败北齐。齐后主"入晋阳，忧惧不知所之……谓朝臣曰：'周师甚盛，若何?'群臣咸曰：'天命未改，一得一失，自古皆然。宜停百赋，安慰朝野，收拾遗兵，背城死战，以存社稷。'"②《资治通鉴》记此事作朝臣皆曰："宜省赋息役，以慰民心；收遗兵，背城死战，以安社稷。"③ 面对强邻北周的进攻，处于危急存亡关头的北齐决策集体提出的救亡图存方案，首先是"停百赋""省赋息役""以慰民心"，亦即缓和皇权与吏民之间的矛盾，然后才是军事部署。由此可见，当时北齐皇权与吏民矛盾之尖锐，并非少数人的感觉和认识，而是尽人皆知的事实。因此，北齐决策集团一致认为当务之急乃是"省赋息役，以慰民心"，即缓和皇权与吏民之间的矛盾。显然，皇权统治者的奢靡腐败、横征暴敛是导致吏民离心离德的主要原因，也是北齐遭到北周进攻而无招架之力，从而面临亡国险境的首要原因，唯有减轻吏民的赋役负担才能安慰民心，稳定统治基础，才有可能重整军事力量以对抗北周的进攻，保全北齐皇朝。

北魏末年分裂为东、西魏。东魏武定八年（550），孝静帝元善见禅让于权臣高洋，是为北齐；西魏恭帝三年（556），禅让于宇文觉，是为北周。当时，北齐不论统治地域还是整体国力均优胜于北周，为什么仅仅20多年后却沦落为北周的俎上鱼肉呢?

北齐皇朝开创者高欢掌控东魏权力之后，还能够"雅尚俭素，刀剑鞍勒无金玉之饰。少能剧饮，自当大任，不过三爵。居家如官。仁恕爱士……其文武之士尽节所事，见执获而不罪者甚多。故遐迩归心，皆思

① （唐）李百药撰：《北齐书》卷八《后主幼主纪》"郑文贞公魏徵总而论之曰"，中华书局1972年版，第115页。

② 《北齐书》卷八《后主纪》，第109页。

③ （宋）司马光编著，（元）胡三省音注：《资治通鉴》卷一七二，陈宣帝太建三年（576）十二月，中华书局1956年版，第5360页。

效力。”[①] 不久，其后继者日益腐败，北齐文宣帝“初践大位，留心政术，以法驭下，公道为先。或有违犯宪章，虽密戚旧勋，必无容舍，内外清靖，莫不祗肃……六七年后，以功业自矜，遂留连耽湎，肆行淫暴……多所营缮，百役繁兴，举国骚扰，公私劳弊。凡诸赏赉，无复节限，府藏之积，遂至空虚。”[②] 及至北齐晚期，武成帝、后主父子相承，统治十五年之久，奢侈腐败愈演愈烈，终于把北齐推入绝境。“武成时，为胡后造真珠裙裤，所费不可称计，被火所烧。后主既立穆皇后，复为营之。属周武遭太后丧，诏侍中薛孤、康买等为吊使，又遣商胡赍锦彩三万疋与吊使同往，欲市真珠为皇后造七宝车，周人不与交易，然而竟造焉。”[③] 穆后小字黄花，故有童谣曰：“‘黄花势欲落，清觞满杯酌。’言黄花不久也，后主自立穆后以后，昏饮无度，故云清觞满杯酌。”[④] 后主“承（其父）武成之奢丽，以为帝王当然。乃更增益宫苑，造偃武修文台，其嫔嫱诸宫中起镜殿、宝殿、玳瑁殿，丹青雕刻，妙极当时。又于晋阳起十二院，壮丽逾于邺下。所爱不恒，数毁而又复。夜则以火照作，寒则以汤为泥，百工困穷，无时休息。凿晋阳西山为大佛像，一夜然油万盆，光照宫内。又为胡昭仪起大慈寺，未成，改为穆皇后大宝林寺，穷极工巧，运石填泉，劳费亿计，人牛死者不可胜纪。”[⑤] 大兴土木奴役吏民的同时，政治亦腐败至极，“官由财进，狱以贿成，其所以乱政害人，难以备载。诸宫奴婢、阉人、商人、胡户、杂户、歌舞人、见鬼人滥得富贵者将万数。庶姓封王者百数，不复可纪。开府千余，仪同无数。领军一时二十，连判文书，各作依字，不具姓名，莫知谁也。诸贵宠祖祢追赠官，岁一进，位极乃止。宫掖婢皆封郡君，宫女宝衣玉食者五百余人，一裙直万疋，镜台直千金，竞为变巧，朝衣夕弊。”[⑥] 滥封官爵的结果，政府的财政支出随之无限膨胀。于是，“赋敛日重，徭役日繁，人力既殚，帑藏空竭。乃赐诸佞幸卖官，或得郡两三，或得县六七，各分州郡，

---

① 《北齐书》卷二《神武纪下》，第 25 页。
② 《北齐书》卷四《文宣纪》，第 67—68 页。
③ 《北齐书》卷九《穆后传》，第 128 页。
④ 《北齐书》卷九《穆后传》，第 128 页。
⑤ 《北齐书》卷八《幼主纪》，第 113 页。
⑥ 《北齐书》卷八《幼主纪》，第 112—113 页。

下逮乡官亦多降中旨，故有敕用州主簿，敕用郡功曹。于是州县职司多出富商大贾”①。企图通过卖官鬻爵以解决腐败的支出，从州郡长官到下层小吏均出卖以敛财，而那些以大价钱买到官职的人员，则通过大肆贪污强掠以捞回本钱的同时并大赚特赚，“竞为贪纵，人不聊生。爰自邺都及诸州郡，所在徵税，百端俱起。”这一切贪赃枉法最终还是由吏民来埋单。“凡此诸役，皆渐于武成，至帝（后主）而增广焉。”② 魏徵评议曰：“齐自河清之后，逮于武平之末，土木之功不息，嫔嫱之选无已，征税尽，人力殚，物产无以给其求，江海不能赡其欲。”如此“穷极荒淫，谓黔首之可诬”，而“欲求大厦不燔，延期过历，不亦难乎！由此言之，齐氏之败亡，盖亦由人，匪唯天道也。”③ 这里所谓“人”，即指北齐皇朝统治者。高氏皇朝对于“吏民”的过“度”征敛和摧残，动摇了其统治基础，促进了皇权统治集团的分崩离析，为强邻的觊觎提供了可乘之机。北周的齐王宇文宪问被俘的北齐广宁王高孝珩“齐亡所由”，史称高孝珩“自陈国难，辞泪俱下，俯仰有节”，并独叹曰：“李穆叔言齐氏二十八年，今果然矣。自神武皇帝以外，吾诸父兄弟无一人得至四十者，命也。嗣君无独见之明，宰相非柱石之寄……”④

北齐与其他社会无异，其社会矛盾也是多种多样而又错综复杂的。内部矛盾方面，除了皇权与吏民的矛盾之外，还有地主与农民的矛盾、统治集团内部矛盾、鲜卑与汉族的矛盾等；外部矛盾方面，有与立国于江南的陈朝、立国于关中的北周以及北部的契丹、柔然等族的矛盾等。那么，上述诸多矛盾中，如何断定哪一对矛盾是当时社会的主要矛盾呢？“每个社会中都会存在着纷繁复杂的诸多矛盾，如何确定其中一组矛盾为主要矛盾呢？所谓主要矛盾，质言之，就是这一对矛盾关系决定和制约着其他矛盾关系，决定了这个社会的盛衰兴亡、治乱安危及其走向，决定了这个社会的大多数民众的生存状况。”⑤ 这个提法包含三个要素：一

---

① 《北齐书》卷八《幼主纪》，第113—114页。

② 《北齐书》卷八《幼主纪》，第114页。

③ 《北齐书》卷八《后主　幼主纪》“郑文贞公魏徵总而论之曰”，第116—117页。

④ 《北齐书》卷一一《文襄六王·广宁王（高）孝珩传》，第145页。

⑤ 黎虎：《中国古史分期暨社会性质论纲——兼论中国传统社会的主要矛盾问题》，《文史哲》2020年第1期。

是它决定并制约其他矛盾关系；二是它决定大多数民众的生存状况；三是它决定历史的走向。三个要素缺一不可。北齐皇权与吏民的矛盾，不仅决定和制约着其内部诸矛盾，而且决定和制约着其外部诸矛盾。上述北周之所以处心积虑并吞北齐，北齐治下吏民之所以处于水深火热之中，完全是由于其皇权与吏民矛盾长期的、极度的尖锐化所致；这种皇权与吏民矛盾的长期的、极度的尖锐化是其走向灭国的根本原因。上述其他诸矛盾关系均不能与之相提并论，以往论者将地主与农民的矛盾视为北齐的社会主要矛盾，是无法准确回答相关问题的。

我们先从北齐与北周的关系以观，因为二者之间的矛盾最为尖锐。分别从北魏所分裂的东、西魏禅让而建立的北齐和北周，原本是北齐强盛于北周，“观夫有齐全盛，控带遐阻，西苞汾、晋，南极江、淮，东尽海隅，北渐沙漠，六国之地，我获其五，九州之境，彼分其四。料甲兵之众寡，校帑藏之虚实，折冲千里之将，帷幄六奇之士，比二方之优劣，无等级以寄言。”① 但是，由于北周皇权与吏民社会矛盾关系的调节相对优于北齐，故两者的主要社会矛盾关系尖锐化程度有所差异，遂使北周逐渐由弱而强，北齐则由强而弱，终于被北周所并吞。

北周的皇权统治相对清明一些，尤其是北周武帝励精图治，比较注意调节皇权与吏民的矛盾关系，保定二年（562）十月戊戌诏曰：“树之元首，君临海内，本乎宣明教化，亭毒黔黎；岂唯尊贵其身，侈富其位……况无圣人之德而嗜欲过之，何以克厌众心，处于尊位，朕甚恧焉。今巨寇未平，军戎费广，百姓空虚，与谁为足。凡是供朕衣服饮食，四时所须，爰及宫内调度，朕今手自减削。纵不得顿行古人之道，岂曰全无庶几。凡尔百司，安得不思省约，勖朕不逮者哉。”② 显然，吏民在北周武帝心目中的地位是重要的，被视为治国安邦之本，故北周武帝比较关注吏民的生存状况，要求皇权统治群体克制嗜欲，节约用度，注意缓和皇权与吏民矛盾的紧张程度。建德元年（572），北周武帝根据出现的新情况、新问题，重申其缓和与吏民矛盾的政策，诏曰：“为政欲静，静在宁民；为治欲安，安在息役。顷兴造无度，徵发不已，加以频岁师旅，

① 《北齐书》卷八《后主　幼主纪》“郑文贞公魏徵总而论之曰”，第116页。

② （唐）令狐德棻等撰：《周书》卷五《武帝纪上》，中华书局1971年版，第67页。

农亩废业。去秋灾蝗，年谷不登，民有散亡，家空杼轴。朕每旦恭己，夕惕兢怀。自今正调以外，无妄徵发。庶时殷俗阜，称朕意焉。”① 他不仅这样说，而且身体力行：“身衣布袍，寝布被，无金宝之饰，诸宫殿华绮者，皆撤毁之，改为土阶数尺，不施栌栱。其雕文刻镂，锦绣纂组，一皆禁断。后宫嫔御，不过十余人。”② 史称其“劳役为士卒之先，居处同匹夫之俭。”③ 北周武帝俭朴节约的施政和生活作风与东方的北齐皇权统治者之荒淫无度、奢靡腐败形成强烈的对比。

北周武帝的目标十分明确，就是瞄准东部的北齐政权，必欲平灭之，史言“建德之后，武帝志在平齐。”④ 为达其目的，北周武帝锐意进取，励精图治，特别关注彼我双方的皇权政治及其与吏民的矛盾关系状况，注意调节己方皇权与吏民的矛盾关系，以创造推翻北齐的条件，揣摩下手的适当时机。他说：“自亲览万机，便图东讨。恶衣菲食，缮甲治兵，数年已来，战备稍足。而伪主昏虐，恣行无道，伐暴除乱，斯实其时。”⑤ 相形之下，北齐皇朝的统治者则荒淫腐败，横征暴敛，导致皇权与吏民矛盾极度尖锐化，政局动荡，国势日蹙，从而为北周提供了用兵的机会。北周之所以敢于越境进攻北齐，其根本原因在于洞悉北齐皇权与吏民矛盾之极度尖锐化的现实状况。史言北周“所遣间谍入齐者，皆为尽力。亦有齐人得（韦）孝宽金货，遥通书疏。故齐动静，朝廷皆先知。”深知“齐氏昏暴，政出多门，鬻狱卖官，唯利是视，荒淫酒色，忌害忠良。阖境熬然，不胜其弊。”⑥ “加以淫刑妄逞，毒赋繁兴，齐、鲁轸殄悴之哀，幽、并启来苏之望。既祸盈恶稔，众叛亲离”⑦。北周武帝抓住北齐皇权与吏民矛盾极度尖锐化的良机，遂下决心总戎东伐。建德四年（575）八月，亲率大军攻齐，虽然“所在克捷，降拔三十余城，皆弃而不守”⑧，无奈因武帝患病，不得已撤军。建德五年（576），再度兴师东伐，北周

---

① 《周书》卷五《武帝纪上》，第 80 页。
② 《周书》卷六《武帝纪下》，第 107 页。
③ 《周书》卷六《武帝纪下》“史臣曰”，第 108 页。
④ 《周书》卷三一《韦孝宽传》，第 540 页。
⑤ 《周书》卷六《武帝纪下》，第 92 页。
⑥ 《周书》卷三一《韦孝宽传》，第 538—539、541 页。
⑦ 《周书》卷六《武帝纪下》，第 92 页。
⑧ 《周书》卷六《武帝纪下》，第 93 页。

武帝在伐齐动员时谓其群臣曰："朕去岁属有疹疾，遂不得克平逋寇。前入贼境，备见敌情，观彼行师，殆同儿戏。又闻其朝政昏乱，政由群小，百姓嗷然，朝不谋夕。天与不取，恐贻后悔。"[①] 半途而废的攻齐之战，使北周对于北齐内情有了更深入的了解，北周武帝的灭齐动员令指出了北齐存在的三个方面问题：一是军事上的涣散；二是政治上的腐败；三是吏民处于水深火热之中。其中所言后面两个问题乃是皇权与吏民矛盾尖锐化的具体表现，第一个问题则是皇权与吏民矛盾尖锐化的一种曲折反映。

从齐后主在周、齐决战期间荒淫无度、腐败无能的淋漓尽致表现中，可以推知他日常治齐之一斑。就在北周发起第一次大规模灭齐的军事行动之后、第二次更大规模的军事行动即将开展之时，北齐后主针对吏民的暴政依然没有收敛。武平七年（576）二月，"括杂户未嫁者悉集，有隐匿者，家长坐死。"所谓"杂户"，乃北齐继承北魏所"虏西凉之人没入，名为'隶户'"，以"供厮役"[②]，其严刑峻法波及"未嫁者"，乃其残害吏民以满足私欲的一贯做法。是年八月，"营邯郸宫"[③]。甚至在北周大军压境、战事紧急的战争前线，后主依然热衷于狩猎玩乐，"齐主方与冯淑妃猎于天池，晋州告急者，自旦至午，驿马三至。右丞相高阿那肱曰：'大家正为乐，边鄙小小交兵，乃是常事，何急奏闻！'至暮，使更至，云'平阳已陷'，乃奏之。齐主将还，淑妃请更杀一围，齐主从之。"[④] 在事关国家危急存亡的前线，"齐主以淑妃为有功勋，将立为左皇后，遣内参诣晋阳取皇后服御袆翟等。"[⑤] 在平阳争夺战激烈的前线，后主与徐淑妃"并骑观战"，把决定国家生死存亡的战争视同儿戏。"东偏少却，淑妃怖曰：'军败矣！'"他们的胡作非为直接导致战争失败，"齐主遂以淑妃北走。齐师大溃，死者万余人，军资器械，数百里间，委弃山积。"[⑥] 在与强势的北周较量中节节败退，北齐后主逃至邺城，将皇位

① 《周书》卷六《武帝纪下》，第95页。
② 《资治通鉴》卷一七二，陈宣帝太建八年（576）二月暨胡注，第5348页。
③ 《资治通鉴》卷一七二，陈宣帝太建八年（576）八月，第5352页。
④ 《资治通鉴》卷一七二，陈宣帝太建八年（576）十月，第5355页。
⑤ 《资治通鉴》卷一七二，陈宣帝太建八年（576）十二月，第5359页。
⑥ 《资治通鉴》卷一七二，陈宣帝太建八年（576）十二月，第5358—5359页。

让给其八岁的儿子，自己做太上皇，推卸本应由他负的责任，战事愈加不可收拾。翌年，北齐后主率皇后、妃嫔及幼主等十余骑企图投奔南方的陈朝，逃至青州之南邓村被追击的北周将领尉迟勤[①]所俘虏，北齐皇朝就此被北周宇文氏皇朝所并吞。在周、齐决战前线匆促即帝位的高延宗被俘时，“周武帝自投下马，执其手。延宗辞曰：‘死人手何敢迫至尊。’帝曰：‘两国天子，有何怨恶，直为百姓来耳。勿怖，终不相害。’使复衣帽，礼之。”[②] 周武帝“直为百姓来耳”之语尽管不免有些高调溢美，但相较之下，“吏民”在北周武帝的心目中还是十分重要的，这是周胜齐败的根本原因。

本来强大于北周的北齐，结果却被北周所灭，这究竟是什么原因所致呢？从表面上看来是由于北齐敌不过北周而灭亡，但是归根结底还是决定于北齐皇朝内部皇权与吏民矛盾关系的极度恶化，在于北齐皇权对“吏民”的征敛、荼毒日益甚于北周而导致其统治基础动摇，从而加剧了北齐皇权统治集团的内部矛盾，以至于国势日蹙。灭齐之后的周武帝发诏谴责北齐皇朝曰：“伪齐叛涣，窃有漳滨，世纵淫风，事穷雕饰。或穿池运石，为山学海；或层台累构，概日凌云。以暴乱之心，极奢侈之事，有一于此，未或弗亡。朕菲食薄衣，以弘风教，追念生民之费，尚想力役之劳。方当易兹弊俗，率归节俭。其东山、南园及三台可并毁撤。瓦木诸物，凡入用者，尽赐下民。山园之田，各还本主。”[③] 在谴责北齐皇朝刻剥吏民导致其土崩瓦解的同时，不忘显示己方之以“吏民”为念而以俭朴为事，并象征性地采取了一些苏息“吏民”的措施。但是，皇权专制的本质就是建立在对于吏民的压迫剥削基础之上的，因此，这不过是五十步笑百步而已。事实上，北周皇权对于“吏民”的征敛和摧残也并不比北齐逊色多少。例如，北周武帝曾指责权臣宇文护的长期专权“使户口凋残，征赋劳剧，家无日给，民不聊生……百姓嗷嗷，道路以目”[④]，诛除宇文护之后的诏书中也承认北周统治下“兴造无度，徵发不

---

① 《周书》卷六《武帝纪下》，第100页。尉迟勤，一作尉迟纲，见《北齐书》卷八《幼主纪》，第111页。

② 《北齐书》卷一一《文襄六王・安德王（高）延宗传》，第150页。

③ 《周书》卷六《武帝纪下》，第101页。

④ 《周书》卷一一《晋荡公（宇文）护传》，第177页。

已，加以频岁师旅，农亩废业。去秋灾蝗，年谷不登，民有散亡，家空杼轴。”① 北周皇权统治者同样也在摧残自己的统治基础，“吏民”的离心离德加剧了北周皇权统治集团的内部矛盾和分崩离析，给迅速崛起的隋王杨坚集团提供了机会，北周武帝也回天无力，无法保持其皇朝的长治久安。灭齐之后的翌年（宣政元年，578）六月，北周武帝病亡。时不过三年，北周皇朝即被迫“禅让”于权臣隋王杨坚，重蹈其前朝——西魏之覆辙，于是隋皇朝取代了北周皇朝。在这个类型的皇朝兴替中，可以看到，皇权与“吏民”这一主要矛盾仍然在起着根本性的作用，皇权统治集团对于吏民的过“度”征敛，动摇了其统治的基础，加剧了皇权统治集团的内部矛盾，于是腐朽的旧皇朝遂被另一强势崛起的政治势力所取代，周而复始，循环往复。

二　宋、齐、梁禅让与社会主要矛盾

中国古代从秦至清的皇朝禅让，主要有两种类型：一为内禅，即皇室家族内部的禅让，并不改变皇朝及其皇统；二为外禅，即禅让于其他家族，旧皇朝被另一家族的新皇朝所取代。不同禅让类型的性质和意义是不同的。南北朝时期的禅让属于后一类型，为一种革故鼎新类型之禅让，这种禅让属于皇权政治自身的新陈代谢，对于中国古代政治发展具有一定的积极意义。

与北朝的北齐被强邻北周灭亡不同，南朝的皇朝多以“禅让”形式被皇朝内部的权臣所取代，只有陈朝是被北方的强邻隋所并吞的。南朝这种皇朝递嬗也都不是由吏民起义直接推翻的，那么，这种递嬗方式与社会主要矛盾的关系如何呢？是否仍然是由皇权与吏民这一主要矛盾关系所决定的呢？

东晋恭帝元熙二年（420）六月，宋王刘裕之中书令“傅亮讽晋恭帝禅位于宋，具诏草呈帝，使书之。帝欣然操笔……遂书赤纸为诏”②。于是，刘裕即皇帝位，“改晋元熙二年为永初元年”③，是为宋武帝，宋皇朝

① 《周书》卷五《武帝纪上》，第80页。

② 《资治通鉴》卷一一九，宋武帝永初元年（420）六月，第3734页。

③ （梁）沈约撰：《宋书》卷三《武帝纪下》，中华书局1974年版，第52页。

建立。宋皇朝传七代，60 年，至顺帝昇明三年（479）四月禅让于其统治集团中的权臣齐王萧道成，“改昇明三年为建元元年”[①]，是为齐高帝，齐皇朝建立。齐皇朝只维持了 23 年，传至齐和帝中兴二年（502）四月禅让于其统治集团中的权臣梁王萧衍，“改齐中兴二年为天监元年”[②]，是为梁武帝，梁皇朝建立，存在了 55 年。梁朝传至敬帝太平二年（557）十月禅让于其统治集团中的权臣陈王陈霸先，“改梁太平二年为永定元年”[③]，是为陈高祖，陈皇朝建立。陈皇朝传至后主祯明三年（589）正月被北方的强邻隋所并吞，后主被隋军俘虏。陈皇朝存在了 33 年。

南朝诸皇朝之间的禅让，犹如走马灯似的频繁，令人目不暇接，时人已习以为常。东晋恭帝禅让宋王刘裕时，“晋帝逊位，居秣陵宫”[④]。宋顺帝禅让齐王萧道成时同样被移居别第，王敬则入宫执行此任务时，顺帝收泪谓王敬则曰：“欲见杀乎？”王敬则曰：“出居别宫耳。官先取司马家亦如此。”[⑤] 宋齐禅让时照搬晋宋禅让时的惯例。与此同时，禅让时需将皇帝权力的象征印玺移交，解下旧朝皇帝的“玺绂”给予新朝的皇帝，此犹如“将一家物与一家”[⑥]。

南朝这种皇朝递嬗都不是由吏民起义直接推翻而进行的改朝换代，其中所体现的皇权与吏民这一主要社会矛盾关系，表面上看来不如吏民起义直接推翻那么明显，但归根结底仍然是由皇权与吏民这一主要矛盾关系所决定的。这种频繁的皇朝更替，并非无序而动，而是潜藏着共同的原因和规律性。齐高帝与刘瓛的对话揭示了这一情况。齐高帝夺得帝位后，问“为政之道”于前抚军行参军沛国刘瓛，对曰：“凡宋氏所以亡，陛下所以得者，皆是也。陛下若戒前车之失，加之以宽厚，虽危可安；若循其覆辙，虽安必危矣。”[⑦] 如果说萧道成还能够听得进去的话，那么，其后嗣就逐渐忘记这一历史教训。实际上，刘宋皇朝之禅让于萧

---

① （梁）萧子显撰：《南齐书》卷二《高帝纪下》，中华书局 1972 年版，第 32 页。

② （唐）姚思廉撰：《梁书》卷二《武帝纪中》，中华书局 1973 年版，第 34 页。

③ （唐）姚思廉撰：《陈书》卷二《高祖纪下》，中华书局 1972 年版，第 32 页。

④ （唐）李延寿撰：《南史》卷一三《宋宗室及诸王上·营浦侯（刘）遵考传》，中华书局 1975 年版，第 361 页。

⑤ 《资治通鉴》卷一三五，齐高帝建元元年（479）四月，第 4224 页。

⑥ 《南史》卷二八《褚炤传》，第 756 页。

⑦ 《资治通鉴》卷一三五，齐高帝建元元年（479）四月，第 4226 页。

齐皇朝，其后萧齐皇朝之禅让于萧梁皇朝，萧梁皇朝之禅让于陈朝，其原因基本上是一致的，都是在“循其覆辙”。南朝诸皇朝的禅让，乃至北朝高齐之接受东魏的禅让以及宇文周之接受西魏的禅让，其兴亡之道都是具有共性和规律性的。上文我们已经揭示，被强邻并吞而灭亡的这一皇朝递嬗类型，是由皇权与吏民这一矛盾关系所决定的。同样，南朝的陈之被杨隋并吞，亦是“循其覆辙”，陈季“以裒刻为功，自取身荣，不存国计，是以朝经堕废，祸生邻国。”[①] 不论是被强邻并吞的类型，还是禅让这一类型，其根本原因都是一致的，都是由皇权与吏民这一主要社会矛盾关系所决定的。

不论是被强邻并吞还是被禅让的皇朝，他们都循着共同的规律演化，皇朝初建时，尤其是开国之君都比较注意收敛贪欲，故政治相对比较清明，对于吏民的压迫剥削还不算过“度”，皇权与吏民的矛盾相对来说还比较缓和，因此，尚能维持皇权与吏民这一矛盾统一体的平衡和稳定。其后嗣则逐渐背离这一基本历史规律，日益放纵贪欲，肆意超越对于吏民压迫剥削的“度”，导致皇权与吏民的矛盾日益尖锐化，并最终打破皇权与吏民矛盾统一体的平衡与稳定，于是到了皇朝末期，其统治臻于衰败，或被强邻并吞，或不得不将皇权禅让与皇朝内部崛起的新兴力量，从而建立新的皇朝。“‘吏民’与‘君’的矛盾对立保持在一定限度之内则谓之‘治世’，超过了一定限度则导致‘乱世’乃至亡国。”[②] 以此言之，“吏民”的境遇和生存状况既是皇朝盛衰兴亡的标志，也是决定皇朝盛衰兴亡的根本原因，“吏民”所受征敛如果能够保持在其承受的限度内而足以维持其基本的生存条件，则皇朝得以稳定，反之，则皇朝统治动荡、动乱乃至灭亡。那么，南朝这种通过禅让方式而实现的皇朝递嬗，究竟是如何由皇权与吏民这一社会主要矛盾关系所决定的呢？

（一）“吏民”的境遇和生存状况决定皇朝的盛衰兴亡

旧皇朝的过度征敛，致使吏民丧失了基本的生存条件，动摇了其统治基础，故其不得不交出皇权。同理，新皇朝采取缓和征敛吏民的措施，吏民得以维持基本的生存条件，从而巩固了其统治基础，新皇朝得以安

---

① 《陈书》卷六《后主本纪》“史臣曰”，第120页。

② 黎虎：《论“吏民”的一体性——原“吏民”之四》，《中国经济史研究》2007年第3期。

定平稳地存在。

以东晋禅让于刘宋而言。史称“晋自中兴以来，治纲大弛，权门并兼，强弱相凌，百姓流离，不得保其产业。”[①] 东晋后期政治的腐败，导致皇权与吏民的矛盾极度尖锐化，故其统治难以为继。与此同时，以刘裕为核心的皇朝内部的新兴力量崛起，逐渐积累了雄厚的政治资本，从而创造了迫使东晋皇朝交出皇权的强势条件。内政方面，“大示轨则，豪强肃然，远近知禁”[②]，大力推行“去弊拯民”政策。东晋义熙八年（412）刘裕至江陵，下书曰：“刑政多阙……遂令百姓疲匮，岁月滋甚，财伤役困，虑不幸生。凋残之余，而不减旧，刻剥征求，不循政道……近因戎役，来涉二州，践境亲民，愈见其瘼，思欲振其所急，恤其所苦。凡租税调役，悉宜以见户为正。州郡县屯田池塞，诸非军国所资，利入守宰者，今一切除之。”[③] 其所宣示的“去弊拯民”政策核心，一言以蔽之，就是缓解皇权与吏民的尖锐矛盾，从而使吏民对于以刘裕为核心的新生力量寄以希望，“故能光有天下，克成大业”[④]。与此同时，刘裕镇压了以孙恩、卢循为代表的反抗东晋皇朝的吏民大起义；并先后灭掉南燕、后秦，解除了北部对于江左政权的威胁。万事俱备只欠东风，于是东晋恭帝元熙二年（420）禅让于刘裕，终于瓜熟蒂落建立了宋皇朝。

以刘宋禅让于萧齐而言。刘裕“起自匹庶，知民事艰难……播兹宽简，虽所未暇，而绌华屏欲，以俭抑身，左右无幸谒之私，闺房无文绮之饰”[⑤]。即位后，在继续改革前朝弊政、缓和皇权与吏民的矛盾的同时仍然保持其俭朴的生活，“清简寡欲，严整有法度，未尝视珠玉舆马之饰，后庭无纨绮丝竹之音。”[⑥] 刘裕之后继者逐渐腐败，其子宋文帝刘义隆在位30年，被称为“宋世之极盛也”[⑦]。但宋文帝对于吏民的态度已与其父大相径庭。元嘉二十二年（445）“造玄武湖，上欲于湖中立方丈、

① 《宋书》卷二《武帝纪中》，第27页。
② 《宋书》卷二《武帝纪中》，第27页。
③ 《宋书》卷二《武帝纪中》，第28—29页。
④ 《宋书》卷三《武帝纪下》，第60页。
⑤ 《宋书》卷九二《良吏传·序》，第2261页。
⑥ 《宋书》卷三《武帝纪下》，第60页。
⑦ 《宋书》卷九二《良吏传·序》，第2261页。

蓬莱、瀛洲三神山，（何）尚之固谏乃止。时又造华林园，并盛暑役人工，尚之又谏，宜加休息，上不许，曰：‘小人常自暴背，此不足为劳。’”[①] 由此可见，随着在位日长，皇权统治者越来越无视吏民的生存状况，刘裕之后算是比较明智的宋文帝尚且如此看待吏民，其后嗣更不言而喻了。文帝之子孝武帝刘骏是这种转变的标志。史称：“孝武大明中，坏上（刘裕）所居阴室，于其处起玉烛殿，与群臣观之。床头有土鄣，壁上挂葛灯笼、麻绳拂。侍中袁顗盛称上俭素之德。孝武不答，独曰：‘田舍公得此，以为过矣。’”[②] 孝武帝是刘宋之由兴而衰的转折点：“尽民命以自养，桀、纣之行也。观大明之世，其将尽民命乎！”[③] 此后宋皇朝诸帝愈发残暴而奢侈，对于吏民的征敛亦随之水涨船高，史载宋明帝“以故宅起湘宫寺，费极奢侈。以孝武庄严刹七层，帝欲起十层，不可立，分为两刹，各五层。新安太守巢尚之罢郡还，见帝，曰：‘卿至湘宫寺未？我起此寺，是大功德。’（虞）愿在侧曰：‘陛下起此寺，皆是百姓卖儿贴妇钱，佛若有知，当悲哭哀愍，罪高佛图，有何功德？’”[④] 皇权统治者对于自己的奢侈和征敛如何影响吏民的生存状况是缺乏认识的。及至“宋季军旅繁兴，役赋殷重”，后废帝“淫费无度，帑藏空竭，横赋关河，专充别蓄，黔庶嗷嗷，厝生无所。”[⑤] “及苍梧（后废帝）暴虐，衅结朝野，百姓懔懔，命悬朝夕。”[⑥] “黔首相悲，朝不谋夕。”[⑦] 政治的腐败加剧了吏民的痛苦，史言刘宋吏民“不堪勤剧”[⑧] “百姓劳弊”[⑨]。同时，皇室内部骨肉相残，又加剧了统治集团内部的矛盾，“时前废帝凶暴”，蔡兴宗外甥雍州刺史袁顗与兴宗议曰：“朝廷形势，人所共见，在内大臣，朝夕难保……若朝廷有事，可共立桓、文之功。”[⑩] 不仅皇帝的

---

① 《宋书》卷六六《何尚之传》，第 1734 页。

② 《宋书》卷三《武帝纪下》，第 60 页。

③ 《宋书》卷六《孝武帝纪》“史臣曰”，第 135 页。

④ 《南齐书》卷五三《良政·虞愿传》，第 916 页。

⑤ 《宋书》卷九《后废帝纪》，第 188 页。

⑥ 《南齐书》卷二《高帝纪下》“史臣曰”，第 39 页。

⑦ 《南齐书》卷一《高帝纪上》，第 16 页。

⑧ 《南齐书》卷四六《陆慧晓传附顾宪之传》，第 808—809 页。

⑨ 《宋书》卷六《孝武帝纪》，第 112 页。

⑩ 《宋书》卷五七《蔡廓附子兴宗传》，第 1579 页。

奢靡建立在极度征敛和役使吏民的基础之上，皇亲国戚、官僚恩幸也趁机大肆聚敛，“与民争利”①，江左富庶之区会稽，“幸臣近习，参半宫省，封略山湖，妨民害治……王公妃主，邸舍相望，桡乱在所，大为民患，子息滋长，督责无穷。”② 以权臣萧道成为核心的新兴力量乘时而起，“顺天人之心，潜图废立”③，因而“天应民从”④，他晚年自述：“吾本布衣素族，念不到此，因藉时来，遂隆大业。”⑤“属彼宋季，纲纪自顿，应禅从民，遘此基业。”⑥“乘宋季叶，政多浇苛，亿兆倒悬，仰齐苏振。”⑦

以萧齐禅让于萧梁而言。萧道成即位后立即下诏：“公不专利，氓无失业。二宫诸王，悉不得营立屯邸，封略山湖。太官池籞，宫停税入，优量省置。”⑧ 而且“身不御精细之物……后宫器物栏槛以铜为饰者，皆改用铁，内殿施黄纱帐，宫人著紫皮履，华盖除金花爪，用铁廻钉。每曰：‘使我治天下十年，当使黄金与土同价。’欲以身率天下，移变风俗。”⑨ 可惜他的宏愿没有实现，登基四年即去世。

齐高帝去世后，其子武帝萧赜继位，“永明继运，垂心治术”，永明之世十几年，可视为有齐一朝23年的统治中比较安定的岁月。其后即进入下行阶段，“及建武之兴，虏难猋急，征役连岁，不遑启居，军国糜耗，从此衰矣。”⑩“齐季告终，君临昏虐，天弃神怒，众叛亲离。”⑪“昏主恶稔，穷虐极暴，诛戮朝贤，罕有遗育，生民涂炭，天命殛之。”⑫“齐末昏乱，政移群小，赋调云起，徭役无度，守宰多倚附权门，互长贪虐，掊克聚敛，侵愁细民，天下摇动，无所厝其手足。”⑬ 萧道成第二子萧子

---

① 《宋书》卷八五《谢庄传》，第2169页。
② 《宋书》卷五七《蔡廓附子兴宗传》，第1583页。
③ 《宋书》卷九《后废帝纪》，第189页。
④ 《南齐书》卷二三《王俭传》，第434页。
⑤ 《南齐书》卷二《高帝纪下》，第38页。
⑥ 《南齐书》卷二六《陈显达传》，第492页。
⑦ 《南齐书》卷二八《刘善明传》，第525页。
⑧ 《南齐书》卷二《高帝纪下》，第33页。
⑨ 《南齐书》卷二《高帝纪下》，第38—39页。
⑩ 《南齐书》卷五三《良政传·序》，第913—914页。
⑪ 《梁书》卷三《武帝纪下》“史臣曰”，第97页。
⑫ 《梁书》卷一《武帝纪上》，第4页。
⑬ 《梁书》卷五三《良吏传·序》，第765页。

良死后，故人皆来奔赴，陆惠晓于邸门逢袁彖，问之，陆惠晓答曰："齐氏微弱，已数年矣，爪牙柱石之臣都尽，命之所余，政风流名士耳……苍生方涂炭矣，政当沥耳听之。"[①] 在这样的时代背景下，以萧衍为核心的新兴力量应运而起，"高祖（萧衍）在田，知民疾苦，及梁台建，仍下宽大之书，昏时杂调，咸悉除省，于是四海之内，始得息肩。"[②] 于是，萧齐禅让于萧梁。

以萧梁禅让于陈朝而言。萧衍"逮践皇极，躬览庶事，日昃听政，求民之瘼。乃命輶轩以省方俗，置肺石以达穷民，务加隐恤，舒其急病。元年，始去人赀，计丁为布；身服浣濯之衣，御府无文饰，宫掖不过绫彩，无珠玑锦绣；太官撤牢馔，每日膳菜蔬，饮酒不过三盏：以俭先海内。每选长吏，务简廉平，皆召见御前，亲勖治道。[③]""生自布衣，长于弊俗，知风教之臧否，识民黎之情伪。"[④] 由于梁武帝萧衍吸取前朝覆灭的教训，注意抑制贪欲，从而缓和了皇权与吏民的矛盾，"治定功成，远安迩肃。加以天祥地瑞，无绝岁时。征赋所及之乡，文轨傍通之地，南超万里，西拓五千。其中瓌财重宝，千夫百族，莫不充牣王府，蹶角阙庭。三四十年，斯为盛矣。自魏、晋以降，未或有焉。"[⑤]

与南朝其他皇朝比较，萧梁皇朝有两个特点：一是开国之君萧衍不仅长寿，而且在位时间也很长。宋、齐、陈开国之君在位不过三四年，而萧衍在位长达 47 年，占梁皇朝 55 年的 85% 之多。其在位时期的前后期基本上也就是梁皇朝的前后期。萧衍于太清三年（549）去世后不过七年，梁皇朝就灭亡了。在这短短的七年中先后有六帝登场，犹如走马灯，无不死于非命，吏民更是遭空前荼毒，"身殒非命，灾被亿兆"[⑥]。可见，这七年不过是萧梁皇朝垂死前的苦熬而已。二是与其他皇朝的开国之君在位短暂旋即进入后继者奢侈荒淫的阶段不同，由于萧衍的长寿而导致其开国之君得以比较长期保持于生活俭朴的阶段。史称，萧衍"日止一

① 《南史》卷四四《齐武帝诸子·竟陵文宣王（萧）子良传》，第 1105 页。
② 《梁书》卷五三《良吏传·序》，第 765 页。
③ 《梁书》卷五三《良吏传·序》，第 765—766 页。
④ 《陈书》卷三四《文学·何之元传》，第 467 页。
⑤ 《梁书》卷三《武帝纪下》"史臣曰"，第 97 页。
⑥ 《梁书》卷六《敬帝纪》"史臣侍中郑国公魏徵曰"，第 151 页。

食，膳无鲜腴，惟豆羹粝食而已。庶事繁拥，日傥移中，便嗽口以过。身衣布衣，木绵皂帐，一冠三载，一被二年。常克俭于身，凡皆此类。五十外便断房室。后宫职司贵妃以下，六宫袆褕三翟之外，皆衣不曳地，傍无锦绮。不饮酒，不听音声，非宗庙祭祀、大会飨宴及诸法事，未尝作乐。”这两个特点，不仅与南朝诸帝不同，在秦至清两千年间的皇帝中也是“罕或有焉”①。但是，萧梁皇朝何以至萧衍晚年即顷刻瓦解呢？梁武帝亦难辞其咎，可谓成也萧衍，败也萧衍。② 史称：“及乎耄年，委事群倖。然朱异之徒，作威作福，挟朋树党，政以贿成，服冕乘轩，由其掌握，是以朝经混乱，赏罚无章……遂使滔天羯寇，承间掩袭，鹫羽流王屋，金契辱乘舆，涂炭黎元，黍离宫室。呜呼！天道何其酷焉。虽历数斯穷，盖亦人事然也。”③ 侯景报萧衍宠臣、专权30余年的朱异书曰：“梁自近岁以来，权倖用事，割剥齐民，以供嗜欲。如曰不然，公等试观：今日国家池苑，王公第宅，僧尼寺塔；及在位庶僚，姬姜百室，仆从数千，不耕不织，锦衣玉食；不夺百姓，从何得之！”④ 侯景虽然是一个对待吏民极其残暴的政治野心家，但他指出萧梁政治的腐败及对于吏民的剥夺则可谓一针见血。萧衍虽然“屏除嗜欲”，但“眷恋轩冕”“慕名好事，崇尚浮华”“见利而动，愎谏违卜”⑤，放纵权贵、臣僚恣意聚敛，“割剥齐民，以供嗜欲”⑥“罔恤民之不存，而忧士之不禄”⑦，其政策法令亦“急于黎庶，缓于权贵”⑧。他迷恋佛教，以致“都下佛寺五百

① 《梁书》卷三《武帝纪下》，第97页。

② 据《南史·萧确传》载：“及（侯）景背盟复围城，城陷，（萧）确排闼入启。时武帝方寝，确曰：‘城已陷矣。’帝曰：‘犹可一战不？’对曰：‘人心不可。臣向格战不禁，缒下仅得至此。’武帝叹曰：‘自我得之，自我失之，亦复何恨，幸不累子孙。’乃使确为慰劳文，谓曰：‘尔速去谓汝父，无以二宫为念。’”［《南史》卷五三《梁武帝诸子·邵陵携王（萧）纶附子确传》，第1327页］李延寿论梁武帝亦云：“未有自己而得，自己而丧。”（《南史》卷七《梁本纪中》，第226页）

③ 《梁书》卷三《武帝纪下》“史臣曰”，第97—98页。

④ 《资治通鉴》卷一六一，梁武帝太清二年（548）十一月，第4991页。

⑤ 《梁书》卷六《敬帝纪》“史臣侍中郑国公魏徵曰”，第150—151页。

⑥ 《资治通鉴》卷一六一，梁武帝太清二年（548）十一月，第4991页。

⑦ （宋）李昉等编：《文苑英华》卷七五四《论·梁典高祖事论（何元之）》，中华书局1966年版，第3950页。

⑧ （唐）魏徵、令狐德棻撰：《隋书》卷二五《刑法志》，中华书局1973年版，第701页。

余所，穷极宏丽。僧尼十余万，资产丰沃。所在郡县，不可胜言。道人又有白徒，尼则皆畜养女，皆不贯人籍，天下户口几亡其半。"① 不仅耗费大量人力物力，而且导致户口大减，使编户民的负担大大加重。"百城恣其暴夺，亿兆困其征求，捐弃旧乡，奔亡他县，地荒邑散，私少官多，于是仓库既空，赋敛更重，天示谴祸，地出妖祥，饥疫互生，水旱交至，民不堪命，轰然土崩。" "民尽流离，邑皆荒毁"②。实际上，萧衍晚年已经预感到其统治将动摇。大同三年（537），他以第八子武陵王萧纪为都督、益州刺史。萧纪"以路远固辞"，梁武帝曰："天下方乱，唯益州可免，故以处汝，汝其勉之。"③ 但是他并没有采取什么措施以抑制这一情况的恶化，反而不听劝阻招纳侯景，引狼入室，使本已相当尖锐化的皇权与吏民矛盾更加激化，雪上加霜，"毒遍黎元"④。这时，陈霸先由岭南率军北上，先后消灭侯景以及勾引北齐的王僧辩，并将北齐势力从江南驱逐，居功至伟，得到吏民的拥护，"于时百姓厌贼（侯景），咸思用命。"⑤ 史称"梁季横溃，丧乱屡臻，当此之时，天历去矣，敬皇高让，将同释负焉。"⑥ "有梁之季，政刑废缺，条纲弛紊，僭盗荐兴，役赋征徭，尤为烦刻。大陈御寓，拯兹余弊"⑦。于是，梁敬帝不得不禅让于陈霸先。

陈霸先建立陈朝时，"及居阿衡，恒崇宽简。雅尚俭素，常膳不过数品。私飨曲宴，皆瓦器蚌盘，肴核庶羞，裁令充足，不为虚费。初平侯景及立敬帝，子女玉帛皆班将士。其充闱房者，衣不重采，饰无金翠，声乐不列于前。践阼之后，弥厉恭俭。故能隆功茂德，光于江左云。"⑧ 他在位不过三年就去世了，其后嗣也不能逃脱重蹈覆辙的规律。傅縡上书指责陈后主曰："陛下顷来酒色过度，不虔郊庙之神，专媚淫昏之鬼；小人在侧，宦竖弄权，恶忠直若仇雠，视生民如草芥；后宫曳绮绣，厩

① 《南史》卷七〇《循吏·郭祖深传》，第 1721—1722 页。
② 《文苑英华》卷七五四《论·梁典高祖事论（何元之）》，第 3950 页。
③ 《南史》卷五三《梁武帝诸子·武陵王（萧）纪传》，第 1328 页。
④ 《梁书》卷五六《侯景传》"史臣曰"，第 864 页。
⑤ 《南史》卷五三《梁武帝诸子·南康简王（萧）绩附子（萧）会理传》，第 1320 页。
⑥ 《梁书》卷六《敬帝纪》"史臣曰"，第 150 页。
⑦ 《陈书》卷五《宣帝纪》，第 79 页。
⑧ 《南史》卷九《陈本纪上·陈高祖武皇帝纪》，第 275 页。

马余菽粟，百姓流离，僵尸蔽野；货贿公行，帑藏损耗，神怒民怨，众叛亲离。恐东南王气，自斯而尽。”① 及至陈季“后主因削弱之余，钟灭亡之运，刑政不树，加以荒淫……况以区区之陈，外邻明德，覆车之迹，尚且追踪叔季，其获支数年，亦为幸也。”② 陈皇朝最终被北方的强邻杨隋皇朝所并吞，中国历史再次迈上了大一统的新阶段。

（二）“吏民”的向背决定“禅让”于谁

从上文所述我们可以看到，南朝诸皇朝到了腐朽衰亡的阶段，不得不实行禅让而将皇权交出。那么，禅让于什么人呢？这并非率意而为，而是经过一定阶段的检验而得到吏民拥戴者才有可能得此殊荣，从而成为新皇朝的开国之君，故古代把禅让谓之“乐推”。

东晋元熙二年（420）六月，晋恭帝禅让于权臣宋王刘裕，策曰：“百工歌于朝，庶民颂于野，亿兆抃踊，倾伫惟新。自非百姓乐推，天命攸集，岂伊在予，所得独专。是用仰祇皇灵，俯顺群议，敬禅神器，授帝位于尔躬。”③ 强调禅让于刘裕乃是“百姓乐推”，是得到了百姓的拥护，故“乐推”遂成为禅让的一个代名词。刘宋中后期政治腐败，“骨肉相害”，萧道成与其部下说：“祸难将兴，方与卿等戮力耳。”后废帝继位后，宗室亲王刘休范举兵向阙，“朝廷惶骇”，平南将军萧道成击杀了刘休范，平定了叛乱，“振旅凯入，百姓缘道聚观，曰：‘全国家者此公也。’”④ 可见，当时“吏民”寄望于萧道成。刘宋昇明三年（479）四月，宋顺帝禅让于齐王萧道成之后，萧道成作为南齐皇朝的开国之君所下第一道诏书有云：“属值艰季，推肆勤之诚，藉乐治之数，贤能悉心，士民致力，用获拯溺龛暴，一匡天下。业未参古，功殆侔昔。宋氏以陵夷有徵，历数攸及，思弘乐推，永鉴崇替，爰集天禄于朕躬。”⑤ 强调其得到禅让乃因“士民致力”的结果。太清四年（550），梁简文帝改元诏中追述中兴二年（502）齐和帝禅让与梁王萧衍一事时有云：“高祖武皇帝道洽二仪，智周万物。属齐季荐瘥，彝伦剥丧，同气离入苑之祸，元

---

① 《陈书》卷三〇《傅縡传》，第406页。
② 《南史》卷一〇《陈本纪下》“论曰”，第311页。
③ 《宋书》卷二《武帝纪中》，第47页。
④ 《南齐书》卷一《高帝纪上》，第6—9页。
⑤ 《南齐书》卷二《高帝纪下》，第32页。

首怀无厌之欲，乃当乐推之运，因亿兆之心，承彼掎角，雪兹雠耻。事非为己，义寔从民”①，强调萧衍之所以得到禅让的殊荣，乃“因亿兆之心”“从民”所望。陈文帝天嘉四年（563），虞寄致陈宝应书，谏其勿支持留异反抗陈朝廷，其中追述梁陈递嬗时有云：“自天厌梁德，多难荐臻，寰宇分崩，英雄互起，不可胜纪，人人自以为得之。然夷凶翦乱，拯溺扶危，四海乐推，三灵眷命，揖让而居南面者，陈氏也。岂非历数有在，惟天所授”②，强调陈霸先之所以得到禅让的殊荣，乃因“四海乐推”。我们不能把这种程式性文辞完全视为毫无意义的套话，实际上得到禅让者，基本上都是经过一段时间的检验，具有“去弊拯民”之决心或行动，从而赢得吏民拥戴者。皇朝末年竞逐禅让者往往非止一人，最终的胜出者除了本身各个方面条件的优劣不同之外，最根本的一条就在于他能否代表吏民改善境况和生存条件的愿望。因此，吏民的向背是终极的决定要素。“禅让”在一定意义上可以视为古代“选贤与能”的传承。《周易》有云：“人谋鬼谋，百姓与能。”孔疏引《正义》曰：“谓圣人欲举事之时，先与人众谋图以定得失，又卜筮于鬼神以考其吉凶……能通幽深之理，是其能也，则天下百姓，亲与能人，乐推为王也。”③

以晋宋禅让为例。东晋晚期皇权统治已经不能继续下去了，当时觊觎皇权者非止一人，在刘裕之前最大的竞争者是桓玄。桓玄是东晋四大高门士族之一桓氏家族大司马桓温之子，早怀不臣之心。东晋兴元元年（402），桓玄兴兵向阙，控制了东晋朝政，他的“不臣之迹已著”，但“自知怨满天下，欲速定篡逆”④。翌年，即逼晋安帝禅让于己。但他并非以苍生为念，而完全是为满足一己贪欲与私利。于时“自祸难屡构，干戈不戢，百姓厌之，思归一统。”他先是坚持“出居姑孰……遂大筑城府，台馆山池莫不壮丽，乃出镇焉。”“豪奢纵欲，众务繁兴，于是朝野失望，人不安业。时会稽饥荒，（桓）玄令赈贷之。百姓散在江湖采梠，

---

① 《梁书》卷四《简文帝纪》，第105页。

② 《陈书》卷一九《虞寄传》，第260页。

③（魏）王弼注，（唐）孔颖达疏，卢光明、李申整理，吕绍纲审定：《周易正义》卷八《系辞下》，北京大学出版社2000年版，第377页。

④ 《晋书》卷九九《桓玄传》，第2592页。

内史王愉悉召之还。请米，米既不多，吏不时给，顿仆道路死者十八九焉。”① 夺得帝位后，更加“骄奢荒侈，游猎无度，以夜继昼。兄伟葬日，旦哭晚游，或一日之中屡出驰骋。性又急暴，呼召严速，直官咸系马省前，禁内讙杂，无复朝廷之体。于是百姓疲苦，朝野劳瘁，怨怒思乱者十室八九焉。于是刘裕、刘毅、何无忌等共谋兴复。”② 刘裕讨伐桓玄的檄文说：“自玄篡逆，于今历年，亢旱弥时，民无生气。加以士庶疲于转输，文武困于造筑，父子乖离，室家分散，岂唯《大东》有杼轴之悲，《摽梅》有倾筐之塈而已哉。仰观天文，俯察人事，此而能久，孰有可亡。”③ 桓玄的倒行逆施完全失去民心，故兴元三年（404）桓玄兵败被杀之后，“传送（桓）玄首，枭于大桁，百姓观者莫不欣幸。”④ 史家评议曰：“夫帝王者，功高宇内，道济含灵……允徯后之心，副乐推之望。若桓玄之幺么，岂足数哉！适所以干纪乱常，倾宗绝嗣，肇金行之祸难，成宋氏之驱除者乎！”⑤ 桓玄之逼迫晋帝禅让，完全违背吏民以及皇权营垒中的新兴力量的愿望，并非真正的“乐推”，其顷刻瓦解，死于非命，实属必然。所谓“夫胜败之数，实由众心，社庙尊严，民情所系”⑥，其斯之谓欤！

刘裕与之相反，他是在“晋室微弱，民望久移”的情况下，“乘运禅代”⑦。刘裕看准了当时社会问题的主要症结在于“百姓疲匮，岁月滋甚，财伤役困，虑不幸生”，亦即吏民的生存状况极其恶化，因此以“去弊拯民”为职志，“每永怀民瘼，宵分忘寝，诚宜蠲除苛政，弘兹简惠。庶令凋风弊政，与事而新，宁一之化，成于期月”⑧。他并非徒托空言，而是采取很多实际措施，“公既作辅，大示轨则，豪强肃然，远近知禁。至是会稽余姚虞亮复藏匿亡命千余人。公诛亮，免会稽内史司马休之。”⑨ 他

① 《晋书》卷九九《桓玄传》，第 2591 页。
② 《晋书》卷九九《桓玄传》，第 2597 页。
③ 《宋书》卷一《武帝纪上》，第 7 页。
④ 《晋书》卷九九《桓玄传》，第 2601 页。
⑤ 《晋书》卷九九《桓玄传》“史臣曰”，第 2606 页。
⑥ 《宋书》卷八四《邓琬　袁顗　孔觊传》“史臣曰”，第 2163 页。
⑦ 《宋书》卷一《武帝纪上》，第 4 页。
⑧ 《宋书》卷二《武帝纪中》，第 35 页。
⑨ 《宋书》卷二《武帝纪中》，第 27 页。

下令："凡租税调役，悉宜以见户为正。州郡县屯田池塞，诸非军国所资，利入守宰者，今一切除之。州郡县吏，皆依尚书定制实户置。台调癸卯梓材，庚子皮毛，可悉停省，别量所出。巴陵均折度支，依旧兵运。原五岁刑已下。凡所质录贼家余口，亦悉原放。"[①]"山湖川泽，皆为豪强所专，小民薪采渔钓，皆责税直，至是禁断之。"[②]针对"时民居未一""杂居流寓，闾伍弗修，王化所以未纯，民瘼所以犹在"的情况，"于是依界土断，唯徐、兖、青三州居晋陵者，不在断例。诸流寓郡县，多被并省。"[③]他大力整顿吏治，"以身范物，先以威禁内外，百官皆肃然奉职"。虽然刘裕"位微于朝，众无一旅，奋臂草莱之中，倡大义以复皇祚。由是王谧等诸人时失民望，莫不愧而惮焉。"[④]故当时"民望"并不在桓玄而在刘裕。晋恭帝在书写禅让诏书时谓左右曰："桓玄之时，晋氏已无天下，重为刘公所延，将二十载；今日之事，本所甘心。"胡注曰："晋安帝元兴三年（刘）裕讨桓玄，至是凡十七年。"[⑤]不论禅让者还是被禅让者均已心照不宣，可谓水到渠成了。

再以梁陈禅让为例观之。萧梁太清元年（547），东魏司徒侯景以十三州求内属，萧衍"以（侯）景为大将军，封河南王，大行台承制。"[⑥]被萧梁接纳之后，侯景得寸进尺，不仅旋即扯起反梁大旗，而且企图夺取梁朝的皇位，在害死梁武帝和简文帝之后，天正元年（551）逼迫其所立的梁帝萧栋禅让于己，国号汉。侯景的介入，导致这个时期萧梁的社会矛盾除了根本性的皇权与吏民的矛盾之外，又使本已存在的南北矛盾更形尖锐。但是，侯景与江南人民的矛盾，在本质上仍然是皇权与吏民的矛盾。他"性猜忍，好杀戮"[⑦]，以"长戟强弩，沦覆宫阙，祸缠宸极，

---

① 《宋书》卷二《武帝纪中》，第 29 页。

② 《宋书》卷二《武帝纪中》，第 29 页。

③ 《宋书》卷二《武帝纪中》，第 30 页。

④ 《宋书》卷一《武帝纪上》，第 9 页。据《南史》卷一《宋本纪上》载："桓玄之篡，王谧佐命，手解安帝玺绂。"（第 7 页）时王谧官任司徒，身为"佐命"之臣，却亲"手解安帝玺绂"以助成桓玄篡夺，故史书称之"时失民望"，就是说桓玄、王谧之流令民众感到失望。

⑤ 《资治通鉴》卷一一九，宋武帝永初元年（420）六月，第 3734 页。

⑥ 《梁书》卷三《武帝纪下》，第 91 页。

⑦ 《梁书》卷五六《侯景传》，第 862 页。

毒遍黎元，肆其恣睢之心，成其篡盗之祸。”① “自晋氏渡江，三吴最为富庶，贡赋商旅，皆出其地。及侯景之乱，掠金帛既尽，乃掠人而食之，或卖于北境，遗民殆尽矣。”② 侯景攻建业，“食石头常平仓既尽，便掠居人，尔后米一升七八万钱，人相食，有食其子者。又筑土山，不限贵贱，昼夜不息，乱加殴棰，疲羸者因杀以填山，号哭之声动天地。百姓不敢藏隐，并出从之，旬日间众至数万。”③ 经侯景之乱，“时江南大饥，江、扬弥甚，旱蝗相系，年谷不登，百姓流亡，死者涂地。父子携手共入江湖，或弟兄相要俱缘山岳。芰实荇花，所在皆罄，草根木叶，为之凋残。虽假命须臾，亦终死山泽。其绝粒久者，鸟面鹄形，俯伏床帷，不出户牖者，莫不衣罗绮，怀金玉，交相枕藉，待命听终。于是千里绝烟，人迹罕见，白骨成聚如丘陇焉。而景虐于用刑，酷忍无道，于石头立大舂碓，有犯法者捣杀之。”④ 这导致萧梁后期已经十分尖锐的皇权与吏民的矛盾雪上加霜，“生灵涂炭，宗社丘墟。”⑤ 陈霸先看准了当时社会的主要问题所在，于是北上抗击侯景，并击败与北齐勾结的王僧辩，把北齐势力赶到长江以北，推翻了残民以逞的侯景政权，并最后取代已经腐朽的萧梁皇朝。这些都反映了当时吏民的愿望和要求，“初平侯景及立敬帝，子女玉帛皆班将士。其充闱房者，衣不重采，饰无金翠，声乐不列于前。践阼之后，弥厉恭俭。故能隆功茂德，光于江左云。”⑥ 由于陈霸先得到吏民的拥戴，故梁敬帝于太平二年（557）禅位于他，陈朝由此建立。

综上所述可知，南朝的诸皇朝基本上都是在前期的政治相对清明阶段之后进入了中后期政治逐渐腐败的阶段，周而复始，循环往复。皇权统治集团的贪欲日益膨胀，对于吏民的压迫剥削不断加重，将吏民置于水深火热之中，从而超越了皇权与吏民矛盾维持在可控范围之内的“度”，打破了皇权与吏民矛盾统一体的平衡和稳定。在这种情况下，在皇权统治营垒中以某权臣为核心形成了一个新起的试图遏制已经腐朽了

① 《梁书》卷五六《侯景传》“史臣曰”，第864页。

② 《资治通鉴》卷一六三，梁简文帝大宝元年（550）五月，第5045页。

③ 《南史》卷八〇《贼臣·侯景传》，第2001页。

④ 《南史》卷八〇《贼臣·侯景传》，第2009页。

⑤ 《南史》卷八〇《贼臣·侯景传》“论曰”，第2024页。

⑥ 《南史》卷九《陈本纪上·高祖武皇帝纪》，第275页。

的旧皇朝继续恶化皇权与吏民的矛盾关系的新生力量，以期将皇权与吏民的矛盾回归于“合理的”限度之内，迫使旧皇朝交出皇权，建立新的皇朝，这一皇权移交方式被称为“禅让”。“禅让”实际上就是皇权政治的自我调节和新陈代谢。史家对此总结道：“圣王膺录，自非接乱承微，则天历不至也。自三、五以来，受命之主，莫不乘沦亡之极，然后符乐推之运。”① 旧皇朝禅让于新皇朝，是“乘沦亡之极”“接乱承微”的“乐推”过程，是皇权统治不断除旧布新的过程。表面上看来，它是皇权统治集团内部的主动行为，但是其深层的、根本的原因仍然在于皇权与吏民矛盾的极度尖锐化，动摇了旧皇朝的统治基础，从而推动皇权统治集团不得不对于皇权统治进行更新，以便调整皇权与吏民的矛盾关系，回归于此矛盾关系之平衡与稳定。表面看去是皇权统治集团内部矛盾，但实际上是皇权与吏民矛盾尖锐化而激化了统治集团矛盾，旧皇朝无法继续统治下去，被迫将权力交出，授予其统治集团中的新生力量，俾新皇朝得以缓解皇权与吏民的矛盾关系，从而使皇权统治得以延续下去。晋恭帝禅让刘裕的策书中有云：“自非百姓乐推，天命攸集，岂伊在予，所得独专。”皇朝禅让的根本原因在于“百姓”，在于民心向背，所谓“谅以协谋乎人鬼，而以百姓为心者也。”② 故史家评论晋宋禅让时认为其时“民已去晋”③，这既是晋宋皇朝递嬗的根本原因，也是其他皇朝递嬗的根本原因。宋齐递嬗之际，据称：“宋泰始既失彭城，江南始传种消梨，先时所无，百姓争欲种植。识者曰：‘当有姓萧而来者。’十余年，齐受禅。”④ 类似的预言谶语在《南齐书·祥瑞志》亦不胜枚举，诸如“会稽剡县刻石山，相传为名，不知文字所在。昇明末，县民兒袭祖行猎，忽见石上有文凡三处，苔生其上，字不可识。刊苔去之，大石文曰：‘此齐者，黄公之化气也。’立石文曰：‘黄天星，姓萧字某甲，得贤帅，天下太平。’”⑤ 此类记载，不必信其皆为实事，但是它表明在刘宋皇朝的

---

① 《宋书》卷一〇《顺帝纪》“史臣曰”，第200页。

② 《宋书》卷二《武帝纪中》，第46页。

③ 《宋书》卷三《武帝纪下》“史臣曰”，第61页。

④ 《南齐书》卷一九《五行志》，第381页。

⑤ 《南齐书》卷一八《祥瑞志》，第352页。“字某甲”，《南史》卷四《齐本纪上》作“字道成”，第115页。

腐朽残暴统治下，吏民渴望去腐求新的愿望则是真实的。齐梁递嬗之际，萧衍已“天人允属”，沈约说之云：“今童儿牧竖，悉知齐祚已终，莫不云明公其人也……天心不可违，人情不可失，苟是历数所至，虽欲谦光，亦不可得已。”[①] 腐败残暴的萧齐将被萧梁取代，在吏民中已非秘密。当然，对于交出权力的旧皇朝来说禅让并非“乐”事，宋顺帝在禅让时“泣而弹指曰：‘愿后身世世勿复生天王家！’宫中皆哭。”[②] 这里我们借用物理学上的海啸原理以作比方，据地震学家的研究，当某处海岸爆发海啸时，其根源却在于大洋中某一处洋底的海底地震、火山或海底滑坡。皇朝禅让就是政治上的一种“海啸效应”，此即所谓“衅起四方，祸延畿甸”[③] 云尔。

尽管东汉魏晋以降“吏民”逐渐依附化，相当一部分“吏民”被分割而去，导致皇朝统治基础有所削弱，但魏晋南北朝依然是建立在对于“吏民”统治之上的皇权政治，皇权与“吏民”矛盾统一体的基本结构和性质并未改变。从上述南北朝皇朝递嬗可见，虽然它们并非由“吏民”起义所直接推翻，而是以“禅让”或强邻并吞等方式呈现，但其深层的、根本的原因仍然是皇权与“吏民”之间的矛盾，而非仅仅谴责皇帝荒淫腐败或统治者争权夺利、更非地主与农民矛盾云云所可入其腠理的。南北朝作为秦至清“皇权—吏民社会”中的一个断代，其社会的主要矛盾仍然是皇权与“吏民”的矛盾。

（原刊文编辑跋语：2022 年 7 月 6 日，黎虎先生去世，享年 86 岁。黎先生是海内外公认的史学大家，在先秦秦汉史、魏晋南北朝史、隋唐五代史、民族史等多个领域著述宏富，嘉惠学林。黎先生晚年致力于中国古史分期暨社会性质问题研究，此文即其成果之一。清样已经黎先生审阅修改，而黎先生未及看到此文之刊发，而竟成遗作，甚为遗憾！今特推出此文，以兹纪念。）

---

① 《梁书》卷一三《沈约传》，第 233—234 页。

② 《资治通鉴》卷一三五，齐高帝建元元年（479）四月，第 4224 页。

③ 《魏书》卷九《肃宗纪》“史臣曰”，第 249 页。

（原刊《河北学刊》2022年第5期。《中国社会科学文摘》2023年第1期详细转摘，《历史教学》2023年第5期转载，转载题名《皇权与吏民的社会矛盾关系》。此文作为“中国古史分期暨社会性质”问题研究的后续著述，是黎虎先生对这一重大史学理论问题进行研究的新创获，可谓其《中国古史分期暨社会性质论纲——兼论中国传统社会的主要矛盾问题》一文的深耕广拓之作。文章刊发时，受限于篇幅的关系，曾对部分文字有所删减，今据黎虎先生原稿，并参校《河北学刊》刊文整理。李文才敬识。）

唐寓之起义与社会主要矛盾

萧齐永明三年（485）唐寓之发动的“吏民”起义，是当时皇权与“吏民”这一社会主要矛盾的一次爆发。富阳人唐寓之侨居桐庐，父祖相传“图墓为业”，是一位堪舆师。“是时连年检籍，百姓怨望”。唐寓之“自云其家墓有王气，山中得金印，转相诳惑”。永明三年（485）冬，唐寓之“聚党四百人，于新城水断商旅，党与分布近县。新城令陆赤奋、桐庐令王天愍弃县走。寓之向富阳，抄略人民”，相继攻陷富阳、钱塘，然后“分兵出诸县”，先后攻克盐官、诸暨、余杭等县。永明四年（486）年春，唐寓之“于钱塘僭号，置太子，以新城戍为天子宫，县廨为太子宫。”① 国号吴，年号兴平，“三吴却籍者奔之，众至三万。”② 唐寓之以“钱塘富人柯隆为尚书仆射、中书舍人，领太官令。”柯隆“献铤数千口”为唐寓之“作仗”，于是加柯隆“领尚方令”。建立政权之后，唐寓之又攻占东阳郡，萧道成的族弟东阳太守萧崇之以及长山令刘国重均“拒战见害”。面对起义的燎原烈火，萧齐朝廷组织武装力量进行镇压，地方武装与朝廷武装联合进攻，齐武帝“遣禁兵数千人，马数百匹东讨……禽斩（唐）寓之，进兵平诸郡县。”③ 起义遂被萧齐皇朝镇压下去。

学术界对于这次起义究竟是什么性质众说纷纭，范文澜先生《中国通史》说：“这次作乱，是富民反抗检查黄籍，畏罚叛变，根本不是农民起义。”④ 缪钺先生说：“我赞同范先生的论断，所以不将唐寓之起兵事列

---

① （梁）萧子显撰：《南齐书》卷四四《沈文季传》，中华书局 1972 年版，第 776—777 页。

② （唐）李延寿撰：《南史》卷七七《恩倖・茹法亮传》，中华书局 1975 年版，第 1928 页。

③ 《南齐书》卷四四《沈文季传》，第 777 页。

④ 范文澜：《中国通史》第二编第五章第二节《南朝的经济状况》，人民出版社 1978 年版，第 497 页。

为农民起义。”① 施光明先生也赞同范先生的意见，认为“这是符合历史真实的灼见。”② 多数学者则认为唐寓之起义是农民起义，韩国磐先生说：“唐寓之的反抗斗争，是早已存在的阶级矛盾发展为武装暴动，是农民反抗地主阶级的起义斗争。”③ 王仲荦先生也将唐寓之起义置于“南朝的农民逃亡与农民起义”一则之中进行论述④。前说把“富民”与农民对立、分割开来，认为两者是完全不同性质的群体；后说则并没有说明为什么“富民”也属于农民？其“农民”的概念是什么？尤其是认为唐寓之起义“是农民反抗地主阶级的起义斗争”，更与历史事实相去甚远。

窃意发生这种争议的症结在于对于“农民”“富民”等概念的内涵或性质的认知存在误差所致。人们往往误以为“农民”中是没有“富民”的，而“富民”则不是“农民”，将“富民”与“农民”完全割裂对立起来。长沙走马楼三国吴简为我们厘清这些概念提供了第一手的宝贵资料。所出土的《嘉禾吏民田家莂》⑤ 中记载了临湘地区“吏民”的田亩、赋税等方面的情况，从中我们可以看到如下的问题。

第一，其“身份”栏中分别有“男子”“大女”“州吏”“郡吏”“县吏”“州卒”“郡卒”“县卒”“军吏”“复民”“士”等不同的身份或社会职务。可见其时所谓“吏民”是包括普通农民（男子、大女）、吏（州吏、郡吏、县吏）、卒（州卒、郡卒、县卒）、军吏、复民、士等六种身份的人民⑥。在这六种编户民中，户主为男子或大女者是纯粹的农民，其他五种编户民虽然同样被编制于基层户籍之中，但是他们各有不同的身份或社会职务。虽然如此，他们与男子、大女这样纯粹的农民一样耕种着数量不等的田亩，同样按照各自耕种的不同数量的田亩交纳赋税，因此，他们实际上也是农民。户主为男子或大女者可谓狭义的农民，而包括前者在内的所有基层编户民可谓广义的农民，因此，走马楼吴简中

① 缪钺：《南朝农民起义的地区问题》，《历史教学》1963 年第 5 期。

② 施光明：《唐寓之起兵性质商榷》，《浙江学刊》1984 年第 2 期。

③ 韩国磐：《魏晋南北朝史纲》，人民出版社 1983 年版，第 385—386 页。

④ 王仲荦：《魏晋南北朝史》，上海人民出版社 1979 年版，第 433、436—437 页。

⑤ 长沙市文物考古研究所・中国文物研究所・北京大学历史学系走马楼简牍整理组编著：《长沙走马楼三国吴简・嘉禾吏民田家莂》（简称《嘉禾吏民田家莂》），文物出版社 1999 年版。

⑥ 黎虎：《“吏户”献疑——从长沙走马楼吴简谈起》，《历史研究》2005 年第 3 期。

的“吏民”既是编户民，同时他们都属于农民。

第二，上述六种身份的“吏民”占田数量多寡不一，分布于从富有至贫穷的不同层级中。从他们占田数量多少的统计中，我们可以看到，男子和大女这种纯粹的农民中存在贫富不同的差别，其他五种吏民与纯粹的农民一样也存在贫富不同的差别，并不因为他们的身份或社会职务不同而相异。据《嘉禾吏民田家莂》中嘉禾四年、五年一共1850户的统计，[①] 其占田数量和户数的百分比呈现了四个比较相近的区块，分别以每户占田95—218亩、55—95亩、25—55亩、25亩以下为一个区块，这四个区块呈现为四个层级，我们将他们依次姑名之曰地主、富农、中农、贫农。其中有地主72户，富农215户，中农644户，贫农919户[②]。值得注意的是，这四个层级中，均既有男子、大女这种纯粹的农民，也有其他身份或社会职务的农民。故我们称“吏民”中的“地主”为“吏民地主”，此即人们常说的“庶族地主”。其中的地主，或者包括富农在内的“吏民”可视为富民，也就是说，在基层“吏民”中既有“地主”“富农”这样的富民，同时也存在中农以下的穷人。男子、大女这种纯粹的农民是富民中的主体，72户地主所包含各种身份的人中，分别为州吏2户，郡吏9户，县吏8户；军吏1户；郡卒1户；士1户；男子39户、大女2户；身份不明者9户。在这个层级中，男子和大女这种纯粹的农民共有41户，占72户地主中的57%；215户富农中，有男子142户，大女9户，合计151户，占215户富农中的70%。可见农村的富民多数是纯粹的农民。地主、富农之下的中农、贫农等层级中也同样存在上述六种身份的人。显然，农民中既有富民也有穷民，并非农民一律属于穷民，富民则一律不属于农民。

根据走马楼吴简提供给我们的上述认识，则唐寓之起义中的成员及其

---

① 在《嘉禾吏民田家莂》（四年、五年）中“吏民”户主身份、佃田亩数明确者共有1699户（见拙著《先秦汉唐史论》所载“《嘉禾吏民田家莂》（四年、五年）‘吏民’佃田数表”，北京师范大学出版社2016年版，第336—417页）；此外，不论户主身份是否明确，但佃田亩数明确者尚有151户（见拙撰《中国古史分期暨社会性质论纲——兼论中国传统社会的主要矛盾问题》，《文史哲》2020年第1期），两者合计为1850户。

② 黎虎：《中国古史分期暨社会性质论纲——兼论中国传统社会的主要矛盾问题》，《文史哲》2020年第1期。

属性可以得到明晰的认识。唐寓之为富阳人，虽然他“父祖相传图墓为业”，但并不影响其作为富阳“吏民”，亦即农民的属性。作为其所建吴国政权的尚书仆射、中书舍人和领太官令的“钱塘富人柯隆”，则属于籍贯钱塘的“吏民”，尽管他是“富人”，不过是“吏民”中相对富裕的成员——“吏民地主”，这并没有改变其作为“吏民”，亦即农民的属性。

至于参与唐寓之起义的众至三万的“三吴却籍者”，主要也是“吏民”，亦即农民。何以言之？这个问题的关键则在于对这次起义之所以爆发，对“却籍”的意涵与性质的认识有密切关系。早在刘宋末年取得刘宋皇朝控制权的萧道成就已经对于当时户籍中的作伪情况十分关注和不满，“患民间欺巧，及即位，敕（虞）玩之与骁骑将军傅坚意检定簿籍。”萧齐皇朝建立之后即开展户籍检查，建元二年（480），萧道成诏朝臣曰：“黄籍，民之大纪，国之治端。自顷氓俗巧伪，为日已久，至乃窃注爵位，盗易年月，增损三状，贸袭万端。或户存而文书已绝，或人在而反托死叛，停私而云隶役，身强而称六疾。编户齐家，少不如此。皆政之巨蠹，教之深疵。比年虽却籍改书，终无得实。”① 虞玩之上表指出，户籍乱象自刘宋以降愈演愈烈，认为刘宋“孝建元年书籍，众巧之所始也。”“自孝建已来，入勋者众，其中操干戈卫社稷者，三分殆无一焉。勋簿所领，而诈注辞籍，浮游世要，非官长所拘录，复为不少……宋末落纽，此巧尤多。又将位既众，举恤为禄，实润甚微，而人领数万，如此二条，天下合役之身，已据其太半矣。又有改注籍状，诈入仕流，昔为人役者，今反役人。又生不长发，便谓为道人，填街溢巷，是处皆然。或抱子并居，竟不编户，迁徙去来，公违土断。属役无满，流亡不归。宁丧终身，疾病长卧。”② 其时之户籍问题之弊端主要有二：一，是普通“吏民”想方设法脱离或篡改户籍，以求规避赋税徭役。上述“户存而文书已绝，或人在而反托死叛，停私而云隶役，身强而称六疾。”以及“又生不长发，便谓为道人，填街溢巷，是处皆然。或抱子并居，竟不编户，迁徙去来，公违土断。属役无满，流亡不归。宁丧终身，疾病长卧。”这些基本上都是属于普通“吏民”试图脱离户籍，或通过改写簿籍以规避

① 《南齐书》卷三四《虞玩之传》，第608页。

② 《南齐书》卷三四《虞玩之传》，第608—609页。

赋税徭役的行为。二，是“吏民地主”纷纷“改注籍状，诈入仕流”，以图从“吏民地主”提升为不服徭役的“士族地主”①，甚至有些“粗有衣食”② 的普通“吏民”也试图提升为不服徭役的“士族地主”。这是因为东晋南朝之制，士族地主不服徭役，“吏民地主”则与普通“吏民”一样需服徭役。“吏民地主”以及某些“粗有衣食”的普通“吏民”主要是试图通过“窃注爵位”“改注籍状”，以致“不辨年号，不识官阶”等巧伪行为改变身份，形成“昨日卑细，今日便成士流”的混乱状况，达到“昔为人役者，今反役人”的目的，此即所谓“巧伪既多，并称人士，百役不及，高卧私门，致命公私阙乏，是事不举。”③ 于是不论“吏民”中的富有者还是普通“吏民”中的“粗有衣食者”，均纷纷“竞行奸货，以新换故”④“莫不互相因依，竞行奸货，落除卑注，更书新籍，通官荣爵，随意高下。以新换故，不过用一万许钱，昨日卑微，今日仕伍。”⑤ 显然，响应唐寓之号召前来参加起义的三万“三吴却籍者”并非都是“富民”，同时还有大量“粗有衣食”的普通“吏民”，即使是其中的“富民”，也是“吏民”中的一员，也是“农民”。

面对户籍问题乱象的严重性，萧齐统治者设立了专门的检籍部门——“板籍官”以司其事，而且制订了严厉的检籍指标，“限人一日得数巧，以防懈怠。”⑥ 这种过激的措施弄巧反拙，使检籍工作更加混乱，旧问题得不到解决，反而造成新的问题，“于是货赂因缘，籍注虽正，犹强推却，以充程限。”⑦ 负责官员为了达到指标，对于户籍问题百般挑剔，甚至对于一些存在作伪问题的户籍虽然被纠正了，但是仍然加以推却，不

---

① “吏民地主”大体相当于学术界所谓的“庶族地主”，“皇权地主”（由皇帝、皇室、官僚三者所构成）大体相当于所谓“士族地主”。关于“吏民地主”与“皇权地主”的问题，详见拙文《南北朝时期的地主》，《文史哲》未刊稿。

② （唐）杜佑撰，王文锦、王永兴、刘俊文、徐庭云、谢方点校：《通典》卷三《食货典三·乡党》，中华书局 1988 年版，第 59 页。

③ 《通典》卷三《食货典三·乡党》，第 59—60 页。

④ 《南史》卷五九《王僧孺传》，第 1462 页。

⑤ 《通典》卷三《食货典三·乡党》，第 59—60 页。

⑥ 《南齐书》卷三四《虞玩之传》，第 609—610 页。

⑦ 《南齐书》卷三四《虞玩之传》，第 610 页。

予通过，形成“吏贪其赂，民肆其奸，奸弥深而却弥多，赂愈厚而答愈缓”[①] 的恶性循环，从而更加激化了皇权与“吏民”的矛盾。在这种情况下宠臣吕文度又给齐武帝出了个馊主意，“籍被却者悉充远戍”，将那些被却籍的“吏民”通通罚充远役，导致“百姓嗟怨，或逃亡避咎。”[②] 于是从刘宋以来因为检籍而累积下来的民怨顿时更加激化，在本已相当尖锐的矛盾中火上浇油，“怨积聚党”[③]，故以“却籍”者为主体的唐寓之起义的爆发实属“有由而然”[④]。由此可见，被“却籍”者都是其时检籍中的受害者，他们基本上都是皇权统治的剥削压迫对象——普通“吏民”或“吏民地主”。

现在我们可以对唐寓之起义的性质作出一个明晰的认识：唐寓之起义是一次“吏民”起义，其反抗的矛头是指向萧齐皇权统治者的。为什么我们将其名之曰“吏民”起义，而不是什么“富民”起兵或“农民”起义呢？从上面的论述可以知道，说它是“富民”起兵并不完全符合实际，事实上这次起义不仅有“吏民”中的“富民”，同时更多的却是“吏民”中的“粗有衣食者”，因此它是不折不扣的“吏民起义”。为什么不称之为“农民起义”呢？从上面所引吴简中的《嘉禾吏民田家莂》可知，在基层编户齐民中纯粹的“农民”只是其中的男子和大女这部分人，但同时还有诸如吏、卒、军吏、复民、士等诸多不同身份和社会职务者厕列其间。如果将这些“吏民起义”称之为“农民起义”，容易使人认识不到除了纯粹的农民之外还有复杂多样的其他社会成员，故唐寓之作为一个“图墓者”就使得有些学者认识不清他实际上也是一个编户齐民，即“吏民”中的成员。专门研究中国古代历史的学者既如此，则遑论普通读者了。故将唐寓之起义名之曰“吏民起义”就不会发生上述误解，更主要的是这种称呼是准确而完整地符合于当时的社会存在的客观实际的。

唐寓之起义为“吏民起义”的性质既已厘清，则这次起义是当时皇权与“吏民”这一社会主要矛盾的反映，就很容易理解了。皇权统治就

---

① 《南齐书》卷三四《虞玩之传》，第 609 页。

② 《南史》卷七七《恩倖·茹法亮传》，第 1928 页。

③ 《南齐书》卷二二《豫章文献王（萧）嶷传》，第 414 页。

④ 《南齐书》卷二二《豫章文献王（萧）嶷传》，第 413 页。

是建立在对于“吏民”的压迫剥削的基础之上的，这种压迫剥削主要体现于对“吏民”赋税徭役的征发和各种横征暴敛方面。唐寓之起义就是从刘宋至萧齐皇权统治者长期进行检籍，企图通过清查户籍而获得更多的“吏民”，扩大其统治对象，尤其是为满足其对于徭役的需求，而“吏民”则千方百计试图摆脱皇权的户籍束缚，尤其是徭役的负担，唐寓之起义就是皇权与“吏民”围绕户籍控制与反控制、徭役的征发与反徭役而引起的矛盾冲突。矛盾双方为皇权与“吏民”，对垒分明。从唐寓之起义被皇权统治者镇压下去之后，皇权统治者对于起义民众所采取的报复措施，可以加深我们对于这一社会主要矛盾关系的认识。萧齐统治者在镇压了唐寓之起义之后，一方面将大批参与起义的民众惩罚去修建军事工程，当时齐武帝“欲修治白下城，难于动役。”白下城在首都建康北面，是防卫首都的军事要地，但是苦于无法征集到足够的劳动力。幸臣刘系宗给齐武帝出了个主意，将参与唐寓之起义的民众罚充此劳役，得到了齐武帝的批准，“后车驾讲武，上履行白下城，曰：‘刘系宗为国家得此一城。’”① 另一方面的措施是惩罚追随唐寓之的起义者“戍缘淮各十年”，导致“百姓怨望”。这些报复措施进一步加剧了皇权与“吏民”的矛盾，齐武帝鉴于唐寓之起义的教训，便于永明八年（490）宣布一些缓和与“吏民”矛盾的措施，乃诏曰：“然衅起前代，过非近失，既往之愆，不足追咎。自宋昇明以前，皆听复注。其有谪役边疆，各许还本。此后有犯，严加翦治。”② 一方面为萧齐皇朝检籍措施的失误辩解、开脱；另一方面则宣布承认刘宋末年以前户籍问题的既成事实，不再追究，准予登记通过，同时撤销所有起义者受到的戍边惩罚，回归乡里。此事表明皇权与“吏民”矛盾的长期性、持续性。

唐寓之起义并非一次大规模的起义，但是它所反映的却是皇权与“吏民”矛盾这样一个重大的问题，这一事件前前后后所贯穿的皇权与“吏民”的矛盾，不仅是南朝社会的主要矛盾，同时也是包括南朝在内的秦至清二千年间社会的主要矛盾。

---

① 《南齐书》卷五六《倖臣·刘系宗传》，第976页。

② 《南齐书》卷三四《虞玩之传》，第610页。

（原刊《江汉论坛》2023 年第 7 期。《江汉论坛》邀请黎虎先生领衔，组织了一期“秦至清社会主要矛盾问题”笔谈专栏，黎虎先生不仅精心组织，而且亲自撰文。惜乎笔谈专栏刊出时，黎虎先生遽归道山，洵为憾事，复令人思之怆然。今据黎虎先生遗稿，并参校原刊文整理。李文才敬识。）

中国古史分期体系的构建与社会性质的探索
——黎虎先生访谈录

黎虎先生，祖籍广东兴宁，1936 年 8 月出生于北京，1959 年毕业于北京师范大学历史学系并留校任教，现为历史学院教授、博士生导师。黎虎先生长期从事中国古代史教学与研究，自著及主编专著 8 部，发表学术论文数十篇。黎虎先生的学术成就与贡献，主要为如下三个方面：第一，开创并构建了中国古典外交制度研究的学术体系。这一由外交决策制度、外交管理制度、外交使节制度、外交方式方法、外交手段与工具、外交礼仪制度与法纪等方面构成的中国古典外交制度学术体系，被学界盛誉为中国古典外交制度的开创者和集大成者。代表作《汉唐外交制度史》（兰州大学出版社 1998 年版）；《汉唐外交制度史》（增订本）（中国社会科学出版社 2019 年版）；《汉代外交体制研究》（商务印书馆 2014 年版）。第二，开创并构建了长沙走马楼三国吴简“吏民”问题研究的新路径和学术体系。黎虎先生的吴简“吏民”学术新体系将吴简与传世文献资料相结合，推翻了长期统治魏晋南北朝史学界的“吏户”论；全面、系统论证了“吏民”的内涵、性质及其在中国古代社会中的作用与地位；所阐释的“真吏”论、“给吏”论、“军吏”论等对于从新的角度认识中国古代官制史，皆具有重要学术价值。代表作《先秦汉唐史论》（下册，北京师范大学出版社 2016 年版）。第三，提出并构建了中国古史分期暨社会性质问题研究的全新学术体系。提出“权力的掌控与人力的掌控”是中国古代历史发展演变的两个关键，据此而将中国古代历史划分为“无君群聚”社会、“王权众庶”社会、“皇权吏民”社会依次相承的三个时代。代表作《中国古史分期暨社会性质论纲——兼论中国传统社会的主要矛盾问题》（《文史哲》2020 年第 1 期）。

2020 年 1 月，受《史学史研究》编辑部委托，李文才对黎虎先生进行了采访。在这次访谈中，黎虎先生并未全面介绍自己的学术成就，而是围绕新近发表的长篇论文《中国古史分期暨社会性质论纲——兼论中国传统社会的主要矛盾问题》（《文史哲》2020 年第 1 期），对中国古史领域这一最为重大的理论问题作了进一步的阐发。

一

问：黎先生您好，《文史哲》2020 年第 1 期发表了您的长篇论文《中国古史分期暨社会性质论纲——兼论中国传统社会的主要矛盾问题》，对中国古史分期、社会性质、传统社会主要矛盾等重大理论问题进行了深入探讨和系统阐释，不仅构建了一个中国古史分期的全新学术体系，而且对中国古代社会的性质，特别是秦至清的社会性质问题，提出了不同于传统看法的新观点，必将有助于中国历史学学术体系和话语体系的建立。请问黎先生，您是从什么时候开始思考这些重大理论问题的？又是什么原因，让您决定重新思考、探索这些问题，并最终撰成此文的呢？

首先应该说，对上述重大理论问题的思考，实际上贯穿了我 60 年的治史生涯。不过，对于这些从 20 世纪 20 年代起就开始聚讼纷纭的问题，尽管我早就有了自己的一些想法，但一直采取了超然于外的态度，而无意参加争论。对这些问题我为何长期不愿置喙呢？原因之一就是，我感觉这是一个治丝益棼的问题，同时也是因为“厌倦了以往古史分期讨论的繁杂和空疏”，这里我借用了《史学月刊》一个笔谈栏目编者按语中的一句话①。不过要说明的是，我对于上述中国古代史领域的重大理论问题的思考，始终没有停止过。

从 2004 年研究长沙走马楼吴简“吏民”问题时，我开始更为有意识地对上述问题进行系统的思考和梳理，并初步形成我对于中国古史分期和社会性质问题的看法。不过，当时我感觉这些问题的解决仍然遥远，再加上手头还有其他研究任务，因此就没有急于公布愚见。

① 参见《“三十年先秦史研究的理论反思”笔谈》”（编者按），《史学月刊》2011 年第 8 期。

促使我决定撰写成文，缘于2018年7月18日拜读了黄敏兰先生《近年来学术界对“封建”及“封建社会”问题的反思》[1] 一文，在该文中她重申其《评农战史专题中的严重失实现象》一文的一个重要观点，即：中国古代秦至清社会的主要矛盾是“皇帝、官僚集团与该集团以外的全体社会成员的矛盾”[2]。拙见与之颇有相通之处，因此甚感讶异和欣喜，从而改变了我对于古史分期和社会性质问题讨论的超然态度，觉得现在应该参与这场讨论了，于是便决定立即停止手头正在进行的工作，尽快把自己的看法写出来，并于2018年9月26日完成了初稿。后几经修订，最终形成定稿并发表于《文史哲》杂志。

问：我注意到，您在谈到这篇文章的缘起时，特别提及长沙走马楼三国吴简“吏民”问题的研究。请问黎先生，您是如何从吴简“吏民”这一具体史学问题转而思考中国古史分期和社会性质这样的宏观理论问题，二者之间有何内在逻辑关系呢？

首先，决定一个社会性质的根本和关键，是这个社会的主要矛盾关系，这是马克思主义的基本原理之一。我将秦至清的社会性质定义为“皇权—吏民社会”，就是基于秦至清的社会主要矛盾乃是皇权与“吏民”之间的矛盾的认识。我的这个认识并非突然产生，而是在研究长沙走马楼吴简“吏民”问题的过程中逐渐体悟出来的。我研究长沙走马楼吴简“吏民”问题时，深感“吏民”问题对于中国古代历史的重要性，认识到“吏民”实为中国古代皇权统治的基础，“吏民”与皇权的矛盾是从秦到清这一时代的主要矛盾，从而在中国古史分期和社会性质问题上初步形成了自己的看法。

尽管“吏民”一词在中国古代历史文献中长期而频繁地使用，但古代文献对其涵义并无具体而明确的表述，过去学术界对“吏民”问题重视也很不够，相关研究成果寥寥，而且歧异颇大。或谓“吏民”中的“吏”是编户齐民之外的特定群体——“吏户”，其身份地位是低于编户齐民的依附民；或谓“吏民”是编户齐民中有爵位的、富裕的特定群体，其身份地位高于一般编户齐民，从而形成两种极端而对立的看法。长沙

---

① 按，黄敏兰该文载《史学月刊》2002年第2期。

② 按，黄敏兰该文载《史学理论研究》1995年第4期。

走马楼吴简中含有大量关于“吏民”的资料，这为我们进一步探讨“吏民”的涵义与性质提供了珍贵的第一手资料，在这些地方政府的田赋、簿籍等档案中记载了民户男女以及州、郡、县吏等各种身份的人员，并直接将他们概括称为“吏民”。结合传世文献资料，我从不同角度对走马楼吴简中的“吏民”问题进行了研究，先后发表11篇论文，在学术界首次全面、系统地揭示了“吏民”一词的社会历史内涵，从而明确认识到：从户籍制度而言，它是国家的编户齐民；从社会结构而言，它是社会金字塔的底层；从国家统治而言，它是各级政府管治的基本民众。正是在这个研究的基础上，形成了我对于秦至清为“皇权—吏民社会”的基本观点。

二

问：中国古代社会的性质，特别是秦至清的社会性质问题，除了我们熟知的“五种生产方式”论之外，中国学术界在改革开放以后陆续提出了许多观点。请问黎先生，对于学界这些各执一词的说法，您是如何认识的呢？

中国古史分期和社会性质问题，作为中国史学界曾经高度关注的“五朵金花”之一，学术界对其讨论颇多。在改革开放以前，长期居于历史学界主流的观点，就是你所说的“五种生产方式”论，秦至清的社会性质一直根据这个理论而被界定为“封建社会”。改革开放以后，中国学术界开始突破传统樊篱的囿限，对中国历史分期和社会性质问题进行了重新讨论，“五种生产方式”论已被多数学者所摈弃，中国学术界在这一重大理论问题的“破旧”方面，已经取得重大突破和诸多共识。因此，下一步的主要问题，变成如何“立新”的问题了，也就是正面提出中国古代历史究竟经历了几个发展时代，特别是秦至清这一历史时代究竟是什么社会性质的问题。

秦至清的社会性质问题，现在学术界可谓众说纷纭，提出了许多新说。例如，官僚制社会（或“官僚封建社会”“贵族封建社会”“地主封建制社会”）①、宗法地主专制社会、国家体制式社会、郡县制社会、选举

---

① 按，此说之首倡者为王亚南先生，详见王亚南《中国官僚政治研究》，商务印书馆2017年版。

社会、帝制农民社会、以血缘关系和地缘性的农村公社为基础的宗法等级社会、皇权官僚专制社会、帝制农商社会、皇权专制社会，等等。上述种种看法，主要渊源有二，一是王亚南先生1948年初版的《中国官僚政治研究》（上海时代文化出版社）所提出的中国古代社会的主要矛盾是“官民对立”说，二是刘泽华先生提出的“王权支配”说（《中国的王权主义》，上海人民出版社2000年版）。

上述诸多新说，或多或少地受到王亚南先生“官民对立”说观点的影响，或者就是对其观点的发挥或引申。但事实上，王亚南先生的理论体系有着明显的缺陷，例如他始终没有明确界定“官僚”的意涵、范畴和性质，只是笼统含糊地讲“官僚政治”，特别是他把下层吏员也纳入“官僚”队伍，更是明显不符合史实，因为下层吏员绝大多数地位低下，这就与他反复阐述的“官僚”高居社会上层的观点自相矛盾。还有，王亚南先生主要是从欧洲政治体制中的官僚制度出发，来论述中国“官僚政治”的。众所周知，古代中国与欧洲的政治体制有很大差别，从而中国古代“官僚制度”与欧洲官僚制度也有很大不同。那么，将欧洲“官僚制度”理论套用于中国古代历史的研究，就必定圆凿方枘、扞格难通。还有一点也必须注意，那就是王亚南的核心观点之一，是“中国专制官僚政治上的帝王绝对支配权，归根结底，是建立在全社会基本生产手段——土地的全面控制上……”可见他讨论中国“官僚政治”，仍是在强调“土地控制”的前提下对中国古代社会主要矛盾关系进行判断，依其理论逻辑，最终必定还是要落到“地主和农民的矛盾为社会主要矛盾关系”这一传统观点上来。

另外，上述诸多新说多数并无系统性论述，不少是在一些讨论会上的发言。有些提法如冯天瑜先生的“宗法地主专制社会”说，把“宗法制”“地主制”“专制帝制”三者并列，认为从秦汉至明清，皆为三者“共存并行”[①]，显然，他对“宗法制”的影响评估太高了。夏商周三代是宗法制最有影响力的时期，及至战国特别是秦统一之后，直到明清，宗法制度虽然仍有一定社会影响力，但作用有限。还需注意，上述诸说存在一个共同性的问题，就是都没有明确意识到应该通过主要矛盾关系

① 按，详见冯天瑜《封建考论》，上海人民出版社2006年版。

去判断社会性质，因而都未明确指出何者才是秦至清这一时期的社会主要矛盾。在上述诸说中，黄敏兰的“皇帝、官僚集团与该集团以外的全体社会成员的矛盾”说，尽管也是在王亚南“官民对立”说基础上所形成的观点，但她在“官”的前面加上“皇帝”，将“官”扩展为“皇帝、官僚集团”，表明她已经认识到“官民对立”说的缺陷，因此她的说法，就比“官民对立”说前进了一步。但是，拙见“皇权—吏民”矛盾说与黄说还是有所差别，因为在我看来，“官僚”并非一个独立产生和存在的历史现象，它是皇权体制的产物和延伸，它依附于皇权、寄生于皇权、服务于皇权，因此，秦至清的社会并非“皇帝”与“官僚”联盟对于民众进行统治，而是一元性的皇权统治，皇权与吏民的矛盾才是秦至清的社会主要矛盾关系。

刘泽华先生的“王权支配”说，对于重新审视和评估中国古史分期暨社会性质等问题，确实很有启发意义，但仍有局限和不足，大致可以概括为两点：一是对“王权”的界定单一化、绝对化；二是对“王权”与“皇权”不加区分，甚至混为一谈。将“王权”混同于“皇权”，必然直接影响对中国古代社会性质的判断，因为按照其逻辑，则中国自夏商周确立“王权”起，后来的春秋战国、秦汉、魏晋南北朝、隋唐、宋元及明清各个时期，社会性质实际上都是一样的，皆可概括为“王权”或“皇权”体制，或“封建君主制”，这样的话，再来讨论中国古史分期问题，还有什么意义呢？显然，这种混同“王权”“皇权”、单一化的“王权支配”理论，并不符合中国历史实际，无法解答中国古史分期暨社会性质的问题。

至于从“王权支配”说所派生出来的其他一些观点，诸如“专制社会”“帝制社会”“选举社会”等，也都有其问题和矛盾，因为政治制度毕竟不能等同于整体社会历史，政治权力、政治制度无论多么重要，也不能取代整个社会历史。还有就是，这些说法对于社会的主要矛盾关系，也都没有多少论述，以何怀宏先生的“选举社会”说①为例，且不说所讨论的主要是明清时期，而对此前秦汉魏晋察举制、隋唐宋元科举制的叙述极为简略，即从方法论来说，把选举制度这样一种选官机制，用作统

① 按，详参何怀宏《选举社会——秦汉至晚清社会形态研究》，北京大学出版社 2011 年版。

摄中国古代社会性质或社会形态的核心概念，也是极为不妥的，作为一种基于社会学视角的静态阐释，“选举社会”论不仅历时性考察十分薄弱，而且缺乏历史学层面的实证，用它来定义或概括中国古代社会的性质或形态，就不免以偏概全、以管窥天了。

问：显然，您能够提出秦至清社会性质有别于其他学者的全新观点，并非偶然，应当是您长期积累和思考的产物。不过，您这篇论文所讨论的并非仅仅是秦至清的社会性质问题，而是从远古一直到清的全部中国古代历史。现在大多数学者或者只是讨论秦至清的社会性质问题，或者只是讨论秦以前的社会性质问题，以我的了解，到目前为止还没有如此大跨度阐述中国古史分期和社会性质的研究论著，一般来说，治中国古代历史下半段者就不大愿意溯及上半段，反之亦然。请问黎先生，您是出于什么样的考虑，从而如此大尺度地讨论中国古史分期问题暨社会性质问题的呢？

你这个问题必须从客观需要和主观可能性两个方面来回答。从客观需要来说，宏观划分中国古代历史的发展阶段，是探讨中国古史分期的首要一步，这并非一个可有可无、可要可不要的问题，而是必须首先正视的问题。历史是一个发展过程，前后相承相续，前一个时代孕育着后一时代的胚胎，后一时代是前一时代发展变化的结果。因此，历史的发展过程必然表现出阶段性。我们要研究人类历史上的社会性质，首先不能割断历史，这就必须研究历史分期问题，从前后比较中考察其发展变化与社会性质的异同。离开历史分期问题的研究，则不能不限制我们对于社会性质问题的研究。迄今为止，所有讲中国古代社会性质的文章，管见所及还没有从远古一直贯穿到清朝的，有的只讲秦至清，有的只讲先秦，从先秦而论到清朝的尚未见到。从历史研究的需要而言，只有从古贯通下来才能很好地进行中国古史分期并从前后比较中认清其社会性质，如果只是截取某一段落则难以达到这个目的。

从主观可能性来说，主要就是指治史者必须具备“历史的通识”这个必要条件，换言之，你的历史通识程度决定了你对于宏观历史阶段把握和认识的程度。没有这个条件，就不可能从宏观上构建中国古代从远古到清如此大尺度的历史分期和社会性质的学术体系。历史的通识与我们对于不同阶段历史的涉猎、积累和体会有着密切的正向关系。从我个人的习史历程言之，与我60年来曲折的学习和探索过程是分不开的，其中最主要的是，早年对于原始民族的调查，大学毕业以后对于先秦史的训练以及中年以后对于汉唐史的探索。这样顺着时间先后而依次涉猎中国古代三个阶段历史的学习探索过程，显然不是人为的、刻意的安排，而是一种巧合，但是这一习史历程确实有利于我对于中国古代历史从远古至晚近的积累和体会，从某种意义上可以说，这篇探讨中国古史分期和社会性质的论文，乃是我60年习史历程的积累及其产物，并非一时的灵感闪现或突然天上掉馅饼。

1958年夏，我即将进入大学四年级时，赶上了“大跃进”，正在门头沟煤矿劳动锻炼之时，全年级6个学生被抽调参加由国家民委组织的全国少数民族社会历史调查组。当我匆匆赶到中央民族学院历史系办公室时已近下班时间，办公室里只有翁独健先生一个人，他说：“现在只剩下内蒙和宁夏两个地方了，新疆、云南等好的地方都已经满员了。”原来这个大规模的调查工作，除了中央和各省区的民族工作者全部动员之外，北京大学和中央民族学院历史系的四年级全体学生均参加，北师大历史系四年级则只有6个学生参加的名额。我只好请他安排，他说：“内蒙比宁夏民族多，还是去内蒙较好。”就这样，我被分配到内蒙古少数民族调查组。到了呼和浩特之后，我被分配到鄂伦春族调查组。这一年里，我们深入大小兴安岭深山密林中的鄂伦春民族居住地，进行调查采访，然后回到内蒙民族研究所进行调查材料的整理和相关文献资料的整理，撰写调查报告、简史简志。鄂伦春族调查组几十位成员（包括北大、中央民族学院学生）中，挑选出4人组成撰写组，其他人员则一律编入资料组。我有幸成为撰写组成员，另外3人分别为内蒙古民族研究所的干部、中央民族学院历史系和中央音乐学院的老师，只有我是学生。这个期间我得到了很好的学习机会，恩格斯的《家庭、私有制和国家的起源》、摩尔根的《古代社会》等著作都是在此期间认真研读的，由于有了实地接触原始民族的经历，因此学习的体会比毫无感性认识的情况要好得多。

当时第一项紧迫任务，就是确定鄂伦春族在1949年前的社会性质问题。这个问题在当时是有争论的，一般的意见是笼统地将鄂伦春族视为原始社会民族，也有人过分强调其所受到周边汉族的影响而出现的贫富分化，认为已经出现了阶级分化，进入了阶级社会，各种意见莫衷一是。

为此调查组召开了几次学习研讨会，我结合自己的学习体会和鄂伦春族的具体情况，在会上第一个发言，提出1949年前的鄂伦春族处于从原始社会向阶级社会过渡阶段的村社阶段这个观点。这个观点得到调查组的普遍赞同，后来到北京汇报时，这个观点也得到了吕振羽等领导成员的首肯。于是，这个观点就成为撰写鄂伦春族简史简志的指导思想。令我首次尝到了理论联系实际而分析问题、解决问题的甜头。这一年的调查工作，使我有机会结合实地的民族学资料学习了原始社会史，因此，后来我在给77、78、79届同学讲授中国古代史时，我讲的原始社会史引起了热烈反响，就是早先这段经历的后续效应。

1959年夏，我们被匆匆从内蒙古召回学校，一个月内突击补课、补考，履行毕业手续。毕业之后我被留在系里，后来分配到中国古代史教研室，这几年的工作为我的先秦史学习打下了一点基础。参加工作以后，受组织安排师从杨绍萱教授学习西周金文，打下了一点古文字学的基础；教学方面被安排担任《中国历史文选》教学，从而有机会阅读了《诗经》《尚书》《春秋左传》等先秦古籍，打下了一点先秦文献的基础；1977年八、九月间有幸参加了晋、陕、豫、冀访古之行，打下了一点先秦考古的基础。期间遍访四省重要考古遗迹，诸如参观了岐山的周原考古发掘现场，看到了当时刚刚出土的西周甲骨文，罗西章先生则将秘不示人的扶风博物馆库藏的商周青铜器特许我们仔细参观，以及郑州商城的发掘现场等等，深深被三代文明所震撼，引起了我对三代考古的格外关注，从而对于先秦考古有所涉猎。上述三个方面的综合作用，奠定了我的先秦史基础，因此，我给77、78、79届同学讲授的中国古代史之所以受到了热烈欢迎和一致好评，其关键就是在于先秦史这个部分。

就在我的先秦史得到历史系师生高度赞许的情况下，我提出了转向魏晋南北朝史的请求，当时人们无不大惑不解，我的好友、古代史教研室主任郭澎首先坚决反对，为此，他把自己珍藏的许多西周铭文照片全部赠送给我。但是我去意已决，经过反复解释和请求终于得到领导的批准。于是20世纪80年代初我转向了魏晋南北朝史的研究。我为什么做出这样的决定呢？这与我长期以来的思考有密切关系，这里不能不提到白寿彝先生“通古今之变”的教导对我的影响。当时白先生是我们的系主任，因而有机会经常聆听他的讲座，他关于“博”与“约”、“通”与

“专”的思想给了我很大启示，将中国古代历史贯通下来成了我的愿望。因此，转向魏晋南北朝也并不打算仅仅局限于这一个段落，而是觉得这个段落有利于上溯秦汉下连隋唐。经过这些年的学习和研究，使我的中国历史的基础得以从先秦到汉唐延伸下来。汉唐史的学习和研究，对于我从更为宽广的视野中探索中国古代历史起到了积极作用。举个例子来说，当时人们对于魏晋经济史的认识还是比较混乱的，讲三国经济史主要就是强调曹魏屯田的重要作用，西晋占田制也是当时一个聚讼纷纭的问题，或谓占田制为西晋首创，或谓是从曹魏屯田制发展而来。为此，我先后发表《三国时期的自耕农经济》《曹魏屯田的历史作用与地位》《论西晋占田制的历史渊源》等文，这几篇文章贯穿同一个思想，即自耕农是汉魏六朝社会经济的主线和主体，曹魏屯田不过是特定历史条件下的举措，不过是自耕农经济为主体的历史过程中的一段插曲，待社会经济恢复正常之后，又回归自耕农经济为主体的历史主流之中。至于西晋占田制，实际上是商鞅变法“名田宅”到荀悦“以口数占田”“计口而田”的占田实践和理论的总结及其法典化，也就是说，自耕农经济主体地位是从商鞅变法以来的一条历史主线。在论文铺天盖地、浩如烟海的今天，这几篇论文连沧海一粟都够不上，但它们却是我第一次找到了打开认识中国古代社会之门的一把钥匙，其中所贯穿的认识，实际上对于我后来进行吴简“吏民”问题研究，到现在这篇关于历史分期和社会性质论文的发表是一脉相承的，是我日后形成“皇权—吏民社会”说的重要思想渊源之一。

显然，如果我没有从先秦史转向魏晋南北朝史，也许会在先秦史领域做出一些成绩来，但不会去研究三国时期的自耕农经济和曹魏屯田制、西晋占田制等问题的，从而得出自耕农经济是汉魏六朝经济主体的认识的，更不会去研究长沙走马楼吴简“吏民”问题，从而得以比较全面、深刻地认识“吏民”对于秦汉以后历史的重要性的，如果没有上述这些研究，就不可能提出秦至清为“皇权—吏民社会”说。进而言之，如果没有先秦史方面的一点基础，也不可能将秦汉以后的社会与先秦的社会联系起来进行比较研究，并从比较中认识它们之间的异同和发展变化，从而提出三代“王权—众庶社会”说的。如果没有上述60年来曲折的习史经历，就不可能对于“三个时代”的历史分期和社会性质问题做出如今的系统阐述。上面提到的“历史通识”的培育和积累，对于把握和认识从远古至清的历史分期和社会性质的作用和意义是不言自明的。

三

问：您将中国古代历史划分为“三个时代”，并分别命名为“无君群聚社会”“王权众庶社会”“皇权吏民社会”，从而构建了一个关于中国古史分期暨社会性质的全新学术体系，形成“一家之言”，您的这个理论体系不仅突破了长期居于主导地位的“五种生产方式”论，而且与上述诸多“新说”也有很大不同。请问黎先生，如果让您进行自我评价，您会如何评说自己的“一家之言”呢？

这里我首先要强调的是，学术是一个不断探索和提升的过程，是没有止境的，如果我的这个体系能够成为探讨中国古史分期和社会性质学术体系过程中的一个驿站，也就算是不负此文了。至于我的这个体系能否经得起中国历史实际的检验，需要听凭时间去作出判断。

其次我要说的是，一个理论体系能不能成立，主要看它是否符合历史实际，而不能看它是否言必称马列，是否都是我们已经习惯了的体系和词语概念。马克思主义唯物辩证法认为，判断一个社会的基本性质，其根本和关键就是看这个社会中的主要矛盾关系。我对中国古代历史“三个时代”的社会性质的判断，恰恰是在充分考虑到中国历史的特殊性基础上分析其主要矛盾关系而得出的。而以“五种生产方式”论为理论基础对中国古史进行分期和社会性质界定的传统观点，其最大理论误区，便是将欧洲模式作为普世性的价值观研究中国历史，却忽视了中国历史的特殊性，因此，所得出的相关认识或结论也就不可能符合中国历史实际。

一般来说，研究历史问题必须注意分析生产力与生产关系、经济基础与上层建筑的矛盾运动，以及阶级社会中的各种矛盾关系，并从中找出那个决定社会性质的主要矛盾关系，这是马克思主义唯物史观的核心观念之一。但仅仅有了这些还是不够，还必须洞察中国历史的特殊性，才有可能真正揭示中国历史分期和社会性质的真谛。中国历史发展不同于西方的最大特殊性，就是传统中国一直是一个权力支配型的社会，只要掌控了权力，便掌控了一切，而权力的掌控又离不开“人力”的掌控，两者相互为用，它们是二而一、一而二的关系。正是基于中国古代历史的这一特殊性，我提出了以“权力掌控”和“人力掌控”这两条红线，来分析和理解中国的古史分期和社会性质问题。纵观中国历史的发展演进，始终贯穿了“权力掌控”与“人力掌控”这两根红线，从“无君群聚社会”发展到“王权众庶社会”，其中包含着这两个因素，从“王权众庶社会”发展到“皇权吏民社会”，同样体现出权力和人力掌控的关键性因素，这就是中国历史的特殊性所在。离开“权力掌控”和“人力掌控”这两条红线，无由正确认识中国古代社会的性质，也不可能对中国古史进行合理的时期划分。

问：无论是“五种生产方式”论，还是后来出现的诸多说法，绝大多数都特别强调土地的重要性，诸如土地所有制问题、土地兼并问题、地主与农民关系问题等，一直构成中国古史领域相关学术讨论的重点，并往往由此讨论社会性质问题。我注意到，您的文章也谈到了这些问题，但看法与诸家所说皆有不同。请问黎先生，您认为包括“五种生产方式”论在内的关于这个问题的诸多看法，存在什么样的问题？相较之下，您的这些观点又有何创新？

首先，“五种生产方式”论并非马克思主义基本原理，无论马克思还是恩格斯，都没有这样的表述。不过，最主要的问题，还是这个模式并不符合中国历史的实际。“五种生产方式”论的基础和根本之一，就是土地所有制问题，诸如土地兼并、地主与农民关系等问题，都是由此衍生出来的。其基本论点就是，土地是最重要的生产资料，“封建社会”中地主阶级通过占有土地、兼并土地而成为统治阶级，农民因为没有土地或租种地主的土地而成为被统治者，从而遭受地主阶级的残酷压榨和剥削，因此，地主和农民的矛盾，就是“封建社会”的主要矛盾。

改革开放以后，“五种生产方式”论的说法虽然受到质疑和批判，但其影响依然存在。在讨论中国古史分期和社会性质问题时，其某些观点仍然以不同形态体现出来，特别是其中的土地问题，有些“新”观点看上去是在批评或质疑“五种生产方式”论，实际上仍是一种变相的“五种生产方式”论，因为它在土地的问题上，仍然摆脱不了“五种生产方式”论的核心思想。上述包括“五种生产方式”论在内的众多说法，在分析中国古史分期和古代社会性质问题时的最大偏颇，就在于过分、片面地强调了土地的重要性，并由此造成它们无法从根本上摆脱“五种生产方式”论的羁绊，从而形成新的偏差。

那么，如何在中国古史分期和社会性质问题的探索上形成突破性、创新性的认识呢？我认为首要的核心问题，就是必须放弃“土地决定”论的思维定式，从中国历史的特殊性出发，理清中国历史发展的脉络。中国古代社会，甚至可以说人类社会，最重要的或首要的生产要素，究竟是什么呢？我认为应该是人。如果没有足够的人口，土地如何转变为财富呢？如果没有人，权力又如何能够发生作用呢？所以，只要打开二十四史等古代文献，你就会看到，历朝历代大臣上疏论政，都是讲“国以民为本”或“王者以民为天”，而不是讲“国以土为本”，群雄逐鹿、争夺天下的时候，有识者也无不以安抚吏民、收揽人心为首要的任务，其根本原因就在于此。而且就算是讲到土地问题，其最终目的还是为了掌控人口，即通过分田地、赐土宇，以招徕和控制人口。

既然人是第一位的生产要素，那么“人力掌控”就应该成为我们剖析中国古代历史真相的切入点。而一旦讲到控制人力或人口掌控，就必然涉及权力掌控的问题。正如我已经讲过的那样，传统中国本质上是一个权力支配型的社会，掌控了权力就可以支配一切，当然也包括对土地资源、人力资源的控制。因此，探索中国古代社会性质，只有抓住“权力掌控”和“人力掌控”这两根红线，才有可能进入中国历史的深层和本相。在几千年的中国历史长河中，决定每一个政权兴衰成败的关键，并不在于它是否控制了土地或控制土地的多寡，而取决于它是否掌控了充足的人力。由此出发思考中国历史，便可明白，土地问题并非决定中国古代社会性质的根本因素。

至于你所说到的土地兼并、地主与农民关系的问题，确实都是中国古代社会中的重要矛盾关系问题，但比起上述两个关键因素来都是在其次。在中国古代社会，土地兼并的方式是多样的，土地兼并的性质也并非单一，并非所有的土地兼并都是剥削或压迫。在秦至清“皇权—吏民社会”的阶段，地主大体分为“皇权地主”和“吏民地主”两种，所谓“皇权地主”主要由皇帝、皇室地主、官僚地主构成，“皇权地主”作为皇权的寄生物、依附物，在皇权土壤中形成发展起来，随着皇权的兴亡而兴亡，“皇权地主”在本质上是皇权统治在政治上、经济上的一种体现和产物，因此，“皇权地主”兼并土地，往往依仗皇权的威势掠夺普通吏民的土地、资产，故具有明显的压迫和剥削色彩。而“吏民地主”，即“吏民”中的地主，他们和“皇权地主”有根本区别，一般来说“吏民地主”并不因皇朝的盛衰兴亡而盛衰兴亡，他们的形成、发展及衰亡，主要不是政治原因，而是经济原因作用的结果。“皇权地主”属于统治集团营垒，“吏民地主”属于被统治者，故“吏民地主”的土地兼并活动，多数不是政治行为，而是一种通过契约买卖所形成的经济行为，并非全部具有剥削和压迫的色彩。

至于地主和农民的矛盾关系问题，以“五种生产方式”论为代表的传统观点，多数将其简单粗暴地界定为剥削和被剥削、压迫和被压迫的关系，从而认为地主和农民的矛盾乃是“封建社会”的主要矛盾。实际上，地主和农民围绕土地问题所产生的矛盾关系，并没有那么简单。虽然农民和地主之间确实存在矛盾，双方的矛盾主要从两个方面发生，一方面是因地主兼并农民的土地而发生，另一方面是因部分农民租佃地主土地而发生。在土地兼并的过程中，处于强势一方的地主，确实很容易形成对农民的剥削和压迫，这一点从历朝历代不断出台的抑制土地兼并的政策，可以得到说明。另外，由土地兼并关系所发展起来的租佃关系，必然又造成佃农与地主矛盾关系的出现，文献典籍中有关佃农悲惨境遇的记载屡见不鲜，这表明在租佃关系中确实存在着剥削和压迫的现象。不过，我们也要看到，这种租佃关系不仅发生在地主与佃农之间，同时也发生在农民和佃农之间，甚至发生在农民和农民之间。所以，租佃关系不能简单地看成是剥削与被剥削的关系，它实际上还含有农民之间的互助互利关系。此外，契约性租佃关系的发展，又在一定程度上弱化了佃农与地主的矛盾关系。还要指出的是，皇权对“吏民”的征敛以及土地兼并，皆以国家权力为依托而实施，是一种国家行动；而地主购买土地或对佃户的征收，一般来说国家权力并不介入，是为私人行动，二者有着根本上的差别。前者覆盖于全社会，后者相对来说则是局部性的，故后者不可能超越前者而成为社会的主要矛盾关系。

四

问：我特别注意到一点，是您在文章开头所强调的，要“尽量以中

国本土固有词语概念进行表述，但不论本土固有还是域外引进的，均尽量避免义涵不清、含混模糊的词语概念，以免徒增歧义，节外生枝。”通读您的文章，感受颇深，诸如“群”“姓群”“氏群”“王”“皇”“众庶”“吏民”……等，确实都是中国本土固有词语概念，如此将本土固有词语概念贯通于中国古代历史的学术体系中，可谓前所未有。请问黎先生，您为什么要强调这一点？有什么特别的考虑吗？

我强调这个问题，确实是有些特别考虑的，因为这是建设“‘土产’的而非舶来的‘转基因’的中国古史分期和社会性质”的学术体系不可回避而必须迈出的一步。下面我就从两个方面，略作回答。

第一个方面呢，与我对中国史学界长期的史学实践所进行的反思有关系。一直以来，中国史学界所使用的一些核心概念，要么属于长期居于主导地位的“五种生产方式”论范畴，要么就是改革开放以后新引进的一些西方学术概念或术语。前者自无需多说，因为其影响至今仍然存在，后者如前面所提到的各种“新说”，或直接采用西方术语，或依傍其理论而提出。中国古史分期与社会性质问题为什么长期众说纷纭，谁也说服不了谁呢？除了中国历史的悠久性、复杂性等原因之外，还有就是这些舶来的词语概念几乎成为中国古代历史研究领域的基本用语，然而，这些词语概念的意涵本身就往往存在争议，再把它们用于概括和阐释中国古代历史，自然更加水土不服，必然治丝益棼。于是就出现了这么一个奇特的现象：不少历史专业的学生，学了几年的历史，甚至搞不清楚中国古代到底经历了几个历史阶段，遑论其社会性质了！面对史学界关于古史分期和社会性质的热烈争论，不仅历史专业的学生，甚至老师也弄不明白，多数人只能成为不辨是非的旁观者。中国历史，本应是中国人容易理解并掌握的一门学科，但实际情况却是，中国历史学者始终弄不清楚中国古代究竟是什么性质的社会？这个极不正常的现象，正说明我们的古代史学科一定存在着严重的问题，而这个严重问题又在很大程度上，与舶来的、意涵不清的词语概念有关系。

实际上，以中国的传统词语概念表述中国古代历史，往往胜于以舶来词语概念进行表述，因为它们更为贴近中国历史，从而使中国人更容易理解。以近年来史学界所热衷引进的西方新进化论言之，其中美国人类学者塞维斯（E. Service）将第一时代分为游团、部落、酋邦三个阶段，而我则根据中国传统词语将整个第一时代称为“群聚”时代，在此基础上又将第一时代划分为“兽群”“姓群”“氏群”三个阶段。先不说塞维斯的这种划分在他们内部的意见并不一致①，我这里仅以国内学者比较赞同的塞维斯的分期理论，和我的分期理论进行一番比较，看看哪个说法更贴近中国历史实际、更为合理。我的分期表明，“群”贯穿于第一时代的三个阶段。“群”的含义是什么呢？《说文解字》说“凡类聚之称”，近代学者严复在翻译英文 society 时，将其对译为“群”，而日本学界则将其译为“社会”。当然，我们现在已经习惯了“社会”这个词，但是译为“群”，实际上更为贴近人类社会发展的历史，而且饱含着本土传统文化的意蕴。也就是说，第一时代这三个阶段的基本属性是“群”，已经是人类社会，从而与兽类有了本质的区分。相反的，上述新进化论的称谓却不能很好地体现出这样一个重要属性来。第一阶段“兽群”的含义有二：一是，表明这个阶段的人类已经进入了“群”，也就是与野兽有了区别的人类社会。这一阶段人类的基本属性是其有别于动物的社会性还是其游动性呢？显然，前者是这一阶段人类更为本质的属性。虽然我们不能否认这个阶段游动性的存在，但不能将其视为这一阶段人类的基本属性，考古学表明处于这一阶段的北京猿人“住过的山洞里存在很厚的灰烬层，最厚处达 6 米，表明北京人已经会使用火和保存火种”，表明他们长期居住在这个山洞。二是，他们又还与野兽有着某些联系或相似性，从体质特征来说他们还处于猿人阶段，更重要的是他们尚“无亲戚兄弟夫妻男女之别，无上下长幼之道”。显然，将北京人的社会称为“兽处群居”（兽群），要比“游团”更为贴切，不仅具有内涵的丰富性和准确性，而且与中国考古学的发现相吻合。同样的，第二、三阶段分别谓之“姓群”“氏群”阶段，也优于“部落”“酋邦”之称。这两个阶段的社会虽然有所变化，但“群”仍是他们的基本属性，不过前者是以女性为中心的群聚，后者是从前者分化出去而以男性为中心的群聚，较诸“部落”“酋邦”的称谓，更能体现两个阶段的既有联系又有区别，这种发展变化也已经被中国考古学成果所证实。将第二阶段谓之“部落”，其意涵的确切

---

① 例如，莫顿·弗里德（M. Fried）就将前国家时期分别为平等社会、阶等社会、分层社会三个阶段，将塞维斯的酋邦阶段（不平等社会）区分为阶等社会和分层社会两个阶段。

性也是有问题的，“部落”并非仅仅存在于第一时代的第二阶段，在第一时代的三个阶段中都有不同程度的存在，它们之间并非如刀切斧砍般分别。至于“酋邦”阶段及其存在不平等性的问题，在中国传统文化的“群”中就包含着这方面极其丰富的内涵，柳宗元说：远古时代的人类“与万物皆生，草木榛榛，鹿豕狉狉，人不能搏噬，而且无毛羽，莫克自奉自卫……故近者聚而为群。群之分，其争必大，大而后有兵有德。又有大者，众群之长又就而听命焉，以安其属，于是有诸侯之列……”①“群”的存在，就意味着人类内部的竞争和不平等随着时间的推移而萌发并日益升级和强烈的历史过程，因此我们在“氏群”阶段不仅看到以“××氏”为称号的氏群领袖在历史舞台上的活跃和争竞，看到了“诸侯相侵伐，暴虐百姓”② 情况的日益发展，并从中形成“君道”，以及考古学上仰韶文化后期到龙山文化几千年漫长的发展过程中，墓葬资料所显示的财产、地位的不平等现象，以及考古发现“城郭沟池”日益普遍的情况，与上述文献记载相表里，充分证明了这种不平等阶段的产生及其漫长性。在这种情况下，我们还有多大必要，非得拿外国学者所造的词汇来代替中国传统文献中渊源有自的词语去套中国古史的实际呢？

至于第二时代的“众庶”和第三时代的“吏民”，更是原汁原味、古色古香的中国传统词语概念，而且其内涵的丰富性和对于中国古代历史的适贴性都是任何舶来词语概念所不能比拟的。先说“众庶”，不论“众”还是“庶”，除了作为现代汉语词汇而为人所共知的“众多”“民众”等意思之外，“众”“庶”作为古代汉语词汇还有更深刻的涵义，它们在第二时代并非仅仅是泛指“众多”“民众”，而是特指有着血缘关系的宗族、亲族关系的“民众”。我们先来看看“众”字，许慎说：“众，众与词也。”何谓“众与”？段玉裁解释道，乃“多与也，所与非一人也。”③ 何谓“与”？许慎曰：“党与也。”段玉裁说：“党，当作攩，攩，

① （唐）柳宗元：《柳河东集》卷三《封建论》，上海古籍出版社2008年版，第44页。

② （汉）司马迁撰，（南朝·宋）裴骃集解，（唐）司马贞索隐，（唐）张守节正义：《史记》卷一《五帝本纪》，中华书局1959年版，第3页。

③ （汉）许慎撰，（清）段玉裁注：《说文解字注》八上《㐺部》，上海古籍出版社1988年版，第387页。

朋群也。"[1] 就是指同党的人，具有亲族、宗族关系的人。因此，在商周时期是将具有血缘关系的本宗族民众谓之"众"，是有着特定涵义的。再来看"庶"字，许慎曰："庶，屋下众也。"[2] 同一屋檐下而又亲近的众人自然就是具有血缘关系的本宗族民众而无疑。故段玉裁解释"众与词也"时说道："词者，意内言外之谓。"[3] 显然，不论"众"还是"庶"，都不仅是泛泛地指"众多"或"民众"之意，而是具有深刻涵义的，是指有着血缘宗族关系的民众。因此我们将"众庶"视为第二时代的基本民众，就是因为"众""庶"的这种涵义贴切地反映了这个时代具有血缘宗族关系民众的这种时代特征。

第三时代的基本民众，我们就不能称为"众庶"而称为"吏民"。因为血缘宗族关系虽然在第三时代的民众中仍然存在，但是他们已经不像第二时代那样强烈并完全以血缘宗族关系来编制基层民众，而是采取编户制度，即打破血缘宗族关系而按照地缘关系来编制基层民众。故这个时代的"民"就不是特指有着血缘宗族关系的人群，而是指没有血缘宗族关系的编户齐民。段玉裁说"民"字"盖象萌生繁庑之形。"[4] 意思是说，就像春天百草丛生似的繁多。"吏民"这个词汇恰恰出现在战国时期并行用于秦至清的两千多年中，就是因为它所指这个历史时代的基本民众已经不是第二时代那种具有血缘宗族关系的众庶了，也就是说，正如"吏民"不能用于第二时代，"众庶"也不能用于第三时代，它们都是属于各自时代的产物。这个问题我在《先秦汉唐史论》下册的 11 篇论文中，已经作了详尽的阐释，这里就不再赘述了。

由此可见，中国本土固有的词汇或概念，完全可以准确地表述中国历史的问题，也只有本土固有的词语或概念所进行的表述，才最有可能贴近中国历史的实际。正是基于这样的考虑，我不仅在文章的开头有意识地强调了这个"原则"，而且通篇贯穿了这一"原则"，目的就是要用中国本土的语汇，构建一个能够准确反映中国历史实际的、具有浓郁中

---

① 《说文解字注》三上《舁部》，第 105 页。

② 《说文解字注》九下《广部》，第 445 页。

③ 《说文解字注》八上《㐺部》，第 387 页。

④ 《说文解字注》十二下《民部》，第 627 页。

国特色和中国风格的中国古史分期和社会性质的学术体系。所谓“具有浓郁中国特色和中国风格”，也就是我在论文中所说的“‘土产’的而非舶来的‘转基因’的”，那是一个比喻的说法。如果在中国古代史学术体系的关键词中多一些源远流长的本土词语概念，将更有利于国人文化素养的培育和提高，增强国人对于中华历史与文化的认同感和自豪感。

第二个方面呢，就是我主张尽可能使用本土固有词汇或概念，但并不是要完全排斥域外引进的词语概念，而是无论本土还是引进，都必须避免意涵不清、含混模糊的情况，也就是说，无论使用本土的还是域外的词汇或概念，都必须做到表达准确。我为什么要强调这一点呢？其实这也是习史生涯中的一个切身体会，在我60年的习史生涯中，无论是“五种生产方式”论主导的时期，还是改革开放以后的“学术反思”时期，中国历史学界似乎始终没有摆脱域外学术话语体系的束缚，从而未能建立起具有醇正本土特色和风格的史学话语体系。如果说以前我们一直被“五种生产方式”论所主导，是由于时代的特殊性所决定，那么，改革开放以来所出现“学术西化”的倾向，则与某些学者食洋不化、唯洋是从、挟洋自重的不良学风直接相关。不知从何时起，有些学者从以前的“言必称马列”，变成了“言必称欧美”，他们热衷于套用西方学术界的词汇或概念，从而形成一股“洋八股”的不良学风。我在文章开头之所以强调尽量使用本土词汇或概念，确实也有提醒学界警惕这种不良学风的用意。不过，我不是排外主义者，对于西方学者有价值的观点，我认为还是应该参考和借鉴的，就像我在文中所说，“应当学习他们的研究方法和其中作出的有益见解，不必照搬他们的结论”“不必囫囵引进其新概念，而可以吸取其中有启发意义的见解以为我所用。”

最后，作为一项巨大的史学工程，此文所阐述的学术体系是否妥当，是否存在疏谬之处，都是需要并热烈欢迎广大读者检验和指教的。

（原刊《史学史研究》2020年第2期。访谈人：李文才。访谈时间：2019年12月20—22日。访谈形式：网络会议。兹略述本访谈文之始末如次：《史学史研究》编辑部于2019年12月间，约请黎虎先生就“治学经验”做一期专题访谈。因为此前《中国史研究动态》2019年第2期刊发了《汉唐史研究的创新、突破与展望——访黎虎先生》，此次访谈就是由我配合黎虎先生完成的，2018 年 10 月 13 日，我在北京师范大学家属区黎虎先生的住所，当面进行了访谈，并形成录音录像资料。此番《史学史研究》的专题访谈，黎虎先生再次指定由我配合完成。但由于“新冠疫情”的特殊情况，没有办法当面进行访谈，黎虎先生遂提议以网络会议的形式进行。大约在 2020 年 1 月间，我先是根据网络会议的访谈材料进行整理，形成访谈文本初稿；初稿经黎虎先生审订以后，形成定稿发给了编辑部。编辑部收到文稿以后，又从刊物编辑的角度对部分文字提出了修订意见，这些意见也得到了黎虎先生的认可。此番整理出版黎虎先生的文集，本着实事求是的精神，根据当初整理的、经过黎虎先生审订认可的那个初次定稿，恢复了编辑过程中所删除的少部分文字。这样做的目的，只是希望能够尽可能保持访谈文稿的原貌。李文才敬识。)

汉唐史研究的创新、突破与展望

——访黎虎先生

一　从先秦史到魏晋南北朝史

问：黎先生，您好！对您所作的这次学术访谈，一方面是完成《中国史研究动态》编辑部交待的任务，另一方面对我来说也是一次难得的学习机会。作为您的学生，我知道这些年来，您在汉唐史领域的研究和探索一直没有停止，并不断取得创新性学术成果。自1959年大学毕业，您从事中国古代史的研究已近60年，据我了解，您最初的研究领域主要是在先秦史范围，后来转向汉唐史研究大概是在20世纪的八九十年代。但是您最初是转向魏晋南北朝史的，首先想请您谈谈这个“学术转向”的问题，您决定从先秦史转向魏晋南北朝史的初衷是什么？是有什么特别的考虑吗？

答：我最初习史，关注先秦时期，既是兴趣使然，也有机缘巧合的因素，这里所说的“机缘巧合”，大概有三个方面：一是在学生时代有幸参加了当时由全国人大民族委员会和国务院民族事务委员会组织的全国少数民族社会历史调查，曾深入大兴安岭地区对鄂伦春族聚居地进行了一年的调查，从而有机会实地看到所谓“原始社会”的样貌。二是参加工作后，被分配到中国古代史教研组，组织安排我跟随杨绍萱教授学习金文，并承担历史文选课程的教学，从而对殷周历史有了一些初步的认识，还阅读了《尚书》《诗经》《春秋左传》等先秦古籍。三是1977年八、九月的晋、陕、豫、冀访古之行，当时在中国古代史教研组长带队下，遍访了四省重要考古遗址。每到一地即与当地文管会、博物馆、考古队的负责人座谈，他们以最专业的、最详尽的讲解，全面介绍其发掘成果与收藏，同时还参观了博物馆、库房和考古发掘现场。可以说，正是在这三个方面因素的综合作用下，我以先秦史作为关注对象也就是很自然的事情了。

我的第一篇先秦史论文是《殷都屡迁原因试探》（《北京师范大学学报》1982 年第 2 期），这是一个从郑玄以来就被学术界关注而又争议不休的老问题了，我提出的“比九世乱”是殷都屡迁主要原因的观点被学术界列为从东汉以来的八种代表性观点之一。由于经常有机会聆听我们的系主任白寿彝先生讲授中国历史和如何研究历史的问题，他每以司马迁“通古今之变，成一家之言”激励我辈后学，特别强调对于历史的通识，精辟地分析了通与专、博与精的关系，自己虽然不至于狂妄以司马迁为比，但是不知不觉埋下了某种“追星”志向则是可以肯定的。因此，我并没有把先秦这个断代作为终生奋斗目标，觉得作为一个有志于研究中国历史的学者，涉猎一下先秦历史是很有必要，因为先秦是中国文化之根，中国历史之源。我的心目中还是以汉唐史研究为奋斗目标的。

不久，我就把目光转向魏晋南北朝史。为何从先秦转向魏晋南北朝呢？我当时的主要考虑是，魏晋南北朝上承秦汉，下启隋唐，研究这段历史可以让自己有可能从比较开阔的历史视野中纵览中国古代历史。所以，后来我的研究领域又从魏晋南北朝上溯至秦汉、下延及隋唐，基本是沿着当年“学术转向”时所设想的既定路径而进行的。也就是说，现在我的研究基本上是在从先秦到唐代这样一个大的范围中，并不是死守一段，而是根据问题的需要在这个范围内进行。在研究魏晋南北朝史时，我也尽力以通识的眼光来进行，例如关于这个历史时期的社会经济问题，当时学术界的认识可以说是相当混乱的，我从三个方面做了一些研究：一是研究了西晋占田制问题。这是当时一个聚讼纷纭的问题，或谓占田制为西晋首创，或谓是从曹魏屯田制发展而来的，只有唐长孺先生提出是为汉代“限民名田”发展的这一观点近是。我认为其长期未决的原因不仅是史料缺乏的问题，主要在于有的研究者往往就《晋书·食货志》所载占田令而论占田，故必须将其置于长时段中考察其发生发展的全过程才能得出正确认识，从而提出它是战国秦汉以来占田制度的产物，是从商鞅“名田宅”到荀悦“以口数占田”“计口而田”的占田实践和理论的总结及其法典化，在此基础上根据西晋面临的社会现实而制定的。二是研究了三国时期的自耕农经济。指出从秦汉时期发展起来的自耕农经济，虽然在东汉末年战乱中遭到严重破坏，许多农民沦为流民，或成为公私依附民，但是自耕农仍然是社会经济的主体，三国政权除了进行大规模屯田之外，仍然继续采取许多措施扶植自耕农经济，自耕农及其小块土地仍然是主流，而屯田及屯田民则在其次。三是研究了曹魏屯田制问题。屯田是当时学术界的热点之一，但是对于屯田制的作用与地位的认识却颇为混乱，普遍存在片面夸大和拔高的倾向，我认为屯田制虽然对于恢复东汉末年遭到破坏的社会经济起到了突出作用，但是即使在这样的特定时代条件下，自耕农经济仍然是主流，随着三国局势的稳定，自耕农日益成为主要的生产者，屯田的作用更是退居其次。这三个问题其实是相互关联的问题，其中贯穿着一条主线，即自耕农经济是战国秦汉以来社会经济的主体，而这个观点实际上与我后来形成的对于秦至清社会性质的看法是有联系的。

二 汉唐史领域的创新、突破

问：黎先生，自20世纪90年代以来，您对汉唐外交制度史进行了全面、深入的研究，季羡林先生曾对1998年兰州大学出版社出版的《汉唐外交制度史》一书评价，认为“我们不妨称这种研究为一门新兴的学科”，朱绍侯、朱大渭等先生也认为“是一部中国古典外交制度史的开拓奠基之作”，如今20年过去了，中国社会科学出版社又再版了《汉唐外交制度史》，充分表明这部著作的创新性和学术生命力。请问黎先生，您是如何看待学界的这些好评的呢？能否请您谈谈，您是基于什么样的考虑，选定汉唐外交制度作为研究课题的？您现在的研究是否完成了当初的课题构想？

答：20年前《汉唐外交制度史》出版以后，确实受到了学界的较多赞誉。对于学界的好评，对于学界所给予的赞誉，我是这样看的：如果一部学术著作确实是从客观历史中提炼出来从而具有原创性、开拓性，则其一定具有强大的学术生命力，即使一时沉寂，但随着时间的推移，它的学术价值也一定会被认可的。当然，我的这部《汉唐外交制度史》一出版，就受到许多中外学者的赞誉，无疑是比较幸运的，这意味着我的研究成果得到了学术界的承认，对此我深感鼓舞，也进一步坚定了我的学术信念。

你上面的几个问题，可以结合起来回答。实际上，我最初的课题设想是“中国古代外交制度研究”，汉唐外交制度只是其中一个部分。当初为什么要选定“中国古代外交制度”作为研究课题呢？我当时主要是从两个方面考虑的：一是我在看书时发现，中国古籍中有许多关于外交方面的记载，而以往的中国古代政治制度史只讲内政，不讲外交。事实上，外交是国家制度不可或缺的组成部分，而且外交往往并非单纯的外交，而是与内政密切相关。于是，我就开始关注这个问题，在读书的时候就注意收集此类材料。后来，材料收集多了，问题就浮现出来了，中国古代外交制度的研究设想，就逐渐在脑海中形成了。二是脑海中形成“中国古代外交制度”的设想之后，下面就是如何着手研究的问题了。当时还没有电脑，更没有可供检索的电子文献，于是只好采取摘抄卡片这样的笨办法，从《史记》到两《唐书》，汉唐时期重要典籍中有关外交问题的资料，基本摘抄齐全，研究所需的基本史料，可以说已经比较全面地掌握了。在早期阶段我曾经拟订了一个“中国外交通史提纲”，如今看来很是肤浅，是个近乎通史类的提纲，那就是因为当时并没有完全掌握相关史料而急于求成所致。最后是在将所搜集的卡片进行分类排比之后，才最终形成《汉唐外交制度史》的篇章架构。也就是说，《汉唐外交制度史》完全是从汉唐时期史料中分析、概括、综合、提炼出来的，是这一时代客观存在的真实反映。

《汉唐外交制度史》出版以后，相关研究工作暂时告一段落，此后大约十年时间，主要精力放在对长沙走马楼吴简的研究上。约从2009年开始，再次捡起汉唐外交制度这一研究任务，并于2014年出版了80余万字的《汉代外交体制研究》，完成了原先设想的汉唐外交制度研究体系的汉代部分的任务，但魏晋南北朝、隋唐五代时期的“外交体制”问题，仍然没有能够完成。所以，我的“汉唐外交制度研究”实际上仍然只是完成了其中的一个部分，至于“中国古代外交制度”这样的宏大课题，就只能依靠你们这些年青学者了。

问：黎先生，您认为自己的汉唐外交制度研究，主要的创新点体现在哪些地方？

答：关于这个问题，我想还是由学术界人士的评价来回答比较好，综合中国、日本几位学者的相关看法，他们一致认为《汉唐外交制度史》

具有如下五个方面的创新和特点：一是提出并架构了“中国古典外交制度”新学科体系；二是具有开拓创新和奠基意义，这又分为几个方面，即课题的创新、理论的创新、结构体系的创新、内容方面的实质性突破；三是坚持论从史出，一切论点皆有翔实可靠的史料为依据；四是不仅对于中国古代外交制度，而且对于中国古代史研究也具有普遍意义；五是一部具有生命力、经得住时间考验的学术力作。

问：我们注意到2014年商务印书馆出版了您的《汉代外交体制研究》一书，如果理解不错的话，这部著作也应该是您“汉唐外交制度”研究框架的一个组成部分，二者之间所存在的内在逻辑联系，自不必说。我想请问黎先生的是，《汉代外交体制研究》与《汉唐外交制度史》的最大区别是什么？为什么这部著作使用了“外交体制”，而不是继续使用“外交制度”这一概念？您有什么特别的考虑吗？相较于《汉唐外交制度史》，《汉代外交体制研究》有什么突破或创新？

答：是的，主要基于这样的考虑，这本书不仅讲制度，而且试图揭示中国古代外交运作的全过程、全方位，将外交运作作为中国古代政治体制中的一个必要组成部分进行定位，故而使用了“外交体制”这一概念。从内容上来看，两书的联系与区别是十分明显的，《汉唐外交制度史》主要讲的是：外交决策和外交管理（包括专职机构、关涉机构）两个方面的问题。而《汉代外交体制研究》则在前书的基础上进而论述：（1）外交媒介；（2）外交方式；（3）外交工具；（4）外交设施；（5）外交礼仪；（6）外交法纪，共6个方面的问题。上述这八个方面就是我早年所构思的关于汉唐外交制度的主要组成部分。因此，此两书实际上是不可分割的姊妹篇。

说到《汉代外交体制研究》相较于《汉唐外交制度史》一书的突破和创新，其实上面已经说过了，那就是：后者不仅讲外交制度本身，而且在讲制度的基础上，全方位、动态化地揭示汉代外交运作的全部过程和方面，并将外交活动融入整个中国古代政治体制中进行考察和分析。

问：您在长沙走马楼吴简的研究中也取得了不少创新和突破，请问这与您的汉唐史研究是否也有关系？

答：长沙走马楼吴简的研究，如同上述三国时期的屯田制问题、西晋占田制问题、自耕农经济问题研究一样，不能仅仅站在三国时期或西晋时期来看待，而必须站在长时段的历史来看待，也就是说，不能只站在三国孙吴时期来看待，而必须放在历史的大时段中来看待。例如，走马楼吴简中披露了许多关于“吏民”问题的资料，而“吏民”尽管在中国史籍中也频繁使用，但是对于其含义、性质并没有确切的界定，故一直没有引起学术界的应有重视，走马楼吴简第一次向我们提供了关于“吏民”的构成、含义、性质的第一手丰富材料，揭示了“吏民”作为编户齐民及其与皇权统治的关系。我的研究并没有静止于孙吴时期，而是由此上溯战国秦汉，下连隋唐乃至整个中国古代，逐渐体悟到这个问题在中国古代历史中的重要性，从而逐渐形成了我对于从秦至清社会性质的新认识。与此相联系的一些具体问题也是如此，例如，走马楼吴简中虽然出现了不少关于“真吏”“给吏”“军吏”等方面的资料，但是它们仅在传统史籍中很少记载，且语焉不详，在吴简中也同样没有关于它们的含义、性质方面的资料，因此过去学术界根本没有予以关注，某种意义上它们就像是一个无头案，研究起来真不知从何着手。最后这些问题基本上都是把它置于汉唐时期历史之中进行解读而得到解答的，例如“真吏”，经过认真查阅，终于在汉简、南朝史料和唐代文献中找到了它们的蛛丝马迹，再结合吴简所披露的史料，基本上做出了解答，得出“真吏”是“真除实授”的官吏，是与“非真吏”相对应的一个官制史术语的结论。后来又将这个结论与汉唐时期的史籍进行对照，发现对于这个时期史籍中许多相关官制方面的记载都可以得到圆满的解释，例如汉代的武、昭、宣时期曾经三次出现同时有两位大鸿胪并存的情形，运用我提出的“真吏”论，可知大鸿胪田广明、大鸿胪韦贤、大鸿胪王嘉均为“真官”，由于承担特定的临时任务而任“行”或“守”大鸿胪之利、史乐成、任宏等则为“非真官”。诸如此类的官制史上的特殊问题均可得以解释，这就反过来证明我所得出的解答和结论是符合历史实际的。如果仅就吴简而论吴简，则这个问题恐怕就很难得到正确的解答的。

三　汉唐史研究的史料与存在的问题

问：中古制度史的研究，进入21世纪以来，似乎愈发受到学者的重视，并取得令人瞩目的研究成果，其中也包括汉唐史在内。我们看到所取得研究成绩的同时，也注意到有些学者对汉唐制度史研究提出了批评

的意见，其中最突出的，就是认为存在着“碎片化”的现象，认为制度史的研究越来越难以同其他领域或学科对话和相融。请问黎先生，您怎样看待这个问题，是否同意汉唐史（特别是汉唐制度）研究领域存在“碎片化”现象的说法？

答：先来说一说中古制度史研究的问题。实际上，自20世纪三四十年代陈寅恪《隋唐制度渊源略论稿》等著作问世以后，中古时期的制度史就受到学者的重视了。另外，二十四史从某种意义上可以说，就是中国历代政治史资料的汇编，因此政治史的研究历来都是史学研究的重心所在，而作为政治史核心的制度史，自然也就会受到学者的特别关注，前辈学者陈寅恪、吕思勉、严耕望等人，莫不如此。所以，进入本世纪以后，中古制度史受到重视，实际上仍是学术史传统的一种延续，以汉唐史领域而言，取得了一些代表性成果，如宰相制度、武官制度、文官制度，我的外交制度研究，或可忝列其中。

再说一下你所提到的“碎片化”问题。“碎片化”（Fragmentation）一词，如果我记忆不错的话，是一个外来词汇，始于20世纪80年代“后现代主义”的有关研究中，起初只是应用于传播学领域的术语，后来逐步拓展到政治学、经济学、社会学和历史学等研究领域。至于中国历史学研究中引入“碎片化”概念的确切时间，恐已不可详考。历史学研究引入这个概念，是否恰当？其所要表达的意涵是什么？我认为都值得思考。还有“史学危机”也是从外面引进的。有些人士以引进诸如此类的概念为时髦，这些概念对于那些国家的史学研究情况也许是有针对性的、是符合实际的，但是将这些概念拿来“指导”中国史学的研究，就未必适合中国史学的实际，不一定有助于中国的史学研究。

一方面，我认为汉唐制度史研究并不存在泛化意义上的“碎片化”现象，制度史研究和其他领域或学科并非难以相融，这方面可以举出一些实例，如祝总斌的汉魏两晋南北朝宰相制度研究、阎步克的古代官僚制度研究、张金龙的魏晋南北朝禁卫武官制度研究……都并非单纯的制度史研究，完全可以纳入广义的政治史研究范畴。即以本人的汉唐外交制度研究来说，也是一个涉及历史学、外交学等多个领域的交叉研究，有着完整的学术体系，绝非“碎片化”。只要是从中国历史实际中总结提炼出来，而本身自成体系，是一个完整的整体，就不能说是什么“碎片化”，至于这些自成体系的研究与传统的、我们已经习惯了的汉唐史体系能否融为一体，那不完全是那些创新成果的问题，也与传统汉唐史体系需要不断吸取新成果，扩展自己的体系内涵有着密切关系。例如，佛教寺院经济，可谓是佛教存续与发展最基本的物质基础，然而在其作为一个学科问题被提出和关注，则仅始于20世纪30年代。以陶希圣为首的一批社会经济史学者在整理古代史料的过程中，发现寺院及其寺院经济已经成为能够与国家力量相抗衡的势力，对中国古代社会的政治、经济、军事、文化均有着举足轻重的影响。再如，中西交通史，作为一门学科，在我国起步也较晚，20世纪20年代，张星烺、冯承钧、方豪、向达等学者始以科学方法开展中西交通史研究，并取得了不少成就。不论寺院经济还是中西交通史，现在都已不同程度被纳入中国古代历史体系之中，就是一个明证。

另一方面，如果说汉唐史研究存在“碎片化”的现象，大概是指一些研究者的学术视野过于狭窄，或缺乏对古代政治制度史的科学性、整体性认识，甚至于在一些基本史学常识尚属缺乏的情况下，仅仅根据一些片面的、零碎的史料，就某些细微的问题甚至是一些邻猫生子式的问题，作一些揣测性的分析，或者为论证某些假设性的结论，而裁剪、曲解史料作“猜谜式”的研究，大概这类研究应该属于你所说的“碎片化”吧？

问：接下来要问的，仍与汉唐史研究有关。就是您刚才所提到的“史学危机”一词，记得我1988年刚进大学校园，就听到这个词了。在近30年的学习探索过程中，还经常听到有人说，没有什么题目可做了，都被别人写过了。硕士生、博士生选题难，已经成为较为普遍的现象，汉唐史领域这种情况似乎还要突出一些。请问黎先生，您是否认同汉唐史领域也“无题可选，无题可做”的说法？

答：首先，我并不这么认为。其次，要分析造成这种局面的原因，我认为造成“无题可选，无题可做”是多方面的，既有研究方法方面的问题，也有史学教育方面的问题。最根本的，在于历史教育的培养模式出了问题，我们都知道，历史学是一门建立在“知识积累”“史料积累”基础之上的学科，没有长时间苦读所积累的史料基础，是难于进行史学研究的。我们的历史学教育存在很大问题，举个例子，诸如四书五经、诸子百家、《史记》《汉书》《资治通鉴》等，过去小朋友十多岁时就已经读过了，而如今我们的大学生、甚至研究生，大概都没有系统、完整地读过吧，而这些都是从事史学研究最基础的文献，这些都没有读过，如何从事史学研究？所以，你所说的“无题可选，无题可做”的情况，其形成的根本原因，是与历史教育所造成的史料基础的缺失，再加上当今浮躁的学风等因素所导致的。

问：说到史料的问题，我们不禁想起王国维先生所倡导的“二重证据法”，汉唐史领域的出土文献甚多，如汉简、吴简、敦煌文献等，这些都为汉唐史研究提供了宝贵的第一手资料。另外，我也注意到您的许多论著中，也大量运用这些出土文献，特别是近十年来的吴简研究，更是取得了丰硕的创新性成果。请问黎先生，能否结合您的相关研究，和我们谈谈这方面的问题，您是如何处理传世基础文献与出土文献二者关系的？您认为汉唐史学界在史料运用方面，存在哪些亟待解决的突出问题？

答：史料是历史研究的基础。以中国历史来说，史料大致可以分为两类，一类是传统史料，也就是以“二十四史”为代表的文献记载；另一类是“新出史料”，指新发现的考古资料。这两种史料对于历史研究来说，都很重要，王国维所提倡的“二重证据法”，所强调的就是将两者结合起来。不过，我们一定要明白，上述两种史料并非等量齐观，除非专门以出土文献为研究对象，历史研究者的主要力气和功夫应该还是要花在传统史料的研读上。通常所说的治史能力和水平，主要体现为对传统史料的解读和认识。在我看来，你的研究成果的水平高低、价值大小，主要取决于你对传统史料的解读和认识，因为这些传统史料是记载中国历史最为全面、最为系统的资料，尤其是在中古史领域，没有任何新发现的考古资料能够超越它、代替它。我们不妨审视一下近百年的史学大家，在他们的著述当中，尽管也或多或少、程度不同地运用过新发现的考古资料，但一无例外，传统史料仍然为其著述的基础和灵魂。

以我自己的学术研究而言，也是这样，特别是我近十年以来的“吏民”问题研究系列论文，更是如此，尽管绝大多数论文的副标题都标注“从长沙走马楼吴简谈起”，但这些论文的核心史料，仍然是传世的基础文献，吴简只是作为辅助性、补充性的资料。换句话说，我研究长沙走马楼吴简的系列论文，都是以传统文献为史料支撑，是将它们置于中国历史的整体中加以考察，并非仅就吴简而论吴简。

关于传世基础文献与出土文献的关系，我相信绝大多数学者都会认为前者更为重要，这一点无需怀疑。不过，学术界确实也有一部分学者，他们“偏执”于出土文献，甚至认为出土文献比传世文献更加重要，认为出土文献相较于传世文献，属于“新”史料，我认为这种“史料观”就已经偏颇了。例如有些学者，大概是受到陈寅恪为陈垣《敦煌劫余录》所作序言影响的缘故，竟然说“不弄敦煌文献，就不算真正的唐史研究”，另外还听闻一种说法，是关于河南千唐志斋的，说千唐志斋的唐代墓志，“相当于半部唐史”……云云，这些说法，很明显，都过分夸大了出土文献的价值和作用。在中古史研究中，出土文献的数量无论有多么大，也永远不可能取代传世基础文献的地位和作用。

所以，我认为汉唐史的研究，在史料运用上，必须明确树立传世文献为基础，而以出土文献为辅翼，传世文献与出土文献有机配合的“史料观”，切忌在传世文献尚未弄清楚，或尚未完全掌握的情况下，面对本就缺乏系统性的出土文献，作猜谜式的解读，类似这样的研究，恐怕可能离历史真相越来越远，更谈不上科学性了。

四　汉唐的社会性质与汉唐史研究创新的展望

问：黎先生，鉴于目前汉唐史研究的现状，您认为未来想在汉唐史领域取得突破性、创新性的研究成果，还需要解决哪些问题？

答：从汉唐史研究的学术积累来看，可谓大家辈出、成果丰硕，想要取得突破性、创新性的学术成果，确实有相当大的难度。不过，这些不应该成为我们裹足不前的理由。“学如积薪，后来者居上”，这是自然规律，你们年青人应该抱持这样的学术理想，这也是学术进步的动力和源泉。

汉唐史研究一时难以取得突破性、创新性的成果，有人归结为史料的局限，认为没有什么新资料，我认为史料并不是关键性的问题，因为汉唐史的研究资料不可能发生大的、根本性的变化，至多再出土一些地下文献资料，所以说，汉唐史研究的学术创新与突破，不能指望或依赖再出土一批文献，史料不是影响学术创新的决定性因素。

我认为，问题主要出在研究方法、研究思路，甚至是史学理论的方面。长期以来，我们一直在“五种社会形态”的史学理论框架下思考中国古代史领域的问题，尽管这些年来，已有学者试图摆脱这个传统框架的束缚，以期解决中国古代史研究的一些基础理论问题，但总体来看，仍然不尽理想。以汉唐史领域而言，为何突破性、创新性的研究成果仍然比较少见？为何出现如你前面所说的“碎片化”现象，我认为都与此有关。甚至连“汉唐社会性质是什么”这样的基础性问题，都没有做出符合史实的、科学的判断。

问：刚刚谈到汉唐社会性质的问题，这不禁使我联想起中国历史分期问题的讨论。自20世纪二三十年代起，中国史学界就开始讨论中国的历史分期问题，及至中华人民共和国建立以后，史学领域的“五朵金花”中，中国历史分期问题一直是讨论的核心话题之一，迄今为止，仍不断有学者对此进行分析和探索。请问黎先生，您能否谈谈对中国历史分期问题的看法？进而分析汉唐社会的性质，乃至整个中国古代社会性质的问题？

答：对于中国历史分期的问题，我从早年研究三国时期的社会经济问题时，特别是1996年进行“吴简”研究时就已经在思考了，我当时就感觉这将是一个比“古典外交制度”更大的课题。前几年研究“吴简”，尽管前后只写了十几篇文章，大约20万字，但我的思路早已跳出“吴简”范畴，开始考虑中国历史发展的问题了。

“吴简”研究为什么促使我开始思考整个中国的历史发展呢？因为“吴简”是当时社会最基层的档案资料。从前所发现的甲骨文、金文，多是有关上层统治者的文献，“吴简”却为我们打开了中国基层社会的大门，让人如同身临其境。由此开始，我试图从远古到近代的历史发展进行思考。在中国历史分期的问题上，你不妨考虑一下：为什么西周封建说、战国封建说、魏晋封建说，争论了几十年，谁也说服不了谁。根本的原因就在于，从史料到理论的解释都存在问题，而历史规律不应该如此莫衷一是，同时存在几个都正确的答案或真相是不可能的。

问：据悉您已经完成了《中国古史分期暨社会性质论纲》的论文，并已提交给了一个关于古史分期与社会性质的学术讨论会，系统阐述了您对于中国古代历史分期和社会性质的看法，能否请您谈谈其基本观点？

答：对于中国古代社会的性质与历史分期问题的讨论，近百年来中国学术界为之付出了巨大努力，走过了一条漫长曲折的道路，但至今尚未建立起符合中国历史实际的古史分期和社会性质的学术体系。经过改革开放以来对历史分期和社会性质问题的重新讨论，学术界在破除旧有的“五种社会形态论”方面，已经取得相当的共识，但是，正面提出中国古代历史究竟经历了几个发展时代，特别是秦至清这一历史时代究竟是什么社会性质的问题，仍然没有完成。对于这个问题，我已经进行了长达十余年的思考，如今已经形成条理清晰、体系较为完备的系统性认识。我的这种看法并非虚无缥缈，而是有充分的史料依据的。这个体系性认识，坚持两条基本原则：第一，一切以是否符合中国历史实际为准绳，一切以史料为标尺以衡量是非正误；第二，一切以中国本土固有词语概念进行表述，避免使用域外引进的某些意涵不清、含混模糊的词语概念，以免徒增歧义，节外生枝。关于这一问题的具体认识，将在近期发表的论文中予以系统阐释，兹不赘述。

问：听了您的上述介绍，深感您几十年来的学术道路和追求中，真正能够排除主客观因素的干扰，一直心无旁骛，甘坐冷板凳，不求名不谋利，专心学问，从而实现了“通古今之变，成一家之言”的宏愿，使我辈后学深为感动和景仰。最后请问黎先生，您能否结合自己的学术经历，从史学方法、应该注意的事项等方面，对青年学子提出一些建议呢？

答：史学研究的方法，我觉得因人而异，不可一概而论，但也有一些共通性的东西。根据我自己几十年的研究经历，我认为在史学研究中，最应该注意的是，对于历史问题，研究者应当有自己的独立判断，不能人云亦云。用我以前所概括的话来说，仍然是那八个字：独立思考，推陈出新。这八个字看起来很普通，并非什么惊人之语，但是如果真正做到的话则必有所成，不过这实际上并不容易做到。

历史研究首先是一种“独断”之学，历史研究者如果不能进行个人的独立思考，是不可能取得有价值、有意义的创新性成果的。“独立思考”，也可以用陈寅恪“独立之精神，自由之思想”一语来表达。“独立思考”，十分简单的四个字，却是言而易行则难，这是因为：首先，人性的一个普遍性弱点就是，随波逐流、人云亦云、墨守成规；其次，人性又往往容易受到外界客观环境的制约和干扰。所以，要真正做到“独立思考”，就必须同时克服上述主、客观两方面因素的干扰，尤其对于青年学子来说，要想在史学研究中做出成绩、想要取得“创新性”的学术成果，就必须克服和排除上述主客观因素的制约和干扰，克服和排除得越多，所取得的成绩就会越大，反之亦然。

历史研究不是重复已有的结论或观点，而必须在既有结论或观点的基础上，提出新的见解，做出创新性成果，这就是“推陈出新”。研究历史，有新史料固然好，但不能完全依赖新史料。从某种意义上说，史料本身都是“陈”物，但是我们可以从中出“新”，这个“新”不是标新立异，为“新”而“新”，而是得出符合历史真实的“新”认识。从旧的史料中发现新问题并解决新问题，这就是治史的功力所在。以我的研究经验和体会而言，与严耕望所提到的治学经验之一可谓不谋而合，他提倡要“看人人所能看得到的书，说人人所未说过的话”，他写道：“研究历史要凭史料作判断的依据，能有机会运用新的史料，自然能得出新的结论，创造新的成绩，这是人人所能做得到的，不是本事，不算高明。真正高明的研究者，是要从人人能看得到、人人已阅读过的旧的普通史料中研究出新的成果，这就不是人人所能做得到了。”（严耕望《治史三书》，辽宁教育出版社 1998 年版，第 23 页）我对这个看法深表赞同。因此，从这个意义上说，你的史学成就的大小，基本上决定于你对传统史料的阅读功夫和解读功力的大小，这也是一个正比例关系。长话短说，一句话就是：“忌人云而亦云，务推陈以出新。”我愿以此与青年学者共勉。

（原刊《中国史研究动态》2019 年第 2 期。访谈人：李文才。访谈时间：2018 年 10 月 13 日。地点：北京师范大学家属区丽泽 8 楼黎虎先生的书房。此番访谈分上、下两个时段，共 5 个多小时。在访谈中，除了“汉唐史研究的创新、突破与展望”这个既定学术主题之外，黎虎先生还就其中所言及的“中国古史分期暨社会性质”这一重大史学理论问题，透露了更为详细的信息，由于其时文章尚未公开刊布，加之该访谈栏目的字数限制，故而只在本访谈文中简单透露了撰写动机与原则等信息。《文史哲》2020 年第 1 期刊布了《中国古史分期暨社会性质论纲——兼论中国传统社会的主要矛盾问题》，以 5 万余言的篇幅，对从太古时代至清的中国历史的分期及其社会性质提出了全新的体系性认识，从而在“中国古史分期暨社会性质”这一重大史学理论问题的研究方面达成了“通古今之变，成一家之言”的宏愿。今据黎虎先生审定的访谈原稿，并参考《中国史研究动态》原刊文整理。李文才敬识。）

独立思考　推陈出新

——史学大家黎虎先生访谈录

【引言】2015 年 6 月 27 日，在东北大学秦皇岛分校报告厅，举办了“中华历史与传统文化学术论坛（第二届）——中国古典外交制度学科建设”。来自北京师范大学、中国人民大学、中国社会科学院、首都师范大学、新疆师范大学、河北省社会科学院、扬州大学、聊城大学、宜春学院等省内外高校或机构的十余位专家，东北大学秦皇岛分校历史与公共政策研究所、社科院、语言学院等院所的教师及秦皇岛市碣石暨徐福研究会、秦皇岛市玻璃博物馆等机构的专家参加了本次论坛。首都师范大学张金龙教授主持座谈会。在座谈会期间，董劭伟博士对黎虎先生做了学术访谈，兹据访谈录音进行整理，以飨读者。

董劭伟：黎先生，您好！我是您的第一批博士生张金龙教授和李文才教授的学生，多年以来一直关注您的学术研究和成果，但报刊文献很少有关于您学问人生的介绍，作为持续几十年笔耕不辍，从先秦到汉唐都有重要著述发表的史学大家，您学术上的巨大成就使得我们非常期待了解您的人生经历，请您结合自己的人生阅历，谈谈您对自己学术生涯的评价。

黎　虎：“史学大家”绝对不敢当！现在“大家”太多了，我就别去凑这个热闹了吧。你的问题实际上是如何客观评价自己这样的问题。成就一个学者或历史学家需要三个条件，即天时、地利、人和。“天时”指的是人所处的时代背景。这主要有两点，第一是当时的社会经济、政治情况；第二是当时的思想自由度，就是能不能独立地思考。“地利”指的是人的家庭、家族环境，也包括两点，一是家庭、家族的经济状况；二是家庭、家族的文化状况。“人和”指什么？就是每个人自身的素质及其与客观环境的统一。近代这些著名学者中，陈寅恪是这三者的完美结合，因此他的成就最突出。有人说他是几百年来唯一的一个人，不是偶然的。虽然陈寅恪那个时代生存环境并不好，但是他家庭良好的生活环境弥补了这个缺陷。他的家庭是典型的世家大族、文化家族。祖父是湖南巡抚，夫人是台湾巡抚的孙女，因此不发愁日常生计。这个文化世家高度重视文化，给他提供了良好的社会人文环境。虽处于清朝末年，但他的视野是开阔的，具有世界眼光。他 12 岁赴日本留学，至 35 岁游遍欧、美、日。他具有传统文化的牢固根基，兼习西方文化，从而能够将中西方文化相结合，思维的活跃程度与眼界的开放程度无与伦比。周一良先生在这三方面也是高度统一的，周先生生活的时代背景与陈寅恪差不多，家庭环境不光是一个官宦之家，而且是一个文化世家，周氏家族很多人都是研究古典文化的。他在这样的氛围中成长，从小就打下了深厚的古典文化基础。周氏家族也具有世界眼光，周先生自幼学习日文。吕思勉先生虽然八、九岁时家道中落，但条件也是不错的，也出生于一个文化家族。5 岁时，姐姐和族兄跟他一起读《纲鉴辑览》，之后他的母亲教他《说文解字》。由此可见，出类拔萃的历史学家多是这三者完美或比较完美统一的。

我刚才说要客观评价自己，我觉得我的情况是“比上不足，比下也不足”。“文化大革命”前，整整折腾二十多年，二三十岁是人生最好的年龄，最精力充沛的阶段。我们那时大部分时间搞政治运动去了。社会环境、政治环境与你们这一代大不相同，比如，现在有人学习很用功，做出成就，大家都会很称赞、很羡慕。那时不行，时时得提防被扣上“白专”帽子，规定的条条框框严格束缚你的语言与思想。大学四年，就一、二年级读了点书，三、四年级就开始折腾了。“文化大革命”过后，我赴开封第一次开学术讨论会，参会的漆侠、朱绍侯、高敏、杨志玖等都是务实的历史学家。在这个会议上我有了转变，之前我重点关注先秦，这时决定转而研究魏晋南北朝史。后来回到学校有人问我：听说你要往魏晋南北朝史转了？我说试试看吧，问我的这位同志挺耿直，说都四十多了，还“试试看”？的确是这样，都四十多岁了究竟还有多少时间？“文化大革命”后期，大家有这样的疑问：历史系还办不办？历史学还会不会存在？我都曾经想过要转行写小说。这样的情况下怎么做学问？我说“比下也不足”不是开玩笑，因为你们赶上了好时间，大好年龄就已经正正规规地开始了历史研究，而我们这辈人只能说是挤上了末班车，好不容易抢上了一个座儿。大概就是这个样子，你说能有多大学问呢？所以说要客观地评估自己。改革开放后，国家照顾我们这代人遭受的损失，还给评了教授、博士生导师，这些高帽子一戴，就觉得自己学问多大了。一定要客观地评价自己，对自己有个客观认识，不能因别人的赞美而忘乎所以。你们的“天时地利”都比我强，因此，你们将来都比我强，再有几十年，你们都会大大超过我，这是没有问题的。

董劭伟：先生先后出版了《汉唐外交制度史》和《汉代外交体制研究》，这是您对自己在20世纪提出的中国古代外交制度的深入而专通的研究。我们都知道，先生除了提出“中国古典外交制度”这个学术命题，并写出了一百余万字的著述之外，在先秦史、魏晋南北朝隋唐经济史、社会史、制度史等领域，都有很深入的研究，取得了令人瞩目的成就。我们知道先生最早是在先秦史领域做研究，而后开始魏晋隋唐史研究的，能否就您的治学经历，给我们后学详细介绍一下您从事这些领域的缘由？

黎　虎：我简单谈谈我的学习过程，或者说是奋斗过程。刚才讲第一个问题，大家会觉得你不是泼冷水吗？怎么净说泄气话？但人是有主观能动性的，虽然“天时、地利、人和”无法选择，无法逃避。我们老百姓说这就是“命”，我们不要把这当成“封建迷信”的说法。人生活的客观条件无法选择，这符合马克思主义，人生活在什么样的社会关系中，就决定你的各个方面，用中国古话讲就是“命”，老百姓的语言嘛。没人能跳出这个“如来佛的掌心”，但我们又不是无可作为。因为事在人为，同样的这些条件个人情况为什么不一样？可见人是可以通过自己的主观努力能够有所成就的。

1958年开始“大跃进”，我大学第四年开始下乡劳动，去门头沟煤矿劳动。当时抽出一部分人写矿史，我被抽出来翻阅了十来天档案，突然来通知，说我们当中有少数人要去参加全国少数民族社会历史调查。历史系学生抽调6个，老师2个，我有幸忝列其中。去民族研究所报到那天，只有翁独健先生在办公室，得知只剩下内蒙古、宁夏两个自治区了，我问翁先生去哪里好？他说内蒙古少数民族多，建议我去那里，于是我就确定去内蒙古，到了那里后被分配在鄂伦春族调查组。那个全国少数民族社会历史调查组，主体是当地的民族研究所人员和地方干部，还有教师和学生，北大历史系、中央民族学院历史系都是全体参加，北师大就去了8个师生。我这个小组深入大兴安岭调查鄂伦春族几个月。调查完毕回到呼和浩特，召开全体会议，讨论分析收集的材料。其中一个重要问题就是要分析新中国成立前鄂伦春族究竟处于什么社会阶段？大家提出了很多说法。我学习恩格斯的《家庭、私有制和国家的起源》，结合鄂伦春族的情况，提出鄂伦春族在新中国成立前处于原始社会向阶级社会的过渡阶段，相当于马恩著作中的“村社”阶段。我的这个观点被调查组所接受，并作为重要成果向中央汇报。当时吕振羽先生主持汇报会，他肯定了这个说法，提出应当进一步加以具体论证的意见。后来，调查组确定4人为编写组成员，分别是内蒙古民族研究所一位研究人员，中央民族学院历史系和中央音乐学院各一位老师，我被排在第二，他们三人都是在职人员，只有我一个人是学生。调查组其他人员则负责资料等“后勤”工作。当我正忙于编写工作时，一位北大、另一位中央民族学院同学把我叫去，说要把新中国成立前鄂伦春族社会性质问题写成文章投《民族研究》，他们都已商量好了之后才找到我，同时把我的名字放在第三位。这就是当时发表在《民族研究》上的那篇《对解放前鄂伦春族社会性质的探讨》。这篇文章完全是按照我在调查组公开发表的观点而写成的，当时也没有“维权”意识，怕影响关系，虽然不满也只好隐忍。这应当就是我最早发表的论文。

打倒“四人帮”后，我的第一篇论文《刘知幾为武则天“制造舆论”吗?》是在《历史研究》发表的。现在看来是肤浅的，带有很明显的“文化大革命”批判色彩。在当时不得了，每期《历史研究》出版后《人民日报》都要报道，那期提到了三篇文章，其中有我那篇。中央人民广播电台每天的“新闻和首都报纸摘要节目”也播放了这个信息。为什么我写了这篇文章？是因为“文化大革命”时搞“评法批儒”，我被派去与“工宣队”一起搞《史通》，从而有机会涉猎了一些唐史，有了一些自己的体会，讽刺的是，没有写出“四人帮”需要的批判稿，反而写了批驳“四人帮”谬论的论文。

后来，我的研究重点转入魏晋南北朝史，第一篇论文也是在《历史研究》发表的，就是那篇《蜀汉“南中”政策二三事》。1986 年参加在安阳（举办）的“殷商国际文化研讨会”时，写了一篇《殷代外交制度初探》，也在《历史研究》发表了，这是对我搞了一个阶段先秦研究的一个交代。后来又在《历史研究》发表了《北魏前期的狩猎经济》《唐代的市舶使与市舶管理》等。近几年，对“吴简”做了一些研究，第一篇成果《“吏户”献疑》也是在《历史研究》发表的。基本上是搞什么问题就会有文章在《历史研究》发表。前些年有个博士生曾做过一个调查，发现当时北师大历史系在《历史研究》和“人大复印资料”登载文章最多的是我（我没有调查过这个问题）。以前听我们教研室主任郭澎先生说，他听《历史研究》的编辑说，外地有的老先生说：一辈子能在《历史研究》发表一篇文章此生足矣。我们当然不能以在《历史研究》发表了多少文章而论长短，但也不能说这毫无意义。我讲这些并非为了炫耀，而是说我们做学问要发挥主观能动性，踏踏实实，一步一个脚印，虽然在“如来佛的掌心”里，但不动是不行的。我们一生会接受学校、单位安排的很多任务，派你做这个、做那个，你一定事事要尽心。同样是参加了这些工作，为什么有的人能从中学习到东西，有了一些成果，有的人则不然？有的人像荷叶一样水过无痕，有的人像海绵一样不断将水吸收进来而日益精进。也算是一种巧合吧，我学习历史的过程，基本上是从原始社会到先秦，再到魏晋南北朝隋唐，沿着历史发展的顺序一步步下来，而且每一步都留下了深浅不同的脚印，这对于认识、思考历史的发展和进行纵向比较是有利的。

董劭伟：先生治学专精，教学方面是一代名师，我的老师及我认识的很多老师都是您的学生，很多都是您当年本科教学时传授过学业的学生，据说他们对您当年授课的精彩场景至今记忆犹新，能否谈谈您在教学方面是如何与科研结合起来的？

黎　虎：刚才润珍（牛润珍，中国人民大学教授）提到当时第 77、78 届学生对我讲课的反映很强烈。他们是第一次全国考试进来的，学校安排我讲先秦的历史。讲课效果可以说有点出乎我的意料，不但同学反映很好，学校的领导也很是注意。这样的讲课效果不是偶然产生的。第一，我做少数民族调查，正好是原始民族。所调查的民族人数不多，与当时自己的能力和水平正合适，不大不小，用一年时间将这个民族的人文环境研究得比较透彻。因此，对什么是原始社会、原始民族有一些感性的东西。这也导致现在自己的研究都尽可能从原始社会追根溯源。第二，我毕业后第二年到中国古代史教研室，讲授《历史文选》，在此期间对《诗经》《左传》《尚书》等古典文献下了些功夫，为研究先秦历史打了点基础。之后，教研室又让我随杨绍萱先生学习金文。杨绍萱先生就是在延安执笔创作历史剧《逼上梁山》，曾得到毛主席亲笔书信的那位老先生，他对金文也很有研究。研究金文、甲骨文对于学习殷周的历史有所帮助。第三，“文化大革命”后期，中国古代史教研室安排古代史的七、八位老师去河北、河南、陕西、山西等地做考古调查，这几个地方正是中华民族和文化的重要发源地。当时考古界并不封闭，这些考古点的负责人带我们直接到发掘现场参观，打开文物库房，亲自给我们讲解。比如周原甲骨刚发掘出来我们就去看，记得当时是刘士莪先生接待我们；雍城秦遗址是韩伟先生接待我们的。扶风县的罗西章先生，他的仓库满屋子西周铜器，很多铜器是新发现的，从中得到不少新的铜器铭文。

据说陈寅恪先生有“四不讲”，前人讲过的不讲；近人讲过的不讲；外国人讲过的不讲；自己过去讲过的也不讲。我没有陈寅恪先生的自觉，但我的讲稿都是自己编写的，不愿意讲老生常谈的，而是融入了最新的学术成果，将民族调查、古文字、古文献研究、考古调查等融合在一起，因此大家都感到很新鲜。当时不但学生感到新鲜，连中国社会科学院历史所先秦史研究室的先生们也觉得“新鲜”。在做魏晋南北朝史研究时，北京出版社来找我，说吴晗先生在“文化大革命”前主持的《历代史话丛书》没完成，打算重新出版。听说我先秦史讲的好，要我写《夏商周史话》。这本书就是在我的讲稿基础上写的。出版以后，中国社会科学院历史所先秦史研究室反应比较大。觉得我作为师范大学的老师，写的史话反倒很注意科学性，吸收了最新的学术成果，感到有点吃惊。先秦史的孟世凯先生特意屈尊光临寒舍叙谈。1986 年在河南安阳召开“殷商文化国际研讨会”时也给我发了通知，因为已经转入其他研究领域，所以很犹豫。但是会议实在难得，于是写了《殷代外交制度初探》，既为会议提供了论文，也为下一步外交制度的研究打点基础。到了安阳才知道是胡厚宣先生点名要我参加的。这本《史话》的遭遇很不相同，专门研究先秦史的先生是这种态度，而不是研究先秦史的先生则是另一种态度，个别人还因此给我加上了“史话教授”的头衔。以上这些经历说明，不论是进行教学还是学术研究，发挥主观能动性，就有可能变不利因素为有利因素。

董劭伟：先生2014年在商务印书馆出版了《汉代外交体制研究》，此前先生出版过《汉唐外交制度史》，发表过相关论文几十篇，现在学界对“古典外交”这个学科范式已普遍接受并开辟了其他断代的外交史研究，可以说这个领域，先生具有开拓之功，先生能否重点讲讲是如何开启这个学科领域研究的？

黎　虎：为什么做中国古典外交制度研究呢？有两个因素，一是看书时发现，我国的古代政治制度史只注重讲内政，不大讲外交。但是外交也是国家制度不可或缺的组成部分，因此比较注意这个问题，看书时注意收集此类材料。这说明了一个问题，就是我们一定不要被习以为常的东西所束缚，觉得这个是正常的、是不可突破的，在学术上要善于发现问题。二是怎么着手研究。当时没有电脑，我就采取抄卡片这样的笨办法，基本上将从《史记》到两《唐书》以及汉唐时期重要典籍中的外交问题（资料）比较全面掌握了。前几天翻旧稿子时发现了先前写的《中国外交通史提纲》，稿纸已经发黄了，是那种20世纪六七十年代的纸张。如今看来很是肤浅。今天复印了几份，让大家看看。可以看出这个提纲是通史类的，实质上是对这个课题并没有深刻了解的一个反映。比照先后写的《汉唐外交制度史》和《汉代外交体制研究》，这个提纲显得非常肤浅。这两本书的纲目是怎么出来的？就是卡片。第一步将所有材料誊录到卡片上。第二步是对卡片进行校对，将错字、漏字改正，而且将页码、卷数全部弄准确。还有更重要的一步是按照卡片内容、重要程度进行分类。排完卡片后这两本书的体系就自然出来了。因此这个体系不是凭空想象的，是根据卡片上的材料分析、归纳、提炼出来的，凭空想象只能得到刚才那个幼稚的提纲。现在有这样一个问题，就是电脑很发达，是否还主张大家这样做？我也不敢说，毕竟手工的方法是笨办法。但是，个人真的感觉收获特别大。这个方法至今仍然有效。举个例子，最近董劭伟同志要编《中华历史与传统文化研究论丛》第1辑，向我要稿子，去年十一月我的《汉代外交体制研究》刚刚出版，手头没有现成的文章，给他什么呢？就从抽屉里将那个卡片找出来，整理了一篇《唐代和亲公主的常驻使节作用》。这篇文章为什么（写得这么）快呢？一是汉代已经有思路了；二是卡片是现成的。把这个思路跟唐代的卡片相结合，大概不到一个月我就将论文完成了。我过去写论文很慢，写一篇论文至少得一年左右。这次又一次尝到了卡片的好处。

董劭伟：先生的研究规划是很成体系的。近十年，先生一方面对古典外交进行了深入系统的探究。另一方面兼顾“吴简”基础上的社会史研究。今后先生还有什么具体规划？

黎　虎：这本《汉代外交体制研究》完成了，我却一点都没感到轻松，我在忧虑我的任务是否能够完成。这几年，同学们来我家座谈，我说：“最近感觉脑子越来越好使，写东西越来越快，简直拿起个问题就能写。”但是，客观规律限制，身体不断在衰老，我时常感觉时间太宝贵了，时时刻刻都在和时间赛跑，尽可能抢救一点东西。还有什么任务呢？有两个重要任务必须完成：一是古典外交制度问题，现在只完成了汉代的。你们也都看到了，我桌子下面魏晋南北朝、隋唐的卡片比这个还丰富。汉代就写了一百万字，魏晋南北朝、隋唐写完后一百五十万字打不住。本来这本书是要写“汉唐”的，但写完汉代我的手都发软了，实在是太多了。怎么办？一个就是让这些卡片躺着化为尘土。再有个办法就是写出来，就像汉代的一样把它写出来。如果能将唐代完成，就算完成了我的夙愿。二是，我觉得是一项比古典外交制度更大的课题，前几年研究“吴简”，写了十几篇文章，十几万字。这个课题从2003年开始做，但是我的思路早已跳出“吴简”的范畴，考虑的是整个中国的历史发展的问题。为什么“吴简”的研究能够促使我考虑整个中国的历史发展呢？“吴简”是当时社会最基层的档案资料。过去发现的甲骨文、金文多是上层统治者的文字资料，而“吴简”打开了中国基层社会的大门，让你好像身临其境一样。我试图对从原始社会到现代的历史发展做出解释，研究了通常所说的历史分期问题。有这么个现象，大家可以思考，为什么“西周封建”说、“战国封建”说、“魏晋封建”说争论了几十年，谁也说服不了谁？这是因为从史料到理论的解释都有问题，真正的科学不会这样神秘的。现在大家对于过去的历史分期问题进行了“破”，但是还没有“立”，就是说如果那些分期不对，那么应当如何分期呢？这方面还没有做到。我对历史的分期问题，也就是中国整个历史的发展过程有着个人的看法，已经初步形成。这种看法并非虚无缥渺，是有史料根据的。并且它不光解释了古代，还能解释新中国成立后几十年为什么走弯路，走弯路的性质与原因问题。我认为从古代到现代是一脉相承的，我的基本观点能够使古今历史都得到合理的解释。但是，时间不饶人。我经常遇到问题，就会征求金龙（张金龙，首都师范大学历史文化学院教授）的意见。金龙建议我还是将外交课题完成，材料比较零碎的魏晋南北朝就不要写了，将唐代完成。然后，有时间有精力再去写历史分期问题。我觉得他的话有道理，也符合我内心的想法。外交课题对我来说还是比历史分期问题轻松一些。我对金龙说：如果实在来不及写历史分期的书，就写一个提纲，写几篇论文，将我的基本观点写出来。20 世纪初，梁启超、章太炎的中国通史都没有写出来，但他们写了中国史的绪论、概论，也是提纲性的。最后没有办法，只好采取这个办法。在研究过程中，同学们对我的帮助是很大的，尤其是金龙，一是他的研究能力很强，有能力、有水平提出好的建议；二是他能够设身处地地为我考虑问题，为我出主意。例如，最先我申请的研究题目是“汉唐交聘体制研究”，觉得用“交聘”这个词，材料取舍宽泛。后来写书了，究竟用“交聘”还是“外交”曾经一度犹豫，金龙坚持用我原来的“古典外交”，并写了很长的理由。他的坚持是对的。这类的好主意对我帮助是很大的。师生之间并非仅限于老师传授学生，而是互相学习，孔子说三人行必有我师，我觉得每位同学都是我的老师，他们的好点子，我都是认真倾听或采纳的。我与大家都是平等讨论，互相学习，没有摆老师架子，摆不出来的。有句古话“有容乃大”嘛！现在我就是感觉时间太紧迫，怎么办？虽然金龙做了我的思想工作，但我还是觉得两个（外交制度、历史分期）取舍都可惜。那个历史分期问题我若不写出来，不知道有没有第二个人能够跟我有同样的想法？

董劭伟：先生著作等身，硕果累累，提出并解决了很多重要的学术新问题，请先生不吝介绍一下您宝贵的治学经验，以资我们这一代青年学者学习借鉴。

黎　虎：也谈不上多少治学经验，不过毕竟研究历史几十年了，经历了不少曲折的探索过程，备尝个中甘苦，如果说有什么经验和体会的话，可以用以下最普通的八个字来概括：独立思考，推陈出新。这两句话很普通，但真正做到的话，就不“普通”了。

历史研究从本质上说是通过个体对于历史资料和历史的体察、感悟与认识，达到揭示历史真相和本质的一个过程，无数个体的体察、感悟和认识，经过不断碰撞、互动和磨合从而成为共识。这是一个无限的过程，新的体察、感悟和认识不断产生、不断扩展，从而新的共识也不断取代旧的共识并不断扩展，循环往复，靡所底止。因此，历史研究端赖历史研究者个人的独立思考才能获得有价值、有意义的创新成果。独立思考说来容易做来难，一方面跟风、随大流、人云亦云、墨守成规是人性中普遍的弱点；另一方面则受到客观环境的制约和干扰。必须克服和排除上述主客观因素的制约和干扰才能做到，历史研究者成就的大小与其克服和排除上述主客观因素局限的大小基本上是一种正比例关系，犹如人造航空航天器克服地心引力多大就能够飞多高多快。因此，真正能够独立思考研究历史问题的个体并非很多，故真正有价值、有意义的创新成果也并非多得很，并非俯拾即是。我们如果有志于历史研究，想在史学研究中做出成绩来，就必须克服和排除上述主客观因素的制约和干扰，克服和排除得多一些，你的成绩就大一些，反之亦然。不少同学或友人问我，您怎么会很早就提出并坚持几十年进行中国古典外交制度问题研究的？这说来也很简单，就是我在学习历史的过程中，发现中国历史主要讲内政而不大讲外交，国外历史可以讲古代的外交，而中国的历史则不能讲古代的外交，感到是个问题。我思考这个问题的时候，这个问题似乎是人们普遍回避或根本不以为然的问题，所以当时的确感到提出这个问题进行研究，是没有把握的，是有冒险性的。但是我坚信，一个国家，尤其是作为古代世界重量级的大国的中国，不可能没有外交，外交必定是中国古代国家机器中不能缺失的组成部分，因此下定决心，排除干扰，潜心于此，从而花费了几十年的时间，先后出版了《汉唐外交制度史》和《汉代外交体制研究》两部学术专著，初步构建了中国古典外交制度研究的学科体系。这个研究课题的提出和坚持，就是独立思考的体现，因为已有的那种中国历史的体系，人们已经习以为常，觉得本该如此，没有觉得有什么不正常。这个问题并非是个难以发现的问题，只是人们已经习惯了，或者出于这样、那样的担心和顾虑，不去惹这个麻烦。因此，独立思考不仅要善于从看似平常的东西中看出不平常，而且还要具备学术的勇气和毅力。

历史学的学科特点是，它所面对的研究对象是已经过去的东西，即人们所谓之“史料”，历史研究就是去体察、感悟和认识史料，从而揭示历史的真相和本质。史料虽然都是已经过去的东西，但是它又有旧的传统史料和新出史料之别，从中国历史来说，传统史料是指以“二十四史”为代表的文献记载，新出史料是指新发现的考古资料，这两者对于历史研究来说都是重要的，王国维先生所提倡的“二重证据法”，强调的就是将两者结合起来。但是两者并非等量齐观，历史研究者主要的力气和功夫应该在前者，通常所说的治史能力和水平主要体现于你对传统史料的解读和认识，你的研究成果的水平高、价值大小取决于你对传统史料的解读和认识，因为这些传统史料是记载中国历史的最为全面、系统的资料，没有任何新发现的考古资料能够超越它、代替它（商代除外），而且它是几千年来无数人曾经体察和解读的，你必须超越这无数人已有的认识而做出符合历史真实的解读，才能有所发现，才谈得上创新，这谈何容易?！我们审视一下近百年的史学大家的著述和史学名著、巨著，虽然都或多或少、程度不同运用了新发现的考古资料，但都无不以传统史料为其著述之基础和灵魂，尤以春秋战国之后的历史为然。我自己在这方面是有不少实际体验的，有属于某一个具体问题方面，也有属于某一个重大学科建设方面的问题，我的不少论文即属前者，例如关于唐代的市舶使问题，如果从明末清初的顾炎武提出这一问题算起，到现在已有三百多年了，三百多年来不少中外历史学家对这个问题进行了研究，但是到20世纪90年代为止，这个问题基本上仍然是不清楚的，存在很多不符合历史实际的模糊乃至错误的认识，市舶使是什么人？由什么人来担任？他与岭南地区都督、总管、节度使是什么关系？市舶使与押蕃舶使是什么关系？他们与押蕃使是什么关系？市舶使的性质为何？市舶管理在唐代的变化是怎样的？诸如此类的问题均未得到明晰的解释和阐述。我在1998年《历史研究》发表的《唐代的市舶使与市舶管理》，以及稍后在《文史》发表的《唐代的押蕃使》，基本上把这个问题梳理清楚了，指出市舶使是由朝廷派往岭南负责舶来品采购的专使，其人选经历了由朝官而宦官的变化，其任职也由前期的不固定而演变为后期的相对固定并逐渐有了自己的机构；岭南地区的都督、总管、节度使虽然全面负责岭南地区的市舶管理，但是并不担任市舶使，而是兼任押蕃舶使，故岭南地方长官和押蕃舶使与市舶使是不同性质、不同系列的职官，押蕃舶使与内陆周边地区设置的押蕃使则是同一性质、同一系列的职官，从而市舶使和市舶管理的基本特点和性质得以符合历史实际的解释和认识。应该说这是这个问题在20世纪90年代所达到的最为清晰的解读，故有的学者在评介这个问题的研究历史和现状之后总结道："在所有讨论唐代市舶使的文章中，黎虎的论述最具有说服力。"（郑有国：《中国市舶制度研究》，福建教育出版社2004年版，第21页）这是因为我的解读基本上是符合客观历史真实的，尽管以后的学者可以在这个问题上提供这样那样的一些补充或修正，但基本上是不可动摇的。这里需要特别指出的是，我在论述这个问题时，虽然也使用了一些新发现的考古资料，但是主要还是那些人们都能够看到的普通的传统史料，完全是对这些普通的传统史料做出新的解读，并非依靠什么别人不能见到的秘笈而得到新解的。即使是我的研究长沙走马楼吴简的系列论文，也是以传统文献为支撑，将其置于中国历史的整体中加以考察，并非仅仅就吴简而论吴简。属于某一个重大的学科建设方面的问题，中国古典外交制度问题的提出与阐述即属此类，我的《汉唐外交制度史》和《汉代外交体制研究》两书，不仅所提出的问题是全新的，而且书中对于很多具体问题都有新解，不胜枚举。但是，这两部书所使用的绝大多数都是普通的传统史料，尽管也有一些新的考古资料，但是全书的基本构件都是传统史料。这就叫作"推陈出新"，史料本身都是"陈"物，但是我们可以从中出"新"，这个"新"不是标新立异，为"新"而"新"，而是做出符合历史真实的"新"认识。从旧的史料中发现新问题并解决新问题，这就是治史的功力所在。我的上述实践经验和体会，与严耕望先生所提到的治学经验之一可谓不谋而合，他提倡要"看人人所能看得到的书，说人人所未说过的话"，他写道："研究历史要凭史料作判断的依据，能有机会运用新的史料，自然能得出新的结论，创造新的成绩，这是人人所能做得到的，不是本事，不算高明。真正高明的研究者，是要从人人能看得到、人人已阅读过的旧的普通史料中研究出新的成果，这就不是人人所能做得到了。"（严耕望：《治史三书》，辽宁教育出版社1998年版，第23页）我对严先生这个看法深表赞同。

因此，一定意义上可以说，一个人的史学成就的大小，基本上决定于一个人对传统史料的阅读功夫和解读功力的大小，这也是一个正比例关系。长话短说，一句话就是："忌人云而亦云，务推陈以出新。"我愿意和大家以此共勉。

[原刊《中华历史与传统文化研究论丛》第2辑，中国社会科学出版社2016年版，第1—15页。将这个学术访谈收入《黎虎文集：中国古史分期暨社会性质研究》卷，是经过整理者反复思考并与同仁商讨后决定下来的。尽管这次学术座谈会的主题是"中华历史与传统文化学术论坛（第二届）——中国古典外交制度学科建设"，但是访谈的内容却是开放式的，并未局限于"中国古典外交制度"的视阈，特别是黎虎先生在访谈中第一次公开言及他对于中国历史分期这一重大史学理论问题的看法。据此可知，在这次座谈会召开之前黎虎先生的思路就已经"考虑的是中国的历史发展问题""试图对从原始社会到现代的历史发展做出解释"，而至迟到接受这次访谈时，黎虎先生"对历史的分期问题，也就是中国整个历史的发展过程有着个人的看法，已经初步形成。……我认为从古代到现代是一脉相承的，我的基本观点能够使古今历史都得到合理的解释。"这就意味着，2020年《文史哲》第1期所发表的《中国古史分期暨社会性质论纲——兼论中国传统社会的主要矛盾问题》，以及随后围绕《论纲》所发表的几篇拓展性论文，其主要观点和指导思想在这个时候实际上都已经基本形成了。因此，将这个学术访谈编入本卷，庶几符合黎虎先生的学术思路与意愿。李文才敬识。]

在社会调查实践中学习《家庭、私有制和国家的起源》

时值恩格斯诞辰200周年，不禁回忆起60多年前我怀揣《家庭、私有制和国家的起源》深入大小兴安岭鄂伦春族聚居区进行社会历史调查的峥嵘岁月，与此书建立了不解之缘，此后它一直伴随我60余年的习史生涯，对这部光辉著作油然而生格外亲切之情。

1958年夏我即将由大学三年级升入四年级，时值“大跃进”年代，我们全年级同学到门头沟煤矿去劳动锻炼，我们与矿工一样头戴矿灯帽、身穿工作服，乘坐“罐笼”下到矿井去挖煤。大概干了三四天，我被留在地面上参与撰写《门头沟煤矿史》。正当我和其他几位同学在翻阅门头沟煤矿档案资料时，我又接到历史系领导的告知，立即回北京报到，去参加全国少数民族社会历史调查。这个调查工作是经党中央批准，由全国人大民族事务委员会组织实施的，1956年各省、自治区的民族工作者已经着手进行，1958年进一步扩大，吸收北京大学和中央民族学院历史系四年级全体同学参加，北京师范大学历史系四年级则只有6个名额，我有幸成为其中的一员。我被分配到内蒙古少数民族调查组，这个调查组由当时的内蒙古科学院副院长、后来的中国民族学会会长秋浦任副组长，负责调查鄂伦春、鄂温克和达斡尔三个民族，我被分配在鄂伦春调查小组。鄂伦春小组是三个小组中的重点，秋浦本人始终在这个小组工作。经过短期集训和学习，我们即奔赴黑龙江省的大小兴安岭鄂伦春族聚居地去进行调查。鄂伦春族是仍保留原始社会许多孑遗的民族，因此途经北京转车时，我特地在前门火车站附近的书店买了一本恩格斯的《家庭、私有制和国家的起源》①，作为

---

① ［德］弗里德里希·恩格斯：《家庭、私有制和国家的起源》，张仲实译，人民出版社1954年版。黎虎先生所藏此书为该版本1957年第6次印刷本。

调查工作的理论指南。从此这本书就一直跟随着我，尽管当年包的书皮现已残破剥落，纸张也已经发黄发脆，但我一直珍藏到今天。当年在版权页上写着："黎虎 58・8 前门　离京赴东北之时。"翻开里面，调查工作期间用钢笔在正文两旁或天头地头写的学习体会，蝇头小字密密麻麻，至今仍然清晰可辨，可见当年是认真学习了全书的①。

调查组从黑河坐船溯黑龙江四天到达三合站登岸，随后在大兴安岭深山密林中或步行或乘马车跋涉了几天，于 9 月 17 日到达呼玛县鄂伦春民族乡所在地十八站村，这里就是我们进行调查的目的地。18 日即开始工作，在十八站工作期间我给北师大历史系汇报情况的草稿现在还保存着，里面写道："因为村里大部分人已远出打猎去了，留下二十多户人家，因此必须尽量抓紧每一户进行调查，老年人、中年人、妇女都一个一个进行了反复的访问调查，并对每一户都进行了按户调查。现在工作已经搞了十来天，按户调查已基本结束，1949 年前的经济情况也摸得差不多了，只是 1949 年以后的互助组问题还没有弄清，因为乡里无这方面的材料，而且许多数字人们已记不清了。其次有些问题还不够深入，如鄂族与江北的交换情况，一些属于上层建筑的如氏族组织问题等都还有待深入，不过，这些东西一定要在 10 月 7、8 号之前结束，因为 10 月底黑龙江就要封江，我们必须赶最后一批船回去，否则将困在这儿，更主要的是年底把初稿编写好的任务将无法完成。"由此可见当时调查工作的一斑。黑龙江的调查结束之后，我又随另一个小组到内蒙古布特哈旗鄂伦春民族乡进行了调查。与此同时，我还抓紧时间进行学习，汇报草稿写道："我自己也决心通过这次学习对民族问题作一初步了解，并比较深入地读一遍《家庭、私有制和国家起源》等经典著作，这时感到更为迫切。单就学习历史而言，这种参加到现实生活中去学习的办法真是最为行之有效的办法，这样学习来的知识是生动活泼、深刻入微的。"

事实正是如此。通过社会调查实践中的学习，我不仅对于所谓原始社会有了具体的、感性的了解，同时体会到《家庭、私有制和国家的起源》等经典著作对于认识社会和历史的重要性。这是从前在课堂上学习原始社会史和一些经典著作片段所无法比拟的。在鄂伦春族社会中，原

① 以下注引此书，一律以"《家庭、私有制和国家的起源》黎虎珍藏本"为称。

始社会的许多残余现象仍然班班可稽，而对于这些现象的科学认识，均得益于恩格斯《家庭、私有制和国家的起源》及其他经典著作的论述，例如在鄂伦春族现行的亲属称谓中，祖父、伯叔祖父都称为“雅亚”，祖母、伯叔祖母都称为“太帖”。这种称谓并不反映鄂伦春族现行的婚姻关系，我在学习《家庭、私有制和国家的起源》第二章“家庭”时写下了一些相关的札记：“夏威夷的亲族制度：兄弟姊妹的孩子都看作是自己的孩子。”“易洛魁人的亲族制度：男子把自己的亲生子女和兄弟底孩子都称为自己的子女，而孩子们都把他称为父；女子亦然。他的姊妹的孩子他称之为姪。”“易洛魁人实行对偶婚，但其亲族制度则为族外群婚制，即普那路亚制。”对于这种亲族称谓与实际的亲族制度不符合的现象应当如何理解呢？我在相关的学习体会中写道：“夏威夷的亲族制度和其后的易洛魁亲族制度，都与他们的实际的家庭关系不符合。为什么呢？根据社会意识落后于社会存在的原理，家庭不断发展了，而亲族制度却成为习惯而继续存在着。恩格斯关于‘社会化石’——‘历史文化残余’的历史分析，是辩证唯物主义的新旧事物矛盾统一发展的方法论。”① 显然，这些学习体会，对于认识鄂伦春族亲族称谓与现行亲族制度矛盾的现象有着巨大的指导意义。鄂伦春族的亲族称谓也是已经逝去的古老的血缘家族的某种孑遗，表明在鄂伦春族社会中曾经存在兄弟姊妹互为婚姻的血族群婚制度。舅父权是鄂伦春族社会中一种十分突出的现象，舅父对于外甥的权力，超过任何其他亲属，某些方面还超过了父母的权力，舅父是外甥的最近保护人。关于这个问题，恩格斯说：“舅父与外甥间的特别密切的联系，起源于母权制时代，这是在好多民族中间都可以看到的。”② 这是鄂伦春族曾经存在母系氏族社会的反映。诸如此类在鄂伦春族社会调查中所遇到的问题是很多的，通过学习《家庭、私有制和国家的起源》等经典著作，这些“奇风异俗”遂一一得到科学的解释，从而大大提高了我对于原始社会史和学习经典著作的兴趣和自觉性。

调查结束回到呼和浩特之后，立即投入编写鄂伦春族简史简志的工作，于是调查组成员被分为两个部分，四人被编入编写组；其余人员一

---

① 《家庭、私有制和国家的起源》黎虎珍藏本，第28—30页。

② 《家庭、私有制和国家的起源》第七章恩格斯原注，黎虎珍藏本，第132页。

律编入资料组。我有幸被遴选为编写组成员，四人中只有我是学生，其他三人中一位是内蒙古民族所的干部，另两位分别是中央民族学院历史系和中央音乐学院的老师。

为了撰写鄂伦春族的简史简志，首先必须解决1949年前鄂伦春族社会性质的问题，为此，全体人员投入到紧张的学习和思考中。这个问题在当时是有争论的，是不明确的，一般的意见是笼统地将鄂伦春族视为原始社会民族，也有人过分强调其所受到周边汉族的影响而出现的贫富分化乃至阶级分化，认为已经进入了阶级社会，各种意见莫衷一是。为此调查组召开了几次学习研讨会，我结合自己学习经典著作的体会和鄂伦春族的具体情况，在会上第一个发言，提出1949年前的鄂伦春族处于从原始社会向阶级社会过渡阶段的村社阶段这个观点。村社或译作农村公社，当时我为什么用村社而不用农村公社一词呢？是因为我觉得鄂伦春族的经济生活仍然以狩猎为主而不以农业为主，以免引起误解。

我的主要理由是，一方面鄂伦春族虽然仍然保存诸多原始氏族社会的残余，但与原生态的原始氏族社会已经不同，另一方面尽管自后金、清朝介入鄂伦春族社会生活之后，导致了多方面的变化，但是这些变化尚未造成鄂伦春族社会的根本质变而进入了阶级社会。“乌力楞”是鄂伦春族的基本聚落，鄂伦春语“子孙们”的意思，一般由几个到十几个“斜仁柱”（或写作“仙人柱”，俗称“撮罗子”，桦树皮搭建的居室）构成。在清朝统治之前，“乌力楞”是鄂伦春族的社会细胞，是一个父系家族的聚落，是鄂伦春人的基本生产、消费单位。由于受到外界的影响，经过二三百年的发展变化，到1949年前“乌力楞”已经由血缘性的父系氏族公社转变为地域性的村社，即由同一氏族的若干个体家庭或包含其他氏族的一些个体家庭而构成，这些个体家庭已经成为基本的生产、消费单位。以狩猎经济为主要经济部门的鄂伦春族，其基本生产资料猎场、森林、河流等仍然保持着公有制，但是基本生产工具如猎枪、马匹、猎犬以及住宅、生活资料等均为私有，正如马克思所说，村社的主要特征是“摆脱了牢固然而狭窄的血缘亲属关系的束缚”而在生产资料所有制方面却有着“固有的二重性”，因此它“既然是原生的社会形态的最后阶段，所以它同时也是向次生的社会形态过渡的阶段，即以公有制为基础的社会向私有制为基础的社会的过渡。”①

我这个观点，除了个别人反对之外②，调查组大部分人均表示赞同，遂成为撰写《鄂伦春族简史简志》的基本指导思想。不久，调查组负责人到北京开会时又将这一认识向全国少数民族社会历史调查领导小组做了汇报，得到了著名历史学家吕振羽等人的首肯。这是我第一次尝到了在马克思主义理论指导下，理论联系实际以分析问题和解决问题的甜头，同时深切认识到理论学习对于历史研究的重要性，具体地体会到了一些研究历史问题的途径和方法，可以说这短短一年的经历对于我此后的习史生涯起着贯穿毕生的恒久作用和意义。

1959 年夏我结束了调查组的工作回校履行毕业手续，被留在了历史系工作。几十年来结合自己的教学和研究的需要，时不时地仍然拿出《家庭、私有制和国家的起源》来学习。后来承担了中国古代史的教学，在讲授原始社会这段历史时，早年的社会实践和理论学习终于发挥了作用，我讲授的原始社会史受到了同学们的热烈欢迎，调动了他们巨大的学习兴趣。这一段历史在中国古代史中所占分量并不大，一般来说从教师到学生对此均并不很重视，往往草草了事而已。但是由于我以《家庭、私有制和国家的起源》为指导，以中国传统文献为核心，结合自己的鄂伦春族调查实践以及吸收全国其他少数民族有关调查资料，并利用后来拍摄的关于鄂伦春族、鄂温克族、赫哲族以及西南地区诸如纳西族等的影片资料配合放映，将中国原始社会史讲得充实、丰满而生动，从而引起同学们的浓厚的兴趣，掀起了巨大的学习热情，每节课后同学们都会纷纷提出许多问题进行热烈的讨论，不仅在教室里，甚至还有一些同学专门到我家来讨论这方面问题，真可以说是盛况空前。

2020 年我的《中国古史分期暨社会性质论纲——兼论中国传统社会的主要矛盾问题》在《文史哲》第 1 期发表，这篇文章的撰写仍然继续

① 《马克思恩格斯全集》第十九卷，人民出版社 1963 年版，第 450 页。

② 我发言之后，同在调查组里的北大历史系袁天伟同学第一个发言，第一句话就说：“这是一个厚古薄今的报告”，全盘否定我的意见，可惜他反对我的理由我一点也记不得了。不久，由他一手策划并以他为第一作者的题为《对解放前鄂伦春族社会性质的探讨》的文章发表在《民族研究》1959 年第 2 期上，文章的基本观点就是他曾经反对而由我提出的新中国成立前鄂伦春族处于原始社会向阶级社会过渡的观点。

得益于早年学习《家庭、私有制和国家的起源》的潜移默化所带来的指导作用。在对中国古代第一时代的论述中，该文强调了“群”的作用和意义就得益于恩格斯的理论。我在学习恩格斯关于人类“为了在发展过程中脱离动物状态，实现那在自然界中绝无仅有的伟大进步，还需要一种因素：即以群底联合力量与集体行动来补足个体自卫力量底不足”时写下了这样的学习体会：“处在形成过程中的人”“这种‘人’毫无防御能力，但都要脱离动物界实现自然界中最伟大的进步。在这种矛盾下，‘人’必须用群的联合力量和集体行动来弥补个人力量的软弱。”①

关于“群”的重要性的认识，贯穿于我对第一时代的全部论述中。我把中国古代的第一时代区分为“兽群”阶段、姓群阶段和氏群阶段这样依次发展变化的三个阶段，就是这种认识的体现。但是应当指出，这样三个阶段的划分，基本的理论依据仍然是《家庭、私有制和国家起源》所阐发的关于原始社会的分期体系和框架，我在学习恩格斯这部著作时，写了如下的体会和心得：

> 蒙昧期：指原始社会的第一期，人类以采集天然食物为主的时期。始于人类和人类社会的产生，终于弓箭的发明（进入野蛮期），相当于旧石器与中石器时代。
>
> 野蛮期：原始社会第二期。始于制陶术的发明，终于文字的出现。相当于新石器时代和青铜时代的初期。恩格斯援引此语并增其含义，指人类开始经营畜牧业与农业的时期。其上限为氏族制的全盛，下限为原始公社制的解体与阶级社会的形成。
>
> 文明期：指继蒙昧期、野蛮期之后的人类社会发展的第三期。以文字的发明为其始点之标志。恩格斯援用此语并增其含义，指随着劳动分工与生产领域的扩大，出现真正工业与艺术的时期；同时原始公社制度解体，阶级社会开始形成。”②

需要指出的是，我并非照搬或生搬硬套恩格斯的分期，而是将恩格

① 《家庭、私有制和国家的起源》黎虎珍藏本，第 34 页。

② 《家庭、私有制和国家的起源》黎虎珍藏本，第 26—27 页。

斯这一分期体系与中国古代历史的实际相结合而得出的。现在通行的中国古代史一般将原始社会分别为原始群、母系氏族公社和父系氏族公社三个阶段。表面上看，我的分期与此是相同的，但是实质上是有所区别的，我的分期是以恩格斯的分期理论为指导而将其中国化，即以中国历史文献和考古资料为依据，并以中国本土词语进行概括而得出的。

我在《论纲》中提出决定中国古代社会历史发展的两个关键之一是“人力（人口）的掌控”，这一重要论断的思想和理论根源也可以追溯到早年学习《家庭、私有制和国家的起源》带来的涵养，在学习恩格斯《1884 年第一版序言》关于“历史上的决定要素”与“人类自身底生产”的关系时，写了如下的学习体会和心得：“历史唯物主义虽然否认人口增长和人口密度是社会发展的决定力量，但却承认这是社会发展的物质生活条件之一。人口和物质资料的生产是互相依赖的对立的统一；离开物质资料生产的存在和发展，就没有人类社会的产生和发展，但没有人类的存在和发展，也没有物质资料生产的存在和发展。人不仅是生产力中主要的和能动的要素，是社会劳动分工发展的重要条件之一，也是社会革命的伟大动力。”① 经过几十年习史实践，我进一步认识到“人”在中国古代历史发展变化中的重要地位和特殊作用，从而对于中国古史分期和社会性质问题提出了自己独特的见解。

恩格斯这部著作之所以能够历久弥新，在于它的整个理论体系的建构是符合理论形成的基本规律的，即从实践到理论再到实践的过程。美国人类学家摩尔根通过对于印第安人社会的长期调查，发现了人类早期历史的秘密及其发展变化的规律，因而得到恩格斯的高度赞扬，被认为是从他自己独特的实践中发现了历史唯物主义。恩格斯以极大的热情阐发了摩尔根的发现并将其上升为人类从草昧而进入文明时代的全面系统的历史唯物主义理论体系，从而引领历史学进入了一个崭新的发展阶段。我有机会从学生时代就与这部伟大的经典著作结下不解之缘并伴随终生的习史生涯，实属人生之一幸！

（原刊《中国史研究动态》2020 年第 6 期。2020 年系恩格斯诞辰 200

① 《家庭、私有制和国家的起源》黎虎珍藏本，第 4—5 页。

周年，鉴于恩格斯的《家庭、私有制和国家的起源》对于中国古代历史研究所具有的特别突出的指导意义，《中国史研究动态》编辑部组织了一组名为“笔谈：纪念恩格斯诞辰200周年”的笔谈文章，黎虎先生受邀参加了此次笔谈。黎虎先生结合1958—1959年参加的全国少数民族——鄂伦春族社会历史调查的亲身经历，以及在此次调查活动中所精心研读的《家庭、私有制和国家的起源》读书札记，完成了这篇笔谈文章。所谓“行万里路，读万卷书”，黎先生此文完全是“在实践中学习，在学习中实践”的产物，称得上字字珠玑，而没有一个字的浮词虚语，堪称理论与实践相结合的典范之作。基于笔谈文的格式要求，《中国史研究动态》原刊文采用的是正文夹注的注释格式，此番出版《黎虎文集》，为统一全书注释体例，特改为页下注。李文才敬识。)

《家庭、私有制和国家的起源》读书札记

［说明一］：1. 恩格斯：《家庭、私有制和国家的起源》，张仲实译，人民出版社1954年10月第一版，1957年2月北京第6次印刷。2. 封里签署："黎虎58.8."。版权页签署："黎虎58.8. 前门　离京赴东北之时"。(附图片)

［说明二］：1. 所迻录的除了黎虎先生所写的批注，以及这些批注所指的原著划线部分文字，其余布满全书直线笔道、波纹线笔道等，因为黎虎先生未加批注，故不作迻录。2. 黑体字为原书的页码、原文、行数或相关说明等，下面的宋体字为黎虎先生的批注文字，起头标注【黎虎批注】。

第5页（接第6页），《一八八四年第一版序言》第二段"依据唯物主义的理解，历史的决定要素，归根结蒂，乃是直接生活底生产与再生产。不过，生产本身又是两重性的：一方面是生活资料食、衣、住及为此所必需的工具底生产；另一方面是人类自身底生产，即种底繁衍。"

【黎虎批注】①：1. 历史唯物主义虽然否认人口增长和人口密度是社会发展的决定力量，但却承认这是社会发展的物质生活条件之一。人口和物质资料的生产是互相依赖的对立的统一；离开物质资料生产的存在和发展，就没有人类社会的产生和发展，但没有人类的存在和发展，也没有物质资料生产的存在和发展。人不仅是生产力中主要的和能动的要素，是社会劳动分工发展的重要条件之一，也是社会革命的伟大动力。

2. 恩格斯说"两种生产""制约"着社会制度的发展，这并不排斥物质资料生产的主导的、决定的作用。

可见，这一见解并不与历史唯物主义的基本观点相矛盾，而恰恰是

---

① 按，以下黎虎先生批注文字前面的"1、2、3、4"等阿拉伯数字序号，系黎虎先生当年批注时原文。

它的补充。

3. 恩格斯没有把物质生产与种底蕃衍“并列”，他说的是事物的“两重性”。“什么是‘人民之友’以及他们如何攻击社会民主主义者”一书指出米海洛夫斯基把恩格斯这句话“改正”为：“劳动生产率极低的原始时代，起著头等作用的人本身的生产即子女生产，是和物质生产并列的决定要素。”其目的是为了非难“在物质关系中去找寻氏族制”的历史唯物主义观点。在恩格斯的全书内容表明家族、婚姻和两性关系的变化是由物质生产底发展，由社会生产力发展所引起的。

4. 经济规律从人的出现开始便成为支配人类社会发展的规律。同时，生物规律在原始社会中仍在起作用，并逐步失却其原有的“支配地位”。在这个交替过程中，两重性是存在的。杂乱性生活与集体利益之间，长期发生矛盾。这种矛盾，表现在家族从杂乱婚到到群婚以至单偶婚愈益缩小的性生活范围的变化过程中，及其不断统一于生产力发展的水平，使生物规律逐渐失去其支配地位。

在原始社会，由于生产工具原始，生产力的主要因素还是依靠集体的团结，依靠人，依靠集体成员的蕃衍。原始社会“种的蕃衍”不象阶级社会那样，为著财产继承和宗派势力，而是为著生产。

第 6 页，第一段，第 3—4 行：“劳动愈不发展，其生产品底数量、从而社会底财富愈有限制，则血统纽结对于社会制度底支配影响便显得愈强烈。”

【黎虎批注】[①]：恩格斯把“血缘纽结对于社会制度底支配影响”的“愈强烈”，看作是由于“劳动愈不发展”的结果，即人类自身生产、家庭发展程度及其对社会制度的“支配影响”是由物质资料生产的发展所决定的结果。这里所说的“支配影响”并不能理解为第一性的影响。当物质资料生产发展起来时，私有制、交换、财产差别、奴隶制从而阶级矛盾等新的社会因素也就随之发展起来，氏族制度也就被组成为国家的新社会代替了。此后，家庭的发展对社会制度就不再有以前那样强烈的影响。相反，它“完全地服从于所有权关系”，而阶级矛盾和阶级斗争就成了社会成为历史的发展动力和内容。

① 按，黎虎先生上述批注，写在第 7 页的空白处，并以箭头指向第 6 页划线的这些文字。

第 18 页，第一段，第 3—9 行：“族内婚与族外婚，并不是一种对立；族外婚‘部落’底存在，直到现在还没有任何地方可作证明。不过，在群婚还盛行的时代，——群婚大概曾经到处盛行过，——一个部落分为好多母系亲族关系的集团，即氏族，在氏族内部，严格禁止通婚，因之，某一氏族底男性，虽能在部落以内娶妻，并且照例都是如此，但必须到氏族以外去娶。如此，要是氏族是严格的族外婚的，那末包括所有氏族的部落，便成了同样严格的族内婚的了。”

【黎虎批注】：族内婚与族外婚的正确解释。

第 22 页，第一段，第 2—3 行：“我们承认人类是起源于动物界的，那末，我们就不得不承认这种过渡状态了。”

【黎虎批注】[①]：指人类刚从古猿分出来的“过渡状态”。

第二段，第 1—2 行：“从食物中采用鱼类（虾类、贝壳类及其他水栖动物都包括在内）与使用火开始。”

【黎虎批注】[②]：从使用火至发明钻木取火二个特征。

第二段，第 5—9 行：“早期石器时代底粗制的、未加琢磨的石器，即所谓太古石器（paleolithic）时代的石器，完全或大部分是属于这一时期的，这种石器，广布于一切大陆上，而为这一移居底证据。向新地带底移居和不断的活跃的探索欲，随着钻木取火，而提供了新的食物……”

【黎虎批注】[③]：使用火：旧石器初、中期；钻木取火：旧石器晚期。

第三段，第 1—2 行：“高级阶段——是从弓矢底发明开始的，因为有

---

① 按，此处正文中“过渡状态”四字下面，黎虎先生标以圈号，显然是用作着重号的，意在强调这四个字的意涵，因为他在批注中也同时写出了“过渡状态”四字。

② 按，正文“使用火”三字下面加着重号。

③ 按，正文“钻木取火”四字下面加着重号。又，第二段第 11—13 行的文字下面，黎虎先生均划有横线，并在旁边加以“？”。其划线文字内容为：“像书籍中所描写的专事打猎的民族，换一句话说，即专靠打猎为生的民族，是从未有过的；因为，靠打猎所得的东西来维持生活，是极其靠不住的。”黎虎先生此处之所以标示以“？”，那是因为他其时正在调查鄂伦春族的社会生产和生活情况，而鄂伦春族就是专事打猎为生的民族，因此，恩格斯这里所说的“专靠打猎为生的民族，是从未有过的”这一情况，并不适合鄂伦春族。所以，黎虎先生对于恩格斯这一带有绝对化倾向的说法是心存质疑的。尽管当时全国正处于学习和运用马克思恩格斯理论的高潮时期，但黎虎先生仍然秉持实事求是的精神，对于恩格斯的说法表示出怀疑，显示出其治学中唯重事实，而非唯上、唯权威、唯理论是从的学术作风。

了弓矢，猎物便成了日常的食物，而打猎也成了正常的劳动部门之一。”

【黎虎批注】：石制箭镞出现于中石器时代。

第 23 页，“（二）野蛮时代”

【黎虎批注】：相当于新石器和金属器时代。

第 24 页，第三段，第 1—2 行：“在东半球上，野蛮底中级阶段是从供给乳及肉的动物底驯养开始的，而植物底种植，在这里似乎在这一时期是很久还不知道。”①

【黎虎批注】②：西安半坡（仰韶期）等地窖穴、房屋、墓葬中都发现了粟皮壳，及谷物加工工具。

第 26—27 页，“蒙昧是以采取现成的天然产物为主底一个时期；人类底制造品主要是用作这种采取底辅助工具。野蛮是采用牲畜业及农业底一个时期，是已学会用人类的活动以增加天然产物生产的方法底一个时期。文明是已学会对天然产物进一步加工底一个时期，是真正的工业及艺术已经产生了的一个时期。”

【黎虎批注】③：蒙昧期：指原始社会的第一期，人类以采集天然食物为主的时期。始于人类和人类社会的产生，终于弓箭的发明（进入野蛮期）。相当于旧石器与中石器时代。

---

① 按，此处黎虎先生在第 3 段前面，打上一个“?”，可能是对其中的一些说法有所疑问。同时，又在“在东半球上……很久还不知道。”这段文字的下面划上波浪线，然后写了下面的批注语。

② 按，黎虎先生此处除了写了这些批语外，还特别加了一个大大的“?”。很显然，对于恩格斯此处的说法，黎虎先生也是存有疑问的。如所周知，无论马克思还是恩格斯对于中国古代历史的情况了解都很少，恩格斯此处所说的“东半球”自然是包括中国在内的，因此这样笼统地说“植物底种植，在这里似乎在这一时期是很久还不知道”，是完全不符合中国古代历史情况的，无论是仰韶时期的西安半坡，还是河姆渡遗址，所出土的粮食谷物及其加工工具都证明，中国早就出现了种植农业。正是基于中国的这些考古发现，黎虎先生对于恩格斯的这个说法表示出了疑问。

③ 按，此段正文中的“蒙昧”“野蛮”“文明”三个词语，黎虎先生均以方框标出，意在于着重强调。另外，在其批注文字中，“阶级”一词，黎虎先生使用了速记法，将其速写为“阝”旁加一个“及”字，故而其中的“无阶级社会”，看上去都是“无级社会”，而省去了一个“阶”字。在黎虎先生的批注中，凡“阶级”二字均采用了这种速记法。

野蛮期：原始社会第二期。始于制陶术的发明，终于文字的出现。相当于新石器时代和青铜时代的初期。恩格斯援引此语并增其含义，指人类开始经营畜牧业与农业的时期。其上限为氏族制的全盛，下限为原始公社制的解体与阶级社会的形成。

文明期：指继蒙（昧）时期、野蛮期之后的人类社会发展的第三期。以文字的发明为其始点之标志。恩格斯援用此语并增其含义，指随着劳动分工与生产领域的扩大，出现真正工业与艺术的时期；同时原始公社制度解体，阶级社会开始形成。

×× ×× ××

摩尔根是以物质资料生产的进步作为历史分期标准的，这是正确的，因此恩格斯就确认他的分期方法的相对正确性。某些人非难三段分期法不符合历史唯物主义的五种生产方式分期法，这种要求是不符合恩格斯这一著作的目的的。本书目的不在于对人类历史五种生产方式作详细说明，而只在于考察家庭、私有制和国家起源的历史条件，因此着重分析原始社会及其向奴隶社会的过渡也就够了，把历史划分为无（阶）级社会和阶级社会也就够了，只指出由无（阶）级社会到阶级社会再到无（阶）级社会的过渡也就够了。就摩尔根说，他把历史分为三期，除了其资产阶级历史观沿用这些名称外，还因为他所研究的范围限制了他，“在三个主要时代——蒙昧期、野蛮期和文明期——中，其实只有前二个时代以及向第三时代的过渡时期才是他所感到兴趣的。”因此他不可能对全部人类历史作出五种生产方式的划分。但他把野蛮期和文明期作了“对照”，并认为“进步”是一种“法则”，作出了文明期必将被“社会未来更高阶段”代替的断语。这说明摩尔根已超出资产阶级历史观而接近于历史唯物主义的观点。自然，关于蒙昧、野蛮和文明这些名称是不一定要沿用的。

第 28 页：“二　家庭”

【黎虎批注】①：家庭既属于上层建筑又属于基础的范畴。“德意志意

① 按，从第 28 页起是《家庭、私有制和国家的起源》的第二个部分“二家庭”，故而此处批注，是写在本页的天头处，应该是黎虎先生对于这一页的内容所进行批注，属于总括性质的批语。因为下面在不同段落处，还有一些批注文字。又，本页倒数第 7—4 行，黎虎先生（转下页）

识形态”指出：家庭关系是社会生产的一种特殊类型。这是说家庭完成著社会物质生活条件一个重要条件——人口再生产的任务。但决不意味着家庭就是生产。

家庭是社会关系的一种复杂形式，表现出经济的关系、法律的关系、思想的关系、道德的关系。家庭是社会的细胞。

第一段：第3—5行：“他发见易洛魁人还在奉行一种亲族制度，这种亲族制度是和他们的实际的家庭关系相矛盾的。易洛魁人中盛行一种双方可以轻易离异的个体婚制，摩尔根把它称为‘对偶家庭’。”

【黎虎批注】①：易洛魁人实行对偶婚，但其亲族制度则为族外群婚制，即普那路亚制。

第一段：第8—18行：“易洛魁人的男子，不仅把自己亲生的孩子称为自己的子女，而且把他兄弟底孩子也称为自己的子女，而孩子们都把他称为父。另一方面，他把自己姊妹底孩子称为自己的姪子和姪女，他们称他为伯父。……这并不是一些空洞称呼，而是实际上流行的对血统关系底亲疏及同等与否底见解之表现；这种观点是一个完备地构成的亲族制度底基础，这种亲族制度可以表现个别人底数百种不同的亲族关系。”

【黎虎批注】②：易洛魁人的亲族制度：男子把自己的亲生子女和兄弟底孩子都称为自己的子女，而孩子们都把他称为父；女子亦然。他的姊妹的孩子他称之为姪。

第29页，第二段，第1—2行：“亲族关系在一切蒙昧及野蛮民族底社会制度中起有决定性作用……”

第6—8行：“父、子女、兄弟、姊妹等称谓，并不是什么仅仅尊敬

（接上页）批注了一个“?”，应当是对这段话内容有所疑问，或有所质疑，因为黎虎先生其时正在进行鄂伦春族原始社会状况的调查工作，可能感到恩格斯所说的这些话，与他在民族调查中的所见到的实际情形无法形成吻合，或无法解释，故而以“?”标示其困惑。以下凡标示“?”者，原因或同。

① 按，此处正文下的多数划线已经淡化，唯“对偶家庭”四字下面的双粗线条十分显明。

② 按，所引用的正文部分，省略号之前的文字黎虎先生并未划线，但从其批注语来看，所批注的对象应该是从这个地方开始的。而省略号之后的文字，黎虎先生在其下面以粗线条标示，并在旁边打上一个大大的“?”，应该是对这个说法有所怀疑。这是因为黎虎先生经过对鄂伦春族社会生活情况的实地调查，可能感觉这些说法与他所见到的鄂伦春族的实际情况不能吻合，故而产生了疑问。

的称呼，而是一种负有完全确定的、异常郑重的相互义务的称呼，这些义务底总和便构成这些民族底社会制度底主要部分。”

【黎虎批注】[①]：夏威夷实行族外群婚制（普那路亚），但其亲族制度是血缘家庭。

第二段，第10—13行：“在这种家庭中也有父和母、兄弟和姊妹、子和女、伯叔父和伯叔母、姪子和姪女等称谓，正和美洲及古印度人的亲族制度所要求的一样。然而，好奇怪！夏威夷诸岛上所行的亲族制度，又是跟该地事实上存在的家庭形式不相符合的。”

第17—19行：“如果美洲的亲族制度，是以在美洲已经不存在、而在夏威夷群岛上尚可确实找到的比较原始的家庭形式不前提，那末，另一方面，夏威夷的亲族制度却指出了一种更加原始的家庭形式……”。

【黎虎批注】：夏威夷的亲族制度：兄弟姊妹的孩子都看作是自己的孩子。

第30页，第一段，第4—6行：“当家庭继续活着的时候，亲族制度便僵化起来；当后者成为习惯而继续存在着的时候，而家庭却已长过它了。”

第9—11行：“我们根据历史上所传下来的亲族制度，也可以以同样的确实性断定一种适应于这个制度的业已绝迹的家庭形式是存在过的。”

【黎虎批注】[②]：夏威夷的亲族制度和其后的易洛魁亲族制度，都与他们的实际的家庭关系不符合。为什么呢？根据社会意识落后於社会存在的原理，家庭不断发展了，而亲族制度却成为习惯而继续存在着。恩格斯关于“社会化石”——“历史文化残余”的历史分析，是辩证唯物主义的新旧事物矛盾统一发展的方法论。

第二段，第1—5行：“刚刚讲过的亲族制度与家庭形式，跟现在所盛行的亲族制度和家庭形式不同的地方，就在于每个孩子有几个父亲和母亲。按照美洲的亲族制度（夏威夷的家庭是跟它相当的），兄弟和姊妹

---

① 按，本段第1—2行、第6—8行的文字，黎虎先生分别在旁边标示以“?”。批注文字则是写在第6—8行的旁边，但从批注内容来看，应该同时针对上述文字的，只不过黎虎先生对于其中的一些说法，可能还存有一定的质疑，故而以“?”标示。

② 按，此处批注书于天头处。又，倒数第7—6行，黎虎先生标示以“?”。

却不能成为同一孩子底父亲与母亲；反之，夏威夷的亲族制度，却以通常都是这种情形的家庭为前提。”

【黎虎批注】[①]：批判以传统观点看待历史上的家庭形式，指出家庭形式随社会发展而发展变化。

第31页，第二段，第2—4行：“曾经存在过一种原始的状态，那时部落之内盛行毫无限制性的性交关系，因之，每个女性属于每个男性，同样，每个男性也属于每个女性。”

【黎虎批注】：乱婚

第三段，第3—6行：“列杜诺氏（‘婚姻和家庭之进化’一八八八年）曾搜集了好多事实，用来表明完全杂乱的性交关系也是为这里的低级发展阶段所固有的。但是我们从这些事实中只能得出这样的结论，即它们对于人类及其原始生活条件绝对没有证明任何东西。”

【黎虎批注】[②]：动物界的例子不能证明人类社会的任何问题：
他们认为，杂乱婚是低级动物才有的，
即动物界的例子。

第32页，第一段第7—10行，“如果我们只限于哺乳动物，那末我们在这里可以找出性生活底一切形式——杂交、类似群婚的形式、多妻制、个体婚制；所缺乏的只是多夫制，只有人类才能达到这一点。”

【黎虎批注】：1. 动物界没有一夫多妻制，说明人类比动物进步和高级，人类能以忍耐而结成群。

2. 他们的断言往往是矛盾的

第一段，倒数第5—4行，“在哺乳动物中，智力发展底程度与性的

---

① 按，此处批注除正文所写之外，黎虎先生在“美洲的亲族制度”下划粗线，并夹行批注：“普那路亚制”；“夏威夷的亲族制度”下划粗线，并夹行批注：“血缘婚制”。

② 按，第三段第2行，黎虎先生除了批注语外，还同时标示“？”。“问题”二字，黎虎先生用了速记法，将之写为“门”中加一“T”字母，这是速记法常用语。又，这些批注文字分别写在三处，如“即动物界的例子”即写在最后一行划线处。然而，综合上下文意来看，这些应该合并一处，语义就完整了，即：“动物界的例子不能证明人类社会的任何问题：他们认为，杂乱婚是低级动物才有的，即动物界的例子。”

结合的形式之间，根本没有严格的关系。”

【黎虎批注】[①]：不能以性的结合形式去判断智力的高低。

第 33 页，第二段，第 2 行，“高等动物底群与家庭并不是互相补充，而是相互对立的。”

【黎虎批注】：动物社会对人类社会的推论有若干消极意义：

第二段，倒数第 6—1 行：“比家庭更高级的社会形式”

【黎虎批注】：指群，社会

第二段，倒数第 5 行：“那末这只是由于它把已遭受了根本变化的家庭溶化在自身之中……”

【黎虎批注】：1.“它”，黎虎先生批注曰：“群，社会”。2.“自身”，黎虎先生批注曰：“群，社会”。3.“遭受了根本变化”，黎虎先生批注曰：“由于社会的影响”。

第二段，倒数第 4—3 行：“但正由于这一点，这并不排斥那些家庭以后在无限优越的环境下得以重新组织起来”

【黎虎批注】：1.“这一点”，黎虎先生批注曰：“即家庭服从于群”。2.“无限优越的”，黎虎先生批注曰：“指私有制出现以后，即原始的社会是没有家庭的，其后才出现家庭。”

第 34 页，第 3—6 行：“单是这一事实，就足以证明动物的家庭与人类的原始社会是两不相容的东西，原始人类自脱离动物状态以后，或者全然不知道有家庭，或者，至多只有动物中所没有的那种家庭。”第 9—11 行：“但是为了在发展过程中脱离动物状态，实现那在自然界中绝无仅有的伟大进步，还需要一种因素：即以群底联合力量与集体行动来补足个体自卫力量底不足。”

【黎虎批注】[②]：从“处在形成过程中的人”的特殊矛盾论证杂乱性交的必然性。即：这种“人”毫无防御能力，但都要脱离动界现实自然

---

① 按，此处黎虎先生除了批注语外，还在这句话的旁边标示“?”。

② 按，黎虎先生在上述第 3—6 行、第 9—11 行文字的下方划出了波浪线，因此这段批语应该主要就是针对这些内容来说的，或者是说对这些文字内容所作的理解或诠释。

界中最伟大的进步。在这种矛盾下，“人”必须用群的联合力量和集体行动来弥补个人力量的软弱。为此，成年雄者的嫉妒心理就必须服从群的联合。结果就是整群的两性互为所有。

第11—13行：“用今日类人猿所生活的那些条件来说明向人的状态的过渡，是绝对说不通的；这种类人猿宁可说给我们一种误入歧途底印象，此种歧途使它注定要逐渐灭绝，不论如何，要处在衰落状态中。”

【黎虎批注】[①]：类人猿的个体婚制度较巩固。今天的类人猿已堕落，向下发展。不能以此来说明向上发展的人类社会。

第15—16行：“成年雄者相互忍耐，嫉妒的消除，乃是形成这样大而永恒的集团底第一个条件，由动物转变这人类只有在这种集团的环境中才能办到。”

【黎虎批注】：嫉妒是较后发展起来的感情。

倒数第3—2行：“归根结蒂，叫我们想到一个跟由动物状态转向人类状态底过渡相适应的杂乱的性交关系的时期……”

【黎虎批注】：由动物变成人正需要复杂婚，动物没有这一点。

第36页，第三段，第1—4行：“一、血缘家庭（The Consanguine Family）——这是家庭底第一个阶段。在这里，婚姻集团是按照辈数而区分的：在家庭范围内的所有祖父祖母，都是互为夫妻；他们的子女，即父母，也是如此；同样，后者的子女，构成共同夫妻的第三个范围。”

第7—8行：“兄弟与姊妹——同胞兄弟姊妹、从兄弟姊妹、再从兄弟姊妹等，都是互为兄弟姊妹，正因此之故，也一概互为夫妻。”

【黎虎批注】[②]：群婚的初级阶段

（劳动中的简单自然分工〈性别、年龄〉对于从乱婚进到血缘婚有一定影响作用。由于生产劳动的发展，原始人群中有了自然分工，由此形成了不同的集团，而在年龄相近的辈份中发生通婚关系，从而出现第一个婚姻形态——血缘家庭。）

---

① 按，黎虎先生在所写这段批注文字的旁边，标示以一个大大的“?”，不知其意何指。

② 按，正文中的文字除划波浪线外，“正因此之故”五字的下面还特别加上着重号。

第 37 页，第三段，第 1—3 行：“二、‘普那路亚’家庭（The Punaluan Family）——如果家庭组织上底头一个进步是在于从相互的性交关系中排斥了父母和子女，那末，第二个进步便在于从这一关系中排斥了姊妹和兄弟。”

第 9—12 行：“这一进步可以作为‘自然选择原则是在怎样发生作用底最好例解’。不容置疑，凡血族相奸因这个进步而被限制的部落，其发展一定要比那些依然把兄弟姊妹间的结婚当作惯例和义务的部落更加迅速，更加完全。这个进步底影响有多么强……”

【黎虎批注】①：自然选择原则对排斥亲族通婚的作用

第 38 页，第二段，第 2 行“直到野蛮底中级阶段之后期为止”

【黎虎批注】：即整个石器时代、金属器时代之前。

第 5—13 行：“不过，当同母所生的子女之间不许有性交关系的观念一经发生，这一定要影响于旧家庭公社底分裂与新家庭公社（Hausgemeeinden）底成立（这种公社不一定要与家庭集团相一致）。一列或者数列姊妹成为一公社底核心，而她们的同胞兄弟则成为别一公社底核心。摩尔根名为‘普那路亚’的家庭便经过这样或类似的途径而由血缘家庭发展出来了。按照夏威夷的习惯，若干数目的姊妹——同胞的或血统较远的（从姊妹，再从姊妹等）——曾为她们共同丈夫们底共同的妻，但是这些共同丈夫们之中，排除了她们的兄弟。这些丈夫们彼此已不再互称为兄弟，他们也再没有必要成为兄弟了，而称为‘普那路亚’，即亲密的伴侣，伙伴。”

【黎虎批注】②：血缘家庭发展为普那路亚家庭的途径：同胞兄弟姊妹不许有性交关系的观念产生，使旧家庭公社分裂为新家庭公社；原始共产主义经济规定了原始家庭的规模。

第 6—7 行之间夹行批注：血缘婚时已有家庭公社

第 7—8 行之间夹行批注：即兄弟已成为另一公社的组成部分了。

---

① 这个批注所引正文后面的省略号部分，已是到了下面，包括下页的第一段，整个都被划上了波浪线，这就是说，这个批注是针对包括下页内容的整段文字来说的。

② 按，在这整段文字的左侧中间位置。黎虎先生标示以一个大大的“?”。

第 12—13 行右侧批注：普那路亚制的特点：

第三段："这种家庭形式十二分精确地把美洲制度所表现的亲族等级提供给我们了。我的母亲底姊妹子女，还是她的子女，同样，我的父亲底兄弟底子女也还是他的子女，他们全是我的兄弟姊妹；但是我……"

【黎虎批注】：姊妹的子女相互称兄弟或姊妹。兄弟的子女亦然。

第 39 页，第一段（文字内容过多，兹省略不录）。

【黎虎批注】[①]：第 1—6 行批注：兄弟称姊妹的子女为侄，兄弟和姊妹间的子们不能互称兄弟姊妹，而是从兄弟与从姊妹。

第 7 行批注：即兄弟的子女之间（或姊妹的子女之间）

第 11 行批注：即姊妹和兄弟之间的子女之间的关系。

第 40 页，第二段，第 1—2 行："氏族制度，在绝大多数场合之下，似乎是从'普那路亚'家庭中直接发生的。是的，澳大利亚人的等级制度（Class system）也可以成为氏族底出发点：澳大利亚人有氏族，但他们还没有'普那路亚'家庭，而是更粗野的群婚形式。"

【黎虎批注】：普那路亚制导致氏族组织的产生：

氏族应是从族外群婚产生的，普那路亚只是其典型形式。

第三段，第 4—5 行："只要存在着群婚，那末血统就只有从母亲方面来确定，因之，也只有承认母系。"

【黎虎批注】：①这种情况下，子女只能确认生母，因而血统只有依母系计算。

第 41 页

【黎虎批注】：构成原始形式的氏族成员：姊妹集团及其子女及她们的兄弟[②]。

第二段，第 1—6 行（原文略）批注：②由此便自然地形成一个以共同的始祖母为中心的血族集团——母系氏族。

---

① 按，第一段文字过多，故略去不录。第二段的旁边，黎虎先生标示以"?"。

② 按，此处批注写于该页的天头处。

第二段第 10—19 行（原文略）[①] 批注：氏族是以血缘关系结成的原始社会的基本单位，其内部实行禁婚；生产资料公有，集体生产、集体消费；公共事务由选出的氏族长管理，重大问题由氏族成员会议决定。

第 42 页，第一段第 3 行："才知道摩尔根在这里走的太远了。"

【黎虎批注】：即普那路亚只是群婚的最高的典型形式，其前还有一整列的其他群婚形式。

第二段第 1—4 行："英国传教士罗里麦·费逊，使我们的关于群婚的知识更加丰富起来，他在这种家庭形式底典型的故乡——澳大利亚，把它研究过多年。他在南澳大利亚甘比亚山区域的澳大利亚黑人（Australian Negroes）中发见了那最低的发展阶段。"

【黎虎批注】：群婚低级阶段的实例——等级制度。

第 5—7 行："克洛基（Kroki）与库米德（Kumite）。每个等级内部严格禁止性交关系；反之，一等级底每个男性生来就是别一等级底每个女性底丈夫，而后者生来也是前者的妻。

【黎虎批注】：（普那路亚之前的形态）[②]：

第 10—13 行："库米德底每个女性，对克洛基的任何男性，乃是他当然的妻；但是，他自己的女儿，既是库米德女性所生，根据母权说来也算为库米德，那末，因此之故，她生来就是每个克洛基底妻，从而也就是自己的父亲底妻。"

【黎虎批注】：即父女之间的性关系尚未明确排斥。

第 17 行：1. "等级制度也许是从杂乱的性交关系状态中直接发生的" 1.

第 19—20 行：2. "当前的状态指出其前有血缘家庭的存在，而且是迈越过它（血缘家庭。——译者）的第一步。"

---

① 此处因正文字数过多，故省略。从批注前标注序号②之情形来看，很可能是与前面一页所标符号①的批注，成对应关系，这两个批注之间应该存在前后连接的逻辑关系。以下凡标注"正文略"字样，皆因为正文字数过多而不便迻录者。

② 按，此批注"普那路亚之前的形态"，应当就是指"克洛基与库米德"而言。

【黎虎批注】[①]：对等级制度的二种说明：

即当前状态（父女相奸）只是以前存在过的血缘家庭的残余。

指四等级制

第43页，第二段，第3—5行：“它仅排斥母方兄弟姊妹间、兄弟底子女间、姊妹底子女间的结婚，因为他们都是属于同一等级的；反之，姊妹底子女与兄弟底子女却能相互结婚。”

【黎虎批注】：禁止血族相奸的进一步办法：

第10行批注：左传：穆 昭

第12行批注：兄弟（及）姊妹[②]

第14—18行：“由于母权氏族底插入……阻止血族相奸的意向，一而再再而三地表现出来，然而这一意向只是本能地自发地进行的，并无明确的目的意识。”

【黎虎批注】[③]：即母权社会中还有从兄弟姊妹、姑舅叔伯等关系，情形就更加复杂了。

即只有朦朦胧胧的意识。

第44页，第二段第1行：“对女子的劫夺，已现出向个体婚制过渡的徵候”。

【黎虎批注】[④]：“掠夺婚姻”。（约产生于母权制向父权制过渡时期）

---

① 按，批注语“对等级制度的二种说明”写在左边空白处，而正文第17行、第19—20行的文字前面，不仅文字下面划出波浪线，而且在开头处分别标示数字1、2，因此这划线的内容，就是“对等级制度的二种说明”无疑。又，批注语“即当前状态（父女相奸）只是以前存在过的血缘家庭的残余”，书写于“当前的状态指出其前有血缘家庭的存在，而且是迈越过它（血缘家庭。——译者）的第一步。”之下，应当是对这两句话的针对性阐释。又，批注语“指四等级制”，书写于本页地脚处，应当是对本页所述内容的总括性批注。

② 按，此处原文：“兄弟姊妹（母方的）底子女不得为夫妻”，黎虎先生在“兄弟”与“姊妹”之间，以添加符号增加了一个“及”字。应该是他通读上下文之后，感觉此处应该加上“及”字，从而使上下文逻辑联系更加密切。

③ 按，此批注的前半部分书写于右侧空白处。“即只有朦朦胧胧的意识”一句，则紧接着原文的最后一句话，应该是对原文作进一步诠释。

④ 按，批注写在第二段左侧空白处，此外还有一个“？”位于第二段最后几行划线文字的左侧，应该是对此有所疑问。

第 45 页，第一段，第 1—3 行：“三、对偶家庭（The Pairing Family）——一对一对的配偶在或长或短期间内的某种同居，在群婚时，或者还更早的时候，便已经发生了；一个男性在许多妻中间有一个正妻（还不能称为爱妻），而他对于她也是其他许多丈夫中间的一个主夫。”

【黎虎批注】：对偶家庭产生问题：1，从群婚制中逐渐发展而来。★对偶同居发生很早

第 5—7 行：“这一基于习惯的对偶同居，因氏族底愈趋发达，及因不许互相通婚的‘兄弟’及‘姊妹’等级底愈益加多，一定要逐渐巩固起来的。氏族对禁止血族间结婚的推动更加向前发展了。”

【黎虎批注】：对偶同居逐渐巩固

第二段，第 1—2 行：“自然选择也继续在发生着效力。”

【黎虎批注】：2，自然选择继续起作用

第三段，第 1—3 行：“原始时代家庭底发展，就在于两性共同婚姻的范围底不断缩小，这个范围最初是包括全部落的。由于次第排斥亲族通婚——初为近缘者、次为远缘者、最后以至仅有姻戚关系者，一切群……（省略号转下页）”

【黎虎批注】：由杂乱性交到对偶婚的发展是排斥亲族通婚的结果

第 46 页，第一段，第 3—4 行：“近代所谓个人的性爱与个体婚制底发生是如何地很少共同的地方了。”

【黎虎批注】：即个体婚制的发生是由于氏族制度发展的结果，而不是性爱发展的结果。

第二段，第 1—4 行：“这种对偶家庭，本身还很脆弱、还很不稳定，不能引起自营家庭经济的要求和愿望，故早期所传下来的共产制家庭经济并未因它而解散。但是共产制家庭经济表示女性在一家内底统治地位，由于不能确认生父，只能认知生母，因而表示对女性（即母亲）底高度尊敬。”

【黎虎批注】：女性占统治地位

第 47 页，第 14—16 行：“在共产制的家庭经济治下，全体或多数女性是属于同一氏族，而男性则分属于各种不同的氏族，此种共产制的家

庭经济乃是原始时代到处通行的女性统治底真实基础。”

【黎虎批注】[①]：女性统治的基础是共产制的家庭经济

倒数第6—5行：“有些民族的女性的操作比我们所设想的更多，这些民族，对于女性怀着比我们欧罗巴人更多的真正尊敬。”

【黎虎批注】：他们认为女性地位低因而工作负担重，

第48页，第1段

【黎虎批注】：群婚的遗迹。

第2段

【黎虎批注】：由群婚到对偶婚的各种过渡形态[②]。

第2—3行之间夹行批注：巴苛芬是一个唯心主义者

第50页，第三段，第1—2行：“巴苛芬坚决主张，从他所谓的‘杂婚制’或‘污泥生殖’之转向个体婚制，主要是由女性所完成，这是绝对正确的。”

【黎虎批注】：向个体婚转变主要是由女性完成的

第51页，第二段，第1—3行：“对偶家庭发生于蒙昧与野蛮之间的分界上，主要是在蒙昧底高级阶段上，只有个别地方是在野蛮底低级阶段上。这是野蛮时代所特有的家庭形式……”。

【黎虎批注】[③]：对偶婚是野蛮时代所特有的家庭形式

第2行“野蛮时代”批注：新石器时代

第4—8行：“要使对偶家庭进一步发展而成为牢固的一夫一妻制，除了上述诸种原因以外，还需要别的原因。在对偶共居中，群已经减缩到它的最后单位，仅由两原子而成的分子，即一男与一女。自然选择是通过对共同婚姻的日益扩大的禁止而进行的；在这一方面，它再也没有要做的事了。”

---

① 本页只是一段，黎虎先生在右侧空白处连写了两个大大的“？”。

② 按，第48页的两个主要批注，分别书写于第一段、第二段文字上部左侧的空白处，段落有些句子划线或标示着重号。

③ 按，除了对1—3行的内容批注外，“野蛮时代”四字下加着重号，并单独批注：“新石器时代”。又，本页第3、4段两段文字的右侧，打一“？”。

【黎虎批注】：对偶婚向一夫一妻转变的原因：自然选择已失去作用，新的动力开始发生作用。

第 8—10 行：“如果没有新的社会动力发生作用，那便没有可以从对偶共居中发生新的家庭形式的原因了。但是这种动力毕竟开始发生作用了。”

【黎虎批注】：即下面所谈的社会财富的增加。

第 52 页，第 2 段

【黎虎批注】：私有制的出现。

第 2 行“《创世纪》”批注：旧约全书第一卷

第 2—3 行“亚伯拉罕”批注：犹太族之始祖

第 3 段：

【黎虎批注】：奴隶制出现

第 4 段：

【黎虎批注】：私有财产对对偶婚及母权制的打击

第 3 行批注：①男子经济地位加强[①]

第 53 页，第 1 段

【黎虎批注】：继承制的变化。

第 2 段：

【黎虎批注】：②私有制与母系继承制发生矛盾[②]

第 3 段，倒数第 4—2 行：“这就废止了按照女系确定血统及依母权制继承的办法，而确立了按男系确定血统及父系的继承权。”

【黎虎批注】：父子继承权确立

第 54 页，地脚处

---

① 按，第 52 页的批注比较分散，既有针对每一段落的、写在左侧空白处的总括式批注，也有针对具体具体内容的夹行批注。另外，第 52 页最后一段与第 53 页的第一段是一个整体，因此写在第 53 页右侧的第一批注，实际上是针对第 52—53 页整段内容而言的。

② 联系上下文，可知此条批注，与第 52 页标示序号①的批注，二者之间应该是有逻辑关系的。

【黎虎批注】[①]：母权制过渡到父权制之后，对偶婚向一夫一妻制过渡才完成？

第55页，天头处

【黎虎批注】：父系氏族是对偶婚的一夫一妻制的过渡，一夫一妻制在阶级社会才完全确立，即“一夫一妻制是与文明期相适应的。”

第一段，第1行：“如此确立的男性独裁制底第一个结果，便在此时发生的家长制（按，以上文字在第54页）**家庭（The Patriarchal Family）这中间形式上表现出来。”**

【黎虎批注】：父权制的结果：家长制家庭。

第5—9行：“其特质一是把非自由人包括在家庭以内，一是父的权力；所以这种家庭形式的完善的典型乃是罗马的家庭。家庭这一词，起初并不是表示现代庸人底那由伤感与家庭不睦所构成的理想；它在罗马人中间，当初完全不是用于夫妻及其子女，只是用于奴隶罢了。”

【黎虎批注】：（它是从对偶家庭到一夫一妻家庭的过渡形式。由好几个家庭组成，而由一个家长来支配，权利掌握在男性手里。如果把它看成只是一个丈夫一个妻子和他们的孩子，那就不对了。）

倒数第7—6行：“这一用语并不比拉丁部落底严酷的家庭制度来得早些，此种家庭制度是在采用耕作及奴隶制合法化以后，同时……”

【黎虎批注】：其家长制特别厉害，

即家庭与家长制家庭是同时产生的，二者就是一个东西

第56页，第一段，第1—2行：“自有了家长制的家庭，我们才进入成文历史底领域，同时也进入那比较法学能给我们以巨大帮助的领域了。

【黎虎批注】[②]：实验法学派之一，以比较对照各种法律，辨其异同，而探究法律之原理为目的，孟德斯鸠首倡之。

第5—9行：“今天我们在塞尔维亚人及保加利亚人中所见到的那种

---

① 按，本页文字划线处颇多，但批注唯有写于地脚的一处文字。

② 按，此条批注，应当主要针对“比较法学”而言的，因为这些文字划波浪线之外，“比较法学”四字下面着重加强。同时，还在左侧空白处打一“？”。

称为‘Zadruga’（友谊）和‘Bratstvo’（同胞）的家长制的公社（patriar chalische Hausgenossenschaft），以及在东方诸民族中所见到的那种形式改变了的家长制家庭公社，乃是一个从发生自群婚并以母权制为基础的家庭到现代个体家庭底过渡阶段。”

【黎虎批注】：家长制家庭公社是群婚和母权制为基础的家庭到现代个体家庭的过渡阶段。

第59页，第二段，第2行：“它是在野蛮中级阶段与高级阶段的交界上由对偶家庭发生的”。

【黎虎批注】：新石器晚期

第三段，第1行：“这种新的家庭形式底最严正的例子，是在希腊人中间出现的。”

【黎虎批注】：妇女地位降低。

第4—5行：“但到英雄时代，我们便见到妇女的地位已因男性底支配与奴婢底竞争而降低了。”

【黎虎批注】：亦称荷马时代（因此时形成“荷马史诗”），希腊氏族制度解体的时代。到公元前8世纪诸城市国家建立而解体。

第62页，第二段，第2—5行：“它决不是个人性爱底结果，它与个人性爱绝无共同之处，因为婚姻依然还是像以前一样权衡利害的。一夫一妻制不是以自然条件为基础，而是以经济条件为基础，即以私人所有制对原始的天然成长的共同所有制的胜利为基础的头一个家庭形式。”

【黎虎批注】：前者权衡氏族的利益，后者权衡经济的利害。

第三段，第1—4行：“这样看来，个体婚制在历史上决不是当作男女之间的和解而出现的，更不是当作最高的婚姻形式而出现的。正好相反。它是作为一性的被别一性所奴役，作为史前时代从所未有过的两性对抗底宣布而出现的。”

【黎虎批注】：一夫一妻制家庭的实质

地脚处

【黎虎批注】[1]：马克思认为阶级、私有制是分工的结果。但这分工不是过去那种男女的自然分工，所以恩格斯加上几句话加以解释。

第 63 页，第二段，第 1—2 行："古时的性交关系底相对自由，并未因对偶婚或甚至个体婚制底胜利而消失。"

【黎虎批注】：一夫一妻制仍留存群婚的影响：

倒数第 4—2 行："在其他各民族中，杂婚制是起源于允许少女在结婚前有性交的自由——因之，也是群婚底遗风，不过此种遗风是由其他途径传到今天的。"

【黎虎批注】：一夫多妻、一妻多夫、卖淫等

第 65 页，第二段，第 6—7 行："个体婚制底发展上的巨大的进步却无疑是随德意志人底出现于历史舞台而俱来的……"

【黎虎批注】：一夫一妻制的巨大进步——近代的个人性爱

倒数第 7—5 行："……因为母亲的兄弟——依照母权制是最近的男性同族人——在他们还承认为比自己的亲父还要更近的亲族……"

【黎虎批注】：即认为伯、叔父比亲父更亲

第 66 页，第一段第 2 行："一个崭新的要素也随着德意志人的出现而获得了世界的统治。"

【黎虎批注】[2]：即个人性爱

第 3—5 行："在各民族混合的过程中，在罗马世界底废墟上发展起来的新的一夫一妻制，使丈夫底权力具有了比较柔和的形式，而使妇女至少从外表上看来有了古典的古代所从未有过的更受尊敬和更自由的地位。"

【黎虎批注】：为什么？

---

① 按，此条批注应该是黎虎先生针对恩格斯随后的一段文字而写的。因为恩格斯在随后的叙述中，谈到了他与马克思于 1846 年合著的一篇尚未发表的手稿，恩格斯说："现在我可以附加几句：……"（《家庭、私有制和国家的起源》黎虎珍藏本，第 62—63 页）

② 按，此条批注是针对"一个崭新的要素"而言的。

第二段（原文略）：

【黎虎批注】①：进步原因

第三段（原文略）：

【黎虎批注】②：头一个性爱形式——武士之爱

第 67 页，第二段，第 1—2 行："在今日的资产阶级中间，结婚有两种方式。在天主教诸国，父母依然为年幼的资产阶级的儿子选择适当的妻……"。

【黎虎批注】③：资产阶级家庭

第 68 页，第二段，第 7—9 行："只有在被压迫阶级中间，从而在今日的无产阶级中间，性爱才会并且才能成为对妇女的关系的常规，不管这种关系是否为官方所认可。"

【黎虎批注】④：劳动阶级才有建立在爱情基础上的家庭：

1. 不存在男性压迫女性的经济基础。

第 12 行：①"在这里是没有确立男子支配权底任何冲动了"

第 17 行：②"自大工业迫使妇女走出家庭、进入劳动市场及工厂……"

【黎虎批注】⑤：2，妇女参加劳动，摆脱了经济上受奴统的地位。

地脚处

【黎虎批注】⑥：（对无产阶级家庭来说，一夫一妻制剩下来的只是名称，而不是它的实质。因为按照原来一夫一妻制的实质，确立男子对财产的支配权，在这里没有意义了；由于妇女参加社会劳动，妇女获得了

---

① 这条批注显然是指，第二段的内容是解释婚姻制度进步的原因。

② 按，在第三段左侧空白处，同时标示一个大大的"？"。

③ 按，第 67 页第一段右侧空白处，标示一个大大的"？"。

④ 按，原文中除划线外，"无产阶级"四字下，还同时标有着重号。

⑤ 按，此条批注前标注序号"2"，显然是与前面标注序号"1"的批注，存在逻辑递进的关系，都是对批注语"劳动阶级才有建立在爱情基础上的家庭："的注解。

⑥ 按，此条批注写在本页的地脚，根据批注的内容，可知这条批注应该是有所针对的，阅读原文可知应该针对这些内容而写的："无产者的家庭，即使在最热烈的爱情及两方都守贞操之下，也不管有任何宗教的及世俗的祝福，再也不是严格的一夫一妻制了。"（《家庭、私有制和国家的起源》，黎虎珍藏本，第 68 页）

离婚权利，一旦双方失睦，妇女可以提出离婚。无产阶级家庭的关系是建立在一种新的经济基础上的，这就是互爱和互助的关系。这里剩下的只是过去一夫一妻制的残余。）

第69页，第三段，第1—2行：“这种纯法律的论据，与急进的资产阶级共和主义者在愚弄无产者时所用的完全一致。”

【黎虎批注】：资产阶级法律关于自愿结婚和男女平等的虚伪性。

第70页，第4—12行：“随着家长制家庭底发生……那末就不能尽家内的义务了。”

【黎虎批注】[①]：新的家庭关系在资本主义制度下还不能完全实现：（资本主义生产方式的矛盾必然反映在无产阶级家庭中）

第71页，第一段，最后1行：“男子对于女奴隶的支配和一夫多妻制”

【黎虎批注】：即家长制家庭

第三段，第1—3行：“不过，我们现在正在迎接着一种社会革命，那时，迄今以前所存在的一夫一妻制的经济基础，以及它的补充物——卖淫——底基础，都不可免地要归于消灭的。”

【黎虎批注】：社会主义条件下的家庭：

过去的一夫一妻制家庭的经济基础消灭了

第72页，第二段：“可以不无理由地答道：它不仅不消灭，反而只有那时它才能十足地实现。……卖淫消灭了，一夫一妻制不是终止其存在，而是对于男性最后也成为现实了。”

【黎虎批注】：一夫一妻制的真正实现

第三段，第2—5行：“随着生产资料底转化为社会公有，个体家庭也不复是社会底经济部位了。私人的家庭经济变为社会的工业。孩子底照管及其教养成为公众的事情；社会同等地关切一切儿童，无论是婚生的或是非婚生的。”

---

① 按，在本页倒数第9—8行左侧空白处，标示“？”。倒数第2—1行左侧空白处，标示“！”。

【黎虎批注】：个体家庭不再是社会经济单位

第四段：“在这里，一个新的因素，即个人的性爱，开始发生作用了，这个新的要素在一夫一妻制发展的时候，只是一种萌芽而已。”

【黎虎批注】：个人性爱发生作用

第151页，第2段，倒数第3—1行：“他们没有使自己的这种隶属形式达到充分发展的奴隶制，也没有达到古代的劳动奴隶制，更没有达到东方的家庭奴隶制——以外，还应归功于什么呢?”

【黎虎批注】：“既没有”的“既”字画圈；“也没有”下面划线，书一“既”字；“更没有”下面划线，书一“也”字。

第152页，第3段（原文略）

【黎虎批注】：野蛮低级阶段（氏族的全盛时代）

第156页，第3段（原文略）

【黎虎批注】：野蛮高级阶段（铁器时代）

第158页，末段（原文略）

【黎虎批注】：文明阶段

第161页，第3段（原文略）

【黎虎批注】：氏族制度的瓦解。

第162页，第2段，第1—2行：“我们在前边已经分别地研究了国家在氏族制度的废墟上突起的三种主要形式。……”

【黎虎批注】：国家形成的三种形式。

黎虎

2020－9－21 **审定完毕**

（原刊《中华历史与传统文化论丛》（2022年卷）第7辑，燕山大学出版社2023年版。此读书札记原由李文才负责逐录整理，逐录整理后交黎虎先生审定，包括逐录整理文字前面的“说明”，都是经黎虎先生所审定并认可的。之所以将这篇读史札记收入《黎虎文集：中国古史分期暨社会性质研究》卷，最主要的考虑就是这个读书札记乃是黎虎先生思考中国古史问题的跬步之始，黎虎先生于2020年在《中国史研究动态》第6期所发表的《在社会调查实践中学习〈家庭、私有制和国家的起源〉》一文中，明确指出他思考中国古史分期暨社会性质问题，就是从1958年所参加的全国少数民族调查活动开始的，此后的60余年治史生涯中，他对于这个重大史学理论问题的思考始终没有停止，并且终于以对中古时期“吏民”问题的深入思考和系统研究作为切入点，完成了《中国古史分期暨社会性质论纲——兼论中国传统社会的主要矛盾问题》这一宏文，形成其关于中国古史分期暨社会性质问题全新学术体系，从而在这个重大史学理论问题“成一家之言”。黎虎先生审定并认可所整理的札记文稿后，我曾向黎虎先生表示，应该将之刊布以嘉惠学林，先生亦表示同意，遂有《中华历史与传统文化论丛》刊布稿。今据黎虎先生所审定并认可的札记文稿，并参考上述《论丛》所刊文字整理。李文才敬识。）

就“社会根本矛盾问题”致李文才教授、潘静同学的公开信*

近日李文才教授将潘静同学学习《中国古史分期暨社会性质论纲——兼论中国传统社会的主要矛盾问题》（以下简称《论纲》）的读书笔记转给我看，潘静同学在文中提出一个问题：《论纲》似乎只讲社会主要矛盾而不讲社会根本矛盾。我看了以后非常高兴，感觉潘静同学勤于独立思考，勇于提出问题，这是做学问的可贵素质之一；更对于李文才教授孜孜不倦指导学生探讨中国古代历史中的重大理论问题的做法和精神深感敬佩。下面我简单谈谈潘静同学提出的问题，与同学们一起进行探讨。

所谓“根本矛盾”，主要是指生产力和生产关系的矛盾、经济基础和上层建筑的矛盾。它存在于任何社会的任何时段中，犹如空气和水，弥漫、渗透于人类所生活的世界，因此《论纲》并没有也不可能离开根本矛盾问题进行论述，只不过《论纲》并没有把它当成标签张贴在表面，而是将之深度融入三个时代之中。

第一时代（即“无君—群聚社会”），人类从动物状态进化到人类社会，从而进入文明时代，是因为石器的使用及其不断进步推动的，这是史学界的共识，已不待言。从第二时代（即“王权—众庶社会”）宗族性协作农业到第三时代（即“皇权—吏民社会”）家庭个体农业，从血缘性“众庶”变为地缘性、个体性的“吏民”，就是贯穿着生产力的发展及其所导致的生产关系变化，以木石工具为主的生产力是与宗族性协作农业

---

* 按，此信发出时间为 2022 年 1 月 14 日（周五）。是日 10：24，收到先生来函，附件中的 WORD 文档，即此公开信。

相适应的，以铁器牛耕为主的生产力是与家庭个体农业相适应的；这种经济基础的发展变化，促进了上层建筑之从王权时代进入皇权时代。对此，《论纲》指出：“以铁制农具和牛耕为基本手段的小户型农业是‘皇权—吏民社会’赖以存在和发展的经济基础，从秦汉至明清这一基本模式没有发生根本性变化，表明这一社会经济模式与‘皇权—吏民社会’的相需性、相适性、凝固性。”

《论纲》并非仅仅将生产力与生产关系的矛盾贯穿于三个时代，同时将经济基础与上层建筑之间的矛盾也贯穿于三个时代。在此基础上，《论纲》尤其重视上层建筑对于经济基础的反作用，因而提出“权力的掌控与人力（人口）的掌控是中国古代历史发展演变的两个关键”，并且强调指出这也是中国古代历史所特有的突出特点。中国古代这样一种权力支配、权力主导的社会特点，正是上层建筑反作用于经济基础的体现和结果，也是社会根本矛盾在中国古代历史演进过程中的反映和突出特点。而将中国古代这样一种权力支配、权力主导的社会特点，仅仅归结于土地制度是远远不够的，如果看不到人力在中国历史上的作用，是不可能真正揭示中国历史的真相的。固然“土地是最基本的生产资料和主要财富”，但是仅仅认识到这一点远远不够，还应当看到人的作用，应该明确认识到人乃是生产力中最积极的因素，是较诸土地更为重要的社会财富。拙文《在社会调查实践中学习〈家庭、私有制和国家的起源〉》中有这样一段话：“我在《论纲》中提出决定中国古代社会历史发展的两个关键之一是‘人力（人口）的掌控’，这一重要论断的思想和理论根源也可以追溯到早年学习《家庭、私有制和国家的起源》带来的涵养，在学习恩格斯《一八八四年第一版序言》关于‘历史上的决定要素’与‘人类自身底生产’的关系时，写了如下的学习体会和心得：‘历史唯物主义虽然否认人口增长和人口密度是社会发展的决定力量，但却承认这是社会发展的物质生活条件之一。人口和物质资料的生产是互相依赖的对立的统一；离开物质资料生产的存在和发展，就没有人类社会的产生和发展，但没有人类的存在和发展，也没有物质资料生产的存在和发展。人不仅是生产力中主要的和能动的要素，是社会劳动分工发展的重要条件之一，也是社会革命的伟大动力。’（《家庭、私有制和国家的起源》黎虎珍藏本第 4—5 页）经过几十年习史实践，我进一步认识到‘人’在中国古代历史发展变化中的重要地位和特殊作用，从而对于中国古史分期和社会性质问题提出了自己独特的见解。”①

但是，人类社会历史的发展不仅模式是多样化的，同一国家的历史发展也是一个极其复杂多变的过程，因此我们不能简单地拿一个公式去套就可以说明问题的。以中国古代历史而言，上述生产力与生产关系、上层建筑与经济基础之间就充满错综复杂的作用与反作用的关系乃至交叉关系和交叉的作用与反作用。我们试以秦皇朝为例以言之。“天下苦秦久矣”导致秦末吏民大起义，这究竟是生产力与生产关系的矛盾，还是上层建筑与经济基础的矛盾？实际上，它包含着上述诸多矛盾关系及其作用与反作用。如《汉书·食货志》中说道：“至秦则不然，用商鞅之法，改帝王之制，除井田，民得卖买，富者田连仟伯，贫者亡立锥之地。又颛川泽之利，管山林之饶，荒淫越制，逾侈以相高；邑有人君之尊，里有公侯之富，小民安得不困？又加月为更卒，已，复为正一岁，屯戍一岁，力役三十倍于古；田租口赋，盐铁之利，二十倍于古。或耕豪民之田，见税什五。故贫民常衣牛马之衣，而食犬彘之食。重以贪暴之吏，刑戮妄加，民愁亡聊，亡逃山林，转为盗贼，赭衣半道，断狱岁以千万数。”② 秦皇朝“收泰半之赋，发闾左之戍。男子力耕不足粮饷，女子纺绩不足衣服。竭天下之资财以奉其政，犹未足以澹其欲也。海内愁怨，遂用溃畔。”③《淮南子》中也有类似中的说法：“秦之时，高为台榭，大为苑囿，远为驰道，铸金人，发适戍，入刍稿，头会箕赋，输于少府。”④司马迁在《史记》中也有差不多的相似记述：“丁男被甲，丁女转输，苦不聊生，自经于道树，死者相望。”“男子疾耕不足以粮饷，女子纺绩不足于帷幕。百姓靡敝，孤寡老弱不能相养，道路死者相望，盖天下始畔

① 黎虎：《在社会调查实践中学习〈家庭、私有制和国家的起源〉》，《中国史研究动态》2020年第6期。按，本文所有注释，均系李文才整理公开信时所添加，目的是方便读者查阅引证。特此说明。

② （汉）班固撰，（唐）颜师古注：《汉书》卷二四上《食货志上》，中华书局1962年版，第1137页。按中华书局点校本此处句读不确，今径改。

③ 《汉书》卷二四上《食货志上》，第1126页。

④ 刘文典撰，冯逸、乔华点校：《淮南鸿烈集解》卷一三《氾论训》，中华书局1989年版，第437页。

秦也。”[①] 诸如此类的记载充斥于史籍。这里面充满生产力与生产关系和上层建筑与经济基础的矛盾，其中既有秦始皇、秦二世及其官僚集团与天下民众之间的矛盾，又有富者、豪民与贫者、小民之间的矛盾，还有统治者内部的矛盾，也有吏民之间的矛盾，还有中外之间的矛盾……，在上述错综复杂、不可胜言的诸多矛盾中，富者、豪民与贫者、小民之间的矛盾固然是生产力与生产关系的矛盾，秦始皇、秦二世及其官僚集团与天下民众之间的矛盾，难道就不是生产力与生产关系的矛盾吗？《论纲》认为这同样是，不仅如此，而且它们同时也是经济基础与上层建筑之间的矛盾。

面对上述犹如万花筒的诸多矛盾及其错综复杂的作用与反作用关系，我们应该如何认识、分析和理解呢？马克思主义为我们提供了一个利器，那就是抓住主要矛盾，因为在事物发展的任何阶段上，必有而且只有一种矛盾居于支配的地位，并起着规定或影响其他矛盾的作用。这种矛盾就是主要矛盾，其他矛盾则是非主要矛盾。我们研究中国古史分期暨社会性质的问题，就是要识别历史发展中的不同阶段及其相互区别，而要准确做到这一点，就是要从主要矛盾的分析入手。一般来说，根本矛盾贯穿于历史发展的不同阶段，而主要矛盾的不同则显示了历史发展的不同阶段，正常情况下，主要矛盾应该是根本矛盾的集中体现。《论纲》认为秦至清两千多年期间的主要矛盾是皇权与吏民的矛盾，从而与第一时代、第二时代有所区别，这一点我们从上述秦朝的材料中可以清楚地看到。因此，皇权与吏民的矛盾，就是秦至清期间生产力与生产关系、经济基础与上层建筑矛盾的集中体现。

近日曹万青同学发来一篇《试论中国封建社会的主要特点》[②]，我稍微看了一下，发现它里面有很多问题是讲不明白的，甚至是根本讲不通的。文章说“中国的封建社会是不同于西欧领主制的另一种类型——地主制”，意即中国古代是封建地主制，西欧是封建领主制。这个说法早在

① （汉）司马迁撰，（宋）裴骃集解，（唐）司马贞索隐，（唐）张守节正义：《史记》卷一一二《主父偃传》，中华书局 1959 年版，第 2958、2954 页。

② 历史理论研究所“中国封建社会的主要特点”课题组：《试论中国封建社会的主要特点》，《史学理论研究》2021 年第 4 期。

“五朵金花”时期已经提出并谈得很多了，当时有学者就提出，中国的西周时期是与西欧相似的封建领主制。而按照这篇文章的说法，则中国从西周到清朝都是封建社会，不过西周是封建领主制，秦以后是封建地主制。但是，这篇文章却又是把封建社会定在秦之后的两千年，这岂非与其前面的说法自相矛盾？

这篇文章并没有明确指出这两千年的主要矛盾是什么，不过从其将这个社会定义为“农民和地主对立的社会”，言下之意这“农民和地主的矛盾”就是当时社会的主要矛盾了。果尔，则我们所引上述史料中所记载的“力役三十倍于古；田租口赋，盐铁之利，二十倍于古”“收泰半之赋，发闾左之戍。男子力耕不足粮饷，女子纺绩不足衣服。竭天下之资财以奉其政，犹未足以澹其欲也。”难道这些就是次要矛盾吗？如果农民和地主的矛盾是秦代主要社会矛盾，那么陈胜吴广起义为什么不喊天下苦“地主”久矣？为什么“天下苦秦久矣”这个口号能够一下子把天下人民调动起来“伐无道，诛暴秦”呢？上述秦始皇、秦二世及其官僚集团与天下民众之间的矛盾，以及富者、豪民与贫者、小民之间的矛盾，这两种矛盾对于吏民的威胁和伤害，孰轻孰重难道不是已经十分清楚了吗？西汉皇朝建立以后，其统治者吸取秦皇朝过度压迫剥削吏民以及由此所导致的大规模吏民反抗的历史教训，于是实行休养生息政策，亦即放松对于吏民的压迫剥削，广大吏民遂因此得以复苏，社会经济因之得以发展，这种结果并非由于富者、豪民放松对于贫者、小民的剥削而造成的，而是皇权放松了对于吏民的压迫剥削而导致的。因此，我认为，不仅地主与农民的关系是生产关系问题，皇权与吏民的关系也是生产关系问题，而且是更重要的、起着支配地位和作用的生产关系问题，换句话说，皇权与吏民的关系，不仅是政治上的统治与被统治关系，也是秦至清两千余年间生产力与生产关系、上层建筑与经济基础矛盾关系的集中体现。所以，《论纲》将皇权与吏民的矛盾视为秦至清两千余年的社会主要矛盾。《论纲》认为，如果不指出社会主要矛盾或者对主要矛盾的认知出现错误，则不可能正确判断一个社会的性质。如果只注意生产力与生产关系的矛盾，而忽视上层建筑与经济基础的矛盾，以及上层建筑对于经济基础的反作用，也是不能正确判断一个社会的性质的。《论纲》强调“权力的掌控与人力（人口）的掌控是中国古代历史发展演变的两个关键”，就是试图完整、准确地揭示中国古代社会的根本矛盾所在。

这篇文章还说：自耕农“所负担的赋税一般少于佃农所缴纳的地租，因此自耕农成为中国封建社会所特有的一个最有能力发展生产的社会阶层。”这里所描绘的自耕农生活也太过于美好了吧，这个说法符合中国古代历史的实际吗？事实上，如果不把中国秦至清两千余年历史放在皇权政治下进行考量，而这样想当然地认为一切都是按照规章制度来办理，则其所描绘的自耕农犹如生活在世外桃源之中的场景，根本不可能揭示中国古代历史的真实样貌。实际上，家族性的皇权政治决定了皇权统治者不可能规规矩矩地进行统治，上述秦皇朝“为正一岁，屯戍一岁，力役三十倍于古；田租口赋，盐铁之利，二十倍于古。”“收泰半之赋，发闾左之戍。男子力耕不足粮饷，女子纺绩不足衣服。竭天下之资财以奉其政，犹未足以澹其欲也。海内愁怨，遂用溃畔。”清楚地表明，不论自耕农还是佃农都不能脱离皇权的意志而生活，更不可能按部就班、有条不紊地生活。或许有人会说秦朝的统治是极端的情况，那么就让我们看一看后世的情况，兹以南北朝时期的皇权统治为例略加说明。南北朝时期的皇朝递嬗，并不是被吏民起义所推翻，而是被强邻并吞或禅让，但是“不论是被强邻并吞还是被禅让的皇朝，他们都循着共同的规律演化，皇朝初建时，尤其是开国之君都比较注意收敛贪欲，故政治相对比较清明，对于吏民的压迫剥削还不算过‘度’，皇权与吏民的矛盾相对来说还比较缓和，因此，尚能维持皇权与吏民这一矛盾统一体的平衡和稳定。其后嗣则逐渐背离这一基本历史教训，日益放纵贪欲，肆意超越对于吏民压迫剥削的‘度’，导致皇权与吏民的矛盾日益尖锐化，并最终打破皇权与吏民矛盾统一体的平衡和稳定，于是到了皇朝末期，其统治臻于衰败，或被强邻并吞，或不得不将皇权禅让与皇朝内部崛起的新兴力量，从而建立新的皇朝。”（见拙文《南北朝皇朝递嬗与社会主要矛盾》未刊稿①）

还需要特别指出的是，这篇文章一方面强调秦汉以来是土地国有制，一方面却又说：“中国封建土地所有制的突出特点是土地可以自由买卖”，因此“商人、高利贷者不断转化为地主，中国地主阶级的组成成分变动不居。”那么，中国古代的土地制度究竟是什么性质呢？我们并不否认商

---

① 整理者按，该文正式刊发于《河北学刊》2022 年第 5 期。

人、高利贷者转化为地主这一事实的存在，但是这能够成为中国秦至清两千余年间的一个主要和重要的事实吗？这能够成为“中国地主阶级的组成成分变动不居”的基本形态和主要原因吗？《论纲》认为，中国古代的地主主要有两种，即皇权地主和吏民地主，皇权地主的形成主要不是由于经济而是由于政治，亦即皇权通过制度性措施（封爵与仕宦）、随意性手段（赏赐和贪污）而扶植起来的，是政治性地主；吏民地主与上述措施与手段基本上无缘，而是因经济原因而形成发展起来的，是经济性的地主。两者基本性质是不同的。尽管随着皇朝的更替皇权地主亦随之更替，但是两千余年来他们反复出现，故而这种性质的地主群体或可视为“中国地主阶级的组成成分变动不居”者。

以上所述，仅为一己之见，欢迎同学们继续提出质疑，以期互相切磋，共同提高。我并不认为《论纲》已经尽善尽美，事实上从其发表以来对它所进行的修改、补充一直没有停止。今后将根据潘静同学的意见，在主要矛盾与根本矛盾关系问题上做出更为明确的表述。再一次衷心感谢潘静同学和李文才教授。

【黎虎先生附言】此文只在李文才教授的学生中传阅，请勿外传；同学们在引用此文时请注明出处。

（按，此信发出时间为2022年1月14日〔周五〕。是日10：24，收到黎虎先生来函，附件中的WORD文档，即此公开信。先生在来函中，嘱我将信中所引用的相关史料信息补充完毕之后，再转给潘静同学。又，黎虎先生在公开信最后的“附言”中，提出要求：“此文只在李文才教授的学生中传阅，请勿外传；同学们在引用此文时请注明出处。”后来，我在组织同学专题学习《中国古史分期暨社会性质论纲——兼论中国传统社会的主要矛盾问题》一文的过程中，将此信作为《论纲》的学习材料之一，发给他们阅读。如今，有不少同学在专题学习之后，运用《论纲》的理论为指导，写出了读史心得或专题论文，其中虽不免稚嫩，但对于《论纲》的思想精神也多少算是有些领悟，希望他们在今后的学习研究中继续深入学习、体会和运用《论纲》的思想理论，争取在读史治史中获得更大进步，聊以慰告黎虎先生在天之灵。李文才敬识。）

就《中国古史分期暨社会性质论纲》审稿意见十四问评阅人

张云华、晁天义先生转呈李红岩先生
暨《历史研究》全体编辑先生、女士：

我的文章《中国古史分期暨社会性质论纲》于 2018 年 9 月 26 日提交《历史研究》编辑部，今年收到外审意见——退稿。那么，评阅人的“退稿”意见是否正确、合理？评阅人的态度是否公正客观和严肃认真？略陈管见于下：

十四问评阅人

一，评阅人说：“论文沿袭翦伯赞、侯外庐等马克思主义史学家以来的关于世界历史发展道路的普遍性和特殊性关系的认识，也认为中国历史的发展演变具有其独特的形态和性质。”

评阅人试图先声夺人，一开头就拿这句话来唬人，企图借用翦伯赞、侯外庐等马克思主义史学家的大名为自己壮胆，但是这不仅没有唬着别人，反而暴露了评阅人的浅薄与无知。

事实上，历史有普遍性和独特性的问题，并非“马克思主义史学家”所独有的观念或理论，更不是翦伯赞、侯外庐等人的发明和专利，这是研究历史者的基本常识。以西方而言，早在马克思之前的哲学家康德，就提出过一个历史哲学命题：世界公民观点下的普遍历史观念如何认知并读写？康德指出：人类历史进程乃是大自然的一个隐秘计划的实施过程，它充满了个体、民族与人类的种种对抗，贯通着历史普遍性与历史特殊性的矛盾冲突。（［德］康德：《世界公民观点之下的普遍历史观念》，何兆武译，《历史理性批判文集》，商务印书馆1990年版）康德的这个历史观念，后来又被黑格尔、斯宾格勒、汤因比等思辨历史哲学家或世界史家所继承（黑格尔《历史哲学》、斯宾格勒《西方的没落》、汤因比《历史研究》），由此可见，历史具有普遍性和特殊性的问题，并非马克思主义史学所独有的历史观念，而是西方史学界一种普遍性的观念。即以中国而言，梁启超主张历史研究必须坚持“客观研究法”，他认为历史研究者应该不带主观偏见、以客观事实为基石、以真实史料为认识中介，既揭示出历史事件的特殊性特征，又揭示出历史事实的普遍规律，这是保证历史研究公正客观性的前提，显然这也是一种强调历史普遍性和历史特殊性的史学观念。再如，钱穆先生1930年初版、后又陆续再版的《国史大纲》就以大量篇幅从政治、学术思想、社会组织等方面进行中西对比，强调中国历史在这些方面的特殊性（《国史大纲·引论》）。因此，评阅人“热爱”马克思主义史学家的心情可以理解，但是如此孤陋寡闻和武断，似乎不是翦伯赞、侯外庐等逝者地下所乐闻，对于弘扬他们的学术也没有任何助益。

二，评阅人说：“认为中国历史上经历了‘无君「群聚」’社会——‘王权「众庶」’社会——‘皇权「吏民」’社会。这三段式社会发展阶段的划分和当下学术界的讨论是大体一致的……该文在历史分期上并没有超越已有的研究……只是用来概括这三阶段社会性质的概念有所不同。”

评阅人的逻辑是：由于本文仍然以“三段式”划分历史阶段，只是将原来的“原始社会、奴隶社会、封建社会”，以“‘无君「群聚」’社会——‘王权「众庶」’社会——‘皇权「吏民」’社会”取代，而这“只是用来概括这三阶段社会性质的概念有所不同”而已，因此，“该文在历史分期上并没有超越已有的研究”。

对于评阅人的这个逻辑，究竟应该做出怎样的判断呢？如所周知，近二十年来中国史学界一直致力于秦至清社会性质问题的探讨，迄今已经提出了十几种看法，诸如“官民社会”“选举制社会”“帝制农商富民社会”“编民耕战社会”“宗法地主专制社会”“郡县制社会”“皇权专制社会”等，这些都是在“三段式社会”中的第三段。如果按照评阅人的“逻辑”，则这些探索的大前提就决定了它们是没有价值的，因为它们均属于“并没有超越已有的研究”，不过是“用来概括这三阶段社会性质的概念有所不同”而已。

1999年11月由南开大学历史系、《历史研究》编辑部和天津市社科联共同举办的“中国社会形态及相关理论问题学术研讨会”，这次会议一共提出四种看法，除了坚持传统的原始社会、奴隶社会、封建社会的意见之外，还有三种意见：一种认为“经历了原始社会、氏族封建制社会、宗法封建制社会、地主封建制社会几个发展阶段”，一种认为“经历了洪荒时代、族邦时代、帝国时代三个社会形态”，还有一种意见“划分为三个大的时代：原始时代、上古时代、中古时代”[①]。如果按照评阅人的“逻辑”，则除了第一种坚持传统的原始社会、奴隶社会、封建社会老式三段论的意见之外，其它三种意见都是没有价值的，因为它们“只是用来概括这三阶段社会性质的概念有所不同”而已，特别是其中还有一种意见连“原始社会”这个概念也与第一种意见完全相同。按照评阅人的“逻辑”，这次研讨会除了第一种意见之外，其它都是没有价值的，请问：作为这次会议主办者之一的《历史研究》编辑部，你们是否同意这位评阅人的这种判断？

因为按照评阅人的“逻辑”，任何人以“非奴隶社会”取代“奴隶社会”，以“非封建社会”取代“封建社会”所进行的学术探讨，都“没有超越已有的研究”，都不过是“概念有所不同”，因而都是没有价值的，都是不必要的。就以评阅人大加推崇、给予高度评价的“刘泽华先生关于‘王权主义’的系列论著”，其实也是“三段式”中的第二、三两段，评阅人首肯的李振宏那篇文章，则是“三段式”中的第三段。诸如此类，不烦枚举。这些也不过是“概念”有所不同而已。那么，问题就出现了：刘泽华先生、李振宏先生的讨论同样没有超越“三段式”，为什么评阅人却如此加以肯定，甚至是高度推崇呢？由此可见，某个学术观点是否有价值，决定于探索者所提出的“概念”是否有价值，而不在于其“概念”是在“三段式”之内还是之外。中国古代历史基本上存在这么三个大的段落，是一种客观存在，也是目前史学界的普遍共识，问

---

① 张分田、张荣明：《中国社会形态及相关理论问题学术研讨会述评》，《历史研究》2000年第2期。

题在于这三段究竟是什么社会性质，这是史学界正在全力以赴探讨的问题。很显然，评阅人自己的评价就表明：以是否“三段式”作为对于历史分期是否有价值、有意义的评价标准就完全是错误的，是根本站不住脚的。按照这位评阅人“三段式”的说法，实际上就是认为只能继续按照“原始社会、奴隶社会、封建社会”这些概念就可以了，就足够了，提出另外的“概念”就是没有超越，就是没有价值的。既然是这样，那么请问：中国古代历史还有继续探讨的必要吗？中国古代历史还需要继续“研究”吗？可以说，这是一个大是大非的问题，事关历史学研究前途、命运的重大问题，我们绝对不能够等闲视之！

请问《历史研究》编辑部：贵刊认同这位评阅人的上述“逻辑”吗？如果认同，那么，自改革开放以来贵刊所刊发的以“三段式”划分历史阶段而“只是用来概括这三阶段社会性质的概念有所不同”的文章，都是没有学术价值、没有意义的了。如果这些文章没有学术价值、没有意义，那么贵刊刊发这些文章的目的又何在？今后贵刊还能够继续发表这种没有超越“三段式”的探索文章吗？

三，评阅人说：“古史分期从严格意义上说，不只是一个历史经验的问题，主要是一个历史哲学的问题。”

评阅人此处企图一上来就将自己置于“高大上”的强势地位，但是很可惜，这是一个本末倒置的、根本性的错误认识。评阅人在这里用了一个模糊的、语意不明的所谓“历史经验”词语，但是从他将此语与“历史哲学”相对应，人们还是应该能够明白这位评阅人的意思：古史分期问题主要是“历史哲学”而不是历史事实的问题。请问这是哪家的史观？评阅人就是以这个原则来“研究”历史的吗？

唯物论的基本原则是建立在物质第一性、意识第二性基础上的，历史事实是一个客观存在，是第一位的，历史哲学是意识形态，是第二位的。评阅人却本末倒置，将意识视为第一性，物质视为第二性，这不是地地道道的唯心论吗？如果评阅人用这种唯心论来“研究”历史，只能是唯心史观而与唯物史观没有共同之处。请看评阅人自己在下面给我们“普及”马克思主义时讲的那些话，也是自相矛盾的，他说：“马克思、恩格斯受历史条件的限制，对东方古代历史、特别是中国古代历史并没有对西方历史认识的全面和深刻，因此，他们从西方历史经验中总结和概括的发展规律未必完全符合中国历史”。那么，请教评阅人：马克思、恩格斯为什么“总结和概括的发展规律未必完全符合中国历史”呢？马克思、恩格斯并不缺乏“历史哲学”，为什么还会“未必完全符合中国历史”呢？显然，正是因为“马克思、恩格斯受历史条件的限制，对东方古代历史、特别是中国古代历史并没有对西方历史认识的全面和深刻”，因此他们“总结和概括的发展规律未必完全符合中国历史”。请问评阅人：马克思、恩格斯对于中国历史的判断，究竟是缺少对中国历史的具体研究还是缺少“历史哲学”？这个困境中的“主要”和“次要”究竟是什么呢？因此，究竟是本文一开始提出的一个原则：“一以是否符合中国历史实际为准绳，一以史料为标尺以衡量是非正误”，属于唯物史观，还是评阅人那套“主要是一个历史哲学的问题”的谬论是唯物史观？难道还不清楚吗？

四，评阅人说：“如果运用唯物史观重构中国古史体系，就应在论文中体现唯物史观的基本原理；如果抛开唯物史观建构中国古史体系，就必须建立符合中国历史的理论体系。”

评阅人言下之意，就是本文没有体现“唯物史观的基本原理”。何谓“唯物史观的基本原理”？评阅人说：“马克思和恩格斯的唯物史观认为推动社会发展的决定力量是生产力，决定社会性质和划分社会形态的是生产关系，即经济基础决定上层建筑。”按照评阅人的意思，就是本文没有体现“推动社会发展的决定力量是生产力”，没有体现“经济基础决定上层建筑”的唯物史观原理。

那么，事实是如何呢？本文指出：“以铁制农具和牛耕为基本手段的小户型农业是皇权吏民社会赖以存在和发展的经济基础，从秦汉至明清这一基本模式没有发生根本性变化，表明这一社会经济模式与皇权—吏民社会的相需性、相适性。这不仅推动中国古代社会经济跃上了新的台阶，而且为保持统一国家的持续存在和发展奠定了牢固的基础，是为中国古代大一统国家长期不坠的根本原因。但是，两者之间的相适应并非一以贯之、一帆风顺，而是表现为周期性的跌宕起伏，适应→不适应→再适应→再不适应，循环往复，周而复始。皇朝建立之始，由于两者之间基本相适应，故体现为社会经济、政治之上升态势，由于皇权统治超限剥削压迫吏民，破坏了两者之间的平衡，吏民被迫抗争，推翻了旧皇朝，于是新的皇朝取而代之，重新调整两者关系，形成了新的平衡，相互适应的状态得以再次恢复。中国古代从秦至清的历史就得以这样缓慢地延续了两千年之久。”笔者以上论述所强调的重点，恰恰直接体现了“推动社会发展的决定力量是生产力”“经济基础决定上层建筑”的原理。

正如李振宏先生所说：“对于中国历史哲学的研究来说，不同历史时期的生产力与生产关系、经济基础和上层建筑的矛盾运动，以及在阶级社会历史阶段的阶级矛盾，也是需要认真关注的问题，并且要将之作为基本的方法论，贯彻到不同历史时期的历史分析中。但是，如果仅仅只注意这些方面的矛盾运动，是不是就能够达到认识中国历史、建设中国历史哲学的目的呢？中国历史的特殊性是不是就能够得到体现了呢？答案是否定的。如果我们仅仅是注意到社会矛盾的这些方面，是不足以认识中国历史的特殊性的，这样建立起来的历史哲学，是不符合中国历史哲学的属性的。”① 因此，本文的论述并不停留于上述关于生产力与生产关系、经济基础和上层建筑的矛盾运动这一普遍性原理问题，而是在此基础上进一步提出：在中国历史上掌控“皇权”则得以掌控一切，而这“一切”则集中体现为对于“吏民”的掌控，本文用四个专题：（一）“‘吏民’是皇权体制下的编户齐民”；（二）“‘吏民’是皇权体制的基础”；（三）“‘吏民’的反抗推动皇权统治周期性调整”；（四）“‘吏民’与皇权的矛盾是社会主要矛盾”，对此进行深入探讨，从而呈现了中国历史的特殊性问题——皇权与吏民的矛盾问题，这是中国历史从秦至清存在两千余年并缓慢向前发展的根本原因，直接体现了本文“建立符合中国历史的理论体系”的探索，这样就把对于中国古代历史的认识推进到了一个新的高度，而不是停留在已有的普世性的历史规律的认识水平。

但是，评阅人面对本文所提出的“中国历史的理论体系”，却视而不见，避而不谈，完全脱离本文的实际而侈谈什么“必须建立符合中国历史的理论体系”，表明他根本不是真正关心“建立符合中国历史的理论体系”的问题，而是一门心思如何通过乱扣帽子以达到否定本文的目的而

① 李振宏：《关于建设中国历史哲学的初步构想》，《四川师范大学学报》2018 年第 6 期。

已。同时，这也表明这位评阅人的认识水平恰恰还“停留于已有的普世性的历史规律的认识水平”这个层次，而没有前进到目前史学界已经出现的主流认识的水平——在普世性历史规律认识水平的基础上进一步探讨中国历史发展的特殊性的问题。当然，本文这一探索是否足够，是否完全符合中国历史的特殊性，乃是一个可以通过学术讨论继续进行争辩而不断完善的学术问题，这才是探讨中国社会性质这个重大问题的正确态度。但是非常遗憾，评阅人对文章的主体部分、核心部分完全不置一词，除了扣上空洞的一顶大帽子之外，一句话、一个字也没有指出来。请问，这是客观、公正、负责任的评阅人所应采取的正确态度和做法吗?

顺便指出，从这位评阅人的评语中，人们不难发现，他的评语基本上只是在我的文章前面小部分中或大标题中寻找出一些所谓问题，然后扣上大帽子加以发挥和批判，这些发挥和批判，不用看完我的全文就能够写出来的，因为其评语中根本没有涉及本文中所反复、充分论述的重要的新观点。因此，不能不怀疑这位评阅人是否真正读完了我的全文。我的文章在这位评阅人手中整整扣压了几个月之久，后来几经催促才匆匆以短时间临时抱佛脚拼凑出这个所谓的评语。这位评阅人完全背离本文的实际，并没有很好地阅读本文，即凭空扣上一顶大帽子，这种态度和学风显然是不可取的。同时，也暴露了这位评阅人对于如何才能够探讨符合中国历史实际的分期问题和社会性质问题是缺乏认识的。

还必须指出，评阅人说：“如果抛开唯物史观建构中国古史体系，就必须建立符合中国历史的理论体系。”这句话本身就是有问题的。尽管“建立符合中国历史的理论体系”是较关于人类历史普遍性的唯物史观层次低的问题，但是如果企图“抛开唯物史观”是绝对不可能建立“符合中国历史的理论体系”的，唯物史观不是某个人突然发明的专利产品，而是人类在不断的探讨过程中逐渐积累而形成发展起来的，马克思、恩格斯正是在继承前人基础上推进了唯物史观的建设。因此，这是研究历史所必修遵循的不二法则，唯物史观的基本原理就是从客观史实中提炼、抽象出对于人类历史发展普遍性的规律性认识，因此建立“符合中国历史的理论体系”也必须在这一基本理论指导下才有可能。反之，如果按照评阅人那一套什么“主要是一个历史哲学的问题”的那种本末倒置的唯心史观，则根本不可能建立“符合中国历史的理论体系”。由此可见，尽管评阅人把马克思主义挂在嘴边，但是他的思想根源却绝对不是马克思主义的，更谈不上什么“唯物史观”了。是否唯物史观，不应体现在口头上而是应该看实质，满口马克思主义的未必真懂或真正诚心诚意贯彻执行，反之，不是言必称马克思主义的，而是在实践中真正贯彻马克思主义的才是真正的唯物史观。

本文建立在唯物论世界观基础上的唯物史观，与评阅人的建立在唯心论世界观基础上的唯心史观的一个根本性区别还体现于，本文开宗明义提出“一以是否符合中国历史实际为准绳，一以史料为标尺以衡量是非正误”，就是马克思主义唯物史观的具体体现，任何结论都要有事实根据，这是马克思主义者的基本立场和态度，至于像评阅人那样仅仅依靠一顶顶大帽子吓唬人，而在大帽子底下空洞无物，甚至无影无踪的做法，恰恰与唯物史观大相径庭。

五，评阅人说：“作者提出的‘无君「群聚」’社会—‘王权「众庶」’社会—‘皇权「吏民」’社会的分期中，只是建立在概念的说明上。”

这里首先必须严正指出：评阅人的这个说法，乃是一个完全背离本文实际的恶意诋毁，谓之无耻谰言亦不为过。其说法是从本文的实际中概括出来的吗？完全不是！而是评阅人无的放矢而强加于人的污蔑之词。

本文长达 36000 字①，只是讲了三个时代的“概念”，这是事实吗？完全不是！“皇权—吏民社会”作为本文论述的重点所在，故本文用了两

① 【整理者按】此文黎虎先生最初投寄《历史研究》杂志时，原稿字数为 36000 余字。后来《文史哲》2020 年第 1 期正式刊布时，长达 54000 余字，据整理者所了解到的相关情况是这样的：被《历史研究》退稿以后，黎虎先生将此文转投《文史哲》，《文史哲》责任编辑接读此文后，十分兴奋，认为这是一篇多年难得一见的、充满创新精神意识、良多创新观点而具有重大学术价值的中国古史分期暨社会性质问题研究力作，并在第一时间直接转呈主编王学典先生审阅，申请以特稿方式尽快推出此文。王学典先生阅读此文后，也予以高度赞扬，认为确属具有重大创新价值的古史研究专题论文，并特别批示：对于此文不限制版面。正是由于有了《文史哲》编辑的慧眼识珠和主编“不限制版面”的正确决断，黎虎先生得以从容修订，并最终刊布了这篇长达 54000 余字的宏文。然而，黎虎先生并未就此止步，而是在《文史哲》正式刊布之后，对此文又进行了持续、多次的修订，其间还曾与整理者通信言及修订事宜，并就一些观点或看法与整理者进行讨论，给予整理者以极大启发和教诲，得益于黎虎先生的耳提面命，整理者近来所公开发表的一些论文中，也因此得以直接引用此文的刊后修订稿。如今，位于本卷首篇位置的《中国古史分期暨社会性质论纲——兼论中国传统社会的主要矛盾问题》一文，就是根据黎虎先生最新刊后修订稿整理而成，全文长约 69000 余字，相较于《文史哲》刊布时的字数又新增了约 15000 字。特此说明。

万多字、四个专题对于这一社会形态的内涵与性质、主要矛盾和次要矛盾及其在两千年间的发展变化、主次矛盾之间的互动关系及其规律性等重要问题，从不同角度进行了全方位的深入探讨，提出了一系列新见，首先探讨"'吏民'是皇权体制下的编户齐民"，这个问题基本上可以说是属于"概念的说明"范畴之内，因为这是中国古代历史研究中并未得到很好地阐释的新概念，这是笔者的新见之一，故完全有必要进行"概念的说明"。从这位评阅人一再颠倒和混淆狭义"吏民"与广义"吏民"的概念的情况，就足以证明进行这种"概念的说明"的必要性。但是本文并没有到此为止，而是一步步将问题推向纵深，在进行"概念的说明"的基础上，继而阐述"'吏民'是皇权体制的基础"，指出"吏民"不仅是皇权统治的经济基础，是赋税徭役和人力物力所赖，而且是皇权官僚体制的"活水源头"，并明确得出结论性认识："皇权体制也不断从'吏民'中选拔、游离出少数精英以为文武臣僚，故'吏民'亦为维持其统治而须臾不可或缺之供体和活水源头。"接着，进一步揭示"'吏民'的反抗推动皇权统治周期性调整"的问题，阐述"皇权—吏民"这个矛盾统一体的内在矛盾运动，内部的平衡关系以及这一平衡关系之被打破，形成两千年来的平衡——不平衡——新的平衡再造的历史发展过程及其规律。进而又在上述基础上提炼、升华出"'吏民'与皇权的矛盾是社会主要矛盾"这一崭新的理论体系，多维度、深层次地揭示了这一社会形态中的主要矛盾及次要矛盾，以及诸矛盾关系在两千年间的互动关系，有史有论，史论结合，完全是建立在从中国历史本身而提炼、升华得来的完整的、崭新的理论体系，而不是从他人的、书本中的现成"理论"中照搬、硬塞进来的。上述的诸般认识和结论，全部都是从中国两千年来的历史事实中总结、提炼、升华而来。请问：这仅仅是"概念的说明"吗？

揭示社会的内在矛盾、社会的主要矛盾和次要矛盾，是探讨社会性质的基础性、核心性的问题，"根据马克思主义的基本观点，历史运动的深层原因在于社会历史内部的矛盾运动。因此，对历史的本质的认识，对不同时期历史的深刻洞察，是需要分析该时期的社会矛盾才能达成的。准确分析不同历史阶段的社会矛盾，是中国历史哲学研究中的基本问题。"尤其是"关于社会基本矛盾的问题，关系着对中国社会本质的理解，是中国历史哲学学科必须解决的重大的理论问题，也是一个基础性的理论问题。”① 令人惊讶的是，这位号称很重视“历史哲学”的评阅人，竟然完全回避本文中这些事关中国古代社会性质基础性的、核心的问题，只字不提，顾左右而言他，反而扣上“只是建立在概念的说明上”这顶无中生有的帽子，这就充分表明：评阅人要么不懂得探讨社会性质的主要问题是什么，要么就是没有好好阅读本文，不论出于哪方面的原因，都不能不令人质疑这位评阅人是否真正从关心中国历史科学发展的立场，采取客观公正的态度接受《历史研究》交给他的评阅任务的？是否真正合格的评阅人选？

因此，现在就请评阅人具体指出，本文对于历史分期的基本看法，哪些地方、如何体现出“只是建立在概念的说明上”的？评阅人的这个结论，体现在本文中的哪些地方？体现在本文中的哪些问题上？请评阅人举出证据来证明他的上述认识或结论。否则，我们就有理由怀疑这位评阅人是否以客观、公正的立场，是否秉持学术的公理性而对本文进行的评阅。进而，能够不让人怀疑评阅人的居心叵测吗？

六，评阅人说：“作者提出的‘无君「群聚」’社会——‘王权「众庶」’社会——‘皇权「吏民」’社会的分期中……其中缺少应有的逻辑递进。”

必须强调指出：这三个时代的逻辑关系以及它们之间的“逻辑递进”，恰恰是本文诸多精彩中之精彩。因此，评阅人的这个断言，同样是荒唐可笑的、完全脱离本文实际的凭空捏造，从而进一步证明了这位评阅人或者没有好好读完我的论文，或者就是没有读懂，或者就是居心叵测。

本文指出：“中国历史进入君主时代之后，决定历史走向和社会性质的关键有两个：一个是对权力的掌控，一个是对人力的掌控……掌控权力的方式表现为从王权到皇权，亦即由相对专制到绝对专制的演变；掌控人力的方式表现为从掌控‘众庶’到掌控‘吏民’，亦即由宗族性、群体性的相对掌控到个体性的绝对掌控的演变。”这个认识不仅是对于整部中国古代历史的高度概括，更重要的是将三个历史时代的“逻辑”关系及其“递进”做出了十分准确、深刻的揭示。以第一根红线的权力掌控

---

① 李振宏：《关于建设中国历史哲学的初步构想》，《四川师范大学学报》2018 年第 6 期。

而言，从第一时代的无君社会到第二、三时代的君主时代是一个“逻辑递进”，第二时代的王权体制到第三时代的皇权体制是一个“逻辑递进”，第三时代的皇权体制之从专制到独裁也是一个“逻辑递进”；以第二根红线的人力掌控而言，本文指出：“中国古代对人口掌控演变的基本趋势是从无到有，从宽到严，直至最后每一个社会成员都被紧紧地掌控在专制皇权的手中”，具体来说就是从第一时代不受政治权力掌控的“群”到第二时代对于“众庶”的“宗族性、群体性的相对掌控”，再到第三时代对于“吏民”的“个体性的绝对掌控”，深刻地阐明了从远古以来在人力掌控方面的“逻辑递进”。本文总结道：“一部中国史在某种意义上可谓一部人口掌控史，由松散而严格。无君时代的人口，并无严格掌控，由‘姓’群向‘氏’群松散演进，王权时代的人口掌控进了一步，呈现紧缩的趋势，人口由‘氏’群缩小为天子、诸侯和大小宗族掌控下的‘众庶’，即宗族人口为王与诸侯所分别直接间接掌控。随着对人口的控制越来越紧，直至历史进入皇权时代，最终全部纳入皇权掌控之下，众庶被分化为个体，编制于户籍之中，被称为‘吏民’。”

本文对于三个历史时代的论述乃是一个层层“递进”的“逻辑”关系，亦即随着时代的发展不论在权力的掌控还是人力的掌控方面都逐渐加大加强其掌控的力度和深度，由此可见三个时代之间存在着内在的、深刻的“逻辑递进”关系。

现在我们就要请教评阅人，本文所述三个分期时代真的是缺少“逻辑递进”关系吗？你真的是从我的文章中看出其中“缺少逻辑递进”关系吗？上文所指出的三个时代的“逻辑递进”关系是否符合事实？是否属于“逻辑递进”关系？这些“逻辑递进”关系是否符合中国历史发展的客观实际？如果你认为不是，那么，请你指出什么地方不符合？应当怎么才算是“逻辑递进”关系？上述三个时代中的权力掌控和人力掌控的发展变化过程，难道不是一个紧密相连的“逻辑递进”关系？如果你认为不是，如果你认为这还没有体现三个时代的“逻辑递进”关系，那么，就请你指出：什么才是这三个时代的“逻辑递进”关系？如果你认为我们上面所阐述的三个时代的“逻辑递进”关系不正确，那么，就请你指出其错误在哪里？正确的“逻辑递进”关系应当是什么？我们将拭目以待，洗耳恭听。很显然，评阅人是无法问答上述问题的，因为本文所展示的三代历史时代的“逻辑递进”关系是十分清楚而又明白无误的。这就充分表明评阅人认为的本文三个历史时代“缺乏应有的逻辑递进”，完全是不负责任的信口胡柴，清晰地暴露出其恶意诬蔑和否定本文的丑恶嘴脸和不良居心。

七，评阅人说：“在已有研究的基础上重建中国的历史体系，首先要对前人的观点给予应有的回应……论文对新时期以来围绕中国历史分期和社会性质的讨论缺少应有的回顾和总结。”

评阅人所说的这些，前面一句并没有错，乃是尽人皆知的大道理，不过他说这句人所共知的常识性话语的真实目的，乃是为了后面第二句话作铺垫，是为了指责本文“缺少应有的回顾和总结。”然则，评阅人的指责是否符合事实呢？请看：

本文开篇就明确指出：“近百年来中国学术界为探讨中国古代历史分期和社会性质的演变做出了巨大努力，走过了一条漫长曲折的道路，至今尚未建立起符合中国历史实际的古史分期和社会性质的学术体系。经过改革开放以来对历史分期和社会性质问题的重新讨论，学术界对于‘破旧’已经取得了诸多共识，下一步主要是如何‘立新’的问题了，即正面提出中国古代历史究竟经历了几个发展时代，特别是秦至清这一历史时代究竟是什么社会性质的问题。”这难道不是对于近百年来、尤其是改革开放几十年来关于古史分期和社会性质探索历程的高度概括吗？不是全面地、准确地做出了“应有的回顾和总结”吗？本文正是在充分了解中国古史分期暨社会性质问题的讨论已经提出十余种“立新”之说的基础上，提出了自己的系统性看法。

评阅人抓住本文一个小注中回顾自己思考这篇文章的过程中，谈到2004—2010年间的6年中集中精力研究长沙走马楼吴简问题而对于分期问题讨论“闭目塞听，一无所知”这句话加以曲解，认为笔者不仅在这六年中仅仅看过李振宏、黄敏兰两篇文章，而且扩大到从20世纪80年代以来甚至更早的讨论也一无所知，于是给我“普及”20世纪80年代甚至更早时候讨论情况的知识，如王亚南的著作如何如何，等。我这里可以告诉评阅人的是，不才当年还是年轻助教时就已经购买、阅读了王亚南《中国官僚政治研究》一书，估计评阅人那个时候还不知道在哪里呢？评阅人之好为人师和浅薄无趣，由此可见一斑。不过，应当指出，这位评阅人的通篇评语就这一点还是有可取之处的，即：我对于古史分期暨社会性质问题讨论的“超然态度”实为“厌倦了以往古史分期讨论的繁杂和空疏”（借用刘泽华语，见氏著《先秦史研究的几点思考》，《史学月刊》2011 年第 8 期）[①] 应当表达的更直接一些，以免给像这位评阅人那样的人以口实。此外，本文对于学术界相关讨论中的某些重要观点的回应还可以再加强一些，这是本人唯一应当感谢这位评阅人的地方。

八，评阅人说：“作者声称要‘以中国本土固有词语概念进行表述，避免使用域外引进的意涵不清、含混模糊的词语概念’，这是值得称道的态度，问题是，作者使用的概念并非‘中国本土固有词语概念’，如王权、皇权……”

评阅人的无知和武断，着实令人震惊！

评阅人声称“王权”“皇权”并非“中国本土固有词语概念”，那么请看事实：“王权”的词根是“王”，“皇权”的词根是“皇”。“王”“皇”是在甲骨文、金文中都有的古文字，《说文解字》：“王，天下所归往也。”[②]“皇，大也。……始王者，三皇，大君也。”段玉裁注：“始王天下，是大君也，故号之曰皇。”[③] 秦始皇统一天下之后，令群臣“议帝号”“丞相（王）绾、御史大夫（冯）劫、廷尉（李）斯等皆曰：‘古有天皇，有地皇，有泰皇，泰皇最贵。’臣等昧死上尊号，王为‘泰皇’。命为‘制’，令为‘诏’，天子自称曰‘朕’。王曰：‘去「泰」，著「皇」，采上古「帝」位号，号曰「皇帝」’。”[④] 由此可见，无论“王”还是“皇”，都是中国古已有之的概念，以“皇”为最高领导人称谓也是由来已久，从传说时代到商、周、秦汉一脉相承。然而，这些词汇居然被评阅人斥之为“并非‘中国本土固有词语概念’”，那就请教评阅人：“王权”“皇权”是哪个外国的词汇？如何从国外“引进”来的？除了

---

① 【整理者按】按，括号中的这几句话不准确，黎虎先生在刊后修订稿中已经更正为准确的说法：“（这里借用《史学月刊》2011 年第 8 期《‘三十年先秦史研究的理论反思’笔谈》专栏‘编者按’中的一句话，第 5 页）”。

② （汉）许慎撰，（清）段玉裁注：《说文解字注》一上《王部》，上海古籍出版社 1988 年版，第 9 页。

③ 《说文解字注》一上《王部》，第 9 页。

④ （汉）司马迁撰，（南朝·宋）裴骃集解，（唐）司马贞索隐，（唐）张守节正义：《史记》卷六《秦始皇本纪》，中华书局 1959 年版，第 236 页。

“王权”“皇权”这两个概念“并非中国本土固有的概念”之外，本文中还有哪些概念是属于“并非中国本土固有的概念”？请你举出第三个、第四个例子来吧？还要请教评阅人的是：“中国本土固有词语概念”的定义、标准是什么？什么样的词语才算是“中国本土固有词语概念”？请你举出一两个你认为真正属于“中国本土固有词语概念”来吧！

九，评阅人接着说：“即便是固有概念，在使用时也没有做出清晰的界定，如无君群聚社会，‘无君’在先秦文献是一个具称，并不是一个反映社会面貌的词语；‘群聚’既可以表示国家形态以前的社会，也可以表示国家形态以后的社会。”

评阅人这段胡言乱语，再一次暴露了其胡搅蛮缠、恶意诋毁的不良居心。

先看评阅人所谓“‘无君’在先秦文献是一个具称，并不是一个反映社会面貌的词语”的说法。首先要明确指出，评阅人的这个说法既不符合古文的实际，也不符合本文的实际，完全是评阅人的凭空指责。

本文使用“无君”一词，出自《吕氏春秋》：“昔太古尝无君矣，其民聚生群处，知母不知父，无亲戚兄弟夫妻男女之别，无上下长幼之道，无进退揖让之礼，无衣服履带宫室畜积之便，无器械舟车城郭险阻之备，此无君之患。”这里指出了“无君”时代的社会状况是“其民聚生群处，知母不知父，无亲戚兄弟夫妻男女之别，无上下长幼之道，无进退揖让之礼，无衣服履带宫室畜积之便，无器械舟车城郭险阻之备”，指出在这个时代没有后世出现的君主统治制度，人类自发地“聚生群处”，没有后世处理人际关系、社会关系的“礼”，没有后世出现的武装力量等等。仅就《吕氏春秋》来说，也不是什么空洞无物的“具称”，而是包含丰富内涵的。请教评阅人：这难道不是反映了当时的“社会面貌”吗？

再看看笔者的论述。第一，笔者首先指出：“无君”时代，“未有后世那样的国王、皇帝等统治者。”第二，笔者进一步指出：“从‘群’中逐渐产生了‘君’”；第三，笔者进一步指出这种时代“君”的性质与后世的“君”的性质的区别：“这种‘君’最先不过是‘群’中的指挥者或领袖人物”，也就是古籍文献中所称的“大人”，指出这个阶段的“大人”“与第二历史时代的‘君’有着本质的区别，‘天下为公’时期的‘大人’是服务型、奉献型的；‘天下为家’时代的君主是统治型、专制型的”。第四，笔者紧接着运用古籍文献记载指出从“无君”时代到后世的“君主”制时代的变化和区别：“上述两个时代最主要的变化在于从‘天下为公’变为‘天下为家’，‘天下为公’阶段的‘大人’是通过‘选贤与能’的方式递相传承，是谓‘禅让’之制；‘天下为家’时期的君主是通过‘大人世及’的方式代代相传，是谓‘传子’之制。‘天下为公’的‘大人’制度，是建立在‘人不独亲其亲，不独子其子’‘货恶其弃于地也，不必藏于已；力恶其不出于身也，不必为已’的社会与经济基础之上。‘天下为家’的君主制度是建立在‘各亲其亲，各子其子，货力为已’‘以立田里’的社会与经济的基础之上。”明确指出两个时代从政治制度到经济基础的区别和发展变化。

请问评阅人：这还不是对于“无君”时代做出了必要的“界定”吗？这还不是反映了当时的“社会面貌”吗？这里的“无君”时代仅仅是“一个具称，并不是一个反映社会面貌的词语”吗？你的这个说法符合本文的实际吗？本文的这些论述，你看了没有？你真的看懂了吗？你背离文章的实际而胡乱指责，究竟是何居心？当然，至于本文的“界定”是否足够“清晰”，这个问题完全可以提出讨论，从而进一步完善之，评阅人如果是真正关心中国古史分期讨论的问题，就应当指出本文“界定”不足和缺陷之所在，这才是作为评阅人应取的态度，而不是采取这种不讲道理、一棍子打死的恶劣行径。

还必须指出，本文选取“无君”这个词语以概括第一时代的“政治制度”，一是它准确地、本质地概括了这个时代“政治制度”的基本特征；二是与第二、第三时代的“君主”时代相照应，体现了前后时代“政治制度”的区别及它们之间的“逻辑递进”关系。

接下来看看评阅人的另一个说法：“‘群聚’既可以表示国家形态以前的社会，也可以表示国家形态以后的社会。”这个说法纯属望文生义、无知妄说。

古人对于“群聚”一词是有特定含义的，是指“未有君臣上下之别，未有夫妇妃匹之合”的“兽处群居”，是指“知母不知父，无亲戚兄弟夫妻男女之别，无上下长幼之道”的“聚生群处”，这与后世以家庭为单位，编入国家户籍，成为皇权体制下的臣民有着本质的天壤之别。评阅人居然说什么“也可以表示国家形态以后的社会”，显然是将“群聚”这一古汉语以现代汉语的泛化性意涵去理解，并将其特定内涵加以抽空的胡乱解释。

事实上，本文根据古文献和考古资料，对于“群聚”做出了明晰而深刻的阐述：概括而言，“群聚”是“以‘群’为单位而聚居”，进而分析“群聚”的社会性质、内部演变及其特征，乃至向第二时代的过渡，指出：“‘群’是人类产生之后的第一个社会形态，经历了由低而高、漫长而不同的发展阶段：第一是‘兽处群居’阶段，这个阶段的人类社会，很容易使我们联想到大型猫科动物狮子或灵长目动物的群居生活方式。”“第二是‘姓’群阶段……逐渐进入到以‘姓’为单位，亦即‘知母不知父’的群聚阶段。”“第三是‘氏’群阶段。‘氏’是从‘姓’中派生出来的，‘姓’是‘氏’之源，‘氏’是‘姓’之流。”进而指出：“‘群聚’社会的出现对于人类的发展具有重大意义，主要表现在两个方面：一是促进人类从动物界脱颖而出……二是从‘群’中产生了‘君’……从而把人类社会推向更高级的阶段。”由此可见，本文对于“群聚”及其不同发展阶段进行了明晰的界定和阐释，这与后世的“众庶”或“吏民”是性质完全不同的概念。然而，评阅人居然指责本文“在使用时也没有做出清晰的界定”，明显不符合本文的实际情况，充分暴露评阅人并非客观、公正进行评议，而是怀着不良居心进行歪曲和诋毁。

十，评阅人说：“‘无君群聚社会’对应的是原始社会，这本来就是一个不言自明的问题，无需连篇累牍去说明，那个时代本来就‘无君’，改称为‘无君群聚社会’徒增歧义。世界各国都经历过这个时代，也体现不出中国历史发展的独特性。”

评阅人这段话的荒诞无知，着实太令人震惊了！

稍具古史分期问题常识的人都知道：“社会历史阶段划分，是从宏观上认识历史的第一步。”“特别是对大尺度历史的观察，对整体历史进程的观察，如果不去区分不同的历史阶段，是不能对历史的演进、变化以至突变性发展做出清晰的线索性描述的，历史进步的本质意义也难以阐述清楚。”① 声称古史分期暨社会性质问题“主要是一个历史哲学的问题”的评阅人，显然连这点“历史哲学”的基本常识都是缺乏的。这位评阅

---

① 李振宏：《关于建设中国历史哲学的初步构想》，《四川师范大学学报》2018 年第 6 期。

人一方面指责本文没有阐明对于三个时代"逻辑递进"关系，一方面又说某个时代可以"无需连篇累牍去说明"，其自相矛盾、逻辑混乱，无知妄说一至于斯，实在令人震惊。

本文提出三个时代的划分，不仅是讨论古史分期和社会性质问题的绝对必须和必要组成部分，而且它们之间是存在着严密的前后继承、不断发展的"逻辑递进"关系。因此，第一时代不是可有可无的，而是绝对必须的。第二时代的"王权众庶"社会与第一时代的"无君群聚"社会是相互关连的。历史是一个完整的发展过程，割裂任何一个时代都是违反历史的"逻辑递进"关系的，因此评阅人说什么这个时代"无需连篇累牍去说明"，乃是违反两个时代的"逻辑递进"关系的荒谬之极的意见，这是因为必须将三个历史时代联系起来进行前后呼应才能阐明历史发展的"逻辑递进"关系。

评阅人所谓"连篇累牍"也属于胡说，本文论述三个时代一共36200字，第一时代不过4400字，仅占全文的12%，这是最起码的、必要的内容，可以说言简意赅。对于第一时代的论述，不是可有可无，而是必不可少的，评阅人居然说什么"这本来就是一个不言自明的问题，无需连篇累牍去说明。"如果评阅人的这个高论可以成立，那么自从摩尔根发表《古代社会》，恩格斯发表《家庭、私有制和国家的起源》之后，一百多年以来学术界对于原始社会的探讨都是在做着"本来就是一个不言自明的问题"，因此都是"无需连篇累牍去说明"的无谓劳动，被学术界大加推崇的新进化论创立者塞维斯、弗里德等人的探索也都是不必要的；此外，由《历史研究》编辑部牵头组织于2016年在重庆举办的"中国早期历史发展道路与各地文明化进程的特点"高峰论坛，并于2017年贵刊第5期刊发的一些论述"原始社会"的文章，以及倡言"酋邦"说的文章也都是在做着"本来就是一个不言自明的问题"，也都将因此成为"无需连篇累牍去说明"的无谓劳动了！显然，评阅人所发出的这些谬论，不仅仅是对本文的恶意诽谤和肆意诬蔑，也是对于一百多年来研究原始社会的所有史学工作者的全盘否定和严重亵渎。

十一，评阅人说："从中国固有概念来说，众庶、吏民可以视为两个不同时代的核心概念，但众庶在不同语境中并非仅指社会最底层的大众；吏民的内涵更为复杂，秦汉时期，官与吏之间并没有后世的严格区分，在很多情况下，官也称吏，如此，'吏民'就不是社会最底层大众的代称了。"

评阅人在这里评论了"众庶"和"吏民"两个概念，然而，他对这两个概念的评论恰恰暴露了其对于这两个概念的无知。另外，笔者实在不知评阅人要"纠正"本文中的什么问题?

关于"众庶"，评阅人说："但众庶在不同语境中并非仅指社会最底层的大众"，不知道评阅人在"但"字之后对于"众庶"所要表达的什么意思？这个评语存在两个问题，一是说众庶"并非仅指社会最底层的大众"，然而需要强调指出的是：本文从来没有说过众庶"仅指社会最底层的大众"。那么，请评阅人指出本文的第几页、第几行说了这样的话?事实上，本文根本没有说过这种话，完全是评阅人凭空捏造，无中生有，就像唐吉诃得将风车视为假想敌而与之决斗一样可笑。

本文对于"众庶"的含义及其属性的表述是十分严谨的："商周时期的'众庶'，或称为'众''众人''庶民''庶人'。作为'王权众庶社会'的基本民众、主要劳动者，'众庶'是王权赖以存在、发展的基础。""'众庶'是王权的统治基础""'众庶'分别统辖于大大小小的宗族，分别属于王或各级诸侯贵族等人。"哪里是评阅人所说的"社会最底层的大众"？显然，评阅人所做的评论乃是无根之谈的自说自话，纯属评阅人无中生有的捏造，这就再次雄辩地证明了：评阅人根本没有仔细阅读我的文章，只是看了前面几页和大标题之后就想当然地妄加评论，主观设想了本文的"错误"而进行无的放矢的指责。充分反映出评阅人在治学上根本就没有一丝一毫的诚实态度。二是评阅人说："众庶在不同语境中并非仅指社会最底层的大众"，如此言之凿凿，看来评阅人对于"众庶"问题是十分内行的。事实上，上文已经明确指出本文根本没有说过"众庶"是"最底层的大众"这样的话，请你说一说"众庶在不同语境中"有什么不同的含义？评阅人说这种语无伦次、毫无逻辑的半截子话，无非是为了显示其高深莫测，可是这既糊弄不了《历史研究》编辑部指定你写这个评语的先秦史专家晁天义先生，也糊弄不了笔者，本人虽然不是专门研究先秦史的，但对于先秦史也略知一二，因此，还是请评阅人把后半截子话的具体所指说出来吧。

关于"吏民"，评阅人说："吏民的内涵更为复杂，秦汉时期，官与吏之间并没有后世的严格区分，在很多情况下，官也称吏，如此，'吏民’就不是社会最底层大众的代称了。”这段评语存在着两个问题，一是把广义的“吏民”与狭义的“吏民”混为一谈。本文明确区分了广义与狭义“吏民”及其界限，并严格将作为基层民众的“吏民”定位于狭义“吏民”的范畴。二是评阅人所谓“官也称吏”云云，实际上这是用广义“吏民”来否定狭义“吏民”，进一步表明他对于广义、狭义“吏民”概念的混淆。在问题的前提都没有弄清楚的情况下就妄加评论，进一步暴露了评阅人的粗疏与浅薄。显然，评阅人这段话完全是脱离本文的实际而无的放矢，这再一次证明他并没有认真阅读我的文章，而是脱离本文实际的想当然地妄加议论。评阅人以这种无的放矢的妄评企图证明“如此，‘吏民’就不是社会最底层大众的代称了”，不仅是荒谬而毫无价值，而且是极端不负责任的一种表现。

顺便指出，关于广义、狭义“吏民”，以及“官”与作为基层民众的“吏民”之间的界限，不仅在本文中都有明确的表述，而且早在十几年前我的“吏民”研究系列论文已从不同角度多所论述。据我所知，除了我的文章对于这个问题曾经有深入、详细论述之外，学术界尚未见到其他人有所论述。评阅人在这里摆出一副博学的架势，似乎他对于“吏民”问题也是行家里手，必须指出，他的这点仅有的可怜的常识的来源就很可疑，至于他说什么“吏民的内涵更为复杂”云云，不过是装腔作势、拾人牙慧而已，拿别人的论述再用来“指点”别人，也算是一桩今古奇观了。

十二，评阅人说：“中国进入国家形态后，以秦朝为界，作者分别称之为‘王权「众庶」’社会——‘皇权「吏民」’社会，划分的方式是以国家最高权力性质的概念配合社会身份，如众庶、吏民。其中的理论误区在于，不论是王权还是皇权，都属于国家政体类型的范畴。就国家政体类型来说，可以是民主的，也可以是专制的，不同历史发展阶段既存在民主的政体，也存在专制的政体，如果不论证这种权力对社会性质的支配作用，仅仅作为一种标签去配合众庶和吏民，其本身不能作为划分社会形态的标准。”

评阅人在这里故伎重演，一是背离本文实际，无的放矢；二是扣上大帽子，帽子底下放空炮。且看事实：

评阅人说：“其中的理论误区在于，不论是王权还是皇权，都属于国家政体类型的范畴。就国家政体类型来说，可以是民主的，也可以是专制的，不同历史发展阶段既存在民主的政体，也存在专制的政体”。请问评阅人，第一，本文对于王权或皇权均明确地、反复地强调其专制的性质，并比较了两者的联系与区别，指出：“王权是建立在**分封制**基础上的**相对**集权、相对专制，皇权则是建立在**郡县制**基础上的**绝对**集权、绝对专制。”“王权与皇权既有联系又有区别。王权是君主的相对专制，其对权力的掌控是多元的，表现出层级性、分散性的特点……皇权与之不同，乃是君主的绝对专制，是一元性的中央集权。”本文在这个基础上进一步论证秦至清两千年间皇权专制的两个阶段：“由皇帝专制体制演变为皇帝独裁体制”的发展变化。因此，评阅人此处完全背离本文的论述，侈谈什么“政体”问题，民主与专制的问题，你是针对本文的哪个地方说的呢？这再一次表明评阅人根本背离本文的实际，完全不顾本文的相关论述，而无的放矢，妄加评论。

第二，评阅人背离本文的实际而夸夸其谈所谓国体、政体、民主、专制这些政治常识，表明他对于史学界关于中国历史上的皇权问题的基本共识也是缺乏基本了解的。中国史学界对于皇权制度的基本共识是，都认为皇权是一种专制性质的制度，对此持异议者只有极其个别的人。试问：在中国历史上“不同历史发展阶段既存在民主的政体，也存在专制的政体”所指为何？中国的君主时代何时存在过“民主的政体”？因此，评阅人在这里不厌其烦大谈这些中学课本都会讲到的常识（见中学课本《思想政治2》，人民教育出版社2004年版），纯属无的放矢，既浪费了评阅表格的篇幅，也浪费了《历史研究》编辑和笔者的时间和精力。这里不仅显示不了评阅人有什么高深的理论水平，反而暴露了他的浅薄。现在我不得不推荐评阅人看一篇辅导中学历史教师备课的文章，里面写道：“在中国古代，君主专制是与皇帝制度相始终的，因此，君主专制与皇帝专权大致同义……专制主义特指君主专制，已经是一个约定俗成的认识。”（张帆《关于历史教学中的“君主专制”问题思考》）

评阅人进而给本文戴上一顶大帽子，说什么：“如果不论证这种权力对社会性质的支配作用，仅仅作为一种标签去配合众庶和吏民，其本身不能作为划分社会形态的标准。”我不得不再请问评阅人：你究竟看没看我的文章？本文真的没有“论证这种权力对社会性质的支配作用”吗？

本文真的“仅仅作为一种标签去配合众庶和吏民”吗？请看事实：

本文开宗明义指出：“中国历史进入君主时代之后，决定历史走向和社会性质的关键有两个：一个是对权力的掌控，一个是对人力的掌控。”为什么将“权力的掌控”视为首要的“关键”呢？因为“掌控”了权力就掌控了一切，具体来说就是：“皇帝不仅处于权力金字塔的顶端，而且处于全体社会成员金字塔结构的顶端，这个体制在中央以宰相制度为辅佐，通过州郡县地方行政体系直至基层乡里，实现对于全国、全社会的直接掌控。”掌控一切的关键则是掌控人力（人口），何以然？因为“中国所处自然地理、政治地理环境，周边没有强大而先进的国家，没有更多的其他资源，唯一的重要资源是人口。人口与另一重要资源土地结合，成为社会财富的基本来源。一部中国史在某种意义上可谓一部人口掌控史”，掌控人力之所以为其另一根本，这是因为“掌控了人力就掌控了物力，即由人力而生产的财富。与此同时，掌控了人力就意味着掌控了徭役和军事等皇权统治所需人力资源。秦汉以降的皇权体制就是建立在对于全国人力资源的掌控之上，而这又主要依赖于编户制度的确立，编户制度是掌控人力资源的根本保证，中国古代皇权体制得以延续两千年之久的关键，在于严密的编户制度确保皇权对人力资源的控制。”秦至清的两千余年间，掌控人口（人力）则集中体现于对“吏民”的掌控，“吏民”不仅是赋税徭役和军队的来源，而且“与此同时，皇权体制也不断从‘吏民’中选拔、游离出少数精英以为文武臣僚，故‘吏民’亦为维持其统治而须臾不可或缺之供体和活水源头。”进而又指出：“皇权时代对于人口的掌控不仅限于将‘吏民’纳入编户，因为皇权时代的人口掌控是包括人身和精神两个方面的，人身方面通过‘重农抑商’‘地著’等而将‘吏民’束缚于土地，精神上则从秦朝的‘以吏为师’‘以法为教’，到汉代‘独尊儒术’‘以孝治天下’及其后的‘三纲五常’等，将吏民控制在皇权体制之中。”从以上论述中可以清楚地看到，皇权所掌控的不是某一方面、某一部分，而是全面地、无所不包地，简而言之就是掌控了全社会的政治、经济、文化等各个方面。请问评阅人：上述论证难道不是论证了“这种权力对社会性质的支配作用”吗？如果不是，那又是什么呢？这是“仅仅作为一种标签去配合众庶和吏民”吗？“标签”“配合”的情况体现在本文的第几页、第几行之中？你凭空炮制的这些

“概念”“标签”的事实根据在哪里呢？你这一套真的是从本文的实际中总结、概括出来的吗？究竟是本文几万字的论述均属于“概念”“标签”呢？还是评阅人信口雌黄而肆意臆造出来的诬陷之词属于货真价实的“概念”“标签”呢？

本文不仅从宏观的、理论的层面论证了皇权与吏民这个矛盾统一体的内在联系，皇权通过掌控“吏民”而掌控一切的内在的、本质的关系，而且从多方面、不同时段展开具体的论述，几乎占了全文的三分之二，揭示了秦至清两千年间掌控与反掌控的矛盾、冲突和斗争，论述了这个时代的主要矛盾和次要矛盾，论述了这种矛盾和斗争如何一步步推动两千年历史的发展变化。请问评阅人，这仅仅是将皇权作为“标签”去“配合”吏民吗？这还不属于“社会形态”问题，那么请你指教一下，什么才算是“社会形态”的问题呢？评阅人回避本文的主要篇幅、主体部分的内容，背离本文的实际，无中生有地虚构种种“概念”“标签”代替实事求是的论证，这种做法已经不仅仅是个人诚信问题了，而是人品彻底败坏到毫无底线的下作行为了。像评阅人这样企图既不下功夫阅读作者的文章，又要应付编辑部的催促，从而玩伎俩、耍花招是糊弄不了人的，这种极度不负责任的、极度不诚实的人是没有资格对本文说三道四的。

十三，评阅人说：“依作者的解释，众庶和吏民分别是三代和秦至清最底层的大众成员，但任何社会，社会最底层的群众只是社会结构的构成部分，既不是社会的进步力量，也对社会发挥不了支配作用，如果用社会的某一阶层作为判断社会性质的依据，这个阶层一定是那个社会的主导阶层，是推动社会发展的进步力量，比如资产阶级社会。否则，我们对中国进入国家形态以后的社会，都可以称为众庶社会，因为他们是社会成员中的大多数。”

评阅人这段议论存在着理论上和史学常识上两个方面的谬误。

先说理论方面的谬误。评阅人的“理论”是什么呢？那就是：某一社会中出现了代表历史前进方向的进步阶级，这个进步阶级不断壮大，推翻了原来的腐朽落后的阶级，从而建立了新的社会。比如资产阶级在封建社会作为一种进步阶级，推翻了封建社会，建立了资本主义社会。这个“理论”从哪里来的呢？那就是根据欧洲模式推导出的五种生产方式理论，这是在鼓吹具有万能属性的一般人类历史发展道路“理论”，按照评阅人的“理论”，任何人试图研究中国古代的社会性质问题，都必须按照五种生产方式模式，即欧洲模式进行，即照搬“具有万能属性的一般人类历史发展道路‘理论’”即可，否则就是进入了“理论误区”。评阅人的“理论误区”，恰恰在于把欧洲历史的模式当作普世性的教条，并将之拿来套今天中国史学界对于古代社会性质的探讨。这位评阅人一方面侈谈什么历史的“特殊性”，但是一旦看到有人论述中国历史的特殊性问题时就如遇洪水猛兽，抡起一般人类历史发展道路“理论”、已被中国史学界摒弃的五种生产方式教条以扼杀对于中国古史特殊性的探讨。

再说史学常识方面的谬误问题。评阅人说什么：“我们对中国进入国家形态以后的社会，都可以称为众庶社会，因为他们是社会成员中的大多数。”这句话以及评阅人在上面一再涉及“众庶”的相关议论都暴露了一个共同的问题，即：评阅人对这些概念是糊涂的，他把我们这里使用的“众庶”不是当作特定时代具有特定涵义的历史名词去理解，而是当作现代汉语词汇一般的泛化意义去理解。“众”或“庶”在三代是指宗族成员，是“血缘性的、宗法性的”的群体，“吏民”是秦汉以后的编户齐民，虽然两个词汇都含有广大民众的意思，但是两个词汇的历史含义是不同的、性质是不同的，本文对此在不同场合均多所论述，指出全部中国历史特点之一是对于人口掌控由松而紧的过程：“人口由‘氏’群缩小为天子、诸侯和大小宗族掌控下的‘众庶’，即宗族人口为王与诸侯所分别直接间接掌控。随着对人口的控制越来越紧，直至历史进入皇权时代，最终全部纳入皇权掌控之下，众庶被分化为个体，编制于户籍之中，被称为‘吏民’。”“‘众庶’与‘吏民’的区别在于前者是多元性的宗族所有制，后者是一元性的‘国有制’。‘众庶’分别统辖于大大小小的宗族，分别属于王或各级诸侯贵族等人。‘吏民’则全部收归国有，其所有权是一元的、集中的，直属于最高统治者皇帝。”由此可见，“众庶”与“吏民”的构成是不同的，性质也是不同的，两者的相异性正是第二时代与第三时代社会性质不同的重要表征之一。评阅人抽空历史内涵，把不同时代的两个词汇，用现代汉语的一般泛化意涵加以曲解，把它们变为毫无历史内容、放之四海而皆准的空洞词语，企图通过玩弄文字游戏来否定本文关于社会性质的探讨，这种幼稚、浅薄的伎俩是很不严肃的、十分滑稽可笑的，也是糊弄不了有识者的。

十四，评阅人说：“论文对一些常识性的知识，在运用中存在不正确的问题。比如论文说：‘众庶不仅是农业的主要劳动者，同时还要承担兵役、徭赋等。’实际上，西周春秋时代的众庶不承担兵役；再如作者论证汉代五百石以下的‘下吏’属于‘吏民’之列，引西汉景帝中元六年（前144）诏称‘吏六百石以上皆长吏也’一句，其实，景帝此诏针对的是六百石以上吏着民服出入里巷，并非说其下则为‘下吏’，这只是作者为证明己说的曲解。《百官公卿表》明确记载：秩四百石至二百石，是为长吏。即使如此，百石至斗食当时也在国家吏员的编制之内，这与后代属吏品官化条件下的胥吏存在本质上的区别。”

评阅人的这些说法，纯属无知妄言！这两个问题都是由于评阅人缺乏“常识性的知识”而发出的胡言乱语。

先看评阅人所谓“众庶不服兵役”的问题。陈恩林《先秦军事制度研究》开宗明义就指出，先秦军事制度的第一个基本特点就是“兵农合一”，他说这一特点“古代典籍中的记载至为明确”（该书第1页），“这一特点，在夏、殷时已具雏形，至西周时更加臻于完善。”（该书第4页）“兵农合一”指的就是“众庶”既耕田又服兵役。至于具体材料，这里就没有必要征引了，请评阅人自己去看这本书就知道了。陈先生被誉为金景芳先生大弟子，而此书又被公认为三十年无出其右者，如果评阅人对此有更高明的研究，果真发现了“西周春秋时代的众庶不承担兵役”这么一个重大问题，那么就请评阅人举出证明材料，去推翻陈先生的上述论断。

评阅人的这一“高见”从何而来？本人百思不得其解，因为只要稍有先秦史常识的人都不会说出这种蠢话来的。估计只有一个可能，那就是这位评阅人将先秦时期的“野人”误认为“众庶”了。陈恩林《先秦军事制度研究》指出：先秦军事制度的第二个基本特点就是“国人当兵，野人不当兵”。“国人”就是“众庶”，“野人”是什么人呢？陈书说野人是“没有政治权利”的“被征服者、战俘、或移民”，即先秦古籍中的“甿”“氓”“萌”等，他们是不当兵的（该书第4—12页）。至此，我们不仅看清了评阅人关于众庶不服兵役的谬论，而且明白了为什么评阅人在这篇评语中反复地、无中生有地将“众庶”是“最底层的大众成员”

强加于笔者，原来评阅人是根据自己对“众庶”的错误认识和理解来评论我的文章的，他不是将“众庶”置于三代历史条件下而是按照现代汉语的一般泛化性释义去理解这个词汇，以为他们不过是“最底层的大众成员”，因此他就将“野人”也视为“众庶”，因此他们是“不承担兵役”的。由此可见，评阅人这篇评语之所以谬误百出，其根源在于他对于“众庶”的理解根本上就是错误的，然后拿自己错误的认识去挑本文的“毛病”，为了证成这些所谓“毛病”而不惜捏造事实，背离本文而强加于人。

不仅如此，虽然西周“野人”最初是“不亲与战事”的，但是需要“供军中力役”，为军队提供服务，到了春秋时期则“逐步地扩大征兵，由国而都邑，从国人到野人，最后达到举国皆兵。”① 不仅国人服兵役，野人也要服兵役了。春秋时期战争频繁是人所共知的常识，各国对于兵员的需求日益增加，逐渐扩大征兵范围，形成“举国皆兵”是十分自然的事情。评阅人胡说什么“西周春秋时代的众庶不承担兵役”，请问评阅人：当时尤其是到了春秋时期频繁的战争中由谁去当兵打仗呢？评阅人对于先秦历史缺乏基本常识一至于斯，其胡言乱语与历史事实相去甚远，胆大包天，十分可笑。

还必须指出，我推测这位评阅人之所以胡说“西周春秋时代的众庶不承担兵役”，可能是将先秦时期的“野人”误认为“众庶”了。现在看来，这个推测也是过于抬举这位评阅人了，何以然？一是这位评阅人讲话是从来不需要什么“证据”的。看看他这篇评语，通篇上下凡是他指责本文的“问题”或“错误”，都是只有“帽子”和空言，张嘴就来，根本不需要任何证据，不论文献的根据还是本文中的根据都是没有的。一般经过基本史学训练的人，都知道并养成了说出任何问题时都会举出证据来的习惯的，而这位评阅人却与众不同，因此，他在说什么“西周春秋时代的众庶不承担兵役”时是不可能在头脑中寻找“野人”不当兵作为证据的。可见，这位评阅人连基本的史学训练都是缺乏的。二是从上述论证，我们可以清楚地看到，这位评阅人既不明白“国人”是什么

---

① 杜正胜：《编户齐民——传统政治社会结构之形成》，联经出版事业股份有限公司 1990 年版，第 49—50 页。

人，也不明白“野人”是什么人，因此他对于先秦时期的国野之分是茫然的，即使略知一二，也不过是道听途说得来的一知半解的耳食之学罢了，因此他不可能从先秦时期的国野之分来认识“众庶”是否服兵役的问题，不过就是信中开河、胡诌一通，以便凑够“退稿”的“理由”罢了。

其次，来看评阅人关于“吏民”的“高论”。评阅人说：“再如作者论证汉代五百石以下的‘下吏’属于‘吏民’之列，引西汉景帝中元六年（前144）诏称‘吏六百石以上皆长吏也’一句，其实，景帝此诏针对的是六百石以上吏着民服出入里巷，并非说其下则为‘下吏’，这只是作者为证明己说的曲解。《百官公卿表》明确记载：秩四百石至二百石，是为长吏。即使如此，百石至斗食当时也在国家吏员的编制之内，这与后代属吏品官化条件下的胥吏存在本质上的区别。”这段话表明：评阅人根本不知道“吏民”是有广义与狭义之分的，也不知道狭义“吏民”与“官”的界限有一个逐渐下移的变化过程，从而发出上述这些胡言乱语。

先看看“汉代五百石以下的“下吏”属于“吏民”之列”是否“曲解”的问题。汉代常以“下吏”表示下层吏员，这是不争的历史事实，史载韩延寿历任诸郡太守而甚贤，其“接待下吏，恩施甚厚而约誓明。”[①] 朱博出长左冯翊，用法宽、严相结合，“下吏以此为尽力。”[②] 征和二年春，制诏御史：“下吏妄赋，百姓流亡。”[③] 这些都是以下层吏员称为“下吏”之证。那么，“下吏”是什么意思呢？淮南王刘长欲反汉，文帝让帝舅薄昭写信告诫他，其中有曰：“相欲委下吏，无与其祸，不可得也。”颜师古注曰：“言诸侯王之相欲委罪于在下小吏，而身不干豫之，不可得也。”[④] 由此可见，“下吏”即“小吏”。

再看“下吏”与“长吏”的分界线问题。西汉前中期官吏六百石与五百石是长吏与小吏（即下吏）或“官”与“吏”的分界线，高帝十二年（前195）汉惠帝继位后进行赏赐，“赐给丧事者，二千石钱二万，六百石以上万，五百石、二百石以下至佐史五千。视作斥上者，将军四十

---

① （汉）班固撰，（唐）颜师古注：《汉书》卷七六《韩延寿传》，中华书局1962年版，第3211页。

② 《汉书》卷八三《朱博传》，第3402页。

③ 《汉书》卷六六《刘屈氂传》，第2879页。

④ 《汉书》卷四四《淮南厉王（刘）长传》，第2139—2140页。

金，二千石二十金，六百石以上六金，五百石以下至佐史二金。”① 在这里二千石以下、六百石以上为一个层级，他们得到万钱或六金以上的赏赐；五百石以下为一个层级，他们所赐为五千钱或二金。前者属于高官（长吏）的范畴，后者属于下吏的范畴，昭然若揭。至于评阅人提到的西汉景帝中元六年（前144）诏虽然具体讲的是关于官吏车辆、服装方面的问题，但是它同样反映了这个时期官吏的层级问题，规定了“吏六百石以上”的注意事项，但是诏书在说完“吏六百石以上皆长吏”之后，又说“下吏出入闾巷亡吏体者”② 应该如何处理的问题。同一个诏书里面，与“长吏”相对应的“下吏”不是指五百石以下的吏还能是什么呢？那就请评阅人说一说这里的“下吏”的“正解”应该是什么呢？

实际上，这里“长吏”与“下吏”的层级区分界线与上引资料的层级区分是一致的，因为它们都属于西汉前期。因此，在西汉前期五百石以下为与六百石以上“长吏”相对应的“下吏”实属毫无疑义。但是，到了西汉后期，“官”与“吏”，或者说“长吏”与“下吏”的分界线有所下移，并非固定不变的。《汉书·百官公卿表》所反映的就是西汉后期制度，曰：县“万户以上为令，秩千石至六百石。减万户为长，秩五百石至三百石。皆有丞、尉，秩四百石至二百石，是为长吏。百石以下有斗食、佐史之秩，是为少吏。”③ 这里将二百石以上视为“长吏”，其下则为“少吏”（即下吏）。文颖曰：“少吏，小吏也。”④ 此后这个分界线被继续沿用。东汉“明帝诏书不得僇辱黄绶，以别小人吏也。”⑤《东观汉纪》谓“四百、三百、二百石黄绶。”⑥ “黄绶”属于“长吏”，“小人吏”属于“下吏”，两者以二百石之上或之下作为分界线。（说见黎虎：《原“吏民”之二——“吏民”的社会属性》，《文史哲》2007年第2期）也就是说，早在12年前我已有专文论述这个问题，根本毋劳评阅人

---

① 《汉书》卷二《惠帝纪》，第85页。

② 《汉书》卷五《景帝纪》，第149页。

③ 《汉书》卷一九上《百官公卿表上》，第742页。

④ 《汉书》卷六《武帝纪》注引，第166页。

⑤ （晋）司马彪撰，（梁）刘昭注补：《续汉书·百官志五》注引胡广语，点校本《后汉书志》第二十八，中华书局1965年版，第3623页。

⑥ （宋）李昉等撰：《太平御览》卷六八二《仪式部三·绶》引《东观汉纪》，中华书局1960年版，第3046页。

来给我复述我早已讲得一清二楚的这个问题。

不过，这里应当指出的是，评阅人只知其一不知其二，他不知道西汉前后期“长吏”与“下吏”（或曰“官”与“吏”）的分界线是在逐步下移的，他所说《汉书·百官公卿表》那个记载是西汉后期的制度，他误以为西汉前期的景帝中元六年（前144）也应当是以二百石以上为“长吏”，故他不理解为什么将六百石与五百石之间作为“长吏”与“下吏”（小吏）的分界线，以为是我搞错了，以为我的说法与《汉书·百官公卿表》的记载不符，因而是我“曲解”了。这就表明：这位评阅人根本不知道这个分界线是在变化中的这个问题。至于评阅人说什么“即使如此，百石至斗食当时也在国家吏员的编制之内，这与后代属吏品官化条件下的胥吏存在本质上的区别。”也是属于只知其一不知其二的问题，“百石至斗食当时也在国家吏员的编制之内”，不仅汉代如此，长沙走马楼吴简更以无比丰富的具体材料反映了这样的问题。但是，评阅人误认为进入“国家吏员的编制之内”的“吏”就不属于“吏民”范畴了，再次暴露了他对于“吏民”问题是一知半解的，他主要从我的“吏民”系列论文中获得一知半解，然后再将这种耳食之学拿来唬我本人，生平头一次碰见如此搞笑的“专家”。

至此，究竟是我“曲解”了“吏民”的问题，还是评阅人在这个问题上以一知半解而妄下断言，究竟是谁存在常识性错误，已经一清二楚，毋庸赘言了。

最后还想指出一点，任何人存在一些知识乃至常识性的缺陷都是不可避免的，也是不足深怪的，但是这位评阅人却与众不同，其可怪者有二：（1）心理素质极佳。明明他对于所抨击的问题完全不懂或不完全懂，却仍然摆出一副“内行”的架势，言之凿凿，居然脸不红心不跳，气定神闲。比如他说“实际上，西周春秋时代的众庶不承担兵役。”你看，时间界限十分明确——“西周春秋时代”，结论也十分明确——“众庶不承担兵役”。俨然一副先秦史行家的派头，让人想不信都得信。先不说我们上面指出的众庶是服兵役的那些证据，就他这句话来说，也是经不起追问的，请问：“西周春秋时代”之前的众庶服不服兵役呢？既然“西周春秋时代”的众庶“不承担兵役”，那么，这个时代由什么人服兵役呢？评阅人能够回答出这些问题吗？（2）胆子够大。本文涉及中国通史的诸多重要问题，从我们上面的叙述中可以清楚地看到，这位评阅人对很多问题是缺乏基本常识的，但是他居然摆出一副“权威”的架势，信口雌黄，例如关于“吏民”问题，到目前为止国内史学界我本人的研究可以说是暂时仍然处于领先地位，但是他却居然对这个问题一再无知妄说，实在令人忍俊不禁。当然，他对我可以毫不在乎，因为他知道他再怎么胡说八道，作为作者的我也是奈何不了他的，但是他居然以为他的无知妄说可以糊弄《历史研究》编辑部，就不能不令人震惊了，因为今天的《历史研究》编辑部多士如林，各专业的博士、博士后出身者成龙配套，但是他竟以为他说什么都能够糊弄得了编辑部，这段话中涉及的一是先秦史中的，一是秦汉魏晋南北朝史中的，然而安排他写这个评语的恰恰是先秦史、史学理论专家晁天义先生，经管我的这篇文章的张云华先生恰恰是魏晋南北朝史的博士、博士后，他居然胆敢班门弄斧，其胆子如此之大，就令人不解了。

*　　　*　　　*

综上所述，这个评阅人的评阅意见，从理论到史实，从宏观到微观，均存在不同程度的问题和错误，可谓硬伤累累，堪称满纸荒唐言。之所以出现如此离谱的状况，窃意主要原因有二：

1. 这位评阅人的审稿态度和学术作风存在严重问题，缺乏作为一个评阅人所应持有的起码底线和资格要求：客观、公正、严肃、认真。何以见得？其突出表现，就是他完全回避、背离本文的主体、核心部分及其内容（约占全文三分之二），顾左右而言他。本文的主体、核心部分，论述了皇权与吏民构成秦至清一个有机的矛盾统一体，两千年来这个矛盾统一体的平衡——不平衡——再平衡的运动周期性地推动中国历史缓慢发展；这一矛盾统一体中存在主要矛盾和次要矛盾，而吏民与皇权的矛盾是这个社会形态中的主要矛盾，地主与农民的矛盾虽然也是这个社会形态中的重要矛盾，但是并没有也不可能超越吏民与皇权这一主要矛盾。这是本文首次提出的、对于中国古代社会性质研究的创新之见，而这个创新之见正是关于社会性质问题的核心性、根本性所在。然而，这位评阅人对于占本文三分之二的这部分内容，却只字不提，采取完全回避、根本无视的“鸵鸟伎俩”，只是完全背离本文实际而凭空扣上“没有超越已有的研究”、只是“概念有所不同”“缺少应有的逻辑递进”“仅仅作为一种标签去配合众庶和吏民，其本身不能作为划分社会形态的标准”等空洞的帽子。试问：这种严重背离本文实际的一顶顶空帽子，能够真实地、准确地反映本文的问题所在吗？这是一种客观、公正和严肃、认真的评论吗？

究其原因，一是评阅人可能没有完全阅读本文。何以言之？本文在他手中扣押了很长时间，后几经催促才匆忙交出评语来，因为来不及阅读全文，于是采用以空话代替实际的手法交卷了事。二是动机不纯、居心不良。何以见得？这从他没有认真阅读本文，特别是没有认真阅读本文的主体、核心部分，就下“退稿”结论，可以看清其先入为主、一开始就抱定扼杀本文的意图，然后从本文的“边缘地带”搜索枯肠拼凑种种所谓问题，以罗织“退稿”的理由。一个心态正常的评阅人，一般来说必定首先关注文章的主体部分和核心内容，但是这位评阅人却如此与众不同，完全回避、背离本文的主体部分和核心内容，这就不能不令人怀疑其居心叵测了。退一步说，评阅人如果认真阅读了本文，那么，正常的做法应该是，若不同意本文主体部分和核心内容，完全可以一一提出来，并指出问题所在。可是，评阅人的做法完全不是这样，对本文的核心主体部分只字不提，只是粗暴地扣上几顶空洞无物的大帽子，这是什么心态呢？那就是他害怕提出这个问题，因为这将不利于他实现扼杀本文的目的，使得他“退稿”的理由站不住脚或力度不够，于是不得不对此加以“冷藏”和“封存”。则评阅人的居心不良就更加确凿而无疑了。

还必须指出：他对于本文采取全盘否定、一棍子打死的态度，也充分暴露了他的不良居心。一个心态正常的评阅人，一般来说都会从正面、负面两个方面评议文章的价值得失，但是这位评阅人却是如此与众不同，全盘地、彻底地加以否定，更不必说还是毫无根据地进行诬蔑和诋毁了。一般来说，一篇经过《历史研究》编辑部筛选才得以参加昆明会议的文章，在会议中也经过相关评阅人和广大与会者阅读，现在到了这位评阅人手中，居然变成一无是处的烂文章，从理论的史实，从宏观到微观，全部都是错误的文章。假如一个完全没有看过作者文章而又具备起码是非分辨能力的编辑，收到评阅人全盘否定这篇文章的评语之后，起码会产生一点质疑：真的是如此糟糕、一无是处的烂文章吗？何况这篇文章还是事先经过筛选方才得以参加昆明会议的。如今，对于这位评阅人全盘否定这篇文章的评语，编辑部不仅没有产生任何疑问，而且完全视为符合评阅人应有的“客观公正”的标准，如奉“上帝的判决”，惟命是从。这究竟是本文作者之耻还是编辑部之荣呢？

2. 这位评阅人学力不逮，学识水平并未达到满足评论此文的要求。一看这个标题，编辑部的先生们一定会马上说：黎某人大错特错了，这位评阅人乃是当今学术界首屈一指的“专家”、顶尖的“权威”。是的，我一点儿也不怀疑，这位评阅人一定是头上戴满了今天社会所能提供的各种亮丽夺目的头衔和称号，盘踞于各种各样的学术中心、评委和会议场合，是当今“四唯”“五唯”土壤中茁壮成长起来的奇葩。从他的这篇评语可以看出，此人是写评语的老手、行家里手，从表面上看，这个评语可谓滴水不漏，既有“理论”又有事实，既有从宏观上“破题”的高论，又有从微观上入手的具体问题，既善于先声夺人，把自己置于制高点上，又极其善于摆出“博学”的架势，指手画脚，乍一看还真能糊弄人！但是，只要细看他的评语，就不难看出其华而不实和哗众取宠，从篇幅看，评语洋洋洒洒二千余言，然而细究其内容，实际上只涉及本文的前面几页或者某些大标题，翻来覆去地就“众庶”“吏民”这两个词汇发难，更无其他任何实质性的内容；其次就是那些不着边际的、中学生至多是本科生水准的、路人皆知的“理论”，其奥妙就在于这些都是不必看文章就可以拼凑出来的东西。更加令人匪夷所思和不可原谅的是，凡是这位评阅人提出责难本文的“常识性”具体问题，无一不是恰恰暴露了他本人的“常识性”错误和浅薄无知。

评阅人为什么敢于如此肆意妄为呢？因为他深谙此道，他深深地知道：不论他如何胡说八道，指鹿为马，都是一言九鼎，编辑部无不“言听计从”，在他看来编辑部不过是一个上传下达的中转站而已。而且他躲在暗处，他处于强势地位而文章作者甚至编辑部均处于弱势地位，不论如何胡说八道，作者或编辑部也奈何不了他。多年来想必他已写过无数评语，所向披靡，已经娴熟于评语市场的套路，例如这次被国家社科规划办撤项的、广西师范大学杜海军教授主持的《广西石刻总集辑校》皇皇巨著，应当就是拜托像这位评阅人这样的“评审专家”衮衮诸公才能够成就其“辉煌”的。过去，只是一般的听别人讲到当今时代学术空疏、浮躁的问题，这次有机会近距离接触当今“新秀”，得识庐山真面目，也算是本文参加这次“前沿论坛”并最后接受这位评阅人的“评阅”而不虚此行了。

以上浅见，孰是孰非？评阅人的哪一句话是对的？我的哪一条意见是错的？衷心欢迎《历史研究》编辑部诸位先生指出。好在晁天义先生既是先秦史专家，又是史学理论专家，张云华先生则是魏晋南北朝史博士、博士后，上述问题均在二位先生专业范围之内，我相信二位有足够水平和能力分清黑白，做出恰当的判断。我将静候编辑先生的赐教。

我也衷心希望评阅人对于我的《十四问》给予指教，如果评阅人不怕见阳光，有这个胆量和度量，我们可以在任何公众场合或报刊中进行辩论，将评阅人的评语和我的质疑一并公之于世，请公众作出孰是孰非的评论和判断。

最后，附带说一桩小事：编辑部在给我的退稿信中，给我发了一颗糖果：“《中国社会科学报》‘史学版’正发表著名史家的文章”，邀请我也写一篇。我想请问一下：贵刊是按照什么标准邀请写稿人的？因为按照这位评阅人的评语，本人的文章“并没有超越已有的研究”，只是“概念有所不同”“抛开唯物史观”“只是建立在概念的说明上，其中缺少应有的逻辑递进”“对新时期以来围绕中国历史分期和社会性质的讨论缺少应有的回顾和总结”“作者使用的概念并非‘中国本土固有词语概念’，如王权、皇权”“即便是固有概念，在使用时也没有做出清晰的界定”，深陷“理论误区”“仅仅作为一种标签去配合众庶和吏民，其本身不能作为划分社会形态的标准”“论文对一些常识性的知识，在运用中存在不正确的问题”“只是作者为证明己说的曲解”，诸如此类，不一而足，凡是能够想象得到的负面辞句、贬责语言都被评阅人搜集到了，堪称这种词汇的大杂烩。如今评阅人的这些意见已经被贵刊照单全收、全盘接受，贵刊也是坚决“贯彻执行”评阅人的意旨而做出退稿的决定，请问：像我这样写出一篇被评阅人全盘否定的、如此不堪的文章的人，从理论到史事，从宏观到微观全盘错误，一无是处，还有什么资格在贵处如此高端而神圣的报刊上去谈论什么“治史心得或经验、对历史基本理论或史学研究方法的看法、对学科发展的反思见解、具体问题的研究”呢？你们难道不觉得这也太过于自相矛盾了吗？你们应当邀请像这位评阅人那样的当代“新秀”“奇葩”写这种文章，这才符合正常的逻辑。

如果你们是出于真诚，真的打算邀请我写这种文章，那么我现在提交的这篇文章就再合适不过了，因为这是真正的“治史心得或经验”，地道的“对历史基本理论或史学研究方法的看法、对学科发展的反思见解”，均非泛泛而谈的空论，而是结合实际，针砭时弊，有血有肉的体会，对于读者是有真正帮助的务实文章。如何？请酌。

黎虎2019年6月14日星期五

（附言：本文于上月写成之后，在手中静置了近一个月，到现在为止，没有发现有不妥之处，因此，现在可以寄出了。黎虎又及　2019年7月11日中午11时35分）

（说明：《中国古史分期暨社会性质论纲——兼论中国传统社会的主要矛盾问题》一文作为黎虎先生晚年最重要的学术论著之一，从酝酿、到撰写、再到投稿、以至最后刊布，整个过程整理者都是第一见证人。2015年秦皇岛东北大学的座谈会期间，黎虎先生第一次公开谈到了他对于这个重大史学理论问题的看法，其间我就曾建议黎虎先生应该将这个问题先写出来，哪怕是先写出一个论纲性质的专题论文，因为这个问题的重大学术价值是无可估量的，其重要性甚至在中国古典外交制度史之上，这是我当时的原话。2017年10月13—14日、2018年10月13—14日，我先后两次奉黎虎先生召唤前往北京，在先生家中亲聆教诲，先生这两次所谈都是围绕这个主题进行的，2018年11月16—18日《历史研究》编辑部同云南大学历史与档案学院联合举办以“社会性质与历史分期”为主题的第十二届史学前沿论坛，我以黎虎先生代表的身份，带着先生刚刚完成不久的这篇《中国古史分期暨社会性质论纲——兼论中国传统社会的主要矛盾问题》参加了这次论坛，并在论坛会议上作了主题发言。会议期间，我还就此文与《历史研究》编辑部的负责人李红岩先生进行了交流。从会议回来不久之后，黎先生就将这篇文章投寄给了

《历史研究》编辑部。在等待审稿意见的几个月里，我曾与先生多次言及这篇文章可能的际遇，因为《论纲》就中国古史分期暨社会性质问题所提出的观点，充满着创新的意识和精神而又自成体系，对于包括“五种生产方式”论在内的既有相关论点而言不啻于一场革命性的颠覆。因此，黎先生和我都有一种预感，那就是此文很有可能遭到守旧者的否定。后来的事实表明，我们的预感是准确的。尽管我们预感到此文可能会被审稿专家否定，却无论如何也想不到这个审稿意见竟然会荒唐到如此程度！因为这篇可谓下作无耻到没有底线的审稿意见，是根本不需要阅读文章内容就可以写出来的，而且这个审稿意见很可能就是这样炮制出来的，因为是在长达 8 个月之后、在编辑多次催促之后才拿出来的审稿意见。由此也反映出中国学术界目前的所谓“专家匿名审稿制度”实在是弊大于利，像这样的专家匿名审稿制度对真正的学术创新来说，只能是一种戕害，而带不来一丝一毫的益处，这种制度只能成为类似这位审稿专家一类的无耻之徒打压学术创新的利器。不过，真正有价值、有创新的学术论文，终究是打压不住、扼杀不了的，像《文史哲》这样真正以弘扬学术为己任、有担当的刊物还是存在的。《论纲》在《文史哲》刊布以后，引起包括日本学术界在内的多方关注和颂扬，就是最好的证明。

对于《历史研究》所邀请的这位审稿人所炮制的这份充满诬蔑之词和无耻谰言的评阅意见，黎虎先生当时确实有些生气，我也很是气愤。所以，当黎虎先生表示要写一封驳斥信寄给《历史研究》编辑部及其相关负责人时，我是表示赞同的，但同时也劝说先生不要在这方面浪费太多精力和宝贵时间。黎虎先生写好之后，我又有幸成为第一个读者，并就一些措辞问题提出了一些看法。后来，经过几次修改之后，黎先生就将这封信寄给了《历史研究》编辑部的相关人员，先生对我说：我写这篇驳斥文，主要不是因为《历史研究》退了我的稿子，而是因为这个审稿人的评审意见完全是不负责任的胡说八道，必须加以严厉驳斥，因为他的这种行为实在是一种严重的学术不端，对于这种借评审之机胡言乱语、肆意打压别人创新成果的行为，每个有良心的学者都不应该视而不见、不应该任由他们胡作非为，而是应该奋起还击、严词批驳，我这么做也是为了维护学术公道，也是想提醒包括《历史研究》在内的所有刊物注意，不应该将论文的刊发与否的决定权完全交给所谓的审稿专家，审稿专家的意见只能当成参考，而不应该成为最后的“裁定书”。如果事事都完全交给“审稿专家”，那编辑部还有什么保留的必要？对于黎虎先生的这些说法，我深表赞同，同时建议先生：将来有机会一定要设法将此文公之于世，以伸张学术正义。对于我的这个提议，先生当时也表示了认可。只是没有料到的是，这篇维护学术公道、伸张学术正气的驳论文尚未公开刊布，先生却已驾鹤西去，洵为遗憾，亦复令人神伤！今依据黎虎先生最后修订稿整理，收入《黎虎文集：中国古史分期暨社会性质研究》卷，以此告慰先生在天之灵！李文才敬识。)

附　《历史研究》编辑部外审文稿具体审查意见

请就文稿的学术创见及存在的问题给出具体说明，并提出修改建议（注：本部分内容将反馈给作者参考，字数最好不要少于500字，若不敷使用，可加页）。

1. 文稿的学术价值

论文沿袭翦伯赞、侯外庐等马克思主义史学家以来的关于世界历史发展道路的普遍性和特殊性关系的认识，也认为中国历史的发展演变具有其独特的形态和性质。在这一认知的前提下，试图重建符合于中国历史实际的古史分期和社会性质学科体系这一重大学术问题，因此，从中国本土固有词语概念中选择和重组了社会最底层的概念——群聚、众庶、吏民，将之与国家最高权力属性的无君、王权、皇权相配合，认为中国历史上经历了“无君‘群聚’”社会——“王权‘众庶’”社会——“皇权‘吏民’”社会。这三段式社会发展阶段的划分和当下学术界的讨论是大体一致的，学界习惯上称之为原始社会、封建或宗法封建社会、帝制社会，也就是说，该文在历史分期上并没有超越已有的研究。其与国家通行的学科体系——原始社会、奴隶社会、封建社会，以及新时期以来的其他分期意见不同的，只是用来概括这三阶段社会性质的概念有所不同，其中作者的主要心得是“吏民”概念的使用。

2. 文稿存在的问题

一、古史分期从严格意义上说，不只是一个历史经验的问题，主要是一个历史哲学的问题。马克思终其一生重点研究的是资本主义的历史，他为了论证资本主义社会的暂时性，也探讨了前资本主义社会的历史。恩格斯概括马克思的贡献：一是唯物史观；一是剩余价值论。马克思从西欧历史经验出发，也说过人类历史发展阶段的话，比如亚细亚的、古代的、封建的、资产阶级的等等。马克思和恩格斯的唯物史观认为推动社会发展的决定力量是生产力，决定社会性质和划分社会形态的是生产关系，即经济基础决定上层建筑。马克思、恩格斯受历史条件的限制，对东方古代历史、特别是中国古代历史并没有对西方历史认识的全面和深刻，因此，他们从西方历史经验中总结和概括的发展规律未必完全符合中国历史，这是新时期以来重构中国历史体系的前提。问题在于，如果运用唯物史观重构中国古史体系，就应在论文中体现唯物史观的基本原理；如果抛开唯物史观建构中国古史体系，就必须建立符合中国历史的理论体系。作者提出的"无君'群聚'"社会——"王权'众庶'"社会——"皇权'吏民'"社会的分期中，只是建立在概念的说明上，其中缺少应有的逻辑递进。

二、历史理论和实证研究的推进，只能建立在学术讨论和学术争鸣的基础之上。论文对新时期以来围绕中国历史分期和社会性质的讨论缺少应有的回顾和总结，作者在页下注中坦承：2004—2010年"对于外界关于中国历史分期和社会性质问题的讨论，基本上是闭目塞听，一无所知。"2010年以后，看过两篇相关论文，一是李振宏先生的《跳出社会形态思维，从国家政体角度看秦至清社会性质》（2015年），二是黄敏兰先生的《近年来学术界对"封建"及"封建社会"问题的反思》（2002年）。实际上，理论界和历史学界对这些问题的讨论早在20世纪80年代已经开始，比如刘泽华先生关于"王权主义"的系列论著，更早的如王亚南先生的《中国官僚政治研究》等，他们的研究对认识中国古代历史的独特性都具有指导性意义，而且形成了自己的理论体系。即使是作者提到的李振宏先生的相关研究，认为中国秦至清的社会属于皇权专制社会，其理论依据就是"国家权力支配社会"。他们的历史观或理论本身是否正确可以讨论，但在已有研究的基础上重建中国的历史体系，首先要对前人的观点给予应有的回应，提出自己建构古史分期的理论依据，才能推进这一重大历史问题的研究，也才有意义。

三、作者声称要"以中国本土固有词语概念进行表述，避免使用域外引进的意涵不清、含混模糊的词语概念"，这是值得称道的态度，问题是，作者使用的概念并非"中国本土固有词语概念"，如王权、皇权；即便是固有概念，在使用时也没有做出清晰的界定，如无君群聚社会，“无君”在先秦文献是一个具称，并不是一个反映社会面貌的词语；“群聚”既可以表示国家形态以前的社会，也可以表示国家形态以后的社会。从中国固有概念来说，众庶、吏民可以视为两个不同时代的核心概念，但众庶在不同语境中并非仅指社会最底层的大众；吏民的内涵更为复杂，秦汉时期，官与吏之间并没有后世的严格区分，在很多情况下，官也称吏，如此，“吏民”就不是社会最底层大众的代称了。

四、就三阶段历史分期论之，“无君群聚社会”对应的是原始社会，这本来就是一个不言自明的问题，无需连篇累牍去说明，那个时代本来就“无君”，改称为“无君群聚社会”徒增歧义。世界各国都经历过这个时代，也体现不出中国历史发展的独特性。中国进入国家形态后，以秦朝为界，作者分别称之为“王权‘众庶’”社会——“皇权‘吏民’”社会，划分的方式是以国家最高权力性质的概念配合社会身份，如众庶、吏民。其中的理论误区在于，不论是王权还是皇权，都属于国家政体类型的范畴。就国家政体类型来说，可以是民主的，也可以是专制的，不同历史发展阶段既存在民主的政体，也存在专制的政体，如果不论证这种权力对社会性质的支配作用，仅仅作为一种标签去配合众庶和吏民，其本身不能作为划分社会形态的标准。依作者的解释，众庶和吏民分别是三代和秦至清最底层的大众成员，但任何社会，社会最底层的群众只是社会结构的构成部分，既不是社会的进步力量，也对社会发挥不了支配作用，如果用社会的某一阶层作为判断社会性质的依据，这个阶层一定是那个社会的主导阶层，是推动社会发展的进步力量，比如资产阶级社会。否则，我们对中国进入国家形态以后的社会，都可以称为众庶社会，因为他们是社会成员中的大多数。

五、论文对一些常识性的知识，在运用中存在不正确的问题。比如论文说：“众庶不仅是农业的主要劳动者，同时还要承担兵役、徭赋等。”实际上，西周春秋时代的众庶不承担兵役；再如作者论证汉代五百石以下的“下吏”属于“吏民”之列，引西汉景帝中元六年（前 144）诏称“吏六百石以上皆长吏也”一句，其实，景帝此诏针对的是六百石以上吏着民服出入里巷，并非说其下则为“下吏”，这只是作者为证明己说的曲解。《百官公卿表》明确记载：秩四百石至二百石，是为长吏。即使如此，百石至斗食当时也在国家吏员的编制之内，这与后代属吏品官化条件下的胥吏存在本质上的区别。

3. 具体修改建议

附一　窪添庆文先生致黎虎先生函(日文)

黎虎教授

久しくお目にかかれておりませんが、日々ご精励のことと拝察致しております。

ご大著『漢唐外交制度史』が2019年中国社会科学出版社優秀著作に選ばれたとのこと、おめでとうございました。心からお慶び申し上げます。

また『文史哲』誌に掲載されたご大作

「中国古史分期暨社会性質論綱——兼論中国伝統社会的主要矛盾」

を賜り、まことにありがとうございました。

近年日本では中国史全体に関わる議論がほとんど見られなくなり、細部に関わる議論がますます緻密の度を強めております。私などはその最たるものでしょう。しかし中国史全体に対する関心なくしては、細部の議論を行ってもあまり意味はありません。私はそう考えます。他の日本の研究者も、同じだと思います。

日本の状況がそうなったのは、時代区分論争が行き詰まったからだと思っております。西洋でできた理論を中国社会にあてはめて時代区分を行うという方法が否定され、中国史内部の発展をまず考えようということ（これを提唱したのは恩師西嶋定生先生でした）になったのはよいのですが、内部の発展を理論づけるための精密な根拠の考察がなければならないということで、その段階で止まっているわけです。

ご承知の通り、西嶋先生は最初は明末清初の研究を行っていました。アジア社会停滞論を打破すべく、この時期に資本主義の萌芽を見いだしたのです。しかしそれは資本主義には発展できなかった。その原因を西嶋先生は皇帝権力の強大さに求めます。その結果、皇帝権力とは何か、それを考察するために、研究対象を秦漢時代に変えました。

西嶋先生が秦漢時代に見いだしたのは皇帝が民を個別人身的に支配する体制です。個別人身支配が行われている時代が古代であると私たち学生に話してくれました。ただ、いつまでがそうなのかは明言しませんでしたが、多分唐の中期以前だろうと私は推測しております。

古代が個別人身支配の時期なら、中世、近世はどうなのか、それについては西嶋先生は明言されませんでした。唐末以後の地主佃戸制を時代を規定する存在と見なすのが、日本で最も有力な見解で、特に東大はそうでしたから、その考えを採られているのではないかと思われますが、はっきりとは申せません。でもそうすると、主たる矛盾関係が古代の皇帝（および官僚）と民の間に存在するのに、中世は地主と佃戸の間にそれを求めることになり、論理としての一貫性の説明がかなり難しくなる。一般農民も数多いですし。私たちはその説明が欲しかったのですが、西嶋先生は明言されなかった。

そのような難点がご高説では解消されております。皇帝と民の間の主要矛盾関係が秦から清まで一貫すると説明されています。非常に明快で、その点に大変引きつけられました。今後私も考えてみなくてはと思われた次第です。ありがとうございました。

なお、ひとつご高説に加えていただきたいことがあります。私たち日本人研究者は秦漢への過渡期としての戦国時代を含めた秦漢時代から後においては、唐末五代を大きな時代変化の時期と捉えてきました。これは唐末までを古代とするか、中世するかの違いにかかわらず、ほとんどの研究者の共通理解です。そのほかにご承知の通り、魏晋南北朝・唐中期までをひとくくりにする説が比較的有力です。ご高説では主要矛盾中心に論ぜられていますので、それに及ばない矛盾は捨象しておられるわけですが、皇権吏民時代における差についても説明をしていただけたならば、一層ご高説の魅力が高まるのでは、と思う次第です。

私は近年研究能力の低下を感じざるを得なくなっておりまして、かつてのような論文は書けないのではないか、とまで思うようになっております。それなのに私より5歳年長でいらっしゃる先生が、先般のご大著に引き続き、このような意欲的なご大作を著されたことは、私にとって大きな刺激となりました。もっと頑張らなくてはならないと、お叱りを受けた気持ちです。先生にはとても及ばないことはよく承知しておりますが、努力いたします。

この書館がお手元に届くのは春節の時期かと思います。新しい年における先生のご多幸とご健勝をお祈り申し上げます。

2020年1月19日

窪添庆文

附二　窪添庆文先生致黎虎先生函(中译)

黎虎教授：

虽然好久不见了，但我想您每天都很努力吧。

恭喜您的《汉唐制度外交史》一书被选为2019年中国社会科学出版社优秀著作，对此我表示衷心地祝贺。

也承蒙您发表在《文史哲》上的《中国古史分期暨社会性质论纲——兼论中国传统社会的主要矛盾》一文，(让我获益良多)，非常感谢!

近年来，在日本几乎看不到关于整个中国史的讨论，但关于细节的讨论却越来越周密。我可能是其中的深度参与者。但是如果没有对整个中国史的关注，进行细节的讨论也没有什么意义。我是这么认为的。我想其他日本的研究人员也一样。

我认为日本的研究状况之所以如此，是因为时代划分的争论陷入了僵局。将西方的理论应用于中国社会的时代划分的方法被否定之后，虽然很好地提出了首先要考虑中国社会内部的发展（提倡这一点的是恩师西岛定生老师）的建议，但是为了给予理论内部的发展一些依据，必须进行精密的考察，所以就停留在了那个阶段。

众所周知，西岛老师最初是进行明末清初的研究。老师为了打破亚洲社会停滞论，在（明末清初）这一时期发现了资本主义的萌芽，但是，这并没有发展为资本主义。西岛老师认为是这一时期皇权过于强大的原因。最终，为了研究皇权到底是什么，（西岛老师）把研究对象换成了秦汉时代。

西岛老师发现秦汉时期是皇帝对百姓进行个别人身支配的体制。他告诉我们这些学生说，实行个别人身统治的时代就是古代。但是，他并没有明确告诉我们这一种体制直到什么时期才完结，我个人推测大概是在唐朝中期以前。

如果古代是个别人身支配的时期，那么中世纪、近代又是怎样呢？对于这一问题西岛老师并没有进行说明。把唐末以后的地主佃户制度视为界定时代的存在，这是日本最有力的见解，特别是东京大学，我想应该是采纳了这一观点，但（这一观点）很难说得清楚。按照这一观点，主要矛盾存在于古代皇帝（以及官僚）与民众之间，而中世纪的矛盾则要在地主和佃户之间寻求，（这样一来）逻辑上的一贯性就相当难以解释了。普通农民也有很多，我们想要针对那一问题的解释，但西岛老师却没有明说。

这样的难点在您的高论中被解释清楚了。（在您的文章中）说明了皇权吏民的矛盾是秦至清的主要矛盾。（这一观点）非常简洁、明了，这一点非常吸引我。今后我也必须考虑一下。非常感谢。

另外，我想还有一点可以加入您的高论中。我们日本学者认为，从秦汉时代开始，包括作为秦汉时代过渡阶段的战国时代在内，唐末五代是时代变化的最大的时期。这几乎是所有研究者共同的理解，不管唐末以前是古代还是中世纪。另外，如大家所知，比较有力的说法是将魏晋南北朝到唐中期概括起来。您的高论是以主要矛盾为中心进行论述的，所以可能舍弃了其他不必要的矛盾，但我想如果您能说明一下皇权吏民时代中的差异的话，您的高论会更上一层楼。

近年来，我感到自己的研究能力越来越差，甚至觉得自己写不出像过去那样的论文了。但比我年长五岁的老师您，却继上次的巨著后，又写出了这样热情的大作，这对我来说是很大的激励。我像是被训斥了一样，认识到自己必须更加努力。我知道我远不如您，但我会努力的。

我想这封信应该是在春节的时候送到您手上，祝愿老师您在新的一年里幸福安康。

2020 年 1 月 19 日

窪添庆文

（中文翻译：向伊君，扬州大学中国古代史专业 2021 级硕士生）

（说明：作为日本老一辈大师级学者西嶋定生的亲传弟子，窪添庆文先生系日本中国中古史研究领域的著名学者，在日本学术界有着巨大影响力。窪添庆文先生与黎虎先生相识已久，对于黎虎先生的学术造诣推崇备至。《论纲》在《文史哲》2020 年第 1 期甫一刊布，窪添庆文先生就致信表示祝贺，从窪添庆文先生的信中，我们看不到虚伪客套，而是真诚的推许，因为窪添庆文先生将《论纲》的创见与他的老师西嶋定生先生的相关论著进行了比较，并且认为西嶋老师没有能够解释清楚的问题，在黎虎先生的“高论中被解释清楚了”。由此可见，真正的创新性学术成果，是跨越国界的，终究会得到真正学者的认可的，是任何人也打压不了的。在整理《黎虎文集》的过程中，我们在黎虎先生遗留的文档资料中发现了窪添庆文先生的这封信，考虑到这封信主要就是谈《论纲》问题，故而将其日文信件并翻译成中文，附录于《黎虎文集：中国古史分期暨社会性质研究》卷，以飨读者。李文才敬识。）

外一种：鄂伦春族研究专题

【整理说明】1958 年 8 月至 1959 年 7 月，黎虎先生参加了由国家民族委员会组织的全国少数民族社会历史调查活动，被分配到内蒙古调查组（大组），到呼和浩特之后，又被分配到鄂伦春族调查组（小组）。黎虎先生曾在不同场合、多次言及这次少数民族调查活动对其学术生涯所具有的特殊意义。鄂伦春族调查组共有几十位成员，从中挑选 4 人组成撰写组，其他人员则一律编入资料组。在由 4 人所组成的撰写组中，另外 3 人分别为内蒙古民族研究所的干部、中央民族学院历史系和中央音乐学院的老师，只有黎虎先生一个是学生。当时调查组的第一项紧迫任务，就是确定鄂伦春族在 1949 年前的社会性质问题。这个问题在当时是有争论的，或以为鄂伦春族仍是原始社会民族，或认为已经出现了阶级分化，进入了阶级社会。各种意见纷纭，为此调查组召开了几次学习研讨会，黎虎先生在研讨会上第一个发言，提出 1949 年前的鄂伦春族处于从原始社会向阶级社会过渡阶段的村社阶段这个观点。这个观点得到调查组的普遍赞同，后来到北京汇报工作时，这个观点也得到了吕振羽等领导成员的首肯。这个观点最后也成为撰写“鄂伦春族简史简志”的指导思想。内蒙古人民出版社 1983 年 1 月出版的《鄂伦春族简史》，其指导思想就是黎虎先生当时所提出的观点。不仅如此，黎虎先生还是这部简史的主要撰稿人之一，《鄂伦春族简史》共 7 章，黎虎先生承担了第一、二、三章和第七章的第一、二、三节的撰写任务，几占全部篇幅的 1/2，因此谓之最主要的撰稿人亦不为过。

基于《鄂伦春族简史》的指导思想为黎虎先生所提出的观点，以及黎虎先生为该书最主要的撰稿人，因此我们在整理《黎虎文集》时，决定从《鄂伦春族简史》一书中抽绎出由黎虎先生所执笔的部分，编辑为《鄂伦春族研究专题》，作为“外一种”附于《黎虎文集：中国古史分期暨社会性质研究》卷。之所以如此，是因为黎虎先生晚年所发表的《中国古史分期暨社会性质论纲——兼论中国传统社会的主要矛盾问题》一文，其中有些思想或观点的萌芽，实可追根溯源至此。这一点，黎虎先生生前与整理者的通信往还中，亦曾有过多次阐述。

整理《鄂伦春族研究专题》，主要就是按照《黎虎文集》统一的格式要求，对引用文献加以规范。不过，原书所引用的《鄂伦春族调查材料》（之一、之二、之三……），由于这些材料无从核查，故只能保持原样不动。

鄂伦春族的族源与族称*

一　鄂伦春族的民族来源

鄂伦春族所居住的我国东北地区，早在公元前 11 世纪就与中原地区建立了政治上的联系。周武王灭商以后，肃慎曾向西周王朝“贡楛矢石砮”①。春秋时期周大夫詹桓伯在讲述西周王朝的四境时，曾明确地说：“肃慎、燕、亳，吾北土也。”②

肃慎作为通古斯语族的一支，虽然与鄂伦春族有着亲缘关系，但他还不是鄂伦春族直系的祖先。从我国古代史籍的记载中看，与鄂伦春族有比较直接关系的古老民族，大概是南北朝时期活动于黑龙江流域的“室韦”人。室韦人并不是单一的民族，在当时它是泛指勿吉以北的所有民族。据《北史·室韦传》记载，室韦分为南室韦、北室韦、钵室韦、深末怛室韦、大室韦等五部，它们之间“不相总一”③，包含着若干生产和生活习俗不同的民族。其中的钵室韦可能与鄂伦春族有着某些渊源关系。据《北史》记载，当时围绕吐纥山（今小兴安岭）一带，生活着一

---

* 本文原为内蒙古人民出版社 1983 年 1 月出版的《鄂伦春族简史》第一章《族源与族称》，第 7—12 页。据《鄂伦春族简史·后记》，第一章系黎虎先生执笔。今题目为《黎虎文集》整理者所改，为保证文集相对统一的风格，在尽量保持原书风貌的基础上，对原书章节、标题及形式均作了必要调整。

① （南朝·宋）范晔撰，（唐）李贤等注：《后汉书》卷七〇《孔融传》注引《国语》曰：“昔武王剋商，通于九夷百蛮，于是肃慎氏贡楛矢石砮，其长尺有咫。”中华书局 1965 年版，第 2272 页。

② （周）左丘明传，（晋）杜预注，（唐）孔颖达疏，浦卫忠、龚抗云、胡遂、于振波、陈咏明整理，杨向奎审定：《春秋左传正义》卷四五，昭公九年，北京大学出版社 2000 年版，第 1460 页。

③ （唐）李延寿撰：《北史》卷九四《室韦传》，中华书局 1974 年版，第 3129 页。

种居住土穴的北室韦人，由北室韦再北行一千里可以到达钵室韦，他们依胡布山而住。[①] 胡布山即今黑龙江以北西林木迪河（今苏联昔林札河[②]）源的雅玛岭。而这个地理位置大体是鄂伦春族早年生活的场所。

钵室韦与鄂伦春族有某些渊源关系的一个有力证据是两者具有相同的独特的居住方式。《北史》记钵室韦“人众多北室韦，不知为几部落。用桦皮盖屋，其余同北室韦。”[③] 特别指出钵室韦与北室韦的最重要区别是居住方式的不同，钵室韦是“用桦皮盖屋”的民族，北室韦是“居土穴”的民族。而“用桦皮盖屋”正是现代鄂伦春族一直保持的居住方式。那么，钵室韦与北室韦其余相同的地方是什么呢？从史籍记载可知主要有如下几个方面：首先，在经济生活方面，“饶麞鹿，射猎为务，食肉衣皮，凿冰没水中而网取鱼鳖”“皆捕貂为业”[④]。这种渔猎经济正是鄂伦春族传统的经济生活。其次，室韦人在冰天雪地中常常用一种滑雪板作为交通工具，所谓“骑木而行，傛即止”[⑤]。这种交通工具曾在鄂伦春、鄂温克族中广泛使用。其三，是他们把氏族首领叫做“莫何弗”，而鄂伦春人把氏族称为“穆昆”，氏族首长称为“穆昆达”。这种称呼在通古斯语族各族中基本上是一致的。“莫何弗”可能就是“穆昆”的对音。[⑥] 上述情况表明，鄂伦春族当是其时散处于黑龙江北岸广大地区的钵室韦“不知为几部落”中的一支。

室韦人与中原王朝也早就建立了关系。南北朝时期，东魏孝静帝武定二年（544）四月，室韦“始遣使张焉豆伐等献其方物，迄武定末，贡使相寻。”[⑦] 在唐代，室韦人于“武德中，献方物……自此朝贡不绝。”[⑧] 唐朝政府于公元625年（唐高祖武德八年）在黑龙江中上游的室韦族活

---

① 《北史》卷九四《室韦传》，第3130页。

② 按，苏联于1991年12月25日解体，昔林札河所在领土今属于俄罗斯联邦。这里为保持原书风貌，一仍其旧，不改称“苏联”为俄罗斯联邦。下同。

③ 《北史》卷九四《室韦传》，第3130页。

④ 《北史》卷九四《室韦传》，第3130页。

⑤ 《北史》卷九四《室韦传》，第3130页。

⑥ 冯君实：《鄂伦春族探源》，《吉林师大学报》（哲学社会科学版）1979年第2期。

⑦ （北齐）魏收撰：《魏书》卷一〇〇《失韦传》，中华书局1974年版，第2221页。

⑧ （后晋）刘昫等撰：《旧唐书》卷一九九下《北狄·室韦传》，中华书局1975年版，第5357页。

动地区设置了室韦都督府，以管辖这一地区。

到了元朝，这一带的少数民族被笼统地称呼为“林木中百姓”。《蒙古秘史》记载成吉思汗曾于公元 1207 年派拙赤去征“林木中百姓”。这个称呼既然是泛指内外兴安岭一带的游猎民族，无疑包括着鄂伦春族在内。公元 1235 年（蒙古窝阔台汗七年）在黑龙江中游地区设开元路加以统治。其时这里“土地旷阔，人民散居……无市井城郭，逐水草为居，以射猎为业”。元朝对他们采取“随俗而治”“各仍旧俗”[①] 的统治政策。生活在这个地区的众多民族之一的鄂伦春族，在当时看来仍然保持着他们原始的生产和生活方式。

公元 1409 年（明成祖永乐七年），明朝在黑龙江、乌苏里江流域等地设立了最高一级地方行政机构努儿干都司。其时在黑龙江以北有一种“乘鹿以出入”的“北山野人”[②]，就是游猎于外兴安岭一带的“使鹿部”。鄂伦春族大概包含在这些“野人”部落之中。

据文献记载，清初曾把鄂伦春族称为“树中人”。宣统三年（1911）编成的《东三省政略》称：“鄂伦春实亦索伦之别部，其族皆散处内兴安岭山中，以捕猎为业。元时称为林木中百姓，国初谓树中人，又谓为使鹿部。”[③] 所谓“树中人”，与“林木中百姓”一样，是一种泛称。至今还流传下来的把鄂伦春族称为“栖林”的说法，当与“树中人”的称呼是一致的。

尽管鄂伦春族没有自己的文字记载，但是，从他们保存的古老的生产方式和生活方式中，对照汉族文献中有关古代东北各族的记载加以考察，仍然可以约略看出鄂伦春族的来源及其演变踪迹，表明鄂伦春族是我国民族大家庭中一个古老的成员。

二　鄂伦春族的民族名称

鄂伦春族虽然自古以来就生息繁衍于我国的东北地区，但是，“鄂伦

---

① （明）宋濂撰：《元史》卷五九《地理志二》，中华书局 1976 年版，第 1400 页。

② （清）李桂林编：《（光绪）吉林通志》卷二七《舆地志十五》，清光绪十七年刻本，第 26 页。

③ （清）徐世昌等编纂，李澍田等点校：《东三省政略》卷一《边务》，吉林文史出版社 1989 年版，第 366 页。

春”这一名称始见于文献记载却在清朝初年。康熙年间的“上谕”和“奏折”中已将其称为“俄罗春”“俄乐春”“俄伦春”或“鄂伦春”。①在此以前，清代的文献往往把鄂伦春族笼统地归入“索伦部”或“打牲部”“使鹿部”。所谓“索伦部”，是明末清初对于分布在西起石勒喀河，东至黑龙江北岸支流精奇里江（今苏联结雅河），北起外兴安岭，南至大小兴安岭一带的达斡尔、鄂温克和鄂伦春等族的总称。“世于黑龙江人，不问部族，概称索伦，而黑龙江人居之不疑，亦雅喜以索伦自号”，其原因是“谓索伦骁勇闻天下，故藉其名以自壮”②。自他们被编入八旗之后，始将其中的各族加以区别：这时人们才认识到“索伦族类至繁”“其地居人不尽索伦”，而其中的“俄伦春者，索伦、达呼尔类也。”③ 所以，鄂伦春族乃是索伦部中的一个民族。

关于“鄂伦春”这一名称的含义，通常有两种解释，一是“住在山上的人”的意思，一是“使用驯鹿的人”的意思。前者为现在鄂伦春人普遍的说法，认为“鄂伦春”是由鄂伦春语“俄伦”（山）和“千”（人）组成，“俄伦千”意即住在山上的人。后者始见于清初的文献记载。康熙年间图里琛的《异域录》说：通古斯人“畜鹿以供乘驭驮载，其鹿灰白色，形似驴骡，有角，名曰‘俄伦’”④。这种供人役使的驯鹿在通古斯语中被称为“俄伦”，“鄂伦春”便含有使用驯鹿的人的意思。这两种说法表面上似乎有些矛盾，其实是并不矛盾的。住在山岭上和使用驯鹿与鄂伦春族都有着悠久的密切联系，因此其民族名称包含这两种意思也就是很自然的了。

还必须指出，在清代文献中所称的“鄂伦春”并没有完全包括散布

---

① 《清实录·圣祖仁皇帝实录（二）》，卷一一二康熙二十二年九月、卷一四九康熙二十九年十月，中华书局1985年版，第4011、4509页。

② （清）何秋涛撰，黄宗汉等辑补：《朔方备乘》卷二《圣武述略二·索伦诸部内属述略叙》，上海古籍出版社2002年版（《续修四库全书》第0471册），第16页。

③ 《朔方备乘》卷二《圣武述略二·索伦诸部内属述略》，第29页。

④ 《朔方备乘》卷二《圣武述略二·索伦诸部内属述略》“何秋涛按语引”，第22页。又见同书卷一九《北徼城垣考》“惹尼色斯归和屯”条，第267页；同书卷43《考订异域录上》（《续修四库全书》第0472册），第31页。又，《黑龙江志稿》卷三《武备志·兵事》“明崇祯九年，清太宗天聪十年即崇德元年”条记事引《异域录》（万福麟监修，张伯英总纂，崔重庆等整理：《黑龙江志稿》，黑龙江人民出版社1992年版，第1320页）亦有载。

各地的鄂伦春人。他们往往把实际属于鄂伦春族的“玛涅克尔”“毕拉尔”“满珲”“奇勒尔”等与“鄂伦春”并称。其实他们不过是鄂伦春族在不同地区的不同称呼。《黑龙江志稿》就曾指出这个问题，说：“更有居鄂伦春东邻——即黑龙江上游至精吉里江一带——之玛涅克尔人，居黑龙江下游及松花江沿岸之满珲人，因与鄂伦春种族语言相似，亦有称为鄂伦春者。”① 可见“玛涅克尔”或“满珲”是指分布于不同地区的鄂伦春人。例如玛涅克尔是分布于呼玛尔河、精奇里江一带的鄂伦春人中人口最多的一个氏族，即“孟拉依尔”氏族，汉译姓孟。因此人们就以这个氏族名称当作了族名。“毕拉尔”的名称则与此不同，“毕拉”是“河”的意思，他们自称“毕拉尔千”，即住在河边的人的意思。这是指居住在瑷珲以下至逊河、牛满河流域的鄂伦春人。“毕喇尔……其人有姓默讷赫尔者，有姓都讷亨者，盖即俄伦春类。”② 这两个氏族至今在鄂伦春族中还存在。“奇勒尔”则是鄂伦春族居住在恒滚河的一支。“奇勒尔亦曰奇楞，在宁古塔东北二千余里亨滚河等处，即使鹿鄂伦春游牧处所，职贡图所谓鄂伦绰者是也。”③

对鄂伦春族的称谓所以会如此歧异，是由于鄂伦春人分散于黑龙江流域，内外兴安岭的广袤地区，而原始的狩猎生产方式又使他们很难形成一个牢固的、统一的共同体，彼此之间缺少经济上的联系，因而在称谓上也就随着历史的发展和地理位置的变迁而不断变化。

---

① 《黑龙江志稿》，第513页。

② （清）西清撰，赵瑞标点：《黑龙江外记》卷三，黑龙江教育出版社2014年版，第200页。

③ 《（光绪）吉林通志》卷一二《沿革志下》，第26页。

早期鄂伦春族的社会性质与经济形态*

一　鄂伦春族的社会面貌及其演化

关于鄂伦春族远古时代的社会面貌，不仅缺乏文献资料的记载，而且没有考古学的材料可作依据，这无疑给我们探索这一问题带来很大的困难。但是，“人体解剖对于猿体解剖是一把钥匙。低等动物身上表露的高等动物的征兆，反而只有在高等动物本身已被认识之后才能理解。”借助于鄂伦春族社会中还未克服的“遗物”和“残片”，我们仍然可以“透视一切已经覆灭的社会形式的结构和生产关系。”①

（一）关于人类起源的传说

在鄂伦春族中，流传着一些关于人类起源的故事。这些看来是荒诞不经的传说，却多少反映了早期人类所共同遵循的发展道路。

这些传说描述，在远古时代，世上本没有人类，有的只是一种两条腿的、全身毛线绒的、奔跑如飞的动物。他们不穿衣服，也不知道用火，吃的是“恩德利”神准备的像梨一样的野果。由于这种野果是神赐给的，所以只要吃很少一点就饱了。以后他们才吃野兽肉。老天爷曾给了鄂伦春人十只野兽，被鄂伦春人吃掉了，后来又给了二十只也被吃掉了，最后给了五十只，又都被吃掉了。老天爷生了气，他们

---

* 本文原为内蒙古人民出版社 1983 年 1 月出版的《鄂伦春族简史》第二章《早期的鄂伦春族》，第 13—42 页。据《鄂伦春族简史·后记》，第二章系黎虎先生执笔。今题目为《黎虎文集》整理者所改，为保证文集相对统一的风格，在尽量保持原书风貌的基础上，对原书章节、标题及形式均作了必要调整。

① 马克思：《政治经济学批判》导言，《马克思恩格斯选集》第二卷，人民出版社 1972 年版，第 108 页。

只得逃走，被老天爷追回，用开水烫掉了身上的毛，把一块肉贴到他们的腿肚子上，从此再也跑不快了。他们脱去了身上的长毛，终于变成了今天的人类，从此便不得不自己拿着木棒去打猎，用兽皮做衣服来穿。①

这些传说依稀描绘了人类起源的历史影子。它正确地说明人类是从动物界分化出来的。那种全身长毛的仰赖于天然野果为生的动物还不是人类，而只有当他们开始学会制造工具并通过自己的劳动去获得食物以后才有了真正的人类。这一点恰恰是人类与动物界的分界线，正如恩格斯指出的，“人类社会和动物社会的本质区别在于，动物最多是搜集，而人则能从事生产。”② 当然，这些传说并不能科学地解释人类的起源，它想象是“恩德利”神用泥巴做成了人形，而从动物状态向人类社会转变的力量也来源于神力。这是不足为怪的，世界上许多民族关于人类起源的传说都难以避免这种局限性。

（二）血缘家族

鄂伦春族的传说中保存着一些关于远古人类社会生活的影子。

有一个传说称：早年深山密林中只有一个老太婆。有一天有个善良的神仙化身为猴子，来到老太婆居住的山洞。他们同居以后，生下了一男一女，现在的鄂伦春人就由这一男一女——兄妹二人繁衍而来的。③

这个传说表明，最早的人类是过着一种血族群婚的生活，即在一个家族之内的男女互为夫妻，不过这种婚姻关系是按照辈份而划分的，互为夫妻的男女同时也是互为兄弟姊妹。这种同辈间的群婚，已经比动物状态下杂乱的性关系前进了一步，这是真正的人形成以后的第一个家庭形态。马克思说：“血缘家族是第一个社会组织形式。”④ 这种家庭形态的特点，正如恩格斯所说：“在这里，婚姻集团是按照辈数来划分的：在家庭范围以内的所有祖父和祖母，都互为夫妻；他们的子女，即父亲和母亲，也是如此……这种家庭的典型形式，应该是一对配偶的子孙中每一

---

① 《鄂伦春族调查材料之一》，第 1 页。

② 《恩格斯致彼得·拉甫罗维奇·拉甫罗夫（1875 年 11 月 12—17 日）》，《马克思恩格斯全集》第三十四卷，人民出版社 1972 年版，第 163 页。

③ 《鄂伦春族调查材料之一》，第 1 页。

④ 马克思：《摩尔根〈古代社会〉一书摘要》，人民出版社 1965 年版，第 20 页。

代都互为兄弟姊妹，正因为如此，也互为夫妻。”① 在鄂伦春族现行的亲属称谓中，祖父、伯祖父、叔祖父都称为“雅亚”，祖母、伯祖母、叔祖母、祖姑母都称为“太帖”。这种称谓并不反映鄂伦春族现行的婚姻关系，但它表明在鄂伦春族社会中曾经存在过那种兄弟姊妹互为婚姻的血族群婚制度。

这种血缘家庭与当时的社会生产力的发展水平相适应。鄂伦春族关于远古时代的传说，往往描述了那可怕的山火和滔天的洪水，这些正是早期人类所面临的严酷的自然环境，以及人们在它面前软弱无能的写照。那个一对男女因遭受山火和洪水侵扰而困守荒山，靠吃蘑菇度日的传说，表明采集经济在早期鄂伦春人中曾经占有重要的地位。同时鄂伦春人还传说，在使用弓箭以前，他们是靠木棒和石头猎取野兽的。可见当时狩猎的能力十分低下，它给人们提供的食物是非常贫乏而又不可靠的。

鄂伦春族至今流传着不少关于应用火的传说。早先人们是不知道用火的，只能生吃兽肉。由于经常发生山火，人们逐渐懂得靠近火能取暖，用火烤肉也另有滋味，此后人类才学会使用火。还有一个传说称，有一个猎人在出猎时看到朽木燃起了火，很奇怪，走到旁边感到很热，把一块兽肉扔进火里，就变成粉白色，拿出来一吃却比生肉香，从此才知道了用火。

这些传说表明，火对于鄂伦春人的重要意义有二：一是用以抵御北方的严寒天气，二是用以熟食。恩格斯强调指出，由于用火“从而最终把人同动物界分开”②。早先鄂伦春人保存火种的方法，是用桦树上生长的像蘑菇一样的叫“包好克特”的树菌，把它的干燥的瓤点燃，可以经久不灭，当移动或狩猎时，插在一根木棍上，像烟袋一样带在腰间。

随着社会生产的发展和人口的繁殖，原来那种孤立的血缘家庭已日益不适应需要，同时人们从长期的实践中发现血族间的婚姻不利于种族的繁衍。于是，在血缘家族内部，婚姻的禁例日益增加，最后完全排除

---

① 恩格斯：《家庭、私有制和国家的起源》，中共中央马克思·恩格斯·列宁·斯大林著作编译局译，人民出版社 1972 年版，第 33—34 页。

② ［德］弗里德里希·恩格斯：《反杜林论》，中共中央马克思恩格斯·列宁·斯大林著作编译局译，人民出版社 1970 年版，第 136 页。

了兄弟姊妹间的婚姻关系，而转化为不同血族团体之间的族外群婚。这种形式的家庭，又叫“普那路亚”家庭，而“氏族制度，在绝大多数场合下，都是从普那路亚家庭中直接发生的。”[①]

（三）母系氏族公社

像世界上其他民族一样，鄂伦春族也曾经历过母系氏族公社的发展阶段。母系氏族公社对鄂伦春族来说已经是非常遥远的历史了，但是，在今天鄂伦春族的社会生活中，其残余形态仍有踪迹可寻。

在母系氏族公社时期，婚姻关系是一群男子与一群女子之间偶然的、不稳定的结合，男子要“出嫁”到别的氏族去。这种族外群婚性质，决定了当时的人们只知有母不知有父的情况，因而人们的世系也只能由母系来计算。

在鄂伦春族的婚姻制度中，在某些地区还残存着青年男女婚前同居的旧俗。求婚被许诺之后，照例要举行“认亲”仪式，女婿由媒人及其母亲陪同，携带礼物到女方家认亲。女婿要给女方所有长辈磕头，但不给岳父母磕头。如果男女已到成年，当天就可以在女方家同房。其后还有一次“过彩礼”的仪式，这时男女双方又可再一次同房。在个别情况下，新郎甚至可以在女方家住到生了孩子以后才和新娘一同回去。因此，有些人在正式结婚时，往往已经有了小孩。新娘把小孩带来参加婚礼，将小孩摇篮扶在新郎新妇之间，并把小孩给宾客观看。婚后，新郎还要同新娘一起回岳父母家住一段时间。在这期间，新郎要帮助岳父母干活，猎获物全部交给岳父母家。[②] 这种习俗表明，鄂伦春族曾经盛行过男子“出嫁”到女家的族外婚制，其时的婚姻关系中女方处于主动地位。鄂伦春族的这种婚姻习俗，乃是我国古代东北地区许多兄弟民族都曾有过的。秦汉时期的高句丽，“其昏姻皆就妇家，生子长大，然后将还”[③]。乌桓人的婚姻习俗是：“壻随妻还家，妻家无尊卑，旦旦拜之，而不拜其父母。为妻家仆役，一二年间，

---

① 《家庭、私有制和国家的起源》，第 38 页。

② 《鄂伦春族调查材料之一》，第 83—85 页；《鄂伦春族调查材料之二》，第 60—61 页；《鄂伦者族调查材料之四》，第 212 页。

③ （南朝·宋）范晔撰，（唐）李贤等注：《后汉书》卷八五《东夷列传·高句丽传》，中华书局 1965 年版，第 2813 页。

妻家乃厚遣送女，居处财物一皆为办。”[①] 室韦人“婚嫁之法，男先就女舍，三年役力，因得亲迎其妇。役日已满，女家分其财物，夫妇同车而载，鼓舞共归。”[②] 这种习俗乃是这些古代民族在从母系氏族社会脱胎出来之后保存下来的，而同鄂伦春族社会中残存的婚姻习俗竟是若合符契。

鄂伦春族在1949年前还残存着妻姊妹婚或夫兄弟婚的遗俗。如果妻子死了，妻子之妹妹可以嫁给姐夫。同样的，如果丈夫死了，丈夫之弟可以娶他的嫂嫂为妻。

这种习俗也曾经在我国古代北方少数民族中广泛存在过。秦汉时期夫余人有“兄死妻嫂”[③] 的习俗。乌桓人“其俗……报寡嫂，死则归其故夫。”[④] 这种妻姊妹婚和夫兄弟婚的习俗表明，在历史上确实存在过一群兄弟与另一群姊妹互为夫妻的制度。

在鄂伦春族的族外婚制中，也保留着交错从表婚的习惯。1958年对逊克县鄂伦春民族乡36对夫妇的调查发现，娶叔伯姑姑之女，叔伯舅舅之女或姑祖母之孙女为妻者28对，占总数的77.7%，娶亲姑姑之女，亲舅舅之女为妻者6对，占总数的16.6%，娶亲姑姑之侄女、叔伯姨姨之女者2对，占总数的5.7%[⑤]。由此可见，他们是以间接从表婚为主，而以亲姑舅表为次。鄂伦春人对于这种婚姻习俗的解释是，女子嫁给亲戚家可以不受气，彩礼也可以不必太重。事实上，这种姑舅表婚姻，乃是沿袭已久的族外群婚制的残余。

舅父权在鄂伦春族社会中也是一种十分突出的现象。舅父对于外甥的权力，超过任何其他亲属，某些方面还超过了父母的权力。舅父是外甥的最近保护人，他有权干预外甥的财产继承和婚事。外甥分家另居时，如果兄弟间发生财产争执，舅父的调解具有决定意义。父母关于儿女婚嫁事宜，必须与舅父商量。如果舅父认为他的外甥不好，那就会给外甥以很大的社会舆论压力。如果外甥犯罪，只有舅父去保释方才有效，其

① 《后汉书》卷九〇《乌桓传》，第2979页。

② （后晋）刘昫等撰：《旧唐书》卷一九九下《北狄·室韦传》，中华书局1975年版，第5357页。

③ 《后汉书》卷八五《东夷列传·夫余国传》，第2811页。

④ 《后汉书》卷九〇《乌桓传》，第2979页。

⑤ 《鄂伦春族调查材料之三》，第124—125页。

父母及伯叔父均办不到这一点。[①] 舅父与外甥之间这种极其特殊的密切关系，乃是母权制残余形态的反映。正如恩格斯所指出的，“起源于母权制时代并在许多民族中间都可以看到的舅父和外甥之间的特别密切的联系”[②]。这种习俗表明，在早先，外甥生活于舅父之氏族，是舅父那个氏族中的一员，只是到了父权制时代他才成为父系氏族的成员。

鄂伦春族社会的母权制残余，在对神灵的崇拜中也有明显的表现。他们所崇拜的祖先神叫做“阿娇儒”，它是氏族之神。这个神灵恰恰是代表着母系的祖先。“阿娇儒”是鄂伦春人对于母系亲族及其祖先的总称，是“根”的意思。很显然，他们认为母系氏族乃是自己生身之根，因而把“阿娇儒”奉为祖先，并奉为氏族之神[③]。这显然是母系氏族制度在宗教迷信上的一种反映。

鄂伦春人对于“透欧博如坎”，怀着格外的虔敬之心。它是专门由妇女来供奉的火神，据说这种火神是一个老太婆。火神是一位年长的女性而不是男性，这决不是偶然的，在生产力发展水平极端低下的情况下，保存火种是整个氏族生活中最重要的事情，其时妇女是社会经济生活的中心，保管火种的职责自然就归于妇女了。这个“透欧博如坎”，实际就是母系氏族首领的一个形象。

“奥伦神”也是一个女性。“奥伦”是鄂伦春人储存物品的仓库。在母系社会里，氏族的经济操在妇女手中，由她们负责掌管仓库是很自然的事情，因此，“奥伦神”是一个女性的形象，也就并非偶然了。

（四）父系氏族公社

男女在社会生产中的作用和经济生活中的地位的变化，是由母权制向父权制转变的基础。一般情况下，由原始的锄耕农业转向犁耕农业，原始的狩猎经济转向畜牧业，是许多民族由母权制向父权制过渡的经济原因。但是，由于鄂伦春族所处的自然条件和社会经济条件的特殊性，决定了其实现这一转变的特殊性。他们的转变不是与畜牧业，更不是与

---

① 《鄂伦春族调查材料之一》，第 59 页；《鄂伦春族调查材料之二》，第 71 页；《鄂伦春族调查材料之三》，第 122 页。

② 《家庭、私有制和国家的起源》，第七章恩格斯原注，第 135 页。

③ 《鄂伦春族调查材料之九》，第 8 页；《鄂伦春族调查材料之一》，第 53 页。

犁耕农业联系在一起，而是与狩猎经济之从低级阶段向高级阶段之转变联系在一起的。原始的采集、狩猎生产与鄂伦春族的母系氏族公社发展阶段相一致。这是因为，尽管弓箭的使用已经使狩猎成为普通的劳动部门之一，但是由于生产力的低下，狩猎经济还不能保证生活需要，采集经济在鄂伦春族社会经济中仍然居于主要地位。鄂伦春族的不少传说强调，人类最初是以野果为生的，以后才吃兽肉。这些传说透露了鄂伦春族经济发展的两个阶段：由采集为主狩猎为辅的经济转变到以狩猎为主采集为辅的经济。而这一转变正是鄂伦春族由母权制社会向父权制社会转变的原因。

问题在于，究竟是什么样的生产条件使狩猎经济终于成为鄂伦春族的主要经济部门的呢？这主要是弓箭的广泛运用和驯鹿、马匹的饲养。这种动物饲养业虽然没有导致畜牧业的发展，始终是作为狩猎经济的一个从属部分，但是它毕竟给鄂伦春族的狩猎生产提供了重要的工具，从而有力地推动了狩猎生产向高一级的发展。此后，狩猎生产遂逐渐成为鄂伦春族的主要经济部门。狩猎通常是男子的事情，这就决定了男子在社会经济中处于更重要的地位，而男女在经济生活中地位的变化，必然同旧的母权制氏族制度发生矛盾。

从母权制向父权制的转变，又是与婚姻形态之从妻方居住制向夫方居住制的转变相一致的。抢夺婚姻风俗的出现就是这一转变阶段的信号和标志。这是因为，在开始向夫方居住制发展时，必然受到旧制度残余的阻碍，妻方的亲族或其本人不愿破坏传统的妻方居住制，因而形成了男子到妻方氏族去抢夺新娘的风俗。这种抢夺婚姻在母权制下是完全不必要的，只有在父权制的经济基础上才有必要和可能。

鄂伦春族在1949年前，还保留着某些抢夺婚姻的遗俗。妇女婚后丧偶，当她还年轻而又没有孩子时，女方娘家可以将她许配新的人家，如原配男家不同意其孀媳再嫁时，女方娘家可联合新许配的男家和双方的亲戚，到原配男方家抢亲。如果将女人抢出“斜仁柱”之后，原男方家便无权再留女方。不过他们可以从抢亲人骑来的马匹中随意选留，其数量甚至可以超过“彩礼”的一倍。抢走女人后，并不将已存的亲戚关系搞坏，抢亲人还可以回到这家的“斜仁柱”坐坐，双方继续保持友好的关系。①

① 《鄂伦春族调查材料之一》，第85页。

在《喜勒特很》的传说中，喜勒特很的妹妹被山大王抢走为妻，而酋长的女儿却私奔与喜勒特很成亲。[①] 私奔和抢夺婚姻虽然方式不同，却具有相同的性质，因为这时向夫方居住转变不仅是男子的要求，而且也是女子的要求了。

在婚姻缔结上也表现了从母权制向父权制的过渡形式。其主要表现是女方向男方索取“彩礼”和必须给女儿准备的“妆奁”。实现夫方居住，意味着男子从对方氏族得到一个劳动力，却使对方氏族失去一个劳动力。因此，男方便以“彩礼”的形式予以补偿。与此同时，出嫁的女子也从本家族的集体财产中得到她应得的一份，作为“妆奁”。1949 年前鄂伦春族在缔结婚姻关系时，过“彩礼”是他们十分重视的一件大事。求婚被同意之后，男方的父母或媒人要带着酒到女方家里去商定过“彩礼”的日期和数量。由女方父母提出“彩礼”的数字，一般是两三匹至十几匹马，一、二头野猪，一、二桶酒（一桶三十斤左右）。“彩礼”一时备办不齐，可分几次运。在最后一次送“彩礼”时，双方才商定结婚日期。“彩礼”要经过女方的父母和亲属过目，认为满意时才收下，如果不满意，还可以通过媒人要求更换。结婚时，女方父母的亲属要为新娘准备“妆奁”，除生活日用的皮被、衣服之外，一般还要二、三匹马。陪送礼物的亲属中，以舅舅家陪送的最多。[②]

鄂伦春族的父系氏族公社——“穆昆”至少在 17 世纪清朝统治之前还存在着比较完整的形态，据鄂伦春人的解释，“穆昆”含有“在兄弟内部”的意思，或指“同姓人”之意。这两个意思是不矛盾的，说的就是同一父系血统的人们的共同体。

鄂伦春族的“穆昆”制度大体有如下内容。

1. 实行严格的族外婚制

氏族制度的重要特征就是实行族外婚制，而与此相适应的社会结构则是两合组织，即由在各个方面都互相密切联系着的两个以上的氏族而组成的部落。

鄂伦春族的氏族有十余个，主要分布在四个区域。在黑龙江省呼玛

---

① 《鄂伦春族调查材料之二》，第 46—50 页。

② 《鄂伦春族调查材料之三》，第 109 页；《鄂伦春族调查材料之四》，第 211—212 页。

尔河流域（原库玛尔路）一带有玛拉依尔（孟）［包括吴卡尔康（吴）］和葛瓦依尔（葛）［包括古拉依尔（关）、魏拉依尔（魏）］两个氏族；在逊克、嘉荫（原毕拉尔路）一带，有玛哈依尔（猛）、莫拉呼（莫）、杜宁肯（杜），以及从呼玛尔河迁来的古拉依尔（关）等氏族；在诺敏河流域（原托河路）一带，有柯尔特依尔（何）、白依尔（白）两个氏族；在多布库尔河、甘河流域（原阿里多普库尔路）一带，有柯尔特依尔（何），阿其格查依尔（阿）两个氏族。① 这四个区域实际上就是四个部落。

在上述氏族中，有两种情况值得注意。第一种情况是有些现在互相通婚的不同氏族，原来属于同一氏族，后来由于人口的繁殖，为了解决通婚的需要而分化为两个氏族。玛哈依尔氏族和莫拉呼氏族就属于这种情况。传说他们原是兄弟二人，后来由于这个氏族的人口特别多，与其他氏族通婚有困难，于是他们在举行了杀牲祭天的仪式后，同意分成两个氏族，互相通婚。此外，白依尔氏族与阿其格查依尔氏族之间，也属于这种情况。②

第二种情况以呼玛尔河流城的氏族部落最为典型。在那里，玛拉依尔（孟）与吴卡尔康（吴）是同一氏族，他们彼此不能通婚。魏拉依尔（魏）、古拉依尔（关）和葛瓦依尔（葛）是同一氏族，彼此亦不能通婚。婚姻关系是在这两个氏族之间进行的。鄂伦春人传说，孟吴两姓原为兄弟二人，孟姓是老大，吴姓是老二。葛、魏、关三姓原是兄弟三人，葛姓是老大，魏姓是老二，关姓是老三。③

这两种情况向我们透露了鄂伦春族氏族组织演化进程的某些迹象。上述第二种情况当是母系氏族公社时期的一种残存形态。其时一个氏族由于种种原因往往分裂为新的两个“半边”。孟、吴之间，葛、魏、关之间应是一种胞族关系，吴姓乃是孟姓的女儿氏族，魏、吴两姓乃是葛姓的女儿氏族，他们还未突破胞族的血缘关系的限制而互相通婚，而必须与另一对立的胞族通婚。上述第一种情况则代表着较后的发展状况，他

---

① 《鄂伦春族调查材料之一》，第 70—72 页。

② 《鄂伦春族调查材料之一》，第 70—72 页。

③ 《鄂伦春族调查材料之四》，第 9 页。

们已经突破了胞族的血缘限制，而形成可以互相通婚的对立氏族了。

鄂伦春族上述各个氏族的内部均禁止通婚，婚姻关系只能在不同的氏族之间进行。对于这种族外婚制原则，他们执行得颇为严格，如果同一氏族的男女发生性关系，氏族长有权将其审问、拷打，直至在氏族墓地上绞死。反之，如果是不同氏族的男女发生性关系，则往往不了了之。

2. 崇奉共同的祖先神

每个“穆昆”都有自己共同的祖先神——“阿娇儒博如坎”。具体情况将在后面的“宗教信仰”一节中加以叙述。

3. 有氏族公共墓地

每一个“穆昆”都有自己的公共墓地。《瑷珲县志》记载：“鄂伦春人虽云遍山游猎，居无定址，然而考其现居之处，皆其世代流传，究实打猎之时远行，隆冬即归旧业。各户均有祖墓传守不移，所以有云祖业万难弃置等语，颇尚古道。”① 这种“传守不移”的“祖墓”，原是氏族公共墓地。

氏族公共墓地叫做“穆安”。墓地一般选在山坡底下，有树有水，洪水冲不到的地方。据 1958 年已经 81 岁的莫双来老人讲：过去，同一姓氏的人们居住无论怎样分散都要将死者埋在公共墓地。四十多年前，他居住在逊河下游松树沟的叔父死去后，他曾特意去接遗骨，埋葬在他们久居车陆附近的玛拉库尔氏族的墓地里。如果距离氏族墓地太远，可以暂时埋葬在死亡的地方，待日后有机会再将遗骨装在木匣里送到公共墓地埋葬。在这种公共墓地中排列者许多祖先及其子孙们的棺材。② 这个材料表明，在过去每个氏族都曾有过自己的公共墓地，只是后来随着氏族制度的瓦解，它们便成为一种历史残迹了。

鄂伦春族的丧葬制度中，贯穿着浓厚的氏族的血缘观念。“穆昆”的每个成员对长辈都有穿孝的义务。1949 年前，穿孝的范围，有的地区规定在十代之内，有的地区规定在五代之内③，那已是氏族制度瓦解以后的

① 孙蓉图修，徐希濂纂：《瑷珲县志》卷一三《库路志上》，成文出版社民国九年（1920）版，第 687 页。

② 《鄂伦春族调查材料之三》，第 110、112—113 页。

③ 《鄂伦春族调查材料之十》，第 112 页。

事了。对每个死去的老年人都要举行周年祭，如果不这样做，全氏族的人都不会答应，有人会说："你不做我来替你做。"所以没有人敢违背这个礼俗。①

4. 氏族组织

（1）氏族首领

每个氏族均有一个氏族长，叫做"穆昆达"。"穆昆达"是由氏族成员民主推举的。"穆昆达"的职责是：甲、负责管理本氏族的"族谱"，在"穆昆"大会上报告"穆昆"内出生、死亡的人数和年月日。乙、督促氏族成员遵守氏族习惯法。丙、主持氏族内的婚丧仪式。丁、调解与处理氏族内部的纠纷，如打架斗殴、婚姻纠纷等。戊、召集"穆昆"大会。己、对外代表本氏族。如各氏族之间发生争议时，代表本氏族出席"穆昆达"联席会议商定解决办法。②

"穆昆达"对于氏族大会赋予自己的职责，都必须严肃认真地去执行。前面说到的莫双来老人，在他父亲任"穆昆达"时，玛拉库尔氏族的一个青年怀疑他母亲有不正当行为，常常打骂他的母亲，"穆昆达"发觉后，经过"穆昆"内部研究和他母亲控告，将这个青年拉到玛拉库尔氏族墓地执行了绞刑。③但是"穆昆达"在执行上述职责时，往往要同老年人商量，征求他们的同意，遇有重大问题，还须召集"穆昆"大会解决。"穆昆达"除了履行上述职责外，没有任何特权，同样参加劳动，自食其力；如果不称职，氏族全体成员可以随时将他撤换。

（2）氏族会议

"穆昆"大会是氏族的最高权力机关。召开"穆昆"大会的时间因事情的不同而有所不同：选举"穆昆达"的会议通常每十年召开一次；续族谱的会议每三年召开一次；遇有突发事件，也可召开临时"穆昆"会议。④

参加会议的人，原则上是全体氏族成员。妇女小孩参加大会，主要

① 《鄂伦春族调查材料之一》，第110、112—113页。

② 《鄂伦春族调查材料之一》，第73页；《鄂伦春族调查材料之二》，第69—70页；《鄂伦春族调查材料之三》，第113—114页；《鄂伦春族调查材料之四》，第11—12页。

③ 《鄂伦春族调查材料之三》，第114页。

④ 《鄂伦春族调查材料之三》，第114页。

是为了了解辈份关系和远近亲族，没有其它权利。氏族大会由“穆昆达”召集，并由几位年纪最大的氏族成员协助“穆昆达”主持会议。

“穆昆”大会开始时，要杀野兽来祭“穆昆”祖先。会议的主要内容是：

第一，选举或罢免“穆昆达”。

第二，登记族谱、排辈份。

首先由别的氏族请来的人念谱文（满文传入后才有文字记载的族谱）。接着由“穆昆达”讲解族谱，他详细告诉每个人所属辈份及其大小，宣布本氏族过继养子的情况，最后将族谱中过去三年内死亡的人名画上圈，将新出生的一代填写在族谱里。这是一项十分隆重而虔诚的仪式。在会上打开族谱时，全体氏族成员都要跪下，因为那上面载有整个氏族的祖先。

第三，研究和处理氏族内部其他一些问题。

主要是对于违反或破坏氏族习惯、氏族道德的人和事进行批评和处理，诸如氏族内部的纠纷和婚姻问题之类。对于严重违反习惯法的成员，大会有权将其开除出氏族。氏族经常关心本氏族及氏族成员的荣誉、利益和安全。氏族成员要暂时离开本氏族时，氏族长要求他在任何情况下都要保持氏族的荣誉。如果氏族成员外出三年无音信时，就把他从氏族中开除。氏族有责任保护本氏族成员的利益，如与别的氏族发生婚姻上的纠纷，氏族长要尽全力与对方氏族交涉解决。氏族成员无故受到侵害时，则采取氏族复仇的行动。

大会期间，人们尽情欢乐，举行唱歌、跳舞、摔跤、射箭和赛马等活动。

从上述鄂伦春人的“穆昆”制度中，我们可以看到它具有如下的性质和特征。

首先，“穆昆”乃是一个父系祖先所传下来的、同一血缘关系的氏族组织。这种父系氏族公社贯穿着民主的、平等的精神。氏族成员除了按照氏族道德和氏族习惯法生活而外，既无任何权利也无任何义务。鄂伦春族的父系氏族制度同母系氏族制度一样也远不是发达的，这是狩猎民族所共有的现象。《新唐书》关于室韦人的社会情形写道，“其国无君长，惟大酋，皆号‘莫贺咄’，摄筦其部而附于突厥。小或千户，大数千户，滨散川谷，逐水草而处，不税敛。每弋猎即相啸聚，事毕去，不相臣制”[①]。可见以狩猎为主的室韦人的氏族组织显得相当松散。鄂伦春族的情况与此十分相似，氏族内都只是在狩猎季节结伙行猎，事毕之后便“不相臣制”了。鄂伦春族在“穆昆”之上虽然有部落组织，但也是十分疏松的。两个或两个以上互相通婚的氏族结成一个部落，他们在一定的河流范围内游猎。由于狩猎生产的特殊性，一个部落在生产上的联系十分薄弱，只是在狩猎季节中有某些偶然的合作。两个氏族的狩猎者只有在猎场相遇时才有可能联合起来进行狩猎。传说中的柯尔特依尔氏族的首领毛考代汗，与白依尔氏族首领根特木耳就曾共同出猎。[②] 这表明一个部落在生产中有时会有某种合作。但是狩猎生产方式决定他们只能是“事毕去，不相臣制”。

其次，“穆昆”并不是鄂伦春族社会的细胞，即不是一个基本的生产和消费单位。它的基本经济单位是“穆昆”之下的各个“乌力楞”。

1949 年前鄂伦春族社会中仍然广泛存在的具有村社性质的“乌力楞”公社，已经是父系氏族公社的次生形态。而“乌力楞”公社的原生形态，乃是父权制时期的父系大家族。这种具有家长制家庭公社性质的“乌力楞”，是鄂伦春族父系氏族公社时期的社会细胞。

一个“乌力楞”一般有几个到十几个“斜仁柱”。“斜仁柱”是鄂伦春族的原始居室，俗称“撮罗子”。“乌力楞”一般选择背靠森林面临河水的地方建造，随着季节的变化和狩猎的需要而不断迁移，再选择新的地点建立“乌力楞”。他们就是这样以“乌力楞”为单位常年游猎于黑龙江流域的深山密林中。

“乌力楞”，鄂伦春语的含义是“子孙们”，指同一祖先所传的几代子孙。一个“乌力楞”就是一个父系大家族，包括三代到四代同一祖先的后嗣。若干“乌力楞”组成一个氏族。从对于毕拉尔路沾河流域分布的十一个“乌力楞”的调查中，可以发现如下三种情形：第一种情况是，“乌力楞”的成员由结成姻亲关系的不同氏族的若干个体家庭所组成。属

---

① （宋）欧阳修、宋祁撰：《新唐书》卷二一九《北狄・室韦传》，中华书局 1975 年版，第 6176 页。

② 《鄂伦春族调查材料之一》，第 72 页。

于这种情况的有杜鲁河“乌力楞”，苏木混河“乌力楞”，义气敏河“乌力楞”，疙瘩敏河“乌力楞”，扎拉吐河“乌力楞”，下汪怕河“乌力楞”等六个，约占54.6%。

第二种情况是，“乌力楞”的成员虽然仍由同一家族的成员组成，但这个家族已分解为若干个体家庭。属于这种情况的有老康布鲁嘎力河“乌力楞”，小哲林库河“乌力楞”，下新尼日气河“乌力楞”，疙瘩气河“乌力楞”等四个。但其中疙瘩气河“乌力楞”包含了一户外姓的雇工，如果把它也算在这个类型中，则约占36.4%。

第三种情况是，一个“乌力楞”就是一个父系大家族。中新尼日河“乌力楞”就是如此。它由杜敏德家族一个大户构成，这个家族的成员包括杜敏德的父母以及杜敏德兄弟四人、妯娌、子女等，三、四代人。这种情况约占9%。[①]

这三种情况向我们揭示了“乌力楞”公社的演变过程。第三种情况是“乌力楞”公社的原生形态，即一个“乌力楞”就是一个父系大家族，由若干这种“乌力楞”而组成一个氏族。这种“乌力楞”就是鄂伦春族父权制发展阶段的社会基本细胞。在17世纪之前大概就是属于这个阶段。第一种情况乃是“乌力楞”公社的次生形态，已经由原来的血缘组织而转变为地域组织，因而具有了村社的性质。这已是民国时期到1949年时的主要形态。第二种情况代表了从原生形态向次生形态的过渡，即父系大家族的解体过程，从大家族公社的组织中，逐渐分化出了新的社会细胞——个体家庭。17世纪之后清朝统治时期大概处于这个阶段。

二　原始的渔猎经济

鄂伦春族的社会经济，在父系氏族公社时期，是以狩猎为主，采集、捕鱼为辅的综合经济。这种经济结构大概已经存在了很长的历史时期。至少在南北朝时期活动于这一带的钵室韦已过着以狩猎为主，渔猎兼营的生活。这种经济条件是鄂伦春族父系氏族公社赖以存在的基础，也是其社会发展迟缓的主要原因。他们基本上没有从这种经济结构中突破，发展起畜牧业与原始农业。因此，他们也就未能与其他较先进的兄弟民

---

① 《鄂伦春族调查材料之三》，第31—33页。

族一道从原始社会进入阶级社会。

（一）原始的狩猎经济

弓箭和驯鹿、马匹是鄂伦春族在父系氏族公社时期狩猎生产的主要工具。

鄂伦春族使用弓箭已有悠久的历史。他们传说中的英雄都是弯弓射箭的能手。喜勒特很为了向百眼怪满盖报仇，用弓箭射杀了他凶恶的警卫——野猪王。他和满盖惊心动魄的搏斗，表现了高超的箭法，在经历无数的艰难困苦消灭满盖之后，他又给各种野兽授名，成了百兽的主宰者。这个故事说明了一个简单的道理，弓箭是人类制服野兽的有力武器，有了它，人类才有可能主宰百兽。喜勒特很显然是使用弓箭时代的鄂伦春人的英雄形象，是这个发展阶段的一个代表人物。

至少在 17 世纪中叶清朝统治之前，鄂伦春族狩猎的主要工具仍然是弓箭。火枪取代弓箭而成为主要的狩猎工具，大体经历了从 17 世纪中叶到 18 世纪中叶的一百多年时间。这一方面是由于这个时期商品经济已逐步伸入鄂伦春族居住的地区，通过交换可以获得这种器械；另一方面也与清朝统治者将鄂伦春人编入“打牲部”为八旗兵，曾以鸟枪训练他们有关。1750 年（乾隆十五年）清高宗给黑龙江将军傅尔丹的上谕说：“索伦等围猎，从前并不用鸟枪。今闻伊等不以弓箭为事，惟图利便，多习鸟枪。夫围猎用弓箭，乃从前旧规，理宜勤习。”① 可见 18 世纪中叶，鄂伦春人已经以鸟枪为主要的狩猎工具了，而在此以前则是“以弓箭为事”的。

鄂伦春族虽然早已不使用弓箭了，但是使用弓箭的痕迹仍然历历可寻。传说中的氏族首领根特木耳、毛考代汗都是射箭能手，鄂伦春人至今对于他们在比试狩猎技术中表现出来的精湛箭术还津津乐道。老人们对于他们的祖先曾经使用过弓箭，还保留着依稀的记忆。甘奎努图克的英古纳老人十一岁时曾在吉文附近森林中一棵树上发现过铁箭头。② 直到 1949 年以前鄂伦春族男人死后还要用弓箭作为殉葬品。弓箭还是鄂伦春

---

① 《清实录·高宗纯皇帝实录（五）》卷三七四，乾隆十五年十月，中华书局 1986 年版，第 13317 页。

② 《鄂伦春族调查材料之八》，第 2 页。

族儿童普遍喜爱的玩具，猎人们常常亲手制作这种玩具，让孩子们去射猎飞禽和小兽，以培养他们狩猎的兴趣和技能。1949 年前猎人们还在使用地箭，即把弓箭安装在地上，用绳子栓住机关，野兽触动绳子，则被脱弦而出的箭射杀。鄂伦春人传说他们最早是使用石箭头的，也用兽骨制作箭头，其后才有金属箭头。箭杆一般是用桦木制成，也有用“报马子”等硬质木料制成的。制作弓背的是两种弹力极大的木料，一种是落叶松木，一种是“报马子”木。弓弦是用鹿、犴、狍子的筋制作的。

与弓箭配合使用的工具还有扎枪。遇到野兽，远的就用弓箭射击，近的就用扎枪扎。扎枪也是防止野兽反扑，与野兽搏斗的重要武器。

弓箭之用于狩猎，促进了猎业生产的发展，从而又导致了野兽驯养业的发展。驯鹿和马匹给鄂伦春族的狩猎生产以巨大的推动力，驯鹿与马匹在鄂伦春族中的出现不会是太晚的事。从文献记载可知，古代东北地区的各少数民族很早就使用马匹或驯鹿了。《梁书·诸夷传》记句骊人“其马皆小，便登山”①。看来这种马与今天鄂伦春人使用的那种体型矮小，善于在兴安岭密林中穿行的马匹十分相似。至于驯鹿之见于记载则比较晚些，《新唐书》记鞠国“无羊②马，人豢鹿若牛马，惟食苔，俗以驾车。”③ 这就是指的驯鹿。但我们却不能据此断定驯鹿与马匹使用孰先孰后。驯鹿是一种产于北半球寒带的鹿类动物，那里苔原地区的苔藓是它的食料，没有苔藓的地区是不可能畜养它的。因此，我们只能说苔原地区的居民一般使用驯鹿，而其外的地区则使用马匹。对于散布于黑龙江南北广大地区的鄂伦春人来说，亦复如是。从文献中我们可以知道，在清代鄂伦春族便有使马与使鹿两部分。驯鹿曾经是鄂伦春族重要的役畜，“鄂伦春”的含义之一就是使用驯鹿的人。鄂伦春族普遍的说法认为：他们在黑龙江北岸居住时，是使用驯鹿的。过江以后，因没有可供驯鹿所吃的苔藓，就逐渐改为使用马匹了。

清末编成的《东三省政略》还对鄂伦春族使用驯鹿的情况有详细的

---

① （唐）姚思廉撰：《梁书》卷五四《诸夷·高句骊传》，中华书局 1973 年版，第 802 页。

② 按，原文“羊”字后以括号夹注：“似应作‘牛’”。联系上下文意，原夹注颇有道理，可从。

③ 《新唐书》卷二一七下《回鹘传下附鞠传》，第 6146 页。

记述："复有山中鄂伦春所使者，彼名曰沃利恩，俗称四不像子，角有数歧似鹿，蹄分两瓣似牛，身长色灰似驴，其头则似鹿非鹿，似牛非牛，宽额而长喙，毛甚丰，能负重百余觔。鄂伦春人驯畜之，用时以木击树，闻声即来，饲以苔，用毕则纵之使去，即游行山中。"① 这种动物性情温驯，宽大而尖锐的蹄瓣适于在雪地行走，攀登山林，也可以负重乘骑。驯鹿对于鄂伦春人的狩猎生产具有重要意义，它解决了游猎中生产、生活资料以及猎获物的驮运问题。

猎犬也是鄂伦春人狩猎中的重要助手。在使用弓箭的时代，猎犬尤其必不可少。它能发现兽踪，跟踪野兽。由于弓箭射程近，穿透力差，需要猎犬帮助追捕或与之搏斗。因此，一个猎手往往都有几条猎犬，作为深山密林中的伴侣和狩猎的助手。

滑雪板是鄂伦春人早年常用的狩猎工具之一。板用桦木制成，一般长七尺半、宽六寸、厚五分，前端向上翘起。下大雪时用滑雪板，滑行速度很快，可用来追逐野兽。

鄂伦春族在17世纪以前的生产力发展状况，大致如上所述。与这种低下的生产力相适应的，是生产资料的公有制。

广阔的山林是鄂伦春族天然的猎场，那里丰富的动物资源是他们取之不尽的财富。"棒打獐子，瓢舀鱼，野鸡飞到饭锅里"是当时动物资源极其丰富的真实写照。这一切在鄂伦春人看来都是公共的财产，他们认为"猎场是老天爷的"。因此他们从来没有划定猎场，到什么地方去狩猎都行。不过他们的氏族部落总是在一定的河流范围之内活动，大体上也就在这个范围内打猎，不到别的氏族部落范围内去。这是因为熟悉的环境才易于猎取野兽。他们总是随着季节的变化，沿着一定的方向有规律地移动。各氏族部落之间谁也不去侵犯谁。不同氏族部落的人们在同一猎场相遇，他们也不发生争执。如果是一先一后到达这个猎场，一般是后来者让给先来者。而先来者总是邀请对方留下，一起来打。因此在这种情况下多是互相联合起来打猎，共同分享猎获物。

在父系氏族公社时期，鄂伦春族的生产资料和生活资料归父系大家

---

① （清）徐世昌等编纂，李澍田等点校：《东三省政略》卷一《边务》，吉林文史出版社1989年版，第364页。

族集体所有，即“乌力楞”集体所有。“乌力楞”是一个基本经济单位。因此，狩猎生产也是以“乌力楞”为单位集体进行的。在春夏秋三季出猎时，往往举族出动，“乌力楞”亦随着迁徙。冬季出猎时则主要是男猎手参加，老弱妇孺留在原地。“乌力楞”的管理，是建立在民主原则之上的。每次出猎时都要民主推举“塔坦达”“乌纠鲁达”和“吐阿钦”。“塔坦达”是狩猎生产的主要领导者和组织者，“乌纠鲁达”则是“塔坦达”的副手，“吐阿钦”的任务是留在宿营地负责做饭、打柴等杂务，一般由年纪轻、狩猎技术较差的人担任，如果有妇女参加，那妇女就一定是“吐阿钦”了。①

“塔坦达”一般是在集体中年龄最大、辈份最高、狩猎经验丰富，并有威信的长者。有时也推举比较年轻的男性为“塔坦达”，但他一定是狩猎技术突出，领导能力强，使年长者也能服从他的人。有的“塔坦达”深孚众望，即使到了耳聋眼花的时候仍然让他担任，不能随众出猎，可以坐在家里出主意。而他们自己在这种情况下，则主动要求不再担任“塔坦达”，另选别人，也可以由他们指定一个新的“塔坦达”。

“塔坦达”的职责是：决定出猎的猎场，分配每个成员的狩猎任务，经常研究和交流狩猎经验，并负责分配猎品。他在处理和解决各种问题时，都要跟大家共同商量，并听取大家的意见。“塔坦达”没有任何特权，除管理集体中的事务外，也和其他成员一样参加生产，往往起早贪黑，比别人更辛苦一些。“塔坦达”实际上就是家族的首脑，是家族生产的组织者和领导者。

正如生产是集体的一样，消费也是集体的。这时的分配制度是以“乌力楞”为单位的按人平均分配。

“乌恰吞”，鄂伦春语是平均分配的意思。当猎获到肥大的野兽，如熊、犴、野猪时，都是由“乌力楞”的人共同消费。届时，全“乌力楞”的成员来到“斜仁柱”前围成一个圆圈，老年人挨坐在一起，然后青壮年男女依次排坐下来。妇女们负责把野兽整个煮熟，并由她们进行分配。她们把兽肉的各部分好坏搭配，分别盛在一个个桦皮盆里。首先要照顾老年人，把比较好的先送给他们。然后再给其余的人。三五个人共吃一

① 《鄂伦春族调查材料之三》，第 35—36 页。

盆。小孩每人也分得一块，欢乐地在大人的周围跑来跑去。人们一边享用，一边说说笑笑，有时趁此机会，商量狩猎的问题。这时如果再有点马奶酒，人们的情绪也就更加活跃。[①]“有肉匀着吃，有皮分着穿”的鄂伦春族谚语，就是这种平均分配制度的生动写照。

这种共同消费的方式，一般是在春夏季进行，冬季打到野兽时便不采取这种方式，而是把兽肉分到“斜仁柱”内去消费，这是由于在冰天雪地的隆冬时节，这种“大锅饭”不论做和吃都有很大的困难的缘故。

1949 年前，鄂伦春族已不以“乌力楞”为生产和消费单位，但不论谁猎获野兽之后，一般都还要把头肉、腿肉、心、肋骨肉以及肝、舌头等一起煮熟，请全“乌力楞”的人共同享用。[②] 这无疑是早先以“乌力楞”为单位集体消费的分配制度的遗风。

以“乌力楞”为单位的共同消费，还残存于共吃牺牲的风俗中。祭神以后的供品，也是在全“乌力楞”内共同消费。如果在野外祭神，则只准男人和未成年的女孩享用，成年妇女不能享用。[③]

共同消费的遗风，还浓厚地存在于他们对于“乌力楞”内的鳏寡孤独的照顾上。直到 1949 年前，不论采取什么狩猎形式，猎人们回到“乌力楞”以后都要给这些人分配一份，有时他们所得甚至比出猎者还要多些。鄂伦春人把对鳏寡孤独的照顾看作是他们天经地义的应尽义务。如果寡妇参加集体出猎，她可以同其他猎手一样分得一份，而有夫之妇则最多只能得到半份。

上述种种情况表明，鄂伦春族早先曾经实行过以“乌力楞”为单位共同消费的平均分配制度。因为那时一个“乌力楞”就是一个父系大家族，生产资料的“乌力楞”公有制遂决定了这种以“乌力楞”为单位共同消费的分配制度。其时，“乌力楞”就是鄂伦春族社会的细胞。它既是一个生产单位，也是一个消费单位。

（二）采集、捕鱼和家庭手工业

单一的狩猎经济是不能存在的，即使是狩猎民族也必须有其他经济

---

① 《鄂伦春族调查材料之九》，第 16—17 页。

② 《鄂伦春族调查材料之三》，第 36 页。

③ 《鄂伦春族调查材料之九》，第 16—17 页。

部门作为辅助，才能维持他们的生存和发展。鄂伦春族的狩猎经济是与采集、捕鱼等经济部门紧密结合的。父系氏族公社时期，鄂伦春族虽然已经以狩猎作为主要的经济部门，但采集和捕鱼仍然是重要的经济部门。

采集是妇女的主要工作。老年妇女是采集的领导者和指挥者，由她率领着“乌力楞”的女性成员，有时也包括儿童进行采集。男人一般是不参加的。她们没有固定的采集场所，也没有划定采集地段。大小兴安岭中广阔的森林、草甸子、山坡上，纵横密布的河流谷地中，分布着各种各样可供食用的植物，为她们提供了丰富的采集对象。春末夏初主要是采集野菜的季节，秋季是采集野果和块根植物的季节。

采集的工具非常简陋，采集野菜、野果一般是用手摘。挖掘植物块根用的“乌勒文”是长约一米，一头削尖的木棒。采集小粒果类时用“古约文”来刮。那是用桦皮做的带锯齿的舌形圆桶，用有齿的一端把果粒刮入桶内。采集高大树上的果实时，往往把树砍倒以后采摘。采集来的野菜装在叫做“乌它汉”和“库的浅”的皮口袋里，野果装在叫做“木灵开依”的桦皮桶里。

他们在随采随吃一些新鲜的野菜、野果的同时，也晒干储藏一部分，以备冬天或猎获不到野兽时食用。柳蒿菜、老山芹是他们采集最多的野菜，把这些野菜晒干，是他们一个冬天食用的主要蔬菜。稠李子和杜柿是他们采集最多的野果。稠李子也是晒干储备，保存杜柿的方法是将它埋入土中，可以经冬不腐烂。“昭格达”“阿巴达哈”“依克西”等块根含有丰富的淀粉，是掺上肉干熬粥的重要原料。由于“靠猎物来维持生活，是极其靠不住的。”① 所以采集在鄂伦春族的经济生活中一直占有重要的地位。

打不到野兽的情况，是经常出现的，这就要靠采集物或鱼类帮助他们度过难关。至于出猎过程中，因为打不到野兽而以野菜野果充饥更是常有的事情。

捕鱼是鄂伦春族与狩猎相结合的一个重要经济部门。黑龙江流域，河流密布，鱼类资源十分丰富。他们在狩猎的同时，也以捕鱼作为重要的补充。捕鱼的方法和工具也是比较简单的。“挡簗子”是最常见的一种

① 《家庭、私有制和国家起源》，第 20 页。

方法。春秋雨季，他们在河中筑起堤堰，堰口放上柳条筐，鱼游来即掉入筐中。叉鱼也是一种常用的方法。鱼叉是三齿或四齿带有回钩的铁叉，安装在一丈多长的木柄上。可以站在岸上叉，也可以乘坐桦皮船去叉。

“挡簗子”一类的捕鱼活动，是以“乌力楞”为单位集体进行的。“乌力楞”的男女劳动力都要参加，大家分工合作，而由“塔坦达”领导。鱼产品的分配方式与狩猎的分配方式相一致，也是以“乌力楞”为单位共同消费。叉鱼、钓鱼等活动，则几个人或一个人都可以进行。黑龙江流域的鱼产量是非常可观的，在捕鱼的繁忙季节，往往可以捕到成千上万斤。一时吃不完的，把它晒成鱼干或鱼坯子，以备不时之需。

鄂伦春族的手工业一直处于原始的家庭手工业阶段，直到 1949 年以前，还没有形成任何一种独立的手工业部门，也没有任何专业的手工业者。他们的手工制品，都是氏族成员在狩猎、采集之余兼作的。

野兽皮和桦树皮是他们加工的主要对象。兽皮制品和桦皮制品是他们重要的生活资料和用具。他们用原始的方法鞣制兽皮，制成各种兽皮的衣服、鞋帽和被褥。数量最多的是狍皮和犴、鹿皮制品。缝制兽皮的线，由狍、鹿、犴的筋制成。桦皮制品在鄂伦春人的生活中占有重要的地位。他们日用的家具、容器、船只、生产工具以及覆盖“斜仁柱”的“铁克沙”等，都是用桦皮制成。缝制桦皮器皿的线是马鬃搓成的。此外，他们也制作木制品、骨制品和毛织品。木制品的种类也比较多，有各种器物的木把，如猎刀把、鱼叉把，交通工具如滑雪板、爬犁，生产工具如“毛丹”（鞣皮工具）、“乌力安”（鹿哨）等木器。骨制品有用各种兽骨加工成的箭头、耳环、骨筷、骨坠等。毛织品的主要原料是犴毛和马鬃，用以编织褥子、马屉和各种绳索。

鄂伦春族的家庭手工业，只有简单的男女自然分工。皮革制品、桦皮制品和毛纺织品等主要是由妇女来制作。木制品、骨制品等则大多是由男人制作。手工制品都是为了满足他们自己生产和生活的需要。

清代鄂伦春族的社会发展*

一　清朝对鄂伦春族的统治

17世纪初，建州女真崛起于我国的东北地区，1616年（明万历四十四年）努尔哈赤统一了女真各部，建立了“后金”政权。就在这一年，努尔哈赤派兵进入黑龙江、精奇里江和牛满河一带的萨哈连地区。1626年皇太极继位后，继续进行统一黑龙江流域的事业。他曾说：“此地人民语音与我国同……本皆我一国之人，载籍甚明。”① 这一地区的各民族曾先后向后金政权“贡纳”貂皮等特产。1636年皇太极改国号为清以后的第五年，即1640年（皇太极崇德五年）便将这里的“索伦部”居民“分编为八牛录（佐领）”②。鄂伦春人便属于“索伦部”中的一部分。1641年（崇德六年）皇太极平定了黑龙江上游乌鲁苏城的索伦部首领博木博果尔的叛乱，完全统一了黑龙江流域。1642年（崇德七年），皇太极在致书明崇祯帝时说：“予缵承皇考太祖皇帝之业，嗣位以来，蒙天眷佑，自东北海滨，迄西北海滨，其间使犬、使鹿之邦，及产黑狐黑貂之地，不事耕种，鱼猎为生之俗，厄鲁特部落以至斡难河源，远迩诸国，在在臣服。”③ 所谓“使鹿之邦”便包括了鄂伦春族。从此鄂伦春族纳入了清的统治范围。这对于祖国的统一、边防的巩固和鄂伦春族自身的发展都具

---

* 本文原为内蒙古人民出版社1983年1月出版的《鄂伦春族简史》第三章《清代的鄂伦春族》，第43—79页。据《鄂伦春族简史·后记》，第三章系黎虎先生执笔。今题目为《黎虎文集》整理者所改，为保证文集相对统一的风格，在尽量保持原书风貌的基础上，对原书章节、标题及形式均作了必要调整。

① 《清实录·太宗文皇帝实录》卷二一，天聪八年十二月，中华书局1986年版，第853页。

② 《清实录·太宗文皇帝实录》卷五一，崇德五年五月，第1260页。

③ 《清实录·太宗文皇帝实录》卷六一，崇德七年六月，第1402页。

有重要的意义。

清朝初期，于 1662 年（康熙元年）将宁古塔昂邦章京改为宁古塔将军，负责统辖外兴安岭以南黑龙江、乌苏里江流域以及尼布楚和库页岛等整个东北边疆，以加强北方的防御力量，抵抗沙皇俄国对这一地区的侵略。1669 年（康熙八年）在宁古塔将军之下设立“布特哈八旗”，负责统一管辖分布在黑龙江上中游地区的鄂温克、达斡尔和鄂伦春人。“布特哈”即满语“打牲部落”的意思。何秋涛的《朔方备乘》说：“盖布特哈为打牲部落之总称，故东北数千里内，处山野业采捕者悉隶之。”① 它所管辖的除了鄂伦春族以外，还包括索伦、达斡尔等以渔猎为主的民族。“布特哈专辖牲丁。其牲丁所至之地，皆布特哈总管应巡查之地。故外兴安岭鄂博向归布特哈巡查，而逊河等处鄂伦春亦归管辖。故布特哈旧日所辖之地最广，与各城本无一定之界。”② 可见它所管辖的范围是相当广大的。“布特哈八旗”按照八旗制度设置佐领作为它的基层单位。它以从事生产、对国家承担经济义务为主，同时也作为一种军事后备力量而编制和训练居民。正如《朔方备乘》所说：“自康熙以来，编旗给糈，训以纪律，平时自应其役，军兴皆听调拨，往往以勇猛敢战，取翠翎珊顶及巴图鲁名号如寄，此海内所以称劲旅也。”③ 可见他们在负担封建的经济贡纳的同时，在军事上也发挥了重要作用，是抗击沙皇俄国的侵略，保卫祖国东北边疆的一支劲旅。鄂伦春族被纳入“布特哈八旗”，在其发展史上也具有重要意义，从分散游猎的部落逐渐成为一个统一的整体，加强了本民族内部和与其他兄弟民族之间的联系，从而促进了古老的原始公社制度的瓦解。

为了抗击沙皇俄国的侵略，1683 年（康熙二十二年）又将原来统辖吉林、黑龙江的宁古塔将军，析出黑龙江将军，专辖黑龙江地方。任命宁古塔副都统萨布素为首任黑龙江将军。在黑龙江将军之下设立八城，分设副都统、总管等官管辖。各城“以次设额定为经制之兵。号八部落，

---

① （清）何秋涛撰，（清）黄宗汉等辑补：《朔方备乘》卷二《圣武述略二·索伦诸部内属述略》，上海古籍出版社 2002 年版（《续修四库全书》第 0471 册），第 30 页。

② 屠寄撰，王凯标点：《黑龙江舆图说·凡例》，黑龙江教育出版社 2014 年版，第 13 页。

③ 《朔方备乘》卷二《圣武述略二·索伦诸部内属述略》，第 29 页。

亦号八围。"[①] 鄂伦春族隶属于八城之一的布特哈总管衙门，或称打牲总管衙门。鄂伦春兵则是黑龙江"八部落"中的一支劲旅。

清政府对于鄂伦春族的具体的统治形式，据记载是"其隶布特哈八旗为官兵者，谓之摩凌阿俄伦春，其散处山野仅以纳貂为役者，谓之雅发罕俄伦春。雅发罕俄伦春，有布特哈官五员分治，三岁一易，号曰谙达。谙达岁以征貂至其境，其人先期毕来，奉命维谨，过此则深居不可踪迹矣。"[②] "摩凌阿"是"马上"的意思，"雅发罕"是"步下"的意思[③]。可见摩凌阿鄂伦春即被编入八旗充当骑兵的鄂伦春人，雅发罕俄伦春即广大猎户。这两部分鄂伦春人，均受布特哈总管衙门之统治。在布特哈总管衙门之下，分东、西布特哈。东西布特哈以嫩江为界，嫩江以东为东布特哈，以西为西布特哈。西布特哈之下有四路六佐，即库玛尔路，下分设三佐；阿里路，下设一佐；多普库尔路，下设一佐；托河路，下设一佐。东布特哈之下有毕拉尔路，下设二佐。

鄂伦春人对清政府承担贡纳貂皮和服兵役两大义务。编入八旗兵的壮丁要在每年春秋集中于布特哈总管衙门进行军事训练，并承担从征打仗的义务。"俄伦春未入兴安城前，岁于三月间，由将军派协领往会布特哈总管，阅视枪操，犒银千两。"[④] 这些壮丁并不脱离生产，而是一边从事狩猎，一边承担兵役。"索伦、达呼尔、俄伦春诸部，编旗披甲，率皆土著已久，专以捕猎为生，春秋会操而外，散归屯野，各营谋食之路，揆厥情形，犹三代寓兵于农之意。"[⑤]

布特哈总管衙门存在了二百来年，一直到 1882 年（光绪八年）才行废止。废止的原因主要有两个，一是这时布特哈总管衙门官员对于鄂伦春人实行残酷的剥削，引起了鄂伦春人强烈的不满和反抗："所捕貂皮辄为谙达诸人以微物易去，肆意欺凌，不啻奴畜……受制益苦，浸成寇仇

---

① （清）徐宗亮撰：《黑龙江述略》卷五《兵防》，黑龙江人民出版社 1963 年版，第 71 页。

② 《朔方备乘》卷二《圣武述略二·索伦诸部内属述略》，第 29 页。

③ 《朔方备乘》卷二《圣武述略二·索伦诸部内属述略》："臣秋涛谨案：摩凌阿、雅发罕者，满洲语，犹云马上、步下也。"（第 29 页）

④ 《黑龙江述略》卷五《兵防》，第 74 页。

⑤ 《黑龙江述略》卷五《兵防》，第 77 页。

之势。”[①] 鄂伦春人烈钦泰当时任库玛尔路骁骑校，“因受制谙达益甚”[②]，他便联合其他各路鄂伦春人，要求黑龙江将军文绪奏请裁撤布特哈总管衙门。二是因为沙皇俄国加紧对我东北地区的侵略，清政府需要进一步把鄂伦春人编制起来，进行军事训练，以加强边防。于是，文绪于光绪八年奏请撤销原布特哈总管衙门，而“编旗设官，列城置戍”[③]。文绪的建议立即得到批准，光绪八年五月的上谕中说：“据称鄂伦春牲丁，向归谙达管束，受制甚苦；该人众精壮可用。该署将军等拟请撤去布特哈管辖，另为部落，设官添兵编旗分管，俾安生业，并收劲旅，所筹甚是。”[④] 随后，清政府便在鄂伦春族五路的中心地区——太平湾兴建兴安城。兴安城设副都统衔总管一员，副总管十人，其中满族副总管二人，鄂伦春族副总管八人。

兴安城总管衙门只存在了十二年就废止了。1894 年（光绪二十年）黑龙江将军依克唐阿奏请裁撤兴安城总管衙门。为什么只有十几年的时间就裁撤了呢？这时清政权已经十分腐朽衰败，兴安城衙门设立的目的并没有达到，“所部五路俄伦春深藏山中，不一轻出”，对鄂伦春族的统治并没有得到加强。兴安城的建筑也很快就坍塌而无法居住，总管以下各官员“寄居站房，徒拥虚位，并城署亦同虚设。”[⑤] 因此，黑龙江将军依克唐阿便以“建城专治，事无实效”为由，奏请裁撤了这个形同虚设的衙门。

裁撤兴安城总管衙门以后，清政府将鄂伦春族分别隶属黑龙江、墨尔根、布特哈、呼伦贝尔四城管辖。黑龙江城副都统管辖库玛尔路八佐，布特哈城副都统管辖毕拉尔路四佐，墨尔根城副都统管辖阿里、多普库尔二路二佐，呼伦贝尔副都统管辖托河路二佐。共辖五路十六佐。各路设协领一员，每佐设佐领一员、骁骑校一员，领催四员。由于毕拉尔路

---

① 《黑龙江述略》卷二《建置》，第 28 页。

② 万福麟监修，张伯英总纂，崔重庆等整理：《黑龙江志稿》卷四三《职官志》，黑龙江人民出版社 1992 年版，第 1802 页。

③ 《黑龙江述略》卷二《建置》，第 28 页。

④ 《清实录 · 德宗景皇帝实录（三）》卷一四六，光绪八年五月，中华书局 1986 年版，第 56813 页。

⑤ 《黑龙江述略》卷三《职官》，第 48 页。

的鄂伦春人不愿意归布特哈管辖，经齐齐哈尔副都统增祺的奏请，将毕拉尔路鄂伦春人就近拨归黑龙江城管辖。

二　鄂伦春族对东北边疆的保卫和开发

16 世纪末 17 世纪初，沙皇俄国侵略者越过西伯利亚侵入中国的边境。17 世纪中叶，他们第一次窜犯我国黑龙江流域，蹂躏这里的少数民族人民。黑龙江流域是我国固有领土，也是鄂伦春族世代生息劳动的地方。沙俄的侵略激起鄂伦春族的奋起反抗。鄂伦春族在保卫祖国东北边疆，抗击沙皇匪徒的侵略斗争中做出了不可磨灭的贡献。

17 世纪中叶以后，沙皇俄国的殖民匪徒，利用清军主力入关与平定三藩之乱的时机，侵入我黑龙江地区。1658 年（清顺治十五年）强占了中国的尼布楚城，作为向东侵略的跳板。1665 年（康熙四年），又侵占了黑龙江上游北岸的雅克萨城。沙俄侵略者以此为据点，四出大肆烧杀抢掠，残暴地压迫鄂伦春人及其他少数民族。正如康熙二十一年（1682）的上谕中指出："罗刹（即俄罗斯）犯我黑龙江一带，侵扰虞人，戕害居民，昔发进讨，未获翦除，历年已久。"[①] 他们经常"无端犯我索伦边疆，扰害虞人，肆行抢掠"[②]。这伙殖民匪徒"恃雅克萨城为巢穴……数扰索伦、赫哲、飞牙喀、奇勒尔居民，掠夺人口。"[③] 沙俄侵略者对于鄂伦春人犯下了种种令人发指的暴行。他们经常杀害无辜的猎民，例如，1683 年（康熙二十二年）沙俄匪徒"诱索伦、打虎儿（即达呼尔）、俄罗春之打貂人额提儿克等二十人入室，尽行焚死。"[④] 他们还大肆抢掠鄂伦春族的人口和财物，"入我边塞，扰害鄂伦春、索伦、赫哲、飞牙喀等处人民，抢掠其家口。"[⑤] 并"深入内地，纵掠民间子女，构乱不休。"[⑥] 甚至采取卑劣的手段扣留人质，以此胁迫鄂伦春人就范。"康熙初，罗刹犯

① 《清实录·圣祖仁皇帝实录（二）》卷一〇四，康熙二十一年八月，中华书局 1986 年版，第 3916 页。

② 《清实录·圣祖仁皇帝实录（二）》卷一一二，康熙二十二年九月，第 4011 页。

③ 《清实录·圣祖仁皇帝实录（二）》卷一〇四，康熙二十一年八月，第 3915 页。

④ 《清实录·圣祖仁皇帝实录（二）》卷一一二，康熙二十二年九月，第 4011 页。

⑤ 《清实录·圣祖仁皇帝实录（二）》卷一二一，康熙二十四年五月，第 4141 页。

⑥ 《清实录·圣祖仁皇帝实录（二）》卷一一九，康熙二十四年正月，第 4111 页。

境，自牛满河，东抵恒滚，侵扰黑哲、奇勒尔等部。又有自北海来之罗刹，与费雅喀人战，又胁取俄伦春部质子。”[①] 黑龙江将军萨布素曾派夸兰大鄂罗舜等于康熙二十三年（1684）正月向沙俄方面交涉，“先取其鸟枪二十具，并鄂罗春留质之子三人。”[②] 第二年，“无底儿河罗刹鄂衣多里遣罗刹宜番等四人，来诱鄂罗春立克顶格等。”立克顶格等鄂伦春人不仅没有被他们骗诱过去，反而把这四名沙俄匪徒擒拿归案，送交了清政府有关当局，立克顶格等受到康熙的嘉奖，命令“所司照例奖赏”[③]。

沙俄侵略者的暴行，激起鄂伦春族人民的无比愤怒，他们自动起来与这伙吃人生番进行斗争。据1683年（康熙二十二年）黑龙江将军萨布素的报告，“牛满河之奇勒尔奚鲁噶奴等，杀十余罗刹，携其妻子来归；鄂伦春之朱尔铿格等，于净溪里乌喇（即精奇里江）杀五罗刹，并获其鸟枪来报；又闻飞牙喀之人，击杀罗刹甚众。”[④] 据《黑龙江志稿》朱尔铿格传，朱尔铿格是“世居精奇尼江”的鄂伦春人，因“俄人掠其牧，朱尔铿格拒之，杀五人获其鸟枪驰报”。可见这完全是由于沙俄匪徒的抢掠而迫使鄂伦春人奋起反抗的。这种反抗侵略的斗争，在各地都有发生。

对于沙俄的侵略行径，清政府曾屡次提出抗议，并建议举行谈判，均遭到无理的拒绝。在忍无可忍之下，1685年（康熙二十四年）清军收复了沙俄的侵略据点雅克萨城。但不久，清军撤离之后，该城又被沙俄侵略军侵占了。第二年，中国军队再次围攻雅克萨，遏止了沙俄的进一步侵略扩张。在雅克萨之战中，鄂伦春人不仅在各地展开斗争以配合该战役，而且还有565名鄂伦春士兵直接参加战斗。他们在战斗中英勇杀敌，立下了战功。雅克萨之战的胜利，迫使沙俄侵略者坐下来谈判，终于签订了“尼布楚条约”，规定黑龙江以北外兴安岭以南和乌苏里江以东为中国领土。

此后，鄂伦春族继续站在保卫祖国东北边疆的前线，维护和保卫祖国的主权和统一。1732年（雍正十年）经黑龙江将军卓尔海奏请，抽调

① 曹廷杰撰，黄为放标点：《东北边防辑要》卷下《征罗刹》，黑龙江教育出版社2014年版，第49页。

② 《清实录·圣祖仁皇帝实录（二）》卷一一四，康熙二十三年十月，第4046页。

③ 《清实录·圣祖仁皇帝实录（二）》卷一二一，康熙二十四年七月，第4146页。

④ 《清实录·圣祖仁皇帝实录（二）》卷一一三，康熙二十二年十一月，第4029页。

鄂伦春兵259名，以及索伦、达斡尔等族兵丁共计3000人编为八旗，在呼伦贝尔的济拉嘛泰河口设城驻防，让他们“自修城处至鄂罗斯交界处游牧”①，负责巡逻边境，保卫边疆。

在平定准噶尔部分裂叛乱势力的斗争中，鄂伦春人也曾尽了自己的力量。17世纪中叶沙俄东侵黑龙江受阻以后，便转向西部积极扶植准噶尔部的贵族分裂势力。从康熙末年至乾隆年间，沙俄侵略者先后策动了准噶尔贵族分子噶尔丹、策妄阿喇布坦和阿睦尔撒纳等人背叛祖国的武装叛乱活动。在平定准噶尔分裂势力的斗争中，清政府频繁调动黑龙江兵和索伦兵参战，其中包括“八围旗下壮丁”之一的鄂伦春兵。例如，1715年（康熙五十四年）命都统白济等人率领“黑龙江兵五百名，并打牲索伦打虎儿兵五百名，三处喀喇沁兵一千名，每人各带长枪、鸟枪”往征策妄阿喇布坦。②

鄂伦春人在保卫祖国独立的战斗中，涌现了一些著名的人物。如乾隆时的“摩凌阿”鄂伦春人阿穆勒塔，英勇善战，屡建功勋，因为“从征台湾、廓尔喀皆有功”，后来“官至总管，加副都统衔”③，成为名噪一时的人物。

1840年鸦片战争以后，沙皇俄国乘西方资本主义国家从海上侵略中国和我陆地边防力量空虚的时机，加紧侵占我国黑龙江流域。趁英法联军侵华之际，哥萨克骑兵占据了从黑龙江上中游直到小兴安岭峡谷的黑龙江北岸。为了使其侵占领土的行径“合法化”，沙俄又迫使清政府先后签订了《瑷珲条约》（1858）和《北京条约》（1860）等不平等条约，侵占了我黑龙江以北和乌苏里江以东的广大地区。从此，鄂伦春族受到沙皇俄国武装匪徒更加残酷的迫害。外兴安岭以南广大地区原是鄂伦春族世代狩猎的地区，自从被沙俄侵占后，断绝了生路，使鄂伦春人生计日艰。正如1902年（光绪二十八年）署黑龙江将军萨保的奏疏所说：“自俄兵掺抢，围猎全荒。”④ 面对着帝国主义列强的入侵和沙皇殖

① 《清实录·世宗宪皇帝实录（二）》卷一一七，雍正十年四月，中华书局1986年版，第7750页。

② 《黑龙江志稿》卷三一《武备志·兵事》，第1361页。

③ 《黑龙江志稿》卷五四《人物志·略上》，第2362—2363页。

④ 《清实录·德宗景皇帝实录（七）》卷四九九，光绪二十八年五月，第61576页。

民主义的压迫，鄂伦春人继续发扬维护祖国的领土主权和民族独立的光荣传统，奋起参加抗击沙皇俄国侵略军的斗争。他们骁勇善战，“俄人亦颇畏之”①。

1860 年（咸丰九年）沙俄匪徒烧掉中国设在乌鲁苏牡丹的卡房后，清政府立即收编鄂伦春族等少数民族为团练“以资抵御”②，明令“如果该夷再来肆扰，即可密调该数处之人，与之抵御。此外团练，亦当联为一气。使该夷稍知畏惧，不致得步进步”③。于是，“将鄂伦春牲丁收罗团聚，分布要隘。”④ 1875 年（光绪九年）黑龙江将军丰绅将鄂伦春族 500 名壮丁编成枪队，每年三月集中于兴安岭旺山一带操练。1880 年（光绪六年）又增挑鄂伦春人 500 人，合计 1000 名加以训练。1900 年（光绪二十六年）沙俄侵略者乘八国联军入侵之机，单独出兵侵占我国东三省，一支沙俄侵略军在海兰泡向我发动进攻。当时，黑龙江城副都统凤翔派遣库玛尔路协领寿廉“带领鄂伦春马队官兵五百人与俄交战，颇称勇敢”⑤，给气势汹汹的沙俄侵略军以迎头痛击。

然而，这时清王朝已是一个极度衰朽的政权，中国社会处于半封建半殖民地阶段，因此，中国人民的反帝反侵略的斗争并没有完全遏制住沙皇俄国的侵略势头。不过，鄂伦春人所进行的英勇无畏的反侵略反压迫斗争，却表现出中华民族不甘心屈服于外来势力压迫的英雄气概和保卫祖国领土主权的崇高的爱国主义精神，在中国人民反帝爱国斗争史上谱写下了光辉的一页。

鄂伦春族人民不仅对于保卫祖国的东北边疆做出了贡献，而且对于这一地区的开发也发挥了自己特殊的作用。

漠河金矿的开发就与鄂伦春族有密切的关系。漠河的元宝山，鄂伦春语称为“日勒特”，是个金脉极富的地区。这个金矿引起沙俄殖民者的

---

① 《黑龙江述略》卷二《建置》，第 28 页。

② 《清实录·文宗显皇帝实录（五）》卷三〇六，咸丰十年正月下，中华书局 1986 年版，第 47048 页。

③ 《清实录·文宗显皇帝实录（五）》卷三〇三，咸丰九年十二月中，第 47003 页。

④ 《清实录·文宗显皇帝实录（五）》卷三〇九，咸丰十年三月上，第 47096 页。

⑤ 孙蓉图修，徐希廉纂：《瑷珲县志》卷一三《库路志上》，成文出版社有限公司 1974 年版，第 690 页。

垂涎，1860年（咸丰十年）“有沿边俄人雅克萨数名私自探采，未得佳苗。”1882年（光绪八年）春，“有鄂伦春人在日勒特地方掘穴，得金块数粒”①。这一“佳苗”的发现，为漠河金矿的开发提供了重要线索。

为了开发漠河金矿，需要开辟由墨尔根（嫩江）至漠河的山路。这里“沿江右岸终古未辟，无复人行足踪”，需要穿越兴安岭的原始森林，“丛山曲涧，间以窝集，别无蹊径可寻，大木环蔽天日，号称树海，力伐亦无出路”。② 打通这条道路的困难是可想而知的。1885年（光绪十一年）在鄂伦春族佐领台吉善带领之下，以20名鄂伦春马兵为前导，从墨尔根城出发，“穿林越岭，牵用马驮，径由山谷开辟，直达漠河金厂”③。终于打通了这条长达一千多里的嫩漠山路。这是一条跨越大兴安岭，把富饶的松嫩平原与祖国的极北地区连结起来的重要通道。这条道路不但在当时，就是在以后的日子里也一直发挥着重要作用。如果没有鄂伦春人的参与，要顺利完成这一交通史上的壮举是不可想象的。

鄂伦春人还经常协助汉族、达斡尔等族人民共同开发利用兴安岭的丰富的动植物资源。例如采掘兴安岭中的人参就是一件相当困难的事情，因为需要通过沼泽地带，那里往往分布着许多“红眼哈坍”而使人难以越过。所谓“红眼哈坍”，乃是“淤泥地也，人行辄陷，万无生理，野鸟亦不敢落”④。因此，进山采掘人参的人，都需要找鄂伦春人作向导。至于鄂伦春人以自己高超的狩猎技术，通过辛勤的劳动，向汉族和其他各族人民提供大量珍贵的毛皮、兽肉、药材和各种土特产品，从而丰富了各族人民的生活，促进了各族人民之间经济文化的交流，更是不言而喻的。勤劳勇敢的鄂伦春族人民在中华民族的开发史上也占有自己的一席地位。

三　鄂伦春族社会经济的变化

17世纪铁器的传入，使鄂伦春族的社会生产力进入了崭新的阶段，

---

① 《黑龙江志稿》卷二三《财赋志·矿产》，第1069页。

② 《黑龙江述略》卷四《贡赋》，第70页。

③ 《瑷珲县志》卷一三《库路志上》，第689页。

④ （清）西清撰，赵瑞标点：《黑龙江外记》卷八，黑龙江教育出版社2014年版，第250页。

它促进了鄂伦春族原始公社制度的瓦解和私有制的产生，而清朝的统治和商品交换的发生，则加速了鄂伦春族社会经济这一变化的进程。

（一）狩猎生产的变化

17 世纪传入鄂伦春族社会的铁器，主要是指作为狩猎生产工具的火枪与生活用具铁锅之类而言。在此以前，鄂伦春人的狩猎工具主要是弓箭已如上述，而其生活用具则多为桦皮、骨、木制品。《龙沙纪略》称："东北诸部落，未隶版图以前，无釜甑罂瓻之属，熟物刳木贮水，灼小石淬水中数十次，瀹而食之"①。所谓"未隶版图以前"，是指后金和清朝统治之前，其时铁锅等用具还没有传入鄂伦春族，因而不得不采用这种原始的熟食方法。

17 世纪以后，铁器逐步进入鄂伦春族的经济生活领域，特别是以火枪的传入并逐步取代弓箭而成为主要的狩猎生产工具，对促使鄂伦春族社会经济的变化起了前所未有的巨大作用。

最早传入鄂伦春族地区的火枪是"火绳枪"和"火镰枪"，稍后又传入了"炮子枪"。这三种枪的共同之处都是把火药和铅弹装入枪筒，只是引爆的方式不同。前二者以点燃火绳或火镰而引爆，后一种则用枪机直接击炮子而自动引火。其有效射程大约五六十米。

火枪的传入主要有两个途径，一是通过商品交换的传入，二是鄂伦春人被编入八旗兵之后所取得的。17 世纪鄂伦春族纳入后金和清朝统治之后，大大扩展了鄂伦春人与外界的交往，与各族人民的联系日益广泛而密切。在这种联系中，鄂伦春人经常以自己的猎产品与周围的其他民族交换生产资料与生活用品。火枪就是通过交换而传入鄂伦春族地区的。与鄂伦春人进行交易的，最初是达斡尔和满族商人，其后有汉族商人。此外还有俄国商人。1682 年（康熙二十一年）清朝为了抵御沙俄的侵略，从乌喇宁古塔调兵 1500 人进驻黑龙江、呼玛尔二处，这些军队便装备着"红衣炮鸟枪"②，这种鸟枪就是火枪。这支军队就是几年后参加雅克萨之战的一部分。鄂伦春人在参加雅克萨之战，并被编为"八旗之披甲"的过程中，更多地接触并熟悉了火枪的性能及其使用方法。

---

① 《朔方备乘》卷四五《考订龙沙纪略》（《续修四库全书》第 0472 册），第 83 页。

② 《清实录·圣祖仁皇帝实录（二）》卷一〇六，康熙二十一年十二月，第 3946 页。

但是，最早的火枪还很笨拙，使用起来并不方便，以它取代弓箭需要有一个较长的时间。这种枪要从枪口装入弹药，非常费事，发射一枪以后又要重新装入弹药，不能连射。出猎时要带着火种，引爆用的火绳要由妇女小孩用柳树皮捻成。从外面买火镰和炮子常常不能保证供应。而且枪声又会把野兽吓跑。因此，鄂伦春人最初对于这种武器并不十分欢迎，感到还不如使用弓箭、扎枪方便。一直到清朝前期，鄂伦春人在狩猎生产中还是弓箭与鸟枪两者并用。到了18世纪中叶，才“不以弓箭为事”，而“多习鸟枪”[①]，从此火枪才取代了弓箭成为主要的狩猎生产工具。同时，弓箭也并没有完全废弃。直到民国年间，“其猎具或为枪，或为弓，而于弓之使用尤精”[②] 的情况依然存在。

19世纪末，比火枪更进步的步枪开始传入鄂伦春族地区。最先传入的步枪是一种叫做“别拉弹克”的俄式单响枪，这种枪是从俄国商人那里交换来的，比火枪使用方便，杀伤力大。其有效射程达150米。它比火枪的优越性是十分明显的，所以，很快就在鄂伦春族狩猎生产中占据了重要地位。据不完全统计，在清朝末年，现居呼玛县十八站的鄂伦春人那时有火枪13支，“别拉弹克”9支。现居呼玛县白银那的鄂伦春人那时有火枪8支，“别拉弹克”14支。现居逊克县鄂伦春民族乡的鄂伦春人那时有火枪和“别拉弹克”各14支。这三处全部枪支合计，火枪为35支，约占48.6%，别拉弹克为37支，约占51.4%。由此可见，到了清朝末年，“别拉弹克”枪已逐步上升为主要的狩猎生产工具了。

与此同时，各种铁制的猎刀、斧子以及铁锅等生产、生活资料，也通过交换而源源进入鄂伦春族地区。

生产力的发展，促进了生产关系的变化。铁器的传入，使鄂伦春族的狩猎生产能力大大提高，加上商品交换的催化作用，鄂伦春族的父系大家族开始分解，个体家庭逐步成为一个消费单位，乃至生产单位，私有制开始出现。这样，就使传统古老的共同劳动、平均分配的制度开始受到破坏。我们在前面已经叙述过，在父系氏族公社时期，鄂伦春族的

---

① 《清实录·高宗纯皇帝实录（五）》卷三七四，乾隆十五年十月上，第13317页。

② 东省铁路经济调查局编：《呼伦贝尔》第十二章《呼伦贝尔之狩猎》，东省铁路经济调查局1929年版，第148页。

狩猎生产的主要形式是以“乌力楞”为单位的集体劳动和共同消费。但是，从17世纪以后，那种以“安嘎”为单位集体狩猎，而采取按户平均分配或按猎手平均分配的方式逐渐占据主要地位。

这时，主要的生产资料，如猎场、河流、森林，仍然是公有的，但是，枪支、马匹等生产工具已经成为各个家庭的私有财产。当然这种私有制还是很薄弱的，例如马匹和枪支可以互相借用而不取报酬。但是，个体家庭已开始逐步巩固，成为一个独立的生产单位和消费单位。根据这种制度，每到狩猎季节，一个“乌力楞”往往分成几个狩猎小组，这种狩猎小组叫做“安嘎”。小的“乌力楞”也可以只组成一个“安嘎”。一个“安嘎”大约由三、四个或五、六个猎手组成。“安嘎”的成员完全是由一个“乌力楞”中的各个小家庭自愿组合的。这种集体狩猎大都是由老年人发起。每当狩猎季节快要到来，他就在“乌力楞”的一些人家串门，征询是否愿意出猎。一般情况下人们都非常乐意参加。同意的人就聚集到老年人家里，商量到什么地方去打猎，什么时候出发等事宜。每个“安嘎”也要推举一个“塔坦达”和“乌纠鲁达”来负责组织和领导。

与这种劳动组织形式相适应的分配方式主要有两种，一种是在“乌力楞”内按户平均分配，一种是在“安嘎”内按猎手平均分配。

按照第一种方式，一个“乌力楞”中的任何一个“安嘎”出外狩猎时，他们所猎获的野兽均在全“乌力楞”内按户平均分配，“乌力楞”的成员不论是否参加狩猎生产，均可得到一份。“乌力楞”内的鳏寡孤独不能参加生产，反而可以分到更多更好的一份。猎获到野兽以后，猎人便不去管它，而由妇女去把它运回“乌力楞”，并负责平均分配。正如《黑龙江外记》所说：“俄伦春，俗重鲜食，射生为业。然得一兽即还家，使妇取之，不贪多，亦不以负载自苦。”① 但是，随着商品经济渗入鄂伦春族社会，猎获物的商品化已开始发生，特别是一些贵重稀少的细毛皮张和鹿茸、熊胆等药材，是最早向商品转化的。因此，这种按户平均分配的办法便开始打上了私有制和商品生产的烙印。后来按户平均分配主要是指兽肉的分配了，因为这是保证每个家庭都不致挨饿，能够生存下去

① 《黑龙江外记》卷六，第237页。

的最基本的生活必需品。而皮张和其他商品猎物则不再按户平均分配，而只在出猎者中间平均分配。分配由“塔坦达”或猎手主持，他们都能公平分配，而且自己总是要最次的一份。

平均分配兽肉的办法有很多，各地鄂伦春人的分配办法也不尽相同，这里只举出主要食物犴肉和狍肉的一种分配方式为例。如果这个“乌力楞”有四户，打到一只犴，其分配办法是：（1）把每条腿分上下段切成两块，共八块，前下腿与后上腿搭配为两份，分给两户；后下腿与前上腿搭配，为两份，分给另两户。（2）肋条分成两份，分给两户；胸脯为一份，分给一户，脊椎为一份，分给另一户。（3）后座分成两块，分给两户；脖子一份，分给一户；头为一份，分给另一户。（4）油、心、肝等分成四份，每户各一份。这样就把一只犴平均分配完了。①

狍子的分配办法是：如果一个“乌力楞”有五户，打到一只狍子，就采取如下的分配方法：一只前腿、脖子、半边肋条为一份，分给一家；另一前腿、头和心为一份，分给一户；两条后腿为两份，分给两户；腰骨、座骨和半边肋条为一份，这是最次的一份，归猎中者自己。②

皮张的分配，一般是采取“尼玛都伦”的办法，意思是“轮流赠送”。如果甲打到一只野兽，就对乙说：“你把这张皮剥一剥吧。”于是，皮张就归了乙。乙打到的兽皮则归丙，丙打到的再归甲。这就是“尼玛都伦”。即便大家都已经有了同等数量的皮张，最后又猎得一张，自己也不能要，还得送给别人。不过这样轮流赠送的结果，在一次远围结束时，各猎手所得的皮张一般也就是相差一张左右，而在下次狩猎时，打到的皮张便要首先给上次少得的人。③

由于清朝向鄂伦春族征收貂皮，规定每个壮丁每年必须交纳貂皮一张，这就使鄂伦春人在集体猎取貂鼠时，采取在猎手中平均分配貂皮的办法。随着私有制的发展和商品经济的发展，这种分配方式逐渐扩及各种皮张和商品性猎物的分配，于是便产生了第二种分配方式——以“安嘎”为单位的按猎手平均分配。

① 《鄂伦春族调查材料之十一》，第 147 页。
② 《鄂伦春族调查材料之九》，第 18 页。
③ 《鄂伦春族调查材料之四》，第 54 页。

以“安嘎”为单位的分配也有两种方式，一种是以一个“安嘎”为单位进行平均分配，一种是以一个“乌力楞”中的几个“安嘎”为单位联合起来进行平均分配，究竟采取哪一种方式进行分配，这在出猎之前就要互相商定。

按照前者的分配方式，如果三个人组成一个“安嘎”出猎，打到一只犴，便把它分成三部分，最少的一份归猎获者所有，其它两份归另两个猎手。如果一个人打着两只犴，另外两个人都没有打着，就以这两张皮分给那两个没有打着的人，自己留一个脑袋，其余的分法如前。假如一个人打着三只，另外两个人一无所获，分配时要将最小的一只留给自己，其余归那两个人所有。夏天公犴肥，把公犴分给别人；冬天母犴肥，则把母犴分给别人。在采取这一分配办法时，还因姓氏、年龄、家庭情况不同而有所区别。如吴、孟、葛三人出猎，姓孟的打着一只野兽，就分给姓葛的最大的一份，吴姓的要取其次的一份。因为孟、吴原来是同一个氏族的人，而葛姓是别的氏族的人。如果三人都是同一姓氏，则年纪最大的人取第一份。① 总之，在共同劳动的基础上，将劳动成果进行有选择的分配，以最好最多的一份分给没有打着野兽的、年纪大的、别姓的人，而将最少的部分留给自己。可见，在这种分配方式中，氏族公社时代的那种平均分配和互助精神还顽强地保存着。

另一方面，如上所述，私有制和商品经济已经开始渗入这种分配制度中。对于商品猎物，如鹿茸、熊胆、貂皮及各种细毛皮张，逐渐不再分配实物，而是把它们出售以后，在猎手中平均分配现金。但他们一般又都不要现金，而是把这些猎品折成钱，看每人可分得多少，各人用自己应得的钱数去换取自己所需要的粮食、布匹及其他日用品。如果猎手自己需要用水獭、猞猁、灰鼠等细毛皮张时，还可以按实物分配。

（二）商品货币经济的渗入

鄂伦春族的社会经济一直是以渔猎采集为主的自给自足的自然经济，始终没有产生内部的社会分工。这种经济结构顽强地存在着，交换关系在它的内部始终没有发展起来。后金和清朝的统治，使鄂伦春族与周围民族的联系日益增多，交换关系也随之发展起来。但是，正如马克思所

---

① 《鄂伦春族调查材料之四》，第53—54页。

说，“商品交换过程最初不是在原始公社的内部出现的。而是在它的尽头，在它的境界上，在它与其他公社接触的少数地点。这里开始了物物交换，从此深入到公社的内部，对它起着破坏作用。”① 鄂伦春族的交换关系也不是从它的内部出现的，而是在它与其他民族接触的境界上发生的。也就是说，鄂伦春族的交换关系主要是与其他民族的交换，而在本民族内部并没有发展起来。然而，外界的商品货币经济一经渗入氏族社会的古老肌体，势必给它以强烈的分解作用，给鄂伦春族的社会以巨大的影响。这种交换关系的发展，使鄂伦春族的原始渔猎经济与周围其他民族的农业、畜牧业以至工业经济逐步联系在一起，并受到强烈的影响。通过交换，使铁器及新的生产工具进入鄂伦春族地区，加速了其社会经济的发展变化。商品货币经济的侵入，加速了氏族公社的瓦解，使“乌力楞”逐渐分解为一个个个体家庭，促进了私有制的发展。这一切，就使鄂伦春族的社会在最近三百年间，发生了前所未有的变化。

鄂伦春族与周边民族的交换关系，首先是由清朝统治时期的“贡貂”制度与“谙达”制度而引起并逐步发展起来的。

“贡貂”有悠久的历史，它是指东北地区少数民族向中原王朝进贡一种特产——貂皮。早在三国时期，挹娄人就向曹魏王朝贡“貂皮之属”②。室韦地区“尤多貂皮及青鼠”，人民“皆捕貂为业”。因此，貂皮是他们累累向中原王朝进献的重要“方物”。但是，作为一个定制向鄂伦春族征收貂皮，则是在清朝统治时期。贡貂最初并没有什么定制，“黑龙江省诸部归顺之初，随朝纳貂，略表臣服之义，盖无年限、数目定制”。自从编入八旗以后，贡貂遂成定制，规定每丁每年纳貂皮一张：“自经披甲当差，而打牲部落始有贡貂之制，每官每兵一员各纳貂一张。”③《黑龙江外记》也说：“布特哈，无问官兵散户，身足五尺者，岁纳貂皮一张，定制也。”④ 从此鄂伦春族便成为“应捕貂役”的“索伦八围”之一。

鄂伦春族向清朝“贡貂”是在每年五月举行的“楚勒罕”大会上进

---

① 马克思：《政治经济学批判》，人民出版社 1955 年版，第 23 页。

② （唐）房玄龄等撰：《晋书》卷九七《四夷·肃慎氏传》，中华书局 1974 年版，第 2535 页。

③ 《黑龙江述略》卷四《贡赋》，第 51 页。

④ 《黑龙江外记》卷五，第 223 页。

行的。“楚勒罕”即“盟会”之意。每当草青时节，他们便到齐齐哈尔参加“纳貂互市”。这种“纳貂互市”叫做“楚勒罕”。清朝初年，盟会地点在齐齐哈尔城西北四十里的因沁屯，乾隆六十年（1795）改在城中。“贡貂”不仅表明鄂伦春族对清王朝的臣服关系和所尽的义务，而且是一种含有物资交流的经济意义的活动。

“楚勒罕”是一种十分盛大的集会。参加集会的，有蒙古各部落及鄂伦春、达斡尔、索伦等少数民族，届时“轮蹄络绎，皮币山积，牛马蔽野。”[①] 清政府也派官吏参加，“将军、副都统率属僚驻扎其地”[②]。在“楚勒罕”大会上的首要事项是清朝官员向鄂伦春等各族人民征收貂皮。“交纳貂皮，楚勒罕第一事也。”参加“楚勒罕”的猎人要先把貂皮献上，供清政府官吏挑选，“选入格者充贡，余听布特哈自售”[③]，选貂之后，才允许进行贸易。当时选貂的情况是：“选貂之制，将军副都统坐堂上，协领与布特哈总管分东西席地坐，中陈貂皮，详视而去取之。甲乙既定，钤小印于皮背，封贮备进，然后印掷还之皮，而皆刖其一爪，如皮背无印而四爪全者，私货也，事干例禁，人不敢买。”[④] 貂皮共分为一等、二等、好三等、寻常三等四种。当时，鄂伦春人交纳的貂皮比其他兄弟民族交纳的都要好，“若雅发罕鄂伦春则不然，其所纳皮张较胜别部，故一等足额，入其余于二等，二等所余，入于好三等，而皆按照定价，由库给银，以酬其所余之数。盖雅发罕俄伦春散处山野，非索伦、达呼尔及摩凌阿俄伦春可比，故定制如是”[⑤]。这就是说，由于鄂伦春人的貂皮质量是最好的，所以在选貂时，除了规定每人交纳一张之外，其余的部分也全部被清朝官员用银买去。每年在“楚勒罕”大会上交纳的貂皮数量是相当多的，据《黑龙江外记》记载：“嘉庆十五年（1810），选定一等四十二张，二等一百四十张，好三等二百八十张，寻常三等四千九百四十三张，岁大略如是。而列一等者，皆雅发罕俄伦春及毕喇尔物。”[⑥]

---

① 《朔方备乘》卷四五《考订龙沙纪略》，第 79 页。

② 《黑龙江外记》卷五，第 222 页。

③ 《黑龙江外记》卷五，第 222 页。

④ 《黑龙江外记》卷五，第 223 页。

⑤ 《黑龙江外记》卷五，第 223 页。

⑥ 《黑龙江外记》卷五，第 223 页。

选貂之后，便开始进行互市贸易。“集初立，划沙为界，各部落人驻其北，商贾官卒游人驻其南，中设兵禁，将军选贡貂后，始听交通，凡二十余日。”① 可见“楚勒罕”是各族人民进行物资交流的盛大集市。鄂伦春人就是通过每年参加这样的集市而与各族人民加强了接触和了解，并通过这一渠道把先进民族的生产资料和生活资料引进鄂伦春族社会的。

后来，在选貂过程中，清政府官吏往往从中作弊，乘机敲诈，“在因沁屯时，入格者故为掷还，阴以贱值逼买，无问大小，概银九钱，布特哈怒不敢言”②。随着貂皮的日益减产，贡貂数目逐年下降，“光绪八年兴安城设，而后将军文绪公奏定两城官兵共纳貂皮四千二十张，今以光绪十三年奏进数目计之，减额八百六十七张。”③ 为了缓和鄂伦春人对于贡貂的不满，收笼他们以加强边防，光绪二十年（1894）根据黑龙江将军依克唐阿的奏请，取消了贡貂制度。

“谙达”也是鄂伦春人与外界进行交换的重要媒介。“谙达”在最初是清政府派到下面去征收貂皮的税吏。在征貂过程中，他们也往往带去一些粮食、布匹、酒类和其他生活日用品，与鄂伦春人进行一些物物交换，所以，后来“谙达”便兼有官吏和商人的二重身份。鄂伦春人把这种“谙达”称为“阿拉木谙达”，意即官方谙达。这种“谙达”，实际上垄断了鄂伦春人与外界的贸易，并把鄂伦春人的狩猎生产纳入他们的掌握之中。官方“谙达”每年到鄂伦春族地区来，把鄂伦春人召集到一起进行“伊萨贝”（意即训导）。当时各路都有自己固定的集合地点，托河路的在今斯木科西十余里的白音那；多普库尔路的在今甘河支流斡尔齐河岸，阿里路的在查哈阳河岸。“谙达”代表官方征收貂皮之外，还收去各种皮张和鹿茸，然后给鄂伦春人“赏赐”一些“阿贴”（意即马驮），主要是粮食、盐、烟和弹药等。官方“谙达”就是这样世世代代控制并垄断着鄂伦春人的经济生活。连清政府也不得不承认：“鄂伦春牲丁，向归谙达管束，受制甚苦。”④ “所捕貂皮辄为谙达诸人以微物易去，肆意欺

---

① 《朔方备乘》卷四五《考订龙沙纪略》，第79页。

② 《黑龙江外记》卷五，第222页。

③ 《黑龙江述略》卷四《贡赋》，第51页。

④ 《清实录·德宗景皇帝实录（三）》卷一四六，光绪八年五月，第56813页。

凌，不啻奴畜。”① 清政府出于边防的需要和稳定统治的目的，1882 年（光绪八年）才撤消了“谙达”对鄂伦春人的管辖。官方“谙达”对鄂伦春人的控制前后延续了二百多年之久。

但是，各族人民之间经济文化的交流和联系是历史发展的必然趋势。官方“谙达”并不可能完全垄断鄂伦春人与外界的贸易。所以，与官方“谙达”同时或稍后，民间“谙达”（即私商）也陆续进入鄂伦春族地区。

民间“谙达”根据鄂伦春人的狩猎季节和生产生活的需要而定期进山，每年两次，第一次进山一般是在阴历四月的鹿茸期前，他们驮来粮食、弹药、酒、烟、盐以及少量棉布，一直等到鹿茸期结束，将鹿茸、鹿鞭、鹿犴皮以及肉干等收集运走。第二次进山是在十月落雪前后，待打皮子期结束后，赶在春节前回去，收去灰鼠、猞猁、狐狸、水獭等细毛皮张。

鄂伦春人与民间“谙达”的关系，早先主要是一种不计价的包干制交易。猎民将猎获的产品，除将自己生活必需的，如兽肉和做衣服用的狍皮、鹿犴皮留下以外，其余如鹿茸、鹿胎、鹿尾、鹿鞭和熊胆等药材，灰鼠、猞猁、水獭、狐狸皮等细毛皮张都交给“谙达”。而“谙达”则向鄂伦春人供应粮食、弹药、烟、酒、盐、布等生产资料和生活资料。互不计价，互不记账。其时鄂伦春人与“谙达”的关系是比较固定的，即一个“谙达”与几户鄂伦春人建立固定的联系，这种联系往往可以延续几代人而不断。有的“谙达”与鄂伦春人建立起亲密的关系，依辈份和年龄不同，互相以亲属相称。鄂伦春人婚丧嫁娶，他们也馈赠礼物、吊问祭奠。对于这种世代相沿的“谙达”，鄂伦春人称之为“阿娇儒谙达”，意即先辈延续下来的“谙达”。但是，也有不少“谙达”对鄂伦春人进行敲诈勒索，残酷剥削。例如，《卜奎风土记》记载：“商贾初通时，以貂易釜，随釜之大小，貂满于釜，然后肯易，今则一貂数釜矣。”② 数十貂才能换一只铁锅，可见私商对鄂伦春人剥削是何等残酷苛重。随着商品

---

① 《黑龙江述略》卷二《建置》，第 28 页。

② 《黑龙江志稿》卷六二《艺文志》引，第 2590 页。又，《朔方备乘》卷四五《考订龙沙纪略》亦载有类似内容：“商贾初通时，以貂易釜，实釜令满，一釜常数十貂，后渐以貂蒙釜口易之。三十年前犹以貂围釜三匝，一釜辄七八貂也。今则一貂值数釜矣。”（第 83 页）以其内容相近，故知其皆当转引清人方观承所撰《卜奎风土记》。

货币经济的发展，到清朝末年便出现了“斡贝谙达”，即计价“谙达”之意。“斡贝谙达”与鄂伦春人的交换关系是根据商品计价贸易的，但是，这种计价完全是片面的、不等价的，即由“谙达”自己定价、自己记账，鄂伦春人根本不知道商品的价格，当然也就根本无从知道自己与“谙达”的交易是否等价。因此形成鄂伦春人总是欠“谙达”的债，而且越欠越多，永远也还不清的情况。这时，“谙达”便以索债为借口而抢走鄂伦春人的马匹和其他财物，甚至抢夺人口，无恶不作。

除了上述定期进山的行商以外，还有定期的集市和坐商与鄂伦春人进行贸易。据《黑龙江外记》记载，“商贩旧与鄂伦春互市，地名齐凌，转为麒麟，因有麒麟营子之号”①。像麒麟营子这样专门与鄂伦春人互市的地方不止一处。此外，在额尔古纳河和黑龙江沿岸还有不少与俄商互市的地点。

通过上述种种渠道，鄂伦春族与外界的交换关系日益发展起来，商品货币经济逐步深入到氏族公社的内部，从而使这种公社迅速瓦解。正如恩格斯所指出的：“商品形式和货币就又侵入那些为生产而直接结合起来的社会组织的内部经济生活中，它们逐一破坏这个社会组织的各种纽带，而把它分解为一群群私有生产者。”②

商品货币经济的侵入，打破了鄂伦春族那种自给自足的自然经济结构。过去，他们的生产目的仅仅是为了食肉衣皮。一切生产和生活资料都是依靠自己生产而获得。现在，猎获物开始商品化，过去对于鄂伦春人并无特别重大使用价值的猎品，如鹿茸、熊胆之类的药材和貂皮等细毛皮张，现在成了具有巨大交换价值的商品，因而鄂伦春人的生产目的除了为满足自己食肉衣皮之需外，还要为生产商品而劳动，而且商品生产的比重越来越大。一年四季中的所谓“鹿胎期”“鹿茸期”“叫鹿围期”和“打皮子期”的狩猎季节，就是适应这种为商品而狩猎的生产的情况才出现的。鄂伦春人的食物构成开始发生变化，由过去主要依靠食兽肉，转变为日益更多地依靠吃粮食。有些地区的狩猎生产主要是为了满足“谙达”的需求；在夏、秋重要狩猎季节，“谙达”甚至直接跟随猎

① 《黑龙江外记》卷五，第227页。

② 恩格斯：《反杜林论》，人民出版社1970年版，第306页。

人进山，随捕随收，囊括而去。这样，鄂伦春族的经济生活就日益密切地与外界联系起来，再也不是孤立的自给自足的自然经济了。

商品货币经济的侵入，加速了鄂伦春族私有制的发展。通过商品交换而传入了先进的生产工具和生产技术，大大提高了社会生产力，从而促进了生产关系的急剧变化。个体家庭迅速发展起来，成为社会的基本生产单位和消费单位。狩猎生产中的分配制度的变化，就是因为商品货币经济的侵入而引起的，这就是为什么猎获物中除了兽肉这样的生活必需品还保留较多的平均分配的成分外，而从中分化出来的许多商品性猎品则采取按猎手平分的原因。这样，到了清朝末年，贫富分化在鄂伦春族社会中已经开始出现。以马匹的占有为例，在今逊克县鄂伦春民族乡所在地方，在清朝末年的十八户有马户中，占有五十匹马以上的仅有四户，为22%，最多的一户达八十匹。其余78%的户占有一匹至四十匹不等，其中二十匹以下的有十户，占总户数的55%。[①] 贫富分化已日益发展。

四　氏族制度的瓦解

17 世纪至 19 世纪末的二三百年间，鄂伦春族的社会发生了急剧的变化，古老的氏族制度在衰亡瓦解，作为血缘组织的“乌力楞”公社逐步转变为地域性的农村公社，个体家庭逐步变成鄂伦春族社会的基本细胞。引起这一变化的原因已如上述，即清朝统治以后鄂伦春族加强了与外界的联系，商品货币经济侵入，在鄂伦春族的社会生产力迅速发展，从而改变了旧的生产关系。这种社会经济基础的变革，必然引起社会关系和上层建筑的变革。

（一）由家庭公社向农村公社的转变

“乌力楞”由以前的家庭公社转变为农村公社，是这个时期社会变化的一个显著特征。

在清朝统治之前，“乌力楞”基本上还是一个血缘组织，即由同一父系祖先的人们所组成，一个“乌力楞”就是一个父系大家族。其时，一个“乌力楞”既是一个生产单位，也是一个消费单位。到了清朝统治以

---

① 《鄂伦春族调查材料之三》，第 23—24 页。

后，“乌力楞”发生了巨大的变化。这个变化是从“乌力楞”内部一夫一妻制的个体家庭逐步成长并变为社会基本经济单位开始的。早先存在于“乌力楞”中的一夫一妻制家庭逐渐取得独立的地位，最先变成一个消费单位，尔后又变成一个生产单位。它逐渐摆脱了氏族血缘的束缚，而成为瓦解氏族组织的离心力量。氏族制度就是从这个地方被打开缺口的。

鄂伦春族的一夫一妻制已经逐渐巩固，他们认为，如果一个男人生前娶了两个女人，死后将被两个女人所瓜分；同样的，一个女人生前与两个男人结婚，死后也要被两个男人所瓜分[①]。这种意识表明，在鄂伦春人看来，一夫一妻已经是天经地义的事情了。

在这种一夫一妻制家庭中，男子居于统治地位，重男轻女成为鄂伦春族社会的普遍风气。男子认为：“用马换来的女人是属于我自己的，我可以随便打骂。”[②] 妇女在家庭中对男人处于绝对服从的地位。这种男尊女卑的家庭关系是由男子在家庭中的经济地位所决定的。在这种个体家庭中，财产的支配权掌握在男子手中。一般以长辈的男性为家长，父亲年老了，便将家务交给儿子主持。兄弟多的人家推举长兄当家，长兄不成时则推举第二个兄长，以此类推。家庭成员要服从家长的指挥。但是，处理生产与生活中的重大问题时，家长要与其他成员商量，意见一致后才行处理。妇女一般不参加这种商讨会，但母亲可以例外地参加。[③] 儿子结婚以后要分居另过。分家由父母作主。父母一般都与最小的儿子在一起生活，所以分财产时小儿子分得最多的一份。鄂伦春人的家庭财产主要是枪支和马匹。个人只有自己的服装和零星用品，财产都是归家庭所有，没有什么归个人所私有的财产，亲儿子、亲叔伯兄弟及亲侄等有继承财产的优先权，如儿子已分家另居时，则由赡养他的或与他们同居的儿子继承，其他儿子没有继承权。如没有儿子则由最近的亲属来继承。寡妇再嫁时，她的财产不能带到异姓氏族那里，必须由其丈夫的最亲的家族成员来继承。[④] 从上述情况可以看出，这种家庭虽然还包含着许多父

① 《鄂伦春族调查材料之一》，第 54 页。

② 《鄂伦春族调查材料之九》，第 38 页；《鄂伦春族调查材料之三》，第 123 页。

③ 《鄂伦春族调查材料之三》，第 123 页。

④ 《鄂伦春族调查材料之三》，第 123—124 页；《鄂伦春族调查材料之九》，第 38—39 页；《鄂伦春族调查材料之十》，第 107—108 页；《鄂伦春族调查材料之十一》，第 59—60 页。

系大家族的残余，但是一夫一妻的个体家庭已逐渐成熟。因此，这个时期的狩猎生产就是由若干个这样的个体家庭结成“安嘎”在集体地进行，猎获物也是按照这些家庭为单位进行平均分配的。这种家庭已成为基本的生产单位和消费单位，逐渐成为鄂伦春族社会的细胞了。

这个时期的“乌力楞”，就是由若干这样的个体家庭所组成。最初，这些个体家庭之间还保持着比较浓厚的血缘关系的残余，因为这些家庭都是从一个父系大家族分化出来的。例如清朝末年（1908）游猎于黑龙江省瑷珲县刺尔滨河一带的三个“乌力楞”中，有一个是葛柱山所在的“乌力楞”。这个“乌力楞”有四户，葛柱山为一户，葛柱山的父亲葛巴长根为一户，葛柱山之弟葛金吉汗为一户，葛柱山之二弟葛尔吉汗为一户。①

由此可见，这时的“乌力楞”虽然由几个个体家庭组成，但他们都是同一父系大家族分化出来的，由同一氏族的同一血缘关系的人们所组成的。同时，由于这个时期社会生产力的提高和私有制的发展，这些个体家庭又逐渐摆脱血缘纽带的束缚，可以离开原来的“乌力楞”，游动到别的地方去加入另一个“乌力楞”，于是，一个“乌力楞”中便往往包含从别一氏族、别的“乌力楞”迁来的个体家庭。

这种迁徙愈来愈自由，“乌力楞”也就经常处在不断分化和不断重新组合之中。于是，“乌力楞”便由原来的血缘组织，转变为一种地域性的组织了。例如，清朝末年游猎于毕拉尔河支流宏户图河流域的一个“乌力楞”，共有吴音吉善、吴毛善、吴莫依多、吴信格、吴信格先、吴正连、吴平山、吴铁连、葛平禄山、葛金吉先等十户。他们之间相互的关系是：吴毛善和吴莫依多是亲兄弟，已分家；吴信格、吴信格先、吴正连、吴平山、吴铁连是亲兄弟，已分家；葛金吉先是吴音吉善的堂妹夫；葛金吉先和吴毛善兄弟是亲家，同时也是亲表兄弟；葛金吉先和葛平禄山无亲属关系，只是同“穆昆”；吴音吉善和吴毛善兄弟是同“穆昆”的兄弟，但已不戴孝；吴音吉善是吴信格兄弟的同姓侄子，已不戴孝；吴毛善是吴信格的同族侄子，已不戴孝；葛平禄山是吴信格之妻侄；吴毛

① 《鄂伦春族调查材料之十》，第115—116页。

善是葛平禄山的妹夫[①]。这是一个比较典型的“乌力楞”，它包含了吴卡尔康和葛瓦依尔两个氏族的人，每个氏族的人又并非同一父系大家族，吴卡尔康氏族中的吴信格五兄弟是同一家族的，吴毛善二兄弟是同一家族的，吴音吉善为另一家族；葛瓦依尔氏族两户也是不同家族的人。他们之中有同一父系家庭的成员，有同一氏族而不同家族的成员，亦有不同氏族的成员。但是，他们相互之间都有亲戚关系。这个“乌力楞”的十户长期游猎于宏户图河流域，依据狩猎季节的变化而时分时合。夏秋时往往分成三四个“乌力楞”，冬天又集中到一起，随时变动，成员并不固定。但和其他地区的人很少在一起，只是出远猎途中或别人路过他们的猎区时才有所接触。很显然，这种“乌力楞”已经不是一个血缘组织，而是一个地域性的组织，正处在从原始公社向阶级社会过渡的阶段，开始具有农村公社的性质。

（二）氏族制度的瓦解

随着“乌力楞”性质之从家庭公社向农村公社的转变，鄂伦春族的氏族制度也就失去基础而开始瓦解。清朝对鄂伦春族实行的路、佐行政管理制度，加速了氏族组织的衰亡过程。

清朝统治时期，鄂伦春族被置于路、佐的行政机构的管理之下，这种行政机构并不打乱鄂伦春族原有的氏族部落组织，而是利用氏族部落组织，实行路、佐制度与“穆昆”制度并行的统治方法。在布特哈总管衙门之下，分设五路八佐，后来又增至十六佐。一个路以一条河流为范围，大概就是原来的一个部落。每个佐都包括两个氏族，大约有五十户至一百户左右。例如托河路的两个佐中，头佐以白依尔氏族为主，包括柯尔特依尔氏族的人；二佐以柯尔特依尔氏族为主，包括白依尔氏族的人。每个佐设佐领一人，为全佐最高行政官员，佐领之下设骁骑校一人，领催三人，为佐领的助手和办事人员。每佐还有披甲（即壮丁）十二名。佐领由清朝政府任命。在任命佐领时，尽可能利用鄂伦春族的氏族机能，从该佐人口最多的氏族中选拔佐领。如托河路头佐佐领出自白依尔氏族，二佐佐领出自柯尔特依尔氏族。毕拉尔路最大的氏族是玛拉库尔，以及玛卡依尔、杜宁肯、恰克其尔氏族，因此正黄旗头佐佐领都出于玛拉库

① 《鄂伦春族调查材料之十》，第116页。

尔氏族，二佐出于玛卡依尔氏族。正红旗头佐佐领出于杜宁肯氏族，二佐出于恰克其尔氏族。

佐是一个基层的行政机构，佐领掌握佐内的行政、司法权力，执行上令下达、下情上达的使命，每年一次到路的首领——协领那里去报告工作情况。

在实行路佐制度的同时，“穆昆”制度继续存在。每个氏族仍然有自己的氏族长——“穆昆达”，形成一种佐领与“穆昆达”交错统治的情况。托河路的头佐以白依尔氏族为主，因此这里有一个白依尔氏族的“穆昆达”，佐领也是白依尔氏族的人。二佐以柯尔特依尔氏族为主，因此这里有一个柯尔特依尔氏族的“穆昆达”，同样佐领也是柯尔特依尔氏族的人。

“穆昆达”与佐领的性质是完全不同的，“穆昆达”是由氏族成员民主推选的，而佐领则是由官方任命的。佐领管辖本佐内两个氏族的成员，“穆昆达”则管辖两个佐中的本氏族成员。从行政系统来说，佐领的地位在“穆昆达”之上，他可以管辖本佐的“穆昆达”，从氏族组织系统来说，“穆昆达”却又高于佐领，他有权教训本氏族中当佐领的人。

路、佐显然是凌驾于鄂伦春族社会之上的国家政权机构，是贯彻执行清朝统治者意志的工具。清政府对于鄂伦春人征收贡赋、训练兵丁、摊派徭役都通过这套行政系统来贯彻执行。佐领作为政府官员，每年领到年薪五十两白银。初期他并不脱离劳动，也没有什么更多的特权。然而，到了清朝末年，佐领依仗权势剥削人民的行为在有些地区开始出现了，例如每年登记户口和马匹时，若在冬天登记，每户要交灰鼠皮一张，夏天登记时交一元钱作为“纸笔费”。打大马哈鱼季节，规定每户叉鱼一百条要交五条，这些都由佐领攫为己有。每年除夕，当差的人要给佐领的铜印磕头，并向佐领送一、二张灰鼠皮。①

这种路、佐统治制度虽然表面上并没有去打乱鄂伦春族原有的氏族制度，但是，它作为一种地域行政组织，作为一种凌驾于氏族社会之上的国家机器，加速了古老的氏族制度的瓦解。最初，“穆昆达”与佐领的职权是有所区别的，佐领只是执行清政府的命令，掌握行政、司法权力，

① 《鄂伦春族调查材料之四》，第26页。

“穆昆达”继续以氏族长的身份按照氏族习惯法管理氏族成员。但是，两者的权力是有交叉的，例如，司法权过去是氏族大会和“穆昆达”掌握和执行的，现在佐领也掌握了司法权，虽然他在处理案件时还要征求并尊重“穆昆达”的意见，但是，随着时间的推移，佐领的权力逐步扩大，最后竟取而代之，一切民事纠纷均由佐领处理，重大的谋杀、仇杀等刑事案件则由佐领上报协领公署处理。这样一来，“穆昆达”的司法权实际上就被佐领剥夺而去了。

“穆昆达”的作用和性质也开始发生变化。最先他纯粹是以氏族首领的身份处理本氏族事务。但是，后来在“穆昆达”的职权中加进了若干行政官员的内容，他也经常负责传达官方的命令、通知，也需要向上级官员报告本氏族的人员、马匹和狩猎生产情况。有的“穆昆达”被推选出来以后，要上报协领衙门批准。甚至有的“穆昆达”是由官方任命的，但他不象佐领一样可以领到薪俸。这样他就在一定程度上，兼有氏族长与行政官员的双重作用，以致有些鄂伦春人对于“穆昆达”与佐领都难以区别。但是，一个“穆昆”的成员往往分散在不同的佐内，给“穆昆达”行使职权带来种种不便，致使“穆昆达”的作用日益减退。

到了清朝末年，氏族的分化、流徙日益严重。例如毕拉尔地方原有玛哈依尔、莫拉呼和杜宁肯等氏族，后来，从库玛尔路迁来葛瓦依尔、古拉依尔、吴卡尔库、柯尔特依尔四个氏族。这四个氏族虽与毕拉尔地区的人通婚，结成了亲戚关系，但户籍仍属库玛尔路，只准许他们在毕拉尔居住二至三年，否则从其原氏族中开除，并宣布在外地遇害无人起诉。到了规定年限，毕拉尔路各佐领下驱逐令，但他们反复要求继续住下去，最后才成为毕拉尔地区的长期住户。他们对于固有的氏族叫做“乌不替玛拉库尔”，意即旧氏族，对新吸收进来的叫“新第玛玛拉库尔”，意即新氏族。① 由于个体家庭逐步取得了独立性，它不断挣脱氏族的血缘束缚而到处流徙，一个“乌力楞”的成员处于经常的交换流动之中，氏族组织的作用便日益削弱了。

随着氏族成员的日益流徙变迁，氏族血缘纽带也日益削弱。过去氏族成员死后都要葬在氏族公共墓地，现在由于居住分散和距离太远，死

① 《鄂伦春族调查材料之三》，第114—115页。

后便暂时葬在死亡现地，以后有机会再将遗骨装在木盒中送回氏族墓地。到了清朝末年，氏族墓地已经日益减少了。氏族大会也由原来的定期举行，变为不定期举行。参加氏族大会的人，原来是包括全体氏族成员，现在由于居住分散和联系薄弱，住在远处的氏族成员便只能派少数代表前往参加。据1958年八十一岁的莫双来说，他的父亲在清朝末年是毕拉尔地区玛拉库尔氏族的“穆昆达”。莫双来八岁时曾赶上参加过一次选举“穆昆达”的大会。这是他所知道的最后一次大会。[①] 此后，“穆昆”会议和“穆昆达”已不复存在，氏族制度终于在鄂伦春族的历史中消失了。

---

① 《鄂伦春族调查材料之三》，第114页。

鄂伦春族的意识形态和社会习俗*

一　鄂伦春族自然科学的萌芽

鄂伦春人在与自然斗争的漫长岁月中，逐步积累了许多宝贵的经验和丰富的知识。早在氏族社会，就已经有了自然科学的萌芽。

长期的狩猎、采集生产活动，使鄂伦春人积累了一些地理知识。他们不仅对于内外兴安岭广阔的山林和黑龙江流域的大小水系非常熟悉，而且对于这些山林川泽中动植物资源的分布，也都了如指掌。一个优秀猎手必须具备的条件之一就是要十分熟悉山川、地形和各种野兽的分布。他们经常远离住地几十里甚至几百里地去狩猎，却不会迷失方向。他们能根据山脉和河流的走向准确地辨别方位。鄂伦春人已学会绘制简单的地图。猎人们在出猎之前往往聚在“塔坦达”那里，商定出猎的目的地以及经过的路线，并画出路线图。图中画着几条河流、几座山峰的位置和方向。在他们掌握了满文的时候，还以满文标出这些山川的名称。① 这种地图完全是为了狩猎之用。

生产和生活的需要，促进了天文历法知识的萌芽。辨别方位对于游猎生活具有十分重要的意义。鄂伦春人辨别方位的方法是，白天根据太阳的位置，晚上根据星辰的位置。他们经常利用北斗星来判断方位，北斗星春天在正东，夏天在西北，秋天在正北。冬天的夜间，三星正南为半夜，北斗星的斗尾朝南就要天亮了。对于天象和自然现象循环的观察

---

* 本文原为内蒙古人民出版社 1983 年 1 月出版的《鄂伦春族简史》第七章《意识形态和社会习俗》之第一、二、三节，第 158—179 页。据《鄂伦春族简史·后记》，第七章第一、二、三节系黎虎先生执笔。今题目为《黎虎文集》整理者所改，为保证文集相对统一的风格，在尽量保持原书风貌的基础上，对原书章节、标题及形式均作了必要调整。

① 《鄂伦春族调查材料之一》，第 35 页。

进一步发展，导致了原始历法的产生。他们记月的方法是以月亮的圆缺为标准，月亮落下四天后再出月牙时，是本月初四，这个月就是大建（三十天）。月亮落下三天后再出月牙时，是本月初三，这个月是小建（二十九天）。从月出到月圆为上半月，从月圆到月落为下半月。如此循环十二次即为一年。这种计算方法当然是很不精确的，有时因为天气不好，就会把日子搞错了。[①] 他们对一年四季的划分，主要以物候的循环作为依据。打到的犴角已成熟，即认为是到了六月末。打着的狍子皮用手指逆摸，手指间能夹到狍皮毛时即认为已到九月季节。冬天看到炊烟直直地上升则知道又要一年到头了。“额鲁开依”是冰雪融化的季节，即春天；“昭内”是青草长出来的季节，即夏天；“保绿”是草木枯黄的季节，即秋天；“托”是落雪的季节，即冬天。[②]

在长期狩猎采集生产活动的实践中，鄂伦春人积累了相当丰富的关于动、植物生长规律和习性等方面的知识。在这个基础上，原始的药物学知识也发展起来，懂得了用一些动、植物作治疗人畜疾病的药物。他们用木本植物“嘎黑毛”（俗称老呱眼）和“宝鲁保提毛”熬成汤药，连喝带洗以治疗骨折和创伤。把“那兰木库拉”草捣烂敷在伤处，以愈合骨折。把“安摩”草熬成水喝，用以止血止痛，也可用以擦伤口。一种叫“那拉格塔”的小灌木和“八股牛”草是消肿的药物。他们还把“乌道克”树的树皮绑在肿处以消肿。治疗疥癣等皮肤病的药物有“嘎哈格特”草、“乌达华”（俗称马尿稍）树、“尼格的”（俗称报马子）树。喝“木克切”草根或“翁流乐”茎煮的水治疗腹泻。“嘎胡库如”木可治痢疾。在动物类药物方面，他们生喝鹿心血以治疗心跳和心脏衰弱。把干熊胆用水化开以后喝下，用以治疗咳嗽、火眼和心火上攻。鹿茸和鹿心肺用来治疗咳嗽和哮喘。[③] 此外，他们也利用洗温泉浴和喝矿泉水治疗肺病、妇女病和眼病等。逊克县都鲁河附近的温泉，就是他们经常利用的一处温泉。[④]

---

① 《鄂伦春族调查材料之三》，第104—105页。

② 《鄂伦春族调查材料之二》，第52页。

③ 《鄂伦春族调查材料之二》，第51页；《鄂伦春族调查材料之四》，第206页；《鄂伦春族调查材料之三》，第105页。

④ 《鄂伦春族调查材料之三》，第105页。

鄂伦春人数学的发展显得特别落后。这是不足为怪的。因为在生产力低下，没有私有财产，而且几乎没有商品交换和货币的社会中，计数的需要是很小的。与此相联系，他们的度量衡也是极其原始的。长度与高度，以两手向左右平伸的长度为标准。圆的物体，以两手搂抱为标准。物体的重量以马驮来计算，例如一只犴需两匹马来驮，大的犴需四匹马来驮。里程的远近也以骑马走几天来计算。直到后来与别的民族发生交换以后，还是以几只狍子换几袋粮食的方法来进行计算。①

鄂伦春族虽然没有文字，但他们早已善于借助于一定的符号来表达思想和传递消息了。出外狩猎时，要在经过的路口插上木棍，棍端指着前进的方向。每次迁移的时候，要在住过的“斜仁柱”中间篝火位置上斜插一根二尺左右长的木棍，棍尖指向家人迁移的方向，棍尖上挂一块桦树皮或绑一根草来表示。木棍的下部还要刻上豁口以表示距离的远近。刻一个豁口表示距离不远；两个豁口表示稍远；三个豁口则表示更远。人们看到这个标志就能知道他们的去向和路程的远近。鄂伦春人还使用一种类似“结绳记事”的记载手段，用一根绳子串上三十根小木棍来表示一个月，过一天便拔一根木棍，以此来记日。②

二　鄂伦春族的文学艺术

鄂伦春族的语言属于阿尔泰语系通古斯满洲语族北语支语言。与鄂温克语非常接近。有十五个元音和十八个辅音。辅音比较简单，元音分长短，有十四个格。民族内部没有方言差别，均用本族语言交际。

鄂伦春人一直没有进入真正创造文字的阶段。只是到17世纪以后，随着与外界接触的增加而传入了满文，有少数鄂伦春人掌握了满文。所以他们的文学只是一些口头创作。这种口头文学在氏族社会阶段就有广泛的发展，人们通过口耳相传，逐渐丰富了它的内容，成为鄂伦春族文化的重要组成部分。

口头创作的最早形式是关于鄂伦春族历史的神话传说。在这些神话传说中，有许多是关于人类起源的。它包含着一些科学的成分。例如把

① 《鄂伦春族调查材料之一》，第46页；《鄂伦春族调查材料之三》，第105页。

② 《鄂伦春族调查材料之一》，第46页。

人类看作是由野生动物或由猴子变成的说法，就具有某些简单的进化观念。但是，它又渗透着神秘主义的色彩，总是把创造人类的力量归之于“天”“神”，说什么是“天”“神”用飞禽的骨肉或泥土做成了人类。

有一类神话，说是“老太婆”生下的一男一女，繁殖了鄂伦春人，或说是山洪爆发、山火爆发之后大地上剩下的一男一女繁殖了鄂伦春人。这些显然是反映血缘家族公社和母权制时代的神话传说。但是，后来这些“老太婆”或“一男一女”，逐渐被男性的“英雄”人物所代替，他们则是父权制时代的反映。在鄂伦春人保存的口头创作中，大部分是反映父权制时代的作品。

这些父权制时代的英雄，都是在向自然作斗争中的勇士。喜勒特很就是他们塑造的一个英雄形象。他英勇无畏，弓箭娴熟。他给山林中的野兽授名，成了百兽的主宰者。① 《父子俩》的传说反映了鄂伦春人与野兽作斗争的艰苦情况。有父子俩住在山上，听说有两个吃人的怪兽要向他们这里走来。一个怪兽通身黑色，它的上嘴唇通天，下嘴唇着地。另一个怪兽通身白色。儿子想：我的父亲将近一百岁了，必定会有好的办法对付它们。于是他就把这个危急情况告诉老父亲。老父亲说：“没关系，它在别的地方吃人，到这里就让它吃不了人。”接着又给儿子出了个主意：让他准备一只小猫，同时把山上所有树木砍掉、弄碎，装在口袋里。儿子把这个办法告诉了山下的人，他们都上山来了，做好了一切准备。两只怪兽果然来了，人们赶忙把小猫放出去，小猫直奔白色怪兽而去，几下子把它咬死了。人们又把口袋放在路上点燃，另一只怪兽不知道是什么东西，就用嘴去啃，熊熊的烈火把它烧死了。人们终于消除了大害，过上了平安的日子。② 故事是那样的简单而古朴，却反映了鄂伦春人战胜自然，征服野兽的艰苦历程。

如果说氏族公社的早期，主要是与自然的矛盾，那么随着氏族制度之向后期发展，社会关系日趋复杂，人与人之间的矛盾便逐渐上升。鄂伦春人的一些传说，反映了氏族部落之间日益加强的联系以及它们之间的矛盾斗争。《魏加格达汗和孟沙牙拉》就属于这一类作品。故事说早先

---

① 《鄂伦春族调查材料之二》，第46页。

② 《鄂伦春族调查材料之四》，第7—8页。

鄂伦春族地区有两个本领很强的人，一个叫魏加格达汗，住在精奇里江，他的头上长着两个樟树角；一个名叫孟沙牙拉，住在呼玛尔河，他有一双犴蹄形的脚。他们两个人都以跑得快、蹦得远、箭法准确而驰名。魏加格达汗想亲自去找孟沙牙拉试探一下虚实，于是他便渡过黑龙江，跨过呼玛尔河，来到了孟沙牙拉的"乌力楞"。双方进行了激烈的比赛。首先是比赛跑"斜仁柱"。一个人坐在"斜仁柱"内，另一个人从门口跑过，如果被"斜仁柱"内的人发觉，便算输了。魏加格达汗跑第一次时就被发现。而孟沙牙拉一连跑了三次也没有被发觉。魏加格达汗不服气，又换了一种比赛方法。脖子上套一根长绳子，看谁跑起来时使绳子飘得高。魏加格达汗跑时，绳子总是拖地，而孟沙牙拉跑起来时，绳子则被带起老高。最后二人比赛箭法，魏加格达汗一连向孟沙牙拉射三箭，都被灵巧的避过了。孟沙牙拉射时，魏加格达汗也很灵巧地躲过了。比赛结束了，两人都很佩服对方的本领，魏加格达汗放弃了原来攻打孟沙牙拉的念头，两人结拜为朋友。后来，雅库特人来攻打魏加格达汗的"乌力楞"，他们两个"乌力楞"的人便联合起来，打败了雅库特人。随后，魏加格达汗又迁到孟沙牙拉住地附近，双方互通婚姻，结成亲戚。[①] 这个故事表明，两个氏族结成部落关系，是由于种种对内对外的共同需要和利益而形成的。还有一个《毛考代汗》的传说，它所产生的时代要更晚一些。毛考代汗是柯尔特依尔氏族的首领。故事讲述了鄂伦春人与"特格"人是如何结下世仇的。特格人抢走了毛考代汗美丽的妻子，毛考代汗化妆到了特格人那里，暗地里会见了他的妻子，让她割断特格人的弓弦，然后毛考代汗便攻打进去，杀了仇人，夺回爱妻。从此，鄂伦春人与特格人便结下了世仇，毛考代汗与特格人的首领牛牛库春进行过长期的斗争。有一次，毛考代汗识破了牛牛库春假借请客之机而企图逮捕他的诡计，从"斜仁柱"顶腾空而去。牛牛库春的三个儿子驱使老虎和黑熊追赶毛考代汗，毛考代汗杀死了这些猛兽和牛牛库春的三个儿子，最后，毛考代汗终于把牛牛库春也打死了，成了胜利者。因此鄂伦春人总是以自豪的心情讲述毛考代汗的种种英雄业绩。[②] 它反映了民族之间相互

---

① 《鄂伦春族调查材料之四》，第8—9页。

② 《鄂伦春族调查材料之一》，第7—8页。

掠夺和复仇的事实，这种现象显然是氏族社会晚期的情况。

百眼怪满盖是鄂伦春人塑造的一个恶魔形象。他是一切凶恶、残暴的邪恶势力的代表。在《喜勒特很》中，满盖是一个十分丑恶的形象，他身躯庞大，目光如电，全身长满黑白两种颜色的长毛。他凶猛残暴，喜勒特很的父亲被他打死，妹妹被他抢走。喜勒特很依靠仙马和仙女的帮助，经历了无数磨难，与百眼怪满盖进行了艰苦的斗争，最后由于妻子的启示，把停在三棵高大树上，变作三只乌鸦的满盖的心脏射杀，才打死了这个恶魔，救出了妹妹。[①] 这类故事表明，鄂伦春人已经认识到社会上是有善恶之分的，他们以强烈的感情赞美善良的人和事，抨击邪恶的人和事，相信善良终于会战胜邪恶。这种认识只有到了氏族社会末期才有可能产生。

以动物为题材的童话故事，在鄂伦春人的口头创作中占有一定的地位。在《狡猾的狐狸》中，老猎人与狐狸斗智慧斗技巧，尽管狐狸是那样的奸诈狡猾，最终还是逃不出老猎人的手。[②]《虎恩人》叙述一个少年只身在深山密林中与老虎周旋的故事。这个少年不仅没有被老虎吃掉，反而救了老虎一命，使老虎感恩不尽，为这个少年排难解忧，互相结下了亲密的友谊。[③] 这些童话是鄂伦春人在长期的狩猎生产中，对于各种动物的习性细致观察的基础上创造出来的，充满着对勤劳勇敢、正直善良的劳动者的歌颂，同时谴责了那些奸诈狡猾、损人利己的行为。

男女爱情也是鄂伦春人口头创作中的重要题材。《伦吉善和阿依吉伦》是一个脍炙人口的爱情故事。伦吉善和阿依吉伦是一对恋人。有一天，老魔王抢走了美丽的阿依吉伦。伦吉善为了夺回自己的情人，便找恶魔去搏斗。他得到自然界的种种帮助，白桦树献出了自己的叶片，喇叭花献出了自己的长茎儿。空中的白云把他的猎马托起来，送达目的地。伦吉善同恶魔展开决斗，白桦叶子盖住了恶魔的喉咙，喇叭花的茎儿缠住了恶魔。最后伦吉善杀死了恶魔，和阿依吉伦跨上猎马，白云又把他们托送回了家乡。故事讴歌了男女之间纯真的爱情，爱情的力量终于战

---

① 《鄂伦春族调查材料之二》，第46—50页。

② 《鄂伦春族调查材料之四》，第192—193页。

③ 《鄂伦春族调查材料之四》，第194—195页。

胜了邪恶的势力。

鄂伦春族还流传着许多谚语，例如：

男人不怕山高，女人不怕活细。

× × × ×

山高不如男人的志气高，水深怎比女人的心情妙。

× × × ×

一个人不能万世长春，
一个人只有一段青春；
一辈子懒惰到死也不动，
死后也只能是一堆霉烂的坟。

× × × ×

人要做好事是一生的荣誉，
人要做坏事让人家骂一辈子还不得好死。

× × × ×

青草只是一夏之盛，
苍松可是四季常青。

× × × ×

好汉不吃脱口的吐沫。

× × × ×

爽直的少年不能迷恋于看来花花的姑娘，
正直的男子不能陶醉于实属烈性的酒浆。[①]

这些谚语，表现了鄂伦春人勤劳、勇敢、正直的品质和淳朴、善良的心地，有的还寓有深刻的生活哲理，给人以启发和教育。

谜语是鄂伦春人男女老少都喜爱的口头创作，其题材都取自他们身边的具体事物，表现了他们幽默、诙谐的性格。例如：

用手抓不消一把，放开手无边无境——眼睛。

---

① 《鄂伦春族调查材料之一》至《鄂伦春族调查材料之三》。

一座圆山的周围有七个洞穴——人的眼、耳、鼻、口。
两个秃子追十个人，但总是追不上——两个脚跟和十只脚趾。
一条绳子丈量起来没有头——道路
有一丛树，长得奇怪，根朝上枝朝下——马尾巴
四个碗都扣着——马蹄
三个人的背向着一团火——“斜仁柱”三面的炕沿
有个人的鼻子朝着天——挂吊锅的木钩
在两座山之间，有“开心”鸟叫——鄂伦春人自制的口琴①

歌谣是鄂伦春人口头文学中的重要组成部分。鄂伦春族男女老少都喜欢唱歌。唱民歌叫“扎思达勒”。不论在节日里、婚礼上，还是在劳动中、日常生活中他们都要唱歌。歌谣的曲调都是比较固定的，歌词却是即兴之作，人们根据不同的场合，一边填词，一边歌唱。歌谣的题材很广，有歌唱劳动生活的，有歌唱爱情生活的，有歌颂家乡的。

有一首歌谣是关于鹿的故事的。鹿原来有四只眼睛，谁也打不着它，后来一只母鹿被神枪手卡尔托摩尔根打中了，它身边还跟着一只小鹿。小鹿因为妈妈的死，把两只眼睛都哭瞎了。以后鹿就只有两只眼睛，人也就比较容易打到它们了。

其中有一段唱词，采用小鹿与母鹿对话的形式：

小鹿：妈妈、妈妈，你肩膀上挂着什么东西？
母鹿：我的小女儿，我的小女儿，没什么，那是树叶子。
小鹿：妈妈、妈妈，别骗我，不是树叶子，告诉我吧，告诉我吧！
母鹿：我的小女儿，告诉你吧，是猎人用枪把我打伤了，血在流着。

我的小女儿，你快去那边的高山上找你的父亲——七岔茸角的鹿吧。找到他以后，和大伙儿一起走的时候，别走在最前头，也别走在最后，喝水的时候别站定了喝，快走吧！人要来了……②

---

① 《鄂伦春族调查材料之一》和《鄂伦春族调查材料之三》。

② 《鄂伦春族调查材料之四》，第 199 页。

《耳环在你耳朵上挺好》是一首劳动的赞美诗，还带有一些哲理的味道。歌词唱道：

耳环在你耳朵上挺好，
你为啥要摘掉？
项链在你脖颈上挺美，
你为啥要遗弃？
啊！我们顺着小河走，
啊！我们顺着大河游。
劳动争来的享受比耳环项链好千万倍，
自己意志决定的美才是真正的美。①

脍炙人口的舞曲《鄂呼兰，德呼兰》，它的歌词是：

鄂呼兰、德呼兰，
喂！我们高兴地跳起来吧！
看啊！天空上美丽的鸽群在飞舞着，
大地上的万物在跳跃着，
成群的山猴也在愉快地跳着，
看啊！在高山底下的平甸子上，
连萨满也跳起来了。

鄂呼兰、德呼兰，
喂！我们高兴地跳起来吧！
看啊！在广阔的兴安岭上哟，
出现了一条弯弯曲曲的小河，
在这河边潮湿的土地上哟，
我们能够找到很多宝藏！
……

① 《鄂伦春族调查材料之二》，第45—46页。

这优美动人的歌词，配上高亢、辽阔的曲调和节奏鲜明、活泼愉快的舞蹈，把鄂伦春人对于生活的热爱，对于故乡的深情，充分地表达了出来。

鄂伦春人的舞蹈是与歌谣紧密结合在一起的，常常是载歌载舞。“黑熊搏斗舞”“野猪搏斗舞”和“树鸡舞”都是模仿这些飞禽走兽的动作或吼声而创作的舞蹈。另一类是直接表现劳动生活的，如“依哈嫩舞”，表现猎人打到野兽以后，高兴地把猎物往马背上驮的情景。“红果舞”表现了妇女采集红果的劳动。“鲁力该嫩舞”，是大闹一场的意思。人们手拉手围成一圈，左右跳动，身体稍向里弯曲，有如他们居住的“斜仁柱”。鄂伦春人的舞蹈同文学艺术的其他形式一样，都是来源于他们的生产劳动和生活。

“依和纳仁舞”具有完全不同的性质，它是一种仪式性的舞蹈。这种舞是在三年一次的氏族大会上，当长辈向氏族成员讲述族谱时才跳的。跳舞时十个人手拉手围成一个圈，一个人站在中央。如果外围十个人是少年，中央那个人一定是年过七旬的老人。因为传授族谱是件极其重大的事情，不能有一字一句的差错。如果外围十个人都是青壮年，那么中央那个人可以是同辈人。跳这种舞时要穿上宽袖的节日盛装，有时也带假面具和手绢，不分男女都可以参加。

宗教性的舞蹈就是萨满舞，它既没有娱乐性，又没有群众性，既不活泼，又不亲切，是很单调乏味的。

鄂伦春人还具有本民族风格的实用装饰美术，其中以桦皮器具上的雕刻比较突出。雕刻工具是用称为“托格托文”的鹿、犴或狍子下腿骨制成的刻刀。桦皮制品是鄂伦春人生活中的主要用品，在这些桦皮器皿上，妇女们刻上了许多好看的图案和花纹，并涂上颜色。花纹主要有三种，云雷纹、回纹和各种花朵。例如有一种叫“阿达玛勒”的桦皮盒，鄂伦春人用以盛装贵重衣物、首饰和结婚礼品，也是姑娘结婚时的妆盒。鄂伦春族妇女对它倾注心血精心雕镂，那上面的花纹和颜色都含有一定的意义，“珠勒都很”花纹象征着夫妻永久团圆；“南绰罗”花通常被鄂伦春人用以比喻美丽的姑娘，刻上这种花让姑娘带到女婿家，以祝愿女婿永远不再孤独。花纹上染的红色，象征着姑娘之喜，黄色象征男人之喜。妇女们在各种皮制品上刺绣花纹，其式样与桦皮器皿上的雕刻是一样的，或用线直接在皮板上绣花，或把皮板剪成各种花纹，然后绣在皮制品上。例如“苏恩”和“古拉密”是冬天和春秋穿的两种皮袍，男皮袍只镶边，花纹也比较简单，女皮袍不仅镶有细致花纹的皮边，而且在脖颈、大襟、开衩处还绣有精美的花纹。经过他们匠心巧手的精工刻绘，许多生活用品都成了精致、美观的艺术品，表现了丰富的想象力和艺术创造力。

三　鄂伦春族的宗教信仰

“一切宗教都不过是支配着人们日常生活的外部力量在人们头脑中的幻想的反映，在这种反映中，人间的力量采取了超人间的力量的形式。”① 在氏族社会阶段，由于生产力水平极端低下，人在与自然的斗争中感到软弱无力，对自然界的种种现象无法理解。于是，在人们的头脑中形成一种虚妄的观念，以为有一种神秘的力量支配着一切，包括了自然界和人类。因而产生了万物有灵的宗教观念。

图腾信仰是鄂伦春人最原始的宗教形式之一。在长期的狩猎生活中，他们逐渐把某些动物从一般动物中分离出来，相信这些动物与他们的亲族集团有关。熊是鄂伦春人崇拜的图腾之一。他们认为熊与自己有着一种血缘亲族的关系，在称谓上把熊尊称为“太帖”（祖母）、“阿玛哈”（舅父）或“雅亚”（祖父），而不能直呼其名。他们认为熊最早是人，因而是不能猎取的。传说，在很早以前，有一个中年鄂伦春族妇女，右手带着红手镯，到深山密林里去采集野果野菜，回来时因为天黑迷失了方向，一个人在山林中飘泊，后来就变成了熊。几年后的一天，她的男人去到这个地方打猎，看到一只熊正在吃杜柿，就把熊打死了。当猎人抽出猎刀剥熊皮时，猎刀在前蹄上怎么也插不进去，仔细一看是自己妻子手上带的红手镯。② 后来猎熊的禁例虽然废止了，但是他们猎到熊以后，却有一种特殊仪式。熊头是不能食用的，必须留在猎获它的地方。然后猎人们假哭着把熊抬回“乌力楞”，集合全“乌力楞”的人举行吃熊

① ［德］弗里德里希·恩格斯：《反杜林论》，中共中央马克思·恩格斯·列宁·斯大林著作编译局译，人民出版社 1970 年版，第 376 页。

② 《鄂伦春族调查材料之八》，第 7 页。

肉的仪式。吃完以后再假哭一番，并像对待死人那样对它祈祷；然后要把吃剩下的熊骨全部收集起来，按照风葬的仪式把它抬到猎获处，与熊头一起安葬在树架上。人们像送别亲人那样对它哭祭，并且口中念念有词，意思说：我们不是故意杀死你，而是误杀了你，不要降祸于我们，保佑我们多打野兽。分配熊皮也有一套仪式，由猎人拿着熊皮在“乌力楞”中挨户串门，进“斜仁柱”之前要学“乌里”鸟“嘎——嘎”的叫声，“斜仁柱”内的人也要学着这种叫声。熊皮由猎人拿着从第一个“斜仁柱”走到最后一个“斜仁柱”。如果最后的“斜仁柱”内有最年长的人，熊皮就留给这个老人，没有这样的老人，再往回走到有老人的家给他。[①] 对于熊的特殊礼仪，同时表明在生产力很低下的情况下，猎取熊这样的猛兽是很艰难而危险的。因此人们一直对它怀着某种敬畏的心理。

自然崇拜是继图腾崇拜之后出现的一种宗教形式。随着社会经济和思维的进一步发展，人们开始把自然力分为有利于人的和有害于人的两个部分。对于前者的敬畏和对于后者的祈求结合起来，便产生了对于自然的崇拜。不过在氏族社会时期，鄂伦春人还没有抽象出对于整个自然的崇拜，而只是对于具体的自然现象的崇拜。

“透欧博如坎”是鄂伦春人崇拜的火神，吃饭时要往火里投一些食物以示供奉。禁止人们向火上倒水或烤肉时用刀子去叉，以防止触怒火神。过年时客人来拜年，进门后先要向火神叩头，然后才对主人拜年。[②] 对火神的虔敬之心，显然是因为火对于鄂伦春人的生活异常重要，而保存火种又相当困难的缘故。

“白那恰”是山神。这种神不是供奉在家里，而是在山上的树上画一个脸形，人们路过时需要向它叩头。在家里吃饭、饮酒前，将酒杯饭碗举起向空中绕两圈，表示先让“白那恰”尝。据说山神可以保佑猎人多打到野兽。[③] 他们对于古老的树木、巨大的岩石也怀着一种敬畏的心情，认为它们是一些神灵或精怪。猎人们经过它们面前时必须怀着虔敬的心

---

① 《鄂伦春族调查材料之一》，第 53 页；《鄂伦春族调查材料之四》，第 47 页；《鄂伦春族调查材料之九》，第 16 页。

② 《鄂伦春族调查材料之一》，第 48—49 页。

③ 《鄂伦春族调查材料之二》，第 54 页。

情，不许高声喧哗，并要叩头礼拜。这不仅是因为那雄伟的大山、奇特的树木、岩石容易引起人们的各种幻想，产生神秘的感觉，更重要的是，鄂伦春人与山林的关系非常密切。他们世代生活于山林之中，山林向他们提供了丰富的衣食之源，因此他们对于山林产生崇拜乃是很自然的事情。

对天体的崇拜是鄂伦春人自然崇拜的另一重要内容。“得勒钦”是太阳神。他们认为太阳是生活中不可缺少的，因而在各种神像上都画着太阳的图象。两个人争吵，往往向太阳起誓，以求分辨是非。人们有了委屈和遇到困难时，也向太阳诉冤祷告，以求得它的保佑并赐给温暖。发生日蚀，以为黄狗在吃它，就敲铜盆叩头，以抢救太阳。每逢阴历正月初一都要拜“得勒钦”[①]。

月亮神叫“别亚”。除了在神像上画有月亮外，每年阴历八月十五日都要供奉“别亚”。如果打不到野兽时，就在“斜仁柱”外面放上一个清洁的盆子，人们在盆旁向月亮叩头，祈求月亮神使他们打到野兽。第二天如果盆子内出现什么兽毛，就将打着什么野兽[②]。鄂伦春人对北斗星有着特别亲切的感情，认为北斗七星是七姐妹。他们把供奉的北斗星称为“奥伦”神，即主管仓库的女神。他们还崇拜各种自然现象，如雷神的名字叫做“阿克的恩都力”，认为他一手拿锤子一手拿凿子用力敲打冰川就发出雷声，因此在雷击过的地方可以找到冰川，把这种冰抬回来挂在“斜仁柱”里可以避邪。“毛鲁开依达力”是旋风神，“根球鲁阿狄尔”是风神，触犯了它们就会生病，因此要用狍子、鹿肉供奉它们。

到了母系氏族社会晚期，在自然崇拜之外，又产生了对社会力量的崇拜。社会生产力的发展和世系观念的加强，使人类对于人之所由产生获得了一定的生理上的理解。灵魂和肉体分离而可以单独存在的观念的发展，使过去那种人与自然不分的图腾崇拜和自然崇拜的混沌观念削弱，于是人类的宗教信仰又进入一个新的阶段——祖先崇拜。鄂伦春人供奉的祖先神叫做“阿娇儒”。“阿娇儒”原是指母系氏族的祖先，后来演变为父系氏族祖先。每个氏族都有自己的“阿娇儒”神，是用松木刻成的

---

① 《鄂伦春族调查材料之一》，第 51 页。

② 《鄂伦春族调查材料之一》，第 51 页。

偶像作崇拜的象征。他们相信人死后灵魂是不灭的，因此祈求祖先的神灵保佑子孙世代繁衍和平安。鄂伦春人几乎家家都供奉这个神，它的权威广大，举凡子孙绵延、祛病消灾、狩猎丰歉都在它的宰制范围之内。他们对于祖先有种种忌讳，任何人在任何场合都不许直呼祖先的名字，认为这样是对祖先神的亵渎。

17 世纪以后，随着鄂伦春族氏族制度的逐渐瓦解，与其他民族交往的日益频繁，鄂伦春族的宗教也发生了某些变化。

变化之一是偶像崇拜的兴起。鄂伦春人用兽皮、树木制成各种偶像，或在纸上、布上画上各种神像对之崇拜。这些神的形象都非常怪诞奇特。“斯文博如坎”是个凶神，它是用木头刻成的似人非人的形象，上有太阳月亮。灶神“居拉西其”是用草绑成的一个人形。掌管各种疾病的“翁库鲁博如坎”，是在纸上或布上画四个或七八个人形。[①] 这些神像种类繁多，不下几十种，它们互不统属，“八仙过海，各显神通”。它们被统称为“博如坎”。这种偶像崇拜显然有赖于雕刻、绘画等艺术的发展，以及纸张、布匹等商品进入鄂伦春族地区。

变化之二是从别的民族中引进了一些反映私有观念和阶级压迫的神。从蒙古族传入的“吉雅其博如坎”是一个财神，兼司人畜疾病。“昭路博如坎”是管牲畜繁殖的神，这种神蒙古族和达斡尔族都供奉。当然，鄂伦春人所以能够接受这些神，是与本民族内部的私有制的产生分不开的。如果说在以前鄂伦春人的宗教主要是反映了人与自然的矛盾，那么这时人与人之间的矛盾也在宗教信仰中得到某些反映。“敖律博如坎”俗称狐仙神，属于恶神，常加害于人。这个神是从汉族地区传入的[②]。“库吞博如坎”是城里人带来的，触犯了它可以使人得病。至于“衙门博如坎”则只是少数在衙门里当差的人才供奉的神[③]。原来是平等的诸神，现在也出现了不平等。据说在几十种神中，“透伦玛路”是最大的神，它可以统治众神。不过，这种神的权威还是极其有限的，当人们求它保佑而不灵验时，便可以另请别的神。可见，鄂伦春人的宗教始终还未越出多神崇

① 《鄂伦春族调查材料之四》，第 208 页。

② 《鄂伦春族调查材料之四》，第 208 页。

③ 《鄂伦春族调查材料之二》，第 53 页。

拜的界限，与一神崇拜还有相当遥远的距离。

万物有灵论的宗教观念，导致了多神崇拜的宗教活动，一种沟通神人之间的巫师——萨满便应运而生了。萨满在阿尔泰语系各族中都有，它的职责是代表人向神灵祈福、禳灾、祛病，成为人神之间的媒介。

萨满是通古斯——满语“激动不安”或“狂怒之人”的意思。这种含义表明了萨满的巫术性质。不是任何人都可以成为萨满。一种是出生时胎胞完整不破，需要把胎胞割开方可取出婴儿的，这种人长大后一定是萨满；一种是身染重病，请萨满跳神，许愿在病好后当萨满。另一种是平常人突然得癫痫病，咬牙切齿，乱跳乱闹，也可以成为萨满。被选中的人需要经过萨满传授法术方能成为正式的萨满。这种授术仪式并不复杂，摆上供品以后，由老萨满传授跳神的方法，直到新萨满不仅掌握了跳神方法，而且能够进入所谓“诸神附体的无我境界”时就算成功了。这种仪式，每隔二三年以后举行一二次，每次一般进行三天。鄂伦春族的萨满原先都是由妇女充任，只是到了近代才有男人充当萨满的。这表明萨满教应是产生于母系社会的原始宗教。与此相联系的是，萨满有“阿娇儒”萨满与“德勒库”萨满的区分，“阿娇儒”萨满即“穆昆”萨满，在一个氏族中只能有一个，她是本氏族成员世代相传下来的。“德勒库”萨满是所谓“流浪”萨满，一个氏族中可以有一个以上。“穆昆”萨满是“正神”，他的权威远胜于“德勒库”萨满。“穆昆”萨满出嫁死后的神灵仍然回到本氏族中来，附体于本氏族的某个成员而成为下一代的“穆昆”萨满。而“德勒库”萨满死后则可能附体于别的氏族的人，因而是一种流浪神。①

萨满的神总称为“斯文”。但是，他们所供奉的神到底有多少是不得而知的，并且每个萨满所供奉的神的多寡也不一，有的萨满供奉几十个神，有的则只有几个神。

萨满的跳神仪式充满浓厚的神秘气氛。当萨满穿好缀满铜铃、铜镜、贝壳和各色布条、珠串的神衣神帽后，便左手拿着一面叫“文图文”的手鼓，右手拿着鼓锤，击鼓跳跃，边唱边舞。这种歌的韵调极其阴沉，另有几个人帮腔唱和。篝火中点燃着一种香木，据说这有助于神灵的降

① 《鄂伦春族调查材料之九》，第45—46页；《鄂伦春族调查材料之二》，第55页。

临。当萨满嘴唇哆嗦，牙齿格格作响，浑身摇晃，神情恍忽迷离的时候，就意味着神灵已经附体。这时请神的人就可以诉说某人得了什么病，需要神灵怎样的保佑。萨满便传达神意，说明病人是因触犯何方尊神而得病，应该用什么供品才能祈求神灵禳灾除祸。跳神的时间短则半个钟头左右，长的也可能通宵达旦。如果一次跳神没有使病人痊愈，还可以继续跳第二次。

鄂伦春人的萨满直到 1949 年以前都还没有变成享受任何特权的人。萨满虽然受到社会的尊重，但是，她（他）没有任何特权，跳神是她（他）应尽的义务，她（他）在为人跳神时不收报酬，供神的祭品由全“乌力楞”的人共享。她（他）同其他人一样以参加劳动为生，脱下神衣以后就是一个普通人。由此可见，鄂伦春人的萨满仍然停留在原始巫术师的阶段，而没有成为专职的祭司和社会的寄生虫。虽然随着私有制的产生，有些萨满在跳神时也收受诸如毛巾、布头、狍皮之类的小件物品，有的还收受马匹，个别地区甚至还出现了跳神之前讲价钱的情况①，但这些仅仅是零星的局部的现象，就整体而论，鄂伦春族的萨满仍然是不脱离生产、不以剥削为生的原始的巫师。

① 《鄂伦春族调查材料之十一》，第 176 页。

附一　黎虎先生1958年在鄂伦春民族调查期间写给北京师范大学历史系领导的汇报信

（第1页:）本来早想写信汇报工作情况，但由于旅途奔忙与工作较紧张，没能抽出时间来写，心里着实不安。现将最近情况较详细地谈谈。

我们在哈尔滨与旧调查组汇合后，订好了工作规划便分头出发。我们鄂伦春小组北向黑河（杨子坤与王贤用在鄂温克小组，在昂昂溪便分手了）。我们在黑河等船等了十一天，在这期间我们将黑河民委关于鄂伦春民族的档案材料（特别是关于库玛尔路的鄂族材料）抄写下来，此外请黑河民委负责同志报告了呼玛地区鄂伦春民族的情况。[①] 9月9日晚，我们乘营口号客货轮溯江而上，一路上这边是中国，那边是苏联。对岸的工厂烟囱在冒着滚滚浓烟，苏联沿岸的农庄、房舍非常整齐，大人小孩穿戴都非常漂亮，每过一地都有许多人在向我们招手、微笑。我们也热烈地向他们招手。这是一个最大的幸福。我第一次亲眼看到了社会主义的苏联，看到了中苏两国兄弟友谊的生动场面！9月13日到达三合站，14日在大兴安岭金黄色的树海中步行了一天，到达鄂伦春民族[②]定居的一个村屯——白云那，在这儿我们这个小组又分为二个小队，一队八个人留在白云那，另一队到十八站去，（我也被分配到十八站去）。我们六个人于9月

① 按，“档案材料（特别是关于库玛尔路的鄂族材料）抄写下来，此外”一句，与“请黑河民委负责同志报告了呼玛地区鄂伦春民族的情况。9月9日”等字，在原件上分作两行，在两行之间原来夹写一行小字：“从收音机里我们听到了周总理代表我国政府发表了关于台湾地区局势的声明，我们写信给”，该行小字后用横线抹除。大概是信件的后面提到了这件事情，故而此处进行了抹除。

② 按，“民族”二字似有淡淡的涂抹痕迹，似乎是意在删除二字。

16 日从白云那出发，那天下了一整天的雪（这儿最早的一场雪），走了二天，（越过了大兴安岭）①，17 日下午到达鄂伦春民族乡所在地——十八站。18 日便开始工作。我们的工作得到了当地党政的有力领导，虽然有许多困难条件，但工作终于开展起来。鄂族同胞也以无比的热情从各方面协助我们的工作。因为村里大部分人已远出打猎去了，留下二十多户人家，因此必需尽量抓紧每一户进行调查。老年人、中年人、妇女都一个一个进行了反复的访问调查，并对每一户都进行了按户调查。现在工作已经搞了十来天，按户调查已基本结束，1949 年前的经济情况也摸得差不多了。只是 1949 年以后的互助组问题②还没弄清，因为乡里无这方面材料，而且许多

（第 2 页：）数字人们已记不清了。其次有些问题还不够深入，如鄂族与江北的交换情况，一些属于上层建筑③的如氏族组织问题等，都还有待深入④。不过，这些东西一定要在 10 月 7、8 号之前结束，因为 10 月底黑龙江就要封江，我们必需赶最后一批船回去，否则（将困在这儿，更主要的是）⑤ 年底把初稿编写好的任务将无法完成。

在我们到达十八站的前一天，呼玛县工作组的同志也到了十八站，他们是来这儿建人民公社的（工作的。我们便派一部分同志参加这项工作。）⑥ 经过一系列的发动工作，9 月 25 日终于成立了鄂伦春民族的人民公社，这个公社将十八站、白云那、戛达干、下渔亮子四处的农猎业生产合作社合而为一，规模是相当大的，在庆祝人民公社建成的大会上，王书记报告了今后的规划，这儿将建造发电站、盖工厂、买拖拉机、办中学……。（我永远也忘不了这个具有历史意义的一天）⑦ 在庆祝会上，廿五个鄂族猎手一起鸣枪庆贺，它宣告了鄂伦春民族在奔向共产主义的跑道上起跑了，在大兴安岭的原始森林中，又一棵共产主义的嫩芽在萌

---

① 按，“越过了大兴安岭”几字，上有涂抹痕迹，其意似表示删除这几个字。“走了二天”四字，正是写在涂抹的几个字的上方，字迹较小。

② 按，“问题”二字，黎虎先生采用了速记的方法，缩写为“门”字里面加一个“T”。下同。

③ 按，“上层建筑”四字，原为“意识形态”，在横线抹除“意识形态”四字的上面，以较小的字体重新书写“上层建筑”四字。

④ 按，“都还有待深入”六字，是后来增补上去的。

⑤ 按，括号中的文字，上面有表示抹除的横线。

⑥ 按，括号中的文字，上面有表示抹除的横线。

⑦ 按，括号中的文字，上面有表示抹除的横线。

发了。它将日益茁长壮大，欣欣向荣！

（我们在这儿除了协助他们的一些工作之外，还下地帮助收割麦子，）这十多天（工作上）[①] 我们一直是在紧张而愉快地工作着，我们鄂伦春小组是条件最好的一个小组，首先党的领导非常坚强有力，不但党团员占着绝大部分，而且有不少是老共产党员，这是我们这个小组工作得较其它小组好的先决条件。其次，这儿也有

（第3页：）许多富有工作经验的同志，有内蒙古日报的付社长，有机关干部，有高等学校的教师。总之对我来说这是一个极其有利的环境，只要虚心向他们学习，各方面都将会有所提高。但是，这十多天来，自己在许多方面还是不够令人满意的[②]。比如，自己对于民族问题可以说是毫无所知，而且政策水平、工作能力也的确薄弱。因此，访问调查材料的质量是不高的，问题也是不够深入的。而且就数量来说也是较少的。因此有时显得信心不足，有时却又显得急躁。不过，在他们的帮助下自己还是抓紧机会学习，除了在实际的调查、访问中（兢兢业业地从事，并）[③] 向有经验的同志学习外，他们还介绍了一些资料与书籍叫我学习，比如东北师大历史系1957年调查鄂伦春的材料，有关鄂伦春问题的一些文章。我自己也决定通过这次学习对民族问题作一初步了解，并比较深入地读一遍“家庭、私有财产和国家的起源”等经典著作，这时感到更为迫切。单就学习历史而言，这种参加到现实生活中去学习的办法真是最为行之有效的办法，这样学习来的知识是生动活泼、深刻入微的。的确，只要按着毛主席的教育方针去做，成效必然是[④]非常巨大而显著的！

同时，他们在政治思想方面对自己也有很大帮助，党、团员在一起过组织生活。我们在这儿生活得十分愉快，与鄂族同胞相处得也十分融洽，我们还抽空下地去帮助收割麦子，现在鄂族老乡种地、收割多用马拉农具。我们六个人轮流做饭，自己挑水，并到地里去扒土豆、拔白菜。我还搞点会计工作，这是第一次碰到的，但也很有意思。这些事务是于

---

① 按，括号中的文字，上面有表示抹除的横线。

② 按，“令人满意的”五字，原为“好”，抹除“好”字后，以增补符号添加此五字。

③ 按，括号中的文字，上面有表示抹除的横线。

④ 按，“必然是”三字原本在“成效”之前，抹除之后又写在了“成效”二字之后。

体力的工作，我自己还是尽力争取多做，因为这六个人中只有我与另一位北大历史系同学是学生。所以，我们二人都是争着做一些这类工作。

（第4页：）长久以来我想，党把这样一个光荣的任务交给了自己，这是对自己的一种莫大的信任，也是无微不至的关怀和培养[①]。因此自己是下定决心一定要在工作中努力干，绝不能辜负了党对自己的期望。（因此，有时工作不大顺利、不够理想，甚至工作有点不大好的时候，心里总是感到不安。）[②]

（离开学校还不到二个月，就似乎离开很久了，感到格外的亲切。）[③]现在学校在各方面恐怕又有很大的跃进？我们系里恐怕也有许多跃进？这些情况自己是多么想知道。而且这儿看不到报纸，听不到无线电广播，国内外发生了些什么东西都不知道了。（看样子回去以后还得补一二个月的报纸。）[④] 只是在黑河的时候从收音机里听过周总理代表我国政府发表的关于台湾地区局势的声明，我们还分别写信给黑河日报和人民日报，表示坚决支持总理声明与抗议美帝国主义侵犯我们领土主权的罪行。此后便没有见到过一张报纸了，看样子回去以后还得补一、二个月的报纸。

这次我们从祖国的心脏一直来到祖国的东北边疆，穿过了辽阔的东北平原的粮食和钢铁的海洋，"走马观花"地看到了社会主义大跃进的沸腾景象，每一个人都会不禁从心里赞叹："我们的生活是多么美好呀！"我想，旅行也是社会主义教育的一种生动方式。的确，伟大祖国的辽阔土地上在蒸腾着浓郁的社会主义生活气息。我们一定要为建设更加美好的共产主义社会而努力奋斗！

（说明：根据信中所写，以及黎虎先生其他相关叙述，可知此信大概写于1958年11月至12月之间，也就是黎虎先生参加鄂伦春族社会历史调查活动约两个月以后。页下注是整理者根据原信件的情况所添加的说明性文字。李文才敬识。）

---

① 按，这句话原作："这是对自己的无微不至的关怀和培养，也是一种莫大的信任。"后用颠倒符号改变了顺序。

② 按，括号中的文字，上面有表示抹除的横线。

③ 按，括号中的文字，上面有表示抹除的横线。

④ 按，括号中的文字，上面有表示抹除的横线。

附录二　峥嵘岁月

——鄂伦春族社会历史调查亲历记

1958—1959 年我大学四年级时有幸参加全国少数民族社会历史调查，在内蒙古鄂伦春族社会历史调查组工作了一年，这一年我随调查组深入大小兴安岭对尚处于原始社会的鄂伦春族进行调查，结合调查学习了很多社会知识、历史资料和马克思主义理论，大大提高了联系实际分析问题解决问题的能力和水平，为我毕生从事的史学研究奠定了良好的基础。这次参加调查工作，不仅是我个人人生中的一件大事，同时也是当时的国家大事。1956 年春毛泽东主席指示在全国范围内开展少数民族族社会历史调查，并嘱托当时任全国人民代表大会常务委员会副委员长兼秘书长的彭真安排落实，具体由全国人大民族委员会组织实施，1956 年 8 月，从中央和地方抽调百余名专职人员组成内蒙古东北、新疆、四川、西藏、云南、贵州、广西、广东 8 个调查组，分赴各地开展调查工作。1958 年调查工作进一步扩大，在原有 8 个调查组的基础上，增设黑龙江、吉林、辽宁、宁夏、甘肃、青海、湖南、福建 8 个新组，同时从中国科学院民族研究所、历史研究所和经济研究所，中央民族学院、北京大学、北京师范大学、中国人民大学、中央党校和革命历史博物馆、文化部艺术局等单位抽调科研、教学人员和一批学员五百余人分赴各调查组，参加实地调查和各民族史志丛书的编写工作①。

现将我参加这一工作的前前后后回忆于下。

---

① 参见满都尔图《内蒙古少数民族社会历史调查回忆》，原载《中国民族研究年鉴》1999 年卷，民族出版社 2000 年版，第 183—201 页。

一篇约稿勾起了我的回忆

前几年几位友人和学生一再建议我写点回忆录，将自己的学术人生记录留存，我对此兴趣不大，故迁延多年一直没有动手。没想到去年的一篇约稿勾起了我对这次参加鄂伦春族社会历史调查的回忆，激起了我写这个回忆录的兴趣。

2020 年 7 月 30 日晚，我收到《中国史研究动态》编辑部的来信：

> 黎先生晚上好，今年是恩格斯诞辰 200 周年，《动态》编辑部拟就恩格斯《家庭、私有制和国家的起源》一书编一组笔谈，今年国庆节以后截稿，篇幅 4000 字左右。
>
> 先生近年对历史分期、古代文明起源问题都有重要论断，不知先生能否结合该书，就相关问题拨冗惠赐一篇大作。感谢先生一直以来的支持与厚爱。

当时我想，自己一向只写中国古代史方面的论著，从来没有写过关于马克思主义方面的文章，一时不知从何谈起。后来想到自己藏有《家庭、私有制和国家的起源》这本书，不妨找出来看看。没想到果然在书架里找到了一本《家庭、私有制和国家的起源》单行本，封面的白色包皮纸已经发黄发脆，严重破损，打开一看，顿时万分惊喜，扉页上有“黎虎 58. 8”的签字，表明这是我即将进入大学四年级、参加鄂伦春族社会历史调查时候买的，距今已经 62 年了。接着又看到版权页上写有“黎虎 58. 8 前门　离京赴东北之时”，一时不知道是咋回事？慢慢回想，终于明白是怎么回事了，原来当时我已经参加内蒙古少数民族社会历史调查组的工作，在调查组所在地呼和浩特去东北调查鄂伦春族时路过北京，在前门火车站换车时到附近的书店买来的。翻开书里面，更令人惊喜不已，全书布满我写的读书心得和用不同笔、不同颜色划的或曲或直的笔道，或打的“？”号，特别引人注目的是在正文的左右或天头地脚密密麻麻的蝇头小字写的学习体会，感觉恍如隔世。经过反复的回忆，围绕此书的往事逐渐明晰起来，我当时是带着这本马克思主义经典著作前往大小兴安岭鄂伦春族聚居地，边调查边学习的，后来回到呼和浩特进行调查材料的整理和编写鄂伦春族简史简志的过程中继续不断地学习。1959年调查工作结束之后，回校履行毕业手续、参加工作之后，由于教学和科研的需要，仍然不时拿出这本书来进行学习，可以说这是伴随我的前半生，指导我的历史专业学习和教学与研究的“座右铭”。20世纪80年代由于我的研究重心转移，学习此书的迫切性已经不同以往，遂将其放到书架里面，没有再翻阅了，不知不觉就把这个事情忘记了，直到这次为了完成约稿任务才找出来的。

由于找到了这个意外之宝，于是完成这次约稿任务也就心中有数了，遂决定围绕此书对于我的鄂伦春族社会历史调查工作和日后的教学科研工作的指导作用进行撰写，以《在社会调查实践中学习〈家庭、私有制和国家的起源〉》为题，发表于《中国史研究动态》2020年第6期。在写这篇文章时，自然要回忆起参加这次民族调查工作的往事，此书的发现，激起了我从“故纸堆”中寻宝的兴趣，果然天不负人，不久在一本旧书里面发现了对折夹在书中的几张旧纸，打开一看，只见字迹潦草，涂涂改改，再仔细一看，又一次喜出望外，原来这是我在黑龙江呼玛县鄂伦春民族乡——十八站调查工作期间给北京师范大学历史系领导的汇报信的草稿。里面所记大多数都还有印象，有些细节已经忘记了，亏得它而得以恢复我的记忆。看了这个草稿，又勾起了我对参加调查组那段岁月的许多相关回忆，除了在这份草稿中所记的一些相关内容之外，逐渐想起了参加调查组的前前后后不少事情，从而越来越感到有必要把这段经历写出来，因为：一，这是当时的国家大事，自己躬逢其盛，参与了这个工作，有责任有义务把它记载下来，实际上就是把这段史料留存下来，现在参加这个工作的先生，不少已经作古，即使仍然健在，但是仍然有精力和条件把它写出来的恐怕也已经不多了；二，作为自己来说，也是一段值得纪念和回忆的峥嵘岁月，当年不仅很好地完成了历史系领导交付的任务，而且自己也得到了很好的锻炼，为日后的教学和研究奠定了良好的基础和条件，事实证明社会调查实践对于青年学生日后进行教学或研究工作都是很有价值和意义的。

从门头沟煤矿劳动锻炼谈起

1958 年夏天，中国正进入大跃进年代。北京师范大学跟全国的其它高等学校一样，经过“反右派斗争”之后，掀起了学生下放劳动锻炼的热潮，于是历史系师生奔赴北京西部郊区的门头沟煤矿进行劳动锻炼，而我被选拔参加全国少数民族社会历史调查就是在到门头沟煤矿劳动锻炼不久的事情，是从那里前往参加少数民族社会历史调查的。

当时我们刚刚结束历史系三年级的学习，即将升入四年级。我们这个年级一共有 90 多人，分为三个班，每班 30 多人，我在 3 班，当时在自己的书本或听课笔记本上的署名惯例是“史 3（3）”某某人。

我们到达门头沟煤矿后，当天下午就在矿上的礼堂里，听取老工人白宝纯师傅的回忆对比报告，听了安全生产科长薄德禄师傅关于矿井劳动纪律、安全注意事项的讲话。第二天我们就在富有经验的老矿工带领下，下井参观矿井、矿道，熟悉井下的情况。事先矿工师傅就反复跟我们宣讲注意事项，那可是一个地地道道的地下世界，须臾不能离开跟班师傅，如果走散，仅凭头盔上的矿灯，在无数纵横交叉的坑道里，不熟悉情况，是难以找到出口方向的。下井前我们都穿上了矿工工作服、长筒靴，头戴矿灯帽，全副武装好了之后，在井口乘坐一种叫做“罐笼”的电动升降机，直降井底。尽管我们的生活离不开煤，但是煤是怎么从地下取得的，地下的矿井是什么样子的，还是第一次看到。我们从这个井口下去的，当我们升上地面出口时已经到了几里地之外了，一下子从漆黑的地下世界到了明亮的地面世界，突然觉得这个原来天天如此的世界是那么珍贵而亲切可爱。

第二天我们就开始下井劳动了。我的任务是推煤车，矿工师傅在掌子面挖煤，我把煤车推到那里，待师傅把煤车装满之后，就推着煤车沿着矿道中的铁轨直到转运处，把煤卸下之后再把空车推回原来的掌子面，等待师傅装满第二车，如此周而复始。

大约这样干了两三天，年级负责人告诉我明天不要下井了，参加编写《门头沟煤矿史》的任务。当时成立了一个《门头沟煤矿史》编委会，由几位同学组成。首先要做的是查阅门头沟煤矿所藏 1949 年前的档案材料，在矿部的一个院子里，地上堆满了档案卷宗，我们几个同学就在那里仔细翻检查阅。大约干了两三天，我又接到通知，立即回北京去报到，参加全国少数民族社会历史工作，据说我校历史系四年级有 6 个名额，还有两位教师，一共 8 个名额。而北京大学历史系四年级和中央民族学院历史系四年级则全体参加。

我在门头沟煤矿一共大概呆了一个星期，就从这里告别同窗三年的同学，踏上了长达一年之久的少数民族社会历史调查的征途。当时的沟通手段非常贫乏，在这一年中从学校和同学们那里几乎没有得到任何信息，因此不知道后来在门头沟劳动了多少时间，做了一些什么事情，更不必说这一年中在校的同学们是如何度过的……诸如此类的问题，在开始写作这段回忆时，都是很想知道的。于是我便与我的同年级萧维忠同学联系，请他帮忙提供一些相关的情况。萧维忠同学当时在 1 班，是该班的班主席，我们虽然不是一个班，但是几十年来一直保持密切的联系，他毕业以后回老家上海工作，后来改名叫萧锋。他得知我的意图之后积极帮忙，提供了很多情况，还将他写的一篇回忆门头沟煤矿劳动时的《一个难以忘却的故事》提供给我。文章主要回忆了当时同在门头沟煤矿“监督劳动”的北京矿业学院的一位女右派的情况。这篇文章勾起了我的相关回忆：

在一个雨后天晴的下午，我们全年级同学在一个场地上集合待命，忽然从队伍后面走来一位明艳的女士，面带微笑，落落大方，简朴的衣衫难掩她那天生丽质，同学们不禁惊奇地议论着，只听见有人问是什么人？有人说“是右派”，大家就明白了。但是她是从哪里来的？为什么会来到这里？凡此种种就不得而知了，很快我们就开始我们的行动，而那位女士究竟当时干什么去了就不知道了，不久我就离开门头沟煤矿了。萧维忠同学的这篇回忆，详细记述了这位女士的相关情况，征得萧维忠同学的同意，转录此文如下：

……

由于当时我们去的同学比较多，矿区没有那么大的住宿条件，只好将我们三十多个男同学安排在一个偏僻、破落、废弃的庙里居住，这里离矿区约十几分钟的路程。庙在一个小山上，山下有几座北方木结构的十分陈旧的平瓦房。平瓦房的东南面，有一片小树林，山坳的土地上有村民种的稀稀落落的苞米，据说这些田地下面的煤已挖空，说不上何时就会塌陷。只有矿区中心，才有比较集中的房群聚集，方圆也不过一里地，远不如南方的一个乡镇大。门头沟的煤就在我们脚下八、九十公尺处。

第二天，四点钟还不到，我就醒了，再也睡不着，满脑子都想着今天下矿……捱到五点钟，天已启亮，我实在睡不着，便轻轻起身，提了两个水瓶去矿上打水。我走出土庙，远远听到一个女子朗读英语的声音，我十分惊奇，荒山野岭，哪来的女子一清早跑到此地读英语？我一面走下山坡，一面顺声搜寻目标，想探个究竟。走到山坡下的平瓦房附近，在东南面小树林前，朦胧中看见一个年轻姑娘，穿一身洁白的连衣裙，极其认真、专注地在读英语。我走到离姑娘六、七米处时，终于看清了姑娘的背影，亭亭玉立，齐肩的秀发，我怀着极其惊异的心情审视姑娘的背影，姑娘似乎察觉到有人走近，警惕地转过身，朝我瞥了一眼，我的上帝，竟造化了如此亮丽的一个佳人，这一瞥，我不仅看到了姑娘美貌洁白的面容，看到了她冷峻的眼神中似乎透露出一种神圣不可侵犯的孤傲，以及似乎还伴随着的一丝忧郁，也许姑娘见来者对她并无伤害之意，很快转身，依然徜徉在她的英语世界中。我从惊讶、迷罔中回过神来，提着手中的水瓶，怀着极大的疑团去矿上打水。到矿上泡水处，一面打水，一面向烧水师傅问过早安后，立即打听在土庙树林附近遇见姑娘的奇事，老师傅神秘地对我说："你问的那个姑娘，她是北京矿业学院的大学生，因为戴了右派帽子，送到煤矿监督劳动，听说她是矿业学院的校花，小伙子，你看她长的漂亮不漂亮？当心噢，她可是朵长满刺的花儿，不好摘！"说完还向我诡秘地一笑。我重新走回那一片小树林，姑娘还在虔诚地朗读英语，我驻足向她默默地行注目礼，我多么想向姑娘郑重地道一声早安！由于反右斗争结束不久，我在反右斗争中因同情同班同学被打成右派，被批评是"小布儿乔亚"（小资产阶级）温情主义思想，想到头上还悬着达摩克利斯剑，我只得打消向姑娘招呼的念头。

此后，我几乎每天都起得很早，照例提着水瓶去矿上打水，每次路过小树林，我都会默默地向姑娘行注目礼，为她祈祷。看到姑娘坚强地面对一切，我由衷地充满敬佩之情。门头沟煤矿下的世界，那样的浩瀚，我竟然在井下一次也未遇见过她，只是在下班矿井处见过一次，一身矿井服，尽管大家的面孔一样黑，但掩盖不住她那高雅的气质和依然充满着的青春魅力。除了早晨，我能较多地见到她，那就是在晚上饭厅晚餐，同姑娘照面比较多，看到的只是她默默排队领取饭菜，默默地坐在人较少的桌上用餐，默默地离开饭厅。我想姑娘绝不是孤芳自赏，自命清高，而是她头上戴的一顶无形的“帽子”将她牢牢地罩着与人们隔离开的。

门头沟一个月的生活，我们与矿区结下了深厚的友情，此外，我还时时牵挂着被打入“另册”的姑娘，在我们离矿返校的头天晚上，十点钟左右，我悄悄走出庙门，站在夜空下，望着下面平瓦房中透出的灯光，我想姑娘一定还在学习，约摸过了十几分钟，忽见那盏灯熄灭了，我看了一下表，正好是十点半，我估计姑娘给自己安排的作息时间，大概就是每天清晨五点起床学习英语，晚上十点半就寝。第二天一早，我像往日一样五时起床，走出庙门口，最后一次聆听姑娘悦耳的英语朗读声，最后一次向那片小树林凝视、默默地行注目礼，并再一次向着苍天祈祷，保佑姑娘从今往后平安地度过在门头沟的监督劳动生涯，重新回到她应回到的圣堂——北京矿业学院，完成学业，再见，姑娘！再见了门头沟！怀着无限的惆怅和说不清的眷恋。

1959 年 4 月，门头沟矿区党委知道我们这一届同学即将毕业的消息，向我们发出热情邀请，回矿区团聚……中午矿上招待我们午餐，我一向不沾烟酒，这一回，在师傅们的盛情劝酒下，不知不觉喝了好几杯白酒，不久，自感醉了，但脑子还是清醒的。俗话说，酒能壮胆，既然不可能再见到姑娘，便借着酒意，向坐在身边的安全生产科长薄师傅斗胆地、悄悄地问起“矿业学院的女右派还在矿上监督劳动吗”？薄师傅并不介意地对我说：“那个‘女右派’还在矿上，表现不错，与工人师傅相处也好，一个女青年，与男人一起，在矿下干活改造思想，敢情不容易！”薄师傅一席话，我听了既放心又担心。放心的是姑娘坚毅的人格，赢得了矿上师傅的认可；担心的是，对姑娘的监督劳动，不知道要延续到何年何月？这些花一样年龄的女大学生，还有男大学生，他们都应该是国家的栋梁，有用之材，未料一场政治风暴，竟将他们摧残得遍体鳞伤，即使一些未打成右派的知识分子逃过一劫，但他们在精神、思想上受到的伤害也是无法估量的。

……

从北京到呼和浩特

在为撰写《门头沟煤矿史》而翻阅门头沟煤矿档案两三天时，四年级党支部的负责人通知我，立即回北京去报到，参加全国少数民族社会历史调查。匆匆回到学校找到历史系的负责人，他跟我说：“报到期限快截止了，你赶紧去中央民族学院找历史系主任翁独健先生报到。”当我赶到中央民族学院时，已近下午下班时间，敲开历史系办公室，只有翁独健先生在那里，我说明来意后，他说：“现在好地方的名额都已经满了，云南、新疆都没有名额了，只有内蒙和宁夏还有名额。你想去这两个地方的哪一个？”我当时不知道哪个地方是“好地方”，他提到的云南、新疆、内蒙古和宁夏这些地方对我来说都是“好地方”，都是以前只在书本上知道的边远的地方，我就问翁先生：“好地方好在哪里？”翁先生说：“主要是少数民族多。”至于内蒙古和宁夏究竟哪个地方更好？我也搞不清楚，翁先生看我为难，便跟我进一步说：“内蒙的少数民族比宁夏多，还是去内蒙吧。”我听从了他的意见，表示就去内蒙吧。就这样确定到内蒙古调查组了。从后来一年的调查实践中，我十分庆幸自己选择了内蒙古调查组，这是个不比其它地方差的“好地方”，此是后话；同时也十分感谢翁先生，是他帮助我选择了这个“好地方”。

当时北京师范大学历史系一共有 8 个名额，6 个学生，两位老师。这两位老师没有去门头沟，所以他们较早得到安排，教我们中国古代史的杨钊老师是到云南，玉质瑛老师是到宁夏，可能因为他是回族的关系吧。至于学生，我们年级一共三个班，每班两个名额，一共 6 人，3 人去宁夏，3 人去内蒙古。

去内蒙古的三个同学，除了我之外，还有杨子坤、王贤用两人。于是我们三人便结伴前往呼和浩特。

……

［说明：这是黎虎先生尚未完成的《回忆录》的第一个部分。记得是在2019年4月的一天，我第一次主动和黎虎先生谈到了回忆录的事情，建议先生应该抽空写一写，特别是关于学术生涯方面的。我当时的意思是，回忆录将来都是十分宝贵的学术史资料，不仅能够让后人了解先生这一代学人的学术经历及其治学环境，而且必定能够给予后学以学术乃至人生方面的启示。黎虎先生当时没有明确表态，只是说可以考虑，但目前没有时间，因为他还有更重要的研究课题要做。我当然知道黎虎先生所说的“重要史学研究课题”是什么，那就是他对于中国古史分期暨社会性质这一重大史学理论问题的思考。我接着又说，写回忆录不必一气呵成，可以当成学术研究之余的一种调剂，权当是暂时休息一下。后来，我又不止一次和黎虎先生说到回忆录的事，先生告诉我说：“（张）金龙也和我说过回忆录的事。”黎虎先生之所以迟迟没有着手撰写回忆录，最主要的原因，实际上是他确实没有时间，他的时间都用来思考更为重要的学术问题了。《中国古史分期暨社会性质论纲——兼论中国传统社会的主要矛盾问题》在《文史哲》2020年第1期刊布以后，我当时以为黎先生应该可以封笔了，先生也曾对我说过，这将是他的封笔之作，以后不再写了，并第一次正式表示开始考虑回忆录的事情。然而，先生终究还是没有抵制住对史学研究的热情，在这篇宏文完成之后，又接连撰写了《南北朝皇朝递嬗与社会主要矛盾》《南北朝时期的地主》两篇长文，同时发起组织《江汉论坛》“秦至清社会主要矛盾问题”笔谈专栏，并撰写了题为《唐寓之起义与社会主要矛盾》的笔谈文，所有这些都是对《论纲》的进一步阐发。不宁唯是，黎先生同时还在构思《秦汉时期的地主》，于2022年2、3月间还嘱咐我将《史记》《汉书》中的“汉兴以来诸侯王年表”“高祖功臣侯者年表”“惠景间侯者年表”“建元以来侯者年表”“汉兴以来将相名臣年表”“诸侯王表”“王子侯表”“高惠高后文功臣表”“景武昭宣元成功臣表”“外戚恩泽侯表”“百官公卿表”共11表，制作成为易于查找、便于复制使用的表格，并说这是对“秦汉地主问题”进行考察必备的史料稽考线索，我于3月中旬将上述诸表全部按要求制作成易于检索的表格，先生对此甚为满意。与此同时，黎先生还对我进一步透露了出他的宏大研究计划，准备在“秦汉地主”问题完成以后，将来再写出唐代、宋代、明代的地主问题，这样庶几可以将

中国古史领域这一长期存在争议的而又事关重大的“地主问题”予以重新揭橥和阐释，从而形成其“中国古代地主问题研究”的专题论著。但同时先生又不无担忧地对我说：“就怕时间来不及，现在对我来说，最宝贵的就是时间，一万年太久，只争朝夕。”我当时只能是劝说先生，来日方长，一切务必以健康为第一，这些问题以后可以慢慢再写。甚至于，先生对于《文集》汇编一事也并不热切，大概是在2022年4月间，我第一次向黎先生提议，应该考虑编辑出版“全集”，并从嘉惠学林的角度作为劝说辞，先生当时并未表现出这方面的兴致，他还是醉心于创新性的学术研究，他认为这个更有意义。由上面所说的这些，可知黎先生为什么迟迟没有动笔撰写“回忆录”，以及为何只留下这短短几千字的“回忆录”了，主要就是因为在他看来，还有许多重要的历史问题有待于研究，真的没有时间去写这些“自述功德”的文字。〔按，“自述功德”是黎先生的原话，先生说：“自述功德，远不如做些真正学术研究有价值。我看过不少学者这类自述功德的回忆录，觉得多数是沽名钓誉的自诩不实之词。”〕因此，黎虎先生最后决定写“回忆录”，选择从1958年参加全国少数民族社会历史调查活动为切入点，而不是以“自述功德”为起始，根本原因也在于此。同时也表明，这次少数民族社会历史调查活动在黎虎先生心目中的重要地位，及其对先生所终生从事的史学研究工作所具有的无可比拟的重要意义。

通过黎虎先生所遗留下来的文档资料，可知这只是一篇写了开头的回忆录，撰写时间是2021年3月11日。同时，从黎虎先生所遗留的文档资料中，还发现了他为此所准备的一些资料性文字与图片，其中有：“民族调查照片”、1958年在鄂伦春民族调查期间写给历史系领导的信、“内蒙古少数民族社会历史调查回忆”，另外还有几封他与昔日大学同学的通信、微信截图等。这些应该都是黎先生准备撰写回忆录所做的准备性工作。这篇题为《峥嵘岁月——鄂伦春族社会历史调查亲历记》的回忆性文字，就是黎虎先生所撰回忆录的第一部分，题目也是先生亲自拟定的。然而，这篇刚刚开头而远未完成的“回忆录”遗稿，却永远不可能再有后续的篇章了，想来不禁令人悲从中来：泰山其颓乎，梁木其坏乎，哲人其萎乎！李文才敬识。〕